KB070567

譯註 禮記集說大全
祭統

編　陳澔(元)

附　正義 · 訓纂 · 集解

譯註 禮記集說大全

祭統

編・　陳澔 (元)

附　　正義・訓纂・集解

鄭秉燮 譯

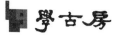

역자서문

『예기』「제통(祭統)」편은 제사의 의미를 다양한 방면에서 기술하고 있는 문헌이다. 또 제례(祭禮)가 나라를 다스리는 근본이 됨을 강조하며, 제례에 나타나는 십륜(十倫)을 기술하고 있다. 『예기』에는 예(禮) 자체가 치국(治國)의 근본이 된다는 기술이 많은데, 이 문헌의 주요 주장 또한 이러한 맥락에서 나왔다고 추론할 수 있고, 이것은 예를 중시했던 순자(荀子)의 학문이 반영된 결과라 할 수 있다. 실제로 『예기』의 대부분 기록들과 예학 자체가 순자 계열에서 파생되었다고 알려져 있는데, 전국말기의 예학자들은 순자 학문을 계승하면서도 예를 인위적이고 합리적인 제도로만 여기지 않고, 천도(天道)와 인도(人道)를 결합한 본질적 속성을 부여한다. 즉 예 자체에 불변적 가치를 부여함으로써 예의 위상을 높임과 동시에 치국의 절대적 요소로 확정한 것이다. 이러한 특징은 이곳 「제통」편에도 자세히 나타나 있다. 따라서 「제통」편은 전국말기부터 전한초기 때 예학자들이 예의 의미를 수립하고자 했던 노력의 흔적을 엿볼 수 있는 기록이다.

「제통」편을 출판하여, 다시 한 권의 번역서를 세상에 내놓는다. 번역서들이 책장의 한 구석을 채울 때마다 이것이 발전인지 퇴보인지 아니면 이도저도 아닌 무엇인지, 내 나름대로 복잡한 감정들을 함께 채워두게 된다.

잘못된 오역으로 인해 이 역서를 참고하는 다른 사람에게 잘못된 지식을 전달할 가능성도 있지만, 조금이라도 보탬이 되었으면 하는 바람이다. 본 역서에 나온 오역은 전적으로 역자의 실력 부족으로 생긴 잘못이다. 오역과 역자의 부족함에 대해 일갈을 해주실 분들이 있다면, bbaja@nate.com 으로 연락을 주시거나 출판사에 제 연락처를 문의하셔서 가르침을 주신다면, 부족한 실력이지만 가르침을 받도록 최선을 다할 것이다.

역자는 성균관 대학교에서 유교철학(儒敎哲學)을 전공했으며, 예악학(禮樂學) 전공으로 박사논문을 작성했다. 역자가 처음『예기』를 접한 것은 경서연구회(經書硏究會)의 오경강독을 통해서이다. 이 모임을 만들어 후배들에게 경전에 대한 이해를 넓혀주신 임옥균 선생님, 경서연구회 역대 회장님인 김동민, 원용준, 김종석, 길훈섭 선배님께도 감사를 드리고, 현재 함께 경서연구회를 하고 있는 김회숙, 손정민, 김아랑, 임용균, 박대성 회원님께도 감사를 드린다. 끝으로「제통」편을 출판할 수 있도록 허락해주신 학고방의 하운근 사장님께도 감사를 전한다.

일러두기 ≫

1. 본 책은 역주서(譯註書)로써, 『예기집설대전(禮記集說大全)』의 「제통(祭統)」편을 완역하고, 자세한 주석을 첨부했다. 송대(宋代) 이전의 주석을 포함하고자 하여, 『예기정의(禮記正義)』를 함께 수록하였다. 그리고 송대 이후의 주석인 청대(淸代)의 주석을 포함하고자 하여 『예기훈찬(禮記訓纂)』과 『예기집해(禮記集解)』를 함께 수록하였다.

2. 『예기』 경문(經文)의 경우, 의역으로만 번역하면 문장을 번역한 방식을 확인하기 어렵고, 보충 설명 없이 직역으로만 번역하면 내용을 이해하기 힘들다. 따라서 경문에 한하여 직역과 의역을 함께 수록하였다. 나머지 주석들에 대해서는 의역을 위주로 번역하였다.

3. 『예기』 경문에 대한 해석은 진호의 『예기집설』 주석에 근거하였다. 경문 해석에 있어서, 『예기정의』, 『예기훈찬』, 『예기집해』마다 이견(異見)이 많다. 『예기집섭대전』의 소주(小註) 또한 진호의 주장과 이견을 보이는 곳이 있고, 소주 사이에도 이견이 많다. 따라서 『예기』 경문 해석의 표준은 진호의 『예기집설』 주석에 근거했으며, 진호가 설명하지 않은 부분들은 『대전』의 소주를 참고하였다. 또한 경문 해석에 있어서『예기정의』, 『예기훈찬』, 『예기집해』에 나타나는 이견들은 특별한 경우를 제외하고는 각각의 문장을 읽어보면, 경문에 대한 이견을 알 수 있기 때문에, 이러한 경우에는 주석처리를 하지 않았다.

4. 본 역서가 저본으로 삼은 책은 다음과 같다.

『禮記』, 서울 : 保景文化社, 초판 1984 (5판 1995)

『禮記正義』1~4(전4권),『十三經注疏 整理本』12~15), 北京 : 北京大學出版社, 초판 2000

朱彬 撰,『禮記訓纂』上·下(전2권), 北京 : 中華書局, 초판 1996 (2쇄 1998)

孫希旦 撰,『禮記集解』上·中·下(전3권), 北京 : 中華書局, 초판 1989 (4쇄 2007)

5. 본 책은『예기』의 경문, 진호의『집설』, 호광 등이 찬정한『대전』의 세주, 정현의 주, 육덕명의『경전석문』, 공영달의 소, 주빈(朱彬)의『훈찬』, 손희단(孫希旦)의『집해』 순으로 번역하였다.

6. 본래『예기』「제통」편은 목차가 없으며, 내용 구분에 있어서도 학자들마다 의견차이가 있다. 또한 내용의 연관성으로 인하여, 장과 절을 나누기가 애매한 부분이 많다. 본 책의 목차는 역자가 임의대로 나눈 것이며, 세세하게 분절하여, 독자들이 관련내용들을 찾아보기 쉽게 하였다.

7. 본 책의 뒷부분에는 ≪祭統 人名 및 用語 辭典≫을 수록하였다. 본문에 처음으로 등장하는 용어 및 인명에 대해서는 주석처리를 하였다. 이후에 같은 용어가 등장할 때마다 동일한 주석처리를 할 수 없어서, 뒷부분에 사전으로 수록한 것이다. 가나다순으로 기록하여, 번역문을 읽는 도중 앞부분에서 설명했던 고유명사나 인명 등에 대해서 쉽게 찾아볼 수 있도록 하였다.

【574a】

凡治人之道, 莫急於禮. 禮有五經, 莫重於祭.

　　【574a】 등과 같이 【 】 안에 숫자가 기입되어 있는 것은 『예기』의 '경
문'을 뜻한다. '574'는 보경문화사(保景文化社)판본의 페이지를 말한다. 'a'
는 a단에 기록되어 있다는 표시이다. 밑의 그림은 보경문화사판본의 한 페
이지 단락을 구분한 표시이다.

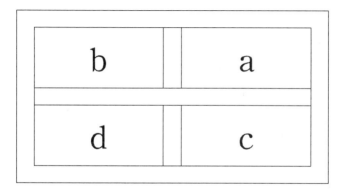

◆ 集說　五經, 吉·凶·軍·賓·嘉之五禮也.

　"集說"로 표시된 것은 진호(陳澔)의 『예기집설(禮記集說)』 주석을 뜻
한다.

◆ 大全　慶源輔氏曰: 祭吾之誠敬耳, 故曰自中出生於心也.

　"大全"으로 표시된 것은 호광(胡廣) 등이 찬정(撰定)한 『예기집설대전』
의 세주(細註)를 뜻한다.

◆ 鄭注　禮有五經, 謂吉禮·凶禮·賓禮·軍禮·嘉禮也.

"**鄭注**"로 표시된 것은『예기정의(禮記正義)』에 수록된 정현(鄭玄)의 주(注)를 뜻한다.

◆ **釋文** 祇, 祈之反. 恤, 敕律反.

"**釋文**"으로 표시된 것은『예기정의』에 수록된 육덕명(陸德明)의『경전석문(經典釋文)』을 뜻한다.『경전석문』의 내용은 글자들의 음을 설명하고, 간략한 풀이를 한 것인데, 육덕명 당시의 음가로 기록이 되었기 때문에, 현재의 음과는 맞지 않는 부분이 많다. 단순히 참고만 하기 바란다.

◆ **孔疏** ●"凡治"至"之義". ○正義曰: 此一節總明祭事.

"**孔疏**"로 표시된 것은『예기정의』에 수록된 공영달(孔穎達)의 소(疏)를 뜻한다. 공영달의 주석은 경문과 정현의 주에 대해서 세분화하여 기록되어 있다. 따라서 '●'으로 표시된 부분은 공영달이 경문에 대해 주석을 한 부분이고, '◎'으로 표시된 부분은 정현의 주에 대해 주석을 한 부분이다. 한편 'ㅇ'으로 표시된 부분은 공영달의 주석 부분이다.

◆ **訓纂** 正義: 莫, 無也.

"**訓纂**"으로 표시된 것은『예기훈찬(禮記訓纂)』에 수록된 주석이다.『예기훈찬』또한 기존 주석들을 종합한 책이므로,『예기집설대전』및『예기정의』와 중복되는 부분은 생략하였다.

◆ **集解** 此及下節, 皆承"內則盡志"而言.

"**集解**"로 표시된 것은『예기집해(禮記集解)』에 수록된 주석이다.『예기집해』또한 기존 주석들을 종합한 책이므로,『예기집설대전』및『예기정의』와 중복되는 부분은 생략하였다.
◆ 원문 및 번역문 중 '▼'로 표시된 부분은 한글로 표기할 수 없는 한자를 기록한 부분이다. 예를 들어 '▼(囧/皿)'의 경우 맹(盟)자의 이체자인데,

'明'자 대신 '囧'자가 들어간 한자를 프로그램상 삽입할 수가 없어서, '▼(囧/皿)'으로 표시한 것이다. 즉 '▼(A/B)'의 형식으로 기록된 경우, A에 해당하는 글자가 한 글자의 상단 부분에 해당하고, B에 해당하는 글자가 한 글자의 하단 부분에 해당한다는 표시이다. 또한 '▼(A+B)'의 형식으로 기록된 경우, A에 해당하는 글자가 한 글자의 좌측 부분에 해당하고, B에 해당하는 글자가 한 글자의 우측 부분에 해당한다는 표시이다. 또한 '▼((A-B)/C)'의 형식으로 기록된 경우, A에 해당하는 글자에서 B 부분을 뺀 글자가 한 글자의 상단 부분에 해당하고, C에 해당하는 글자가 한 글자의 하단 부분에 해당한다는 표시이다.

목차

그림목차

경문목차

【574a】

禮記集說大全卷之二十三 /『예기집설대전』제23권
祭統 第二十五 /「제통」제25편

集說 鄭氏曰: 統, 猶本也.

번역 정현1)이 말하길, '통(統)'자는 근본[本]과 같은 뜻이다.

孔疏 陸曰: 鄭云, "統, 猶本也, 以其記祭祀之本, 故名祭統."

번역 육덕명2)이 말하길, 정현은 "'통(統)'자는 근본[本]과 같은 뜻인데, 제사의 근본을 기록하였기 때문에 '제통(祭統)'이라고 하였다."라고 했다.

孔疏 正義曰: 按鄭目錄云: "名曰祭統者, 以其記祭祀之本也. 統, 猶本也. 此於別錄屬祭祀."

번역 『정의』3)에서 말하길, 정현의『목록』4)을 살펴보면, "편명을 '제통

---

1) 정현(鄭玄, A.D.127 ~ A.D.200) : =정강성(鄭康成)·정씨(鄭氏). 한대(漢代)의 유학자이다. 자(字)는 강성(康成)이다. 『주역(周易)』, 『상서(尙書)』, 『모시(毛詩)』, 『주례(周禮)』, 『의례(儀禮)』, 『예기(禮記)』, 『논어(論語)』, 『효경(孝經)』 등에 주석을 하였다.

2) 육덕명(陸德明, A.D.550 ~ A.D.630) : =육원랑(陸元朗). 당대(唐代)의 경학자이다. 이름은 원랑(元朗)이고, 자(字)는 덕명(德明)이다. 훈고학에 뛰어났으며, 『경전석문(經典釋文)』등을 남겼다.

3) 『정의(正義)』는 『예기정의(禮記正義)』또는 『예기주소(禮記注疏)』를 뜻한다. 당(唐)나라 때에는 태종(太宗)이 공영달(孔穎達) 등을 시켜서 『오경정의(五經正義)』를 편찬하였는데, 이때 『예기정의』에는 정현(鄭玄)의 주(注)와 공영달의 소(疏)가 수록되었다. 송대(宋代)에는 『오경정의』와 다른 경전(經典)에 대한 주석서를 포함한 『십삼경주소(十三經注疏)』가 편찬되어, 『예기주소』라는 명칭이 되었다.

4) 『목록(目錄)』은 정현이 찬술했다고 전해지는 『삼례목록(三禮目錄)』을 가리

(祭統)'이라고 한 것은 제사의 근본을 기록했기 때문이다. '통(統)'자는 근본
[本]과 같은 뜻이다. 「제통」편을 『별록』5)에서는 '제사(祭祀)' 항목에 포함
시켰다."라고 했다.

集解 統, 猶本也. 祭有物有禮, 有樂有時, 而其本則統於一心, 故以祭統名
篇. 篇中凡五段, 首言祭禮之重, 又自未祭之先, 以及於祭末, 次第言之, 而皆
歸本於心之自盡, 以明祭統之義. 次言祭有十倫, 又次言祭有四時, 皆以申首
段未盡之義也. 又次言鼎銘, 又次言魯賜重祭, 又因祭祀致敬而廣其義也.

번역 '통(統)'자는 근본[本]과 같은 뜻이다. 제사에는 사물도 포함되고
예법도 포함되며 음악도 포함되고 정해진 시기도 포함되는데, 근본은 한결
같은 마음으로 통괄된다. 그렇기 때문에 '제통(祭統)'으로 편명을 정한 것이
다. 「제통」편은 총 5단락으로 구분된다. 첫 번째 단락에서는 제례의 중요성
을 말하고 있고, 또 아직 제사를 지내기 이전부터 제사의 말미에 이르기까
지 차례대로 언급하고 있는데, 이 모두는 마음을 스스로 다하는 것으로 귀
결된다고 하여 「제통」편의 의미를 나타내고 있다. 그 다음 단락에서는 제
사에 십륜(十倫)6)이 있음을 언급하고 또 그 다음 단락에서는 제사에는 네
시기가 있음을 언급하였는데, 이 모두는 첫 단락의 미진했던 뜻을 거듭 밝

킨다. 『십삼경주소(十三經注疏)』에서 인용되고 있지만, 이 책은 『수서(隋書)』
가 편찬될 당시에 이미 일실되어 존재하지 않았다. 『수서』「경적지(經籍志)」
편에는 "三禮目錄一卷, 鄭玄撰, 梁有陶弘景注一卷, 亡."이라는 기록이 있다.

5) 『별록(別錄)』은 후한(後漢) 때 유향(劉向)이 찬(撰)했다고 전해지는 책이다.
현재는 일실되어 존재하지 않으며, 『한서(漢書)』「예문지(藝文志)」편을 통해
서 대략적인 내용만을 추측해볼 수 있다.

6) 십륜(十倫)은 제사 때 드러내게 되는 10개의 도리(道理)를 뜻한다. 귀신(鬼
神)을 섬기는 도(道), 군신(君臣)의 의(義), 귀천(貴賤)의 등급[等], 친소(親
疏)에 따른 차별[殺], 작위(爵)와 상(賞)의 베풂[施], 부부(夫婦)의 유별[別],
정사(政事)의 균평[均], 장유(長幼)의 질서[序], 상하(上下)의 조화[際]를 뜻한
다. 『예기』「제통(祭統)」편에는 "夫祭有十倫焉. 見事鬼神之道焉, 見君臣之義
焉, 見父子之倫焉, 見貴賤之等焉, 見親疏之殺焉, 見爵賞之施焉, 見夫婦之別焉,
見政事之均焉, 見長幼之序焉, 見上下之際焉. 此之謂十倫."이라는 기록이 있다.

힌 것이다. 또 그 다음 단락에서는 정명(鼎銘)에 대해 언급했고, 또 그 다음 단락에서는 노(魯)나라에서 하사받은 중대한 제사에 대해서 언급했으며, 또한 그에 따라 제사에서는 공경함을 지극히 한다고 하여 그 뜻을 폭넓게 설명하였다.

• 제 1 절 •

제례(祭禮)의 중요성

【574a】

> 凡治人之道, 莫急於禮. 禮有五經, 莫重於祭. 夫祭者, 非物
> 自外至者也, 自中出生於心也. 心怵而奉之以禮, 是故唯賢者
> 能盡祭之義.

직역 凡히 人을 治하는 道는 禮보다 急함이 莫이라. 禮에는 五經이 有하나, 祭보다 重함이 莫이라. 夫히 祭者는 物이 外로 自하여 至한 者가 非이며, 中으로 自하여 出하니 心에서 生함이라. 心이 怵하여 奉하길 禮로써 하니, 是故로 唯히 賢者만이 能히 祭의 義를 盡이라.

의역 무릇 사람을 다스리는 도리 중에서 예보다 급선무인 것은 없다. 또 예에는 오경(五經)이 있지만 제사보다 중대한 것은 없다. 제사라는 것은 사물이 외부로부터 오는 것이 아니며, 내면으로부터 나타나니, 마음에서 생겨나는 것이다. 마음이 두렵고 슬퍼지게 되어 예법에 따라 받든다. 이러한 까닭으로 오직 현자만이 제사의 뜻을 다할 수 있다.

集說 五經, 吉·凶·軍·賓·嘉之五禮也. 心怵, 卽前篇"君子履之, 必有怵惕之心", 謂心有感動也.

번역 '오경(五經)'은 길례(吉禮)[1]·흉례(凶禮)[2]·군례(軍禮)[3]·빈례(賓

---

1) 길례(吉禮)는 오례(五禮) 중 하나로, 제사에 대한 예제(禮制)를 뜻한다. 고대에는 제사 자체를 길(吉)한 일로 여겼기 때문에, 제례(祭禮)를 '길례'로 여겼다.
2) 흉례(凶禮)는 재앙 등의 일에 봉착했을 때, 애도를 표시하거나 구휼하는 예제(禮制)를 뜻한다. 또한 '흉례'는 상례(喪禮)를 지칭하는 용어로도 사용되었다.

禮)4)·가례(嘉禮)5)이다. '심출(心怵)'은 앞 편에서 "군자가 그것을 밟게 되면 반드시 조심스러운 마음이 들게 된다."6)라고 했던 뜻과 같으니, 마음에 느껴서 움직이는 것이 있다는 의미이다.

集說 方氏曰: 盡其心者祭之本, 盡其物者祭之末, 有本然後末從之, 故祭非物自外至, 自中出生於心也. 心怵而奉之以禮者, 心有所感於內, 故以禮奉之於外而已, 蓋以其自中出非外至者也. 奉之以禮者, 見乎物; 盡之以義者, 存乎心. 徇其物而忘其心者衆人也, 發於心而形於物者君子也, 故曰, "唯賢者能盡祭之義."

번역 방씨7)가 말하길, 마음을 다하는 것은 제사의 근본이고, 제물을 모

---

3) 군례(軍禮)는 오례(五禮) 중 하나로, 군대와 관련된 예제(禮制)를 뜻한다. 참고적으로 고대 중국에서는 각 계절마다 군대와 관련된 의식을 시행하였는데, 봄에 하는 것을 진려(振旅)라고 불렀고, 여름에 하는 것을 발사(拔舍)라고 불렀으며, 가을에 하는 것을 치병(治兵)이라고 불렀고, 겨울에 하는 것을 대열(大閱)이라고 불렀다. 이러한 의식들이 모두 '군례'에 포함된다.
4) 빈례(賓禮)는 오례(五禮) 중 하나로, 천자를 찾아뵙거나 천자가 제후들을 만나보거나, 아니면 제후들끼리 회동하는 조빙(朝聘)의 예법(禮法)을 뜻한다. 또한 '빈례'는 손님을 접대하는 예제(禮制)를 뜻하기도 한다. 참고적으로 봄에 천자를 찾아뵙는 것을 조(朝)라고 하였으며, 여름에 찾아뵙는 것을 종(宗)이라고 하였고, 가을에 찾아뵙는 것을 근(覲)이라고 하였으며, 겨울에 찾아뵙는 것을 우(遇)라고 하였다. 또한 제후들이 천자를 찾아뵐 때에는 본래 각각의 제후들마다 정해진 기간이 있었는데, 정해진 기간 외에 찾아뵙는 것을 회(會)라고 하였고, 정해진 기간에 찾아뵙는 것을 동(同)이라고 하였다. 또 천자가 순수(巡守)를 할 때에도 정해진 기간이 있었는데, 정해진 기간이 아닌 때에 제후를 찾아가 보는 것을 문(問)이라고 하였고, 정해진 기간에 찾아가 보는 것을 시(視)라고 하였다.
5) 가례(嘉禮)는 오례(五禮) 중 하나로, 결혼식을 치르거나, 잔치 등을 베풀 때의 예제(禮制)를 뜻한다. 경사스러운 일이라는 뜻에서 가(嘉)자를 붙여서 '가례'라고 부르는 것이다.
6) 『예기』「제의(祭義)」【553b】: 祭不欲數, 數則煩, 煩則不敬. 祭不欲疏, 疏則怠, 怠則忘. 是故君子合諸天道, 春禘秋嘗. 霜露旣降, 君子履之, 必有悽愴之心, 非其寒之謂也. 春, 雨露旣濡, <u>君子履之, 必有怵惕之心</u>, 如將見之. 樂以迎來, 哀以送往, 故禘有樂而嘗無樂.

두 갖추는 것은 제사의 말단이니, 근본이 생긴 뒤에야 말단도 그에 따른다. 그렇기 때문에 제사는 그 대상이 외부로부터 오는 것이 아니라 내면으로부터 나타나니, 마음에서 생겨나는 것이다. "마음이 두렵고 슬퍼져서 예법에 따라 받든다."라는 것은 마음에 내적으로 느끼는 것이 있기 때문에, 외적으로 예법에 따라 받든다는 뜻일 뿐이니, 무릇 내면으로부터 나오는 것이며 외부로부터 온 것이 아니기 때문이다. "예법에 따라 받든다."는 것은 대상을 통해 나타나고, "의로움에 따라 다한다."는 것은 마음에 달려 있다. 외부 대상만을 쫓고 마음을 잊어버리는 것은 일반인들인데, 마음을 나타내어 외부 대상으로 형상화하는 것은 군자이다. 그렇기 때문에 "오직 현자만이 제사의 뜻을 다할 수 있다."라고 했다.

大全 慶源輔氏曰: 祭吾之誠敬耳, 故曰自中出生於心也. 凡在外之物, 所以將之而已, 故曰非物自外至者也. 心怵而奉之以禮, 外徇於物而內忘其心者有之矣, 故曰, 唯賢者能盡祭之義. 禮義固由賢者出也, 故下文言, 賢者之祭, 致其誠敬, 明薦之而已, 不求其爲者, 此所謂能盡此祭之義也.

번역 경원보씨[8]가 말하길, 제사에서는 나의 정성과 공경을 다할 따름이다. 그렇기 때문에 "내면으로부터 나오며 마음에서 생겨난다."라고 했다. 무릇 외부에 있는 사물은 사용하는 대상일 따름이다. 그렇기 때문에 "사물이 외부로부터 오는 것이 아니다."라고 했다. 마음이 두렵고 슬퍼져서 예법에 따라 받들게 되는데, 외적으로 사물만을 쫓고 내적으로 그 마음을 잊는 자도 발생한다. 그렇기 때문에 "오직 현자만이 제사의 뜻을 다할 수 있다."

---

7) 엄릉방씨(嚴陵方氏, ? ~ ?) : =방각(方慤)·방씨(方氏)·방성부(方性夫). 송대 (宋代)의 유학자이다. 이름은 각(慤)이다. 자(字)는 성부(性夫)이다. 『예기집해(禮記集解)』를 지었고, 『예기집설대전(禮記集說大全)』에는 그의 주장이 많이 인용되고 있다.

8) 경원보씨(慶源輔氏, ? ~ ?) : =보광(輔廣)·보한경(輔漢卿). 남송(南宋) 때의 학자이다. 자(字)는 한경(漢卿)이고, 호(號)는 잠암(潛庵)·전이(傳貽)이다. 여조겸(呂祖謙)과 주자(朱子)에게서 학문을 배웠다. 저서로는 『사서찬소(四書纂疏)』, 『육경집해(六經集解)』 등이 있다.

라고 했다. 예의(禮義)는 진실로 현자로부터 나오는 것이다.9) 그렇기 때문
에 아래문장에서 "현자의 제사에서는 정성과 공경을 다하며, 제수를 청결
하게 바칠 따름이고, 세속적인 복을 바라지 않는다."10)라고 한 말은 바로
이곳에서 "제사의 뜻을 다할 수 있다."라고 한 뜻에 해당한다.

鄭注 禮有五經, 謂吉禮·凶禮·賓禮·軍禮·嘉禮也. 莫重於祭, 謂以吉禮爲
首也. 大宗伯職曰: "以吉禮事邦國之鬼·神·祇." 怵, 感念親之貌也, 怵或爲述.

번역 예(禮)에는 오경(五經)이 있으니, 길례(吉禮)·흉례(凶禮)·빈례(賓
禮)·군례(軍禮)·가례(嘉禮)를 뜻한다. "제사보다 중대한 것이 없다."는 말은
길례를 우선으로 삼는다는 뜻이다. 『주례』「대종백(大宗伯)」편의 직무 기록
에서는 "길례에 따라 나라의 귀(鬼)·신(神)·기(祇)를 섬긴다."11)라고 했다.
'출(怵)'은 부모를 떠올리고 생각하는 모습을 뜻하며, '출(怵)'자를 다른 판
본에서는 '술(述)'자로 기록하기도 한다.

釋文 五經, 吉·凶·軍·賓·嘉之五禮. 祇, 祈之反. 怵, 敕律反.

번역 '오경(五經)'은 길례(吉禮)·흉례(凶禮)·군례(軍禮)·빈례(賓禮)·가
례(嘉禮)를 뜻한다. '祇'자는 '祈(기)'자와 '之(지)'자의 반절음이다. '怵'자는
'敕(칙)'자와 '律(률)'자의 반절음이다.

---

9) 『맹자』「양혜왕하(梁惠王下)」: 公曰, "將見孟子." 曰, "何哉, 君所謂輕身以先
   於匹夫者? 以爲賢乎? <u>禮義由賢者出</u>, 而孟子之後喪踰前喪. 君無見焉!" 公曰,
   "諾."
10) 『예기』「제통」【574b~c】: 賢者之祭也, 必受其福, 非世所謂福也. 福者, 備也,
    備者, 百順之名也. 無所不順者之謂備, 言內盡於己, 而外順於道也. 忠臣以事其
    君, 孝子以事其親, 其本一也. 上則順於鬼神, 外則順於君長, 內則以孝於親, 如
    此之謂備. 唯賢者能備, 能備然後能祭. 是故<u>賢者之祭也, 致其誠信與其忠敬</u>, 奉
    之以物, 道之以禮, 安之以樂, 參之以時, <u>明薦之而已矣. 不求其爲</u>, 此孝子之心
    也.
11) 『주례』「춘관(春官)·대종백(大宗伯)」: 以吉禮事邦國之鬼神示.

孔疏 ●"凡治"至"之義". ○正義曰: 此一節總明祭事. 但祭禮旣廣, 其事又多, 記者所說, 各有部分, 今各隨文解之. 此一節明祭祀於禮中最重, 唯賢者能盡祭義. 凡祭爲禮之本, 禮爲人之本, 將明禮本, 故先說治人, 言治人之道, 於禮最急.

번역 ●經文: "凡治"~"之義". ○이곳 문단은 제사에 대해서 총괄적으로 나타내고 있다. 다만 제례 자체가 광범위하고 관련된 사안 또한 다양한데, 『예기』를 기록한 자가 설명한 것에는 각각의 분야가 있으니, 현재는 각각 그 문장에 따라서 풀이하겠다. 이곳 문단은 제사는 예법 중에서도 가장 중대하며, 현자만이 제사의 뜻을 다할 수 있음을 나타내고 있다. 무릇 제사는 예의 근본이 되고 예는 사람의 근본이 되니, 예의 근본으로 밝히고자 했기 때문에 우선적으로 사람을 다스린다고 말한 것으로, 곧 사람을 다스리는 도리에 있어서 예가 가장 시급하다는 뜻이다.

孔疏 ●"禮有五經"者, 經者, 常也. 言吉·凶·賓·軍·嘉, 禮所常行, 故云"禮有五經". 五經之中, 於祭更急. 上說人之以禮爲急, 此說禮爲急者, 按大宗伯: 吉禮之別十有二, 凶禮之別五, 賓禮之別八, 軍禮之別五, 嘉禮之別六. 五禮之別, 總三十有六.

번역 ●經文: "禮有五經". ○'경(經)'자는 항상됨[常]을 뜻한다. 길례(吉禮)·흉례(凶禮)·빈례(賓禮)·군례(軍禮)·가례(嘉禮)는 예법 중에서도 항상 시행하는 것들이다. 그렇기 때문에 "예에는 오경(五經)이 있다."라고 했다는 뜻이다. 그리고 오경 중에서도 제사가 가장 시급하다. 앞에서는 사람을 다스릴 때에는 예를 급선무로 삼아야 한다고 설명했는데, 이곳에서는 예가 가장 급선무라고 설명하였다. 『주례』「대종백(大宗伯)」편을 살펴보면, 길례는 12가지로 구분되고,12) 흉례는 5가지로 구분되며,13) 빈례는 8가지로 구

---

12) 『주례』「춘관(春官)·대종백(大宗伯)」: 以吉禮事邦國之鬼神示. 以禋祀祀昊天上帝, 以實柴祀日·月·星·辰, 以槱燎祀司中·司命·飌師·雨師, 以血祭祭社稷·五祀·五嶽, 以貍沈祭山林·川澤, 以疈辜祭四方百物, 以肆獻祼享先王, 以饋食享先

분되고,14) 군례는 5가지로 구분되며,15) 가례는 6가지로 구분된다.16) 따라서 오례는 총 36가지로 구분된다.

孔疏 ●"夫祭者, 非物自外至者也, 自中出生於心也"者, 自, 猶從也, 言孝子祭親, 非假他物從外至于身, 使己爲之, 但從孝子身中出, 生於孝子之心也.

번역 ●經文: "夫祭者, 非物自外至者也, 自中出生於心也". ○'자(自)'자는 '~로부터[從]'라는 뜻이니, 자식이 부모에게 제사지내는 것은 다른 사물이 외부로부터 자신에게 도달하여, 자신으로 하여금 그렇게 시킨 것이 아니며, 단지 자식 본인의 내면에서부터 나타난 것으로, 자식의 마음에서 생겨났다는 뜻이다.

孔疏 ●"心怵而奉之以禮"者, 言孝子感時心中怵惕而奉親以祭祀之禮.

번역 ●經文: "心怵而奉之以禮". ○자식이 감응을 했을 때, 마음에는 슬픈 생각이 들어서 제사의 예법에 따라 부모를 받든다는 뜻이다.

孔疏 ●"是故唯賢者能盡祭之義"者, 言非賢者不能怵惕, 怵惕之義, 唯必賢人, 故能盡恭敬祭.

번역 ●經文: "是故唯賢者能盡祭之義". ○현자가 아니라면 슬픈 마음을

王, 以祠春享先王, 以禴夏享先王, 以嘗秋享先王, 以烝冬享先王.

13) 『주례』「춘관(春官)·대종백(大宗伯)」: 以凶禮哀邦國之憂. 以喪禮哀死亡, 以荒禮哀凶札, 以弔禮哀禍災, 以禬禮哀圍敗, 以恤禮哀寇亂.

14) 『주례』「춘관(春官)·대종백(大宗伯)」: 以賓禮親邦國. 春見曰朝, 夏見曰宗, 秋見曰覲, 冬見曰遇, 時見曰會, 殷見曰同, 時聘曰問, 殷覜曰視.

15) 『주례』「춘관(春官)·대종백(大宗伯)」: 以軍禮同邦國. 大師之禮, 用衆也; 大均之禮, 恤衆也; 大田之禮, 簡衆也; 大役之禮, 任衆也; 大封之禮, 合衆也.

16) 『주례』「춘관(春官)·대종백(大宗伯)」: 以嘉禮親萬民. 以飮食之禮, 親宗族兄弟; 以昏冠之禮, 親成男女; 以賓射之禮, 親故舊朋友; 以饗燕之禮, 親四方之賓客; 以脹膰之禮, 親兄弟之國; 以賀慶之禮, 親異姓之國.

발휘할 수 없으니, 슬픈 마음의 뜻은 오직 현자여야만 발휘할 수 있다. 그렇기 때문에 공경을 다하여 제사를 지낼 수 있다.

集解 愚謂: 物, 猶事也. 冠·昏·賓客之禮, 皆先有其事於外, 而後以我之心應之. 唯祭則不然, 乃由思親之心先動於中, 而後奉之以禮, 此祭之義也. 若無思親之實心, 則不足以盡乎祭之義矣.

번역 내가 생각하기에, '물(物)'자는 사안[事]을 뜻한다. 관례(冠禮)나 혼례(昏禮) 및 빈객을 대하는 예법들은 모두 우선적으로 외부에 해당 사안이 생긴 뒤에야 내 마음이 그것에 호응하게 된다. 그러나 오직 제사의 경우에만 그렇지 않으니, 부모를 그리워하는 마음이 내면에서 먼저 움직인 뒤에 예법을 통해 받들게 되니, 이것이 제사의 뜻이다. 만약 부모를 그리워하는 진실된 마음이 없다면, 제사의 뜻을 다하기에는 부족하다.

길례	대 상	내 용
1	昊天上帝	인사(禋祀) : 연기를 피워 올려서 하늘에게 복을 구원했던 제사 방법이다. 인(禋)자는 연기[煙]를 뜻하는데, 주나라 때에는 냄새를 숭상했으므로, 연기를 피워 올렸다.
2	日·月·星辰	실시(實柴) : 희생물을 땔감 위에 올려두고 불을 피워서, 하늘로 올라가는 연기로 신들에게 흠향시키는 제사 방법이다.
3	司中·司命·觀師·雨師	유료(槱燎) : 희생물의 몸체를 땔나무 위에 올려두고, 땔나무와 함께 불로 태우는 것이다. 불로 태워서 그 연기가 하늘로 올라가도록 하여, 신에게 아뢰는 제사 방법이다.
4	社稷·五祀·五嶽	혈제(血祭) : 희생물의 피를 받아서 신(神)에게 바치는 제사 방법이다.
5	山林·川澤	매침(貍沈) : 희생물이나 옥(玉), 폐물(幣物) 등을 산림(山林)과 천택(川澤)에 매장하거나 수장하여, 신(神)에게 바치는 제사 방법이다.
6	四方百物	벽고(疈辜) : 희생물을 해체하여 신(神)에게 바치는 제사 방법이다.

길례	대 상	내 용
7	先王	사헌관(肆獻祼) : 사(肆)자는 희생물을 잘라서 바치는 것을 뜻하니, 익힌 음식을 바치는 시기에 적용되는 방법이다. 헌(獻)은 단술을 따라서 바친다는 뜻인데, 희생물의 피와 생고기를 바치는 때를 뜻한다. 관(祼)은 울창주를 땅에 부어 신을 강림시키는 방법이다.
8		궤식(饋食) : 생고기를 다시 삶아서 바치는 것을 뜻한다.
9		사(祠) : 봄에 종묘(宗廟)에서 지내는 제사를 뜻한다. '사'자는 음식[食]을 뜻하는 글자로, 선왕(先王)들에게 음식을 대접한다는 의미에서, 봄의 제사를 '사'라고 부르는 것이다.
10		약(禴) : 여름에 종묘(宗廟)에서 지내는 제사를 뜻한다. '약'자는 '약(礿)'로도 쓰는데, 삶다[汋=礿]의 뜻으로, 여름 4월에는 보리가 익어 삶아서 밥을 지을 수가 있다. 여름 제사 때에는 보리밥을 헌상하기 때문에, 그 제사를 '약'이라고 부르는 것이다.
11		상(嘗) : 가을에 종묘(宗廟)에서 지내는 제사를 뜻한다. '상'자는 맛본다는 뜻이다. 가을 제사는 7월에 시행하며, 서직(黍稷)을 흠향하도록 지내기 때문에 '상'이라고 부르는 것이다.
12		증(烝) : 겨울에 종묘(宗廟)에서 지내는 제사를 뜻한다. '증'자는 중(衆)자의 뜻으로, 겨울에는 만물 중에 성숙한 것이 많다는 의미에서 '증'이라고 부르는 것이다.

흉례	대 상	내 용
1	死亡	상례(喪禮) : 죽은 자와 관계가 가까운 자는 상복을 입고, 관계가 먼 자는 함(含)이나 수(襚) 등을 보내는 일을 뜻한다.
2	凶札	황례(荒禮) : 흉사나 역병 등이 발생했을 때, 군주가 희생물의 폐로 제사를 지내지 않고, 말에게 곡식을 먹이지 않는 등의 일을 뜻한다.
3	禍災	조례(弔禮) : 수재나 화재 등이 발생했을 때, 조문을 하여 위로하는 일을 뜻한다.

흉례	대 상	내 용
4	圍敗	회례(禬禮) : 어떤 나라가 포위를 당하거나 전쟁에서 패배하여 손실을 당했을 때, 동맹국에서 재화를 모아 도와주는 일을 뜻한다.
5	寇亂	휼례(恤禮) : 외적이 침입하거나 내란이 발생했을 때, 이웃나라에서 서로 구휼하는 일을 뜻한다.

빈례	항 목	내 용
1	朝	봄에 회동하는 것을 뜻한다. '조'자는 아침을 뜻하는데, 일찍 만나보고자 찾아왔으므로 '조'라고 부른다.
2	宗	여름에 회동하는 것을 뜻한다. '종'자는 존귀하게 높인다는 뜻으로, 천자를 존귀하게 높이고자 한다는 의미이다.
3	覲	가을에 회동하는 것을 뜻한다. '근'은 열심히 노력한다는 뜻으로, 천자에 대한 일에 열심히 노력하고자 한다는 의미이다.
4	遇	겨울에 회동하는 것을 뜻한다. '우'는 만난다는 뜻으로, 기약을 하지 않았는데도 모두 모였다는 뜻이다.
5	會	정규적으로 회동하는 것이 아니며, 특별한 일 때문에 만나보는 것을 뜻한다. 예를 들어 제후들 중 천자의 명령에 복종하지 않는 자가 발생하여, 천자가 정벌을 하고자 할 때, 제후들이 모여서 천자의 정벌을 돕는 것 등이 여기에 해당한다.
6	同	회동하는 자들이 매우 많다는 뜻으로, 사방 제후들이 모두 찾아와서 조회하는 것을 뜻한다.
7	問	정규적으로 회동하는 것이 아니며, 천자에게 특별한 일이 발생하여 빙문하는 것을 뜻한다.
8	視	육복(六服)에 속한 제후들은 정해진 기간마다 사신을 파견하여 천자를 빙문하는데, 파견되는 사신의 직급이 높고 규모가 큰 것을 '시'라고 부른다.

군례	항 목	내 용
1	大師之禮	대규모 군대를 운영할 때에는 병사들이 용맹을 발휘하고 도의에 목숨을 바칠 수 있도록 만든다.
2	大均之禮	부여된 부역 및 조세를 고르게 배분한다.
3	大田之禮	사냥을 통해 병사들을 훈련하므로, 사냥을 할 때 대규모의 열병식을 한다.
4	大役之禮	대규모 인원을 동원하여 성곽이나 건물을 축조할 때, 동원되는 인원들의 역량을 고려해서 시행한다.
5	大封之禮	영토와 경계를 정하여 백성들이 모이도록 한다.

가례	항 목	내 용
1	飮食之禮	음식이나 술 등을 베풀어서 친족들을 화합시킨다.
2	昏冠之禮	혼례·관례·계례 등을 통해서 가정을 이루게 하고 사회 구성원으로 만든다.
3	賓射之禮	사례(射禮)를 시행하며 빈객과 주인을 세워, 붕우들과 친목을 도모한다.
4	饗燕之禮	연회 등을 베풀어서 사방에서 찾아온 빈객들을 대접한다.
5	脤膰之禮	사직과 종묘에서 제사를 지내고 남은 고기를 동성(同姓)의 제후국에 하사하여 친목을 도모한다.
6	賀慶之禮	동성(同姓) 및 이성(異姓)의 제후국에서 경사스러운 일이 발생하면, 천자가 사신을 보내 하사품을 전달하여 친목을 도모한다.

• 제 2 절 •

제사와 복(福)·비(備)

賢者之祭也, 必受其福, 非世所謂福也. 福者, 備也, 備者, 百順之名也. 無所不順者之謂備, 言內盡於己, 而外順於道也. 忠臣以事其君, 孝子以事其親, 其本一也. 上則順於鬼神, 外則順於君長, 內則以孝於親, 如此之謂備. 唯賢者能備, 能備然後能祭. 是故賢者之祭也, 致其誠信與其忠敬, 奉之以物, 道之以禮, 安之以樂, 參之以時, 明薦之而已矣. 不求其爲, 此孝子之心也.

직역 賢者가 祭함에는 必히 그 福을 受하나, 世에서 福이라 謂한 所가 非이다. 福者는 備이니, 備者는 百順의 名이다. 不順한 所가 無한 者를 備라 謂하니, 內로 己에서 盡하고, 外로 道에 順함을 言한다. 忠臣은 이로써 그 君을 事하고, 孝子는 이로써 그 親을 事하니, 그 本은 一이다. 上으로는 鬼神에 順하고, 外로는 君長에 順하며, 內로는 이로써 親에 孝하니, 此와 如함을 備라 謂한다. 唯히 賢者라야 能히 備하고, 能히 備한 然後에 能히 祭한다. 是故로 賢者가 祭함에는 그 誠信과 그 忠敬을 致하며, 奉하길 物로써 하고, 道하길 禮로써 하며, 安하길 樂으로써 하고, 參하길 時로써 하며, 明히 薦할 따름이다. 그 爲를 不求하니, 此는 孝子의 心이다.

의역 현명한 자가 제사를 지낼 때에는 반드시 복을 받게 되는데, 이것은 세간에서 말하는 복이 아니다. 복(福)이라는 것은 비(備)라는 것이며, 비(備)라는 것은 모든 것을 따른다는 뜻이다. 즉 따르지 않음이 없는 것을 '비(備)'라고 부르는데, 이것은 내적으로 자신의 뜻을 다하고 외적으로 도리에 따르는 것을 의미한다. 충신은 이를 통해 군주를 섬기고, 자식은 이를 통해 부모를 섬기는데, 그 근본은 동일하다. 위로는 귀신에게 순종하고, 외적으로는 군주와 연장자에게 순종하며, 내적으로는 이를 통해 부모에게 효를 하니, 이처럼 하는 것을 비(備)라고 부른다. 오직 현자만이 비(備)를 할 수 있는데, 비(備)를 한 뒤에야 제사를 지낼 수 있다. 이러한 까닭으로 현자가 제사를 지내게 되면, 진실과 신의 및 충심과 공경을 다하고, 사물을 통해 받들고, 예를 통해 인도하며 음악을 통해 편안하게 하고 정해진 시기를 통해 간여하며, 청결하게 제수를 바칠 따름이다. 따라서 세속적인 복을 바라는 마음이 없는 것이 바로 효자의 마음이다.

集說 方氏曰: 誠·信·忠·敬四者, 祭之本, 所謂物者, 奉乎此而已; 所謂禮者, 道乎此而已; 所謂樂者, 安乎此而已; 所謂時者, 參乎此而已.

번역 방씨가 말하길, 진실·신의·충심·공경이라는 네 가지는 제사의 근본이 되며, 이른바 '물(物)'이라는 것은 이러한 것들을 받드는 것일 따름이고, 이른바 '예(禮)'라는 것은 이러한 것들을 인도할 따름이며, 이른바 '악(樂)'이라는 것은 이러한 것들을 편안하게 할 따름이고, 이른바 '시(時)'라는 것은 이러한 것들에 참여할 따름이다.

集說 應氏曰: 不求其爲, 無求福之心也, 所謂祭祀不祈也.

번역 응씨[1]가 말하길, '불구기위(不求其爲)'는 복을 바라는 마음이 없다는 뜻이니, "제사에서는 개인적인 복을 기원하지 않는다."[2]는 뜻이다.

大全 慶源輔氏曰: 必受其福, 以理必之也. 世所謂福, 則不可必也. 鄭謂孝子受大順之顯名, 非是名猶名言之名, 猶言備者百順之謂而已. 內盡於己, 外順於道, 則仰不愧天, 俯不愧人, 內不愧心. 心安體胖, 是賢者之所謂福也. 不言外順於物, 物有不可順者也. 能備然後能祭, 則祭之必受福可知也. 經之所

---

1) 금화응씨(金華應氏, ? ~ ?): =응용(應鏞)·응씨(應氏)·응자화(應子和). 이름은 용(鏞)이다. 자(字)는 자화(子和)이다. 『예기찬의(禮記纂義)』를 지었다.
2) 『예기』「예기(禮器)」【304d】: 君子曰: <u>祭祀不祈</u>, 不麾蚤, 不樂葆大, 不善嘉事, 牲不及肥大, 薦不美多品.

謂福, 具於未祭之前, 世之所謂福, 應於已祭之後. 前言心怵而奉之以禮者, 福寓於物也. 此云奉之以物, 道之以禮者, 物必將之以禮也. 不求其如此, 然後能盡祭之義, 一有所求, 義不盡矣. 奉之以物, 以物將其誠敬也. 道之以禮, 以禮行其誠敬也. 安之以樂, 以樂安其誠敬也. 參之以時, 以時參其誠敬也. 奉之以物, 則不爲虛拘, 行之以禮, 則輔以威儀, 安之以樂, 則不爲勉强, 參之以時, 則發必中節, 如此然後能盡其心.

번역 경원보씨가 말하길, "반드시 복을 받는다."는 것은 이치에 따라 반드시 그처럼 된다는 뜻이니, 세간에서 말하는 복이라는 것은 기필할 수가 없다. 정현은 자식이 대순(大順)3)이라는 현저히 드러나는 명(名)을 받는다고 했는데, 이때의 명(名)은 명칭을 정한다고 할 때의 명(名)이 아니며, "비(備)는 모든 것을 따른다는 뜻이다."라고 한 말과 같을 따름이다. 내적으로 자신의 뜻을 다하고 외적으로 도리에 따른다면, 위로는 천도에 대해 부끄럽지 않게 되고 밑으로는 인도에 대해 부끄럽지 않게 되며 내적으로는 마음에 부끄럽지 않게 된다. 마음이 편안하게 되어 몸이 펴지는 것이 바로 현자가 받는 복이라는 것이다. "외적으로 사물에 따른다."라고 말하지 않은 것은 사물에는 따를 수 없는 점이 포함되어 있기 때문이다. 잘 따를 수 있는 뒤에야 제사를 지낼 수 있으니, 제사를 지내면 반드시 복을 받게 됨을 알 수 있다. 경문에서 말하는 '복(福)'은 아직 제사를 지내기 이전에 갖춰지는 것이며, 세간에서 말하는 '복(福)'은 이미 제사를 지낸 이후에 호응하여 나타나는 것이다. 앞에서는 "마음이 두렵고 슬퍼져서 예법에 따라 받든다."4)라고 했는데, 복은 사물에 깃들어 있기 때문이다. 이곳에서는 "받들기를 사물로써 하고, 인도하길 예법으로써 한다."라고 했는데, 사물은 반드시 예법에 따라 부려야 하기 때문이다. 이와 같은 것들을 바라지 않은 뒤에야

---

3) 대순(大順)은 커다란 순리(順理)라는 뜻으로, 윤상(倫常)과 천도(天道)를 지칭한다. 또한 윤상과 천도에 순종한다는 의미도 되고, 자연스럽다는 뜻으로도 사용되며, '큰 법도[大法]'를 뜻하기도 한다.

4) 『예기』「제통」【574a】: 凡治人之道, 莫急於禮. 禮有五經, 莫重於祭. 夫祭者, 非物自外至者也, 自中出生於心也. 心怵而奉之以禮, 是故唯賢者能盡祭之義.

제사의 뜻을 다할 수 있는데, 혹여 바라는 점이 하나라도 있다면 그 뜻을 다할 수 없다. "받들기를 사물로써 한다."는 말은 사물을 통해 정성과 공경을 나타낸다는 뜻이다. "이끌기를 예법으로써 한다."는 말은 예를 통해서 정성과 공경을 실천한다는 뜻이다. "편안하게 하길 음악으로써 한다."는 말은 음악을 통해 정성과 공경의 뜻을 편안하게 나타낸다는 뜻이다. "참여하길 때로써 한다."는 말은 정해진 때를 통해 정성과 공경을 나타내도록 돕는다는 뜻이다. 사물로 받든다면 공허한 의례를 진행할 수 없고, 예를 통해 시행한다면 위엄스러운 의례 절차로 보완하게 되며, 음악으로 편안하게 한다면 억지로 하지 않고, 때에 따라 참여한다면 나타내는 것이 반드시 법도에 맞게 된다. 이처럼 한 뒤에야 그 마음을 다할 수 있다.

鄭注 世所謂福者, 謂受鬼神之祐助也. 賢者之所謂福者, 謂受大順之顯名也. 其本一者, 言忠·孝俱由順出也. 明, 猶絜也. 爲, 謂福祐爲己之報.

번역 세간에서 말하는 '복(福)'이라는 것은 귀신의 가호와 도움을 받는다는 뜻이다. 현자가 말하는 '복(福)'은 대순(大順)이라는 현명(顯名)을 받는다는 뜻이다. "그 근본은 동일하다."는 말은 충심과 효는 모두 순종함을 통해 나타난다는 뜻이다. '명(明)'자는 "청결하다[絜]."는 뜻이다. '위(爲)'자는 복과 가호를 자신에 대한 보답으로 여긴다는 뜻이다.

釋文 祐音又. 長, 丁丈反, 下"所長"同. 道音導. 其爲, 于僞反, 注"爲謂"同, 一音如字.

번역 '祐'자의 음은 '又(우)'이다. '長'자는 '丁(정)'자와 '丈(장)'자의 반절음이며, 아래문장에 나오는 '所長'에서의 '長'자도 그 음이 이와 같다. '道'자의 음은 '導(도)'이다. '其爲'에서의 '爲'자는 '于(우)'자와 '僞(위)'자의 반절음이며, 정현의 주에 나오는 '爲謂'에서의 '爲'자도 그 음이 이와 같고, 다른 음은 글자대로 읽는다.

孔疏 ●"賢者"至"謂畜". ○正義曰: 此一節明祭祀受福是百順之理.

번역 ●經文: "賢者"~"謂畜". ○이곳 문단은 제사에서 복을 받는 것은 모든 것에 순종하는 도리가 됨을 나타내고 있다.

孔疏 ●"非世所謂福也"者, 言世人謂福爲壽考吉祥, 祐助於身. 若賢者受福, 身外萬事皆順於道理, 故云"非世所謂福也". "福者, 備也, 備者, 百順之名也, 無所不順者之謂備", 此是賢者之福. 謂內盡其心, 外極其禮, 內外俱順, 於祭具也.

번역 ●經文: "非世所謂福也". ○세상 사람들은 복(福)이라는 것이 장수나 길한 조짐을 나타내어 자신을 돕는 것이라고 여긴다. 현자가 복을 받는 것과 같은 경우, 본인은 외적으로 모든 일들에 대해서 도리에 따라 순종하기 때문에 "세간에서 말하는 복이 아니다."라고 했다. 경문의 "福者, 備也, 備者, 百順之名也, 無所不順者之謂備"에 대하여. 이것은 현자가 받는 복이다. 즉 내적으로 그 마음을 다하고 외적으로 관련 예법을 지극히 하면, 내외적으로 모두 순종하게 되고 제사에 있어서도 모두 갖춰지게 된다는 뜻이다.

孔疏 ●"言內盡於己, 而外順於道也"者, 釋"百順"之義也. 謂心旣內盡, 貌又外順, 此之行善, 無違於道理也.

번역 ●經文: "言內盡於己, 而外順於道也". ○'백순(百順)'의 뜻을 풀이한 말이다. 즉 마음이 이미 내적으로 다하고 그 행동에 있어서도 외적으로 순종하니, 이것은 선함을 시행하는 것이며 도리에 대해서 위배함이 없다는 뜻이다.

孔疏 ●"其本一也"者, 言忠臣事君, 孝子事親, 其本皆從順而來, 故云"其本一也".

번역 ●經文: "其本一也". ○충신이 군주를 섬기고 자식이 부모를 섬기는데, 그 근본은 모두 순종에 따라 나타난 것이다. 그렇기 때문에 "그 근본은 동일하다."라고 했다.

孔疏 ●"上則順於鬼神"者, 廣大順也, 體尊, 故云"上"也.

번역 ●經文: "上則順於鬼神". ○대순(大順)을 폭넓게 나타낸 것이니, 본체가 존귀하기 때문에 '상(上)'이라고 했다.

孔疏 ●"外則順於君長"者, 謂朝廷也, 出事公卿, 故云"外"也.

번역 ●經文: "外則順於君長". ○조정에 대한 내용을 뜻하니, 사회에 나가 공과 경을 섬기는 것이기 때문에 '외(外)'라고 했다.

孔疏 ●"不求其爲"者, 言孝子但內盡孝敬, 以奉祭祀, 不求其鬼神福祥爲己之報. 按少牢餽辭云: "皇尸命工祝, 承致多福無疆于女孝孫, 使女受祿于天, 宜稼于田", 則是祭祀有求. 所云不求者, 謂孝子之心無所求也, 但神自致福, 故有受祿于天之言. 若水旱災荒, 禱祭百神, 則有求也. 故大祝有六祈之義, 大司徒有荒政索鬼神之禮.

번역 ●經文: "不求其爲". ○자식은 단지 내적으로 효와 공경을 다하여 제사를 받들고, 귀신들이 내려주는 복과 상서로운 조짐을 자신을 위한 보답으로 원하지 않는다는 뜻이다. 『의례』「소뢰궤식례(少牢饋食禮)」편을 살펴보면, 하사(嘏辭)5)에서 "황시(皇尸)6)가 나 축관에게 명하여, 효손인 그

5) 하사(嘏辭)의 하(嘏)자는 축복을 받는다는 뜻이다. 제사를 지내게 되면, 시동이 입가심 하는 술을 받은 다음, 술잔이 오가게 되는데, 그 일이 끝나게 되면 축관(祝官)에게 명령하여, 제주(祭主)에게 축복을 내려주도록 한다. 이 의식을 '하'라고 부른다. 시동의 명령을 받은 축관은 '하'를 하게 되는데, 그 말에서는 "황시(皇尸)가 나 축관에게 명하여, 효손인 그대에게 많은 복을 영원토록 내리게 하였다. 그대 효손으로 하여금, 하늘로부터 녹봉[祿]을 받게 하고,

대에게 많은 복을 영원토록 내리게 하였다. 그대 효손으로 하여금 하늘로
부터 녹봉[祿]을 받게 하고, 많은 농토를 경작하게 할 것이다."7)라고 했으
니, 이것은 제사에서 복을 바라는 점이 있음을 나타낸다. "바라지 않는다."
라고 한 말은 효자의 마음에는 바라는 점이 없다는 뜻이니, 단지 신 스스로
복을 내려주는 것이다. 그렇기 때문에 하늘로부터 녹봉을 받는다는 말이
포함된 것이다. 수재나 가뭄 또는 재앙이나 기근 등이 들게 되면, 모든 신들
에게 기원하는 제사를 지내게 되어, 바라는 점이 있게 된다. 그렇기 때문에
『주례』「대축(大祝)」편에는 육기(六祈)8)의 도의가 포함되어 있는 것이고,
『주례』「대사도(大司徒)」편에는 기근 때의 정치에 귀신들을 찾아서 제사지

많은 농토를 경작하게 할 것이며, 장수하여 천년만년 향유하도록 할 것이니,
폐망하는 일 없이 잘 이끌어가야 한다."라고 한다. 이것이 바로 '하사'이다.
6) 황시(皇尸)는 본래 군주의 시동에게 붙이는 경칭이다. 또한 일반적으로 시동
을 높여 부르는 용어로도 사용되었다.
7) 『의례』「소뢰궤식례(少牢饋食禮)」: 卒命祝, 祝受以東, 北面于戶西, 以嘏于主
人曰, "皇尸命工祝. 承致多福無疆于女孝孫. 來女孝孫, 使女受祿于天, 宜稼于
田, 眉壽萬年, 勿替引之."
8) 육기(六祈)는 재앙이나 변고가 발생했을 때, 신에게 기도문을 올리며 그것들
이 물러나기를 간청하는 여섯 가지 제사들이다. 여섯 가지 제사는 류(類), 조
(造), 회(禬), 영(禜), 공(攻), 설(說)을 뜻한다. 정사농(鄭司農)은 '류'는 상제
(上帝)에게 지내는 제사이며, '조'는 선왕(先王)들에게 지내는 제사이고, '영'
은 일월(日月)·성신(星辰)·산천(山川)에게 지내는 제사라고 설명한다. 정현은
'류'와 '조'를 지낼 때에는 정성과 엄숙함을 더욱 가중하여, 뜻한 바를 얻고자
하는 것이고, '회'와 '영'은 당시에 발생한 재앙과 변고에 대해서 아뢰는 것이
며, '공'과 '설'은 기도문을 읽어서 그것을 일으킨 요망한 기운을 책망하는 것
이라고 설명한다. 또한 정현은 '조'·'류'·'회'·'영'을 지낼 때에는 희생물을 사
용하였고, '공'과 '설'을 지낼 때에는 폐물만 바쳤다고 설명한다. 정현은 '회'
에 대해서는 자세한 내용을 들어보지 못했다고 설명한다. 『주례』「춘관(春
官)·대축(大祝)」편에는 "掌六祈, 以同鬼神示, 一曰類, 二曰造, 三曰禬, 四
曰禜, 五曰攻, 六曰說."라는 기록이 있고, 이에 대한 정현의 주에서는 "鄭司
農云, '類·造·禬·禜·攻·說, 皆祭名也. 類祭于上帝. …… 司馬法曰, 將用師, 乃告
于皇天上帝·日月星辰, 以禱于后土·四海神祇·山川冢社, 乃造于先王. …… 禜,
日月星辰山川之祭也.' 玄謂類造, 加誠肅, 求如志. 禬禜, 告之以時有災變也. 攻
說, 則以辭責之. …… 禬, 未聞焉. 造類禬禜皆有牲, 攻說用幣而已."라고 풀이
했다.

내는 예법이 포함되어 있는 것이다.9)

荒政	항목	내 용
1	散利	풍년일 때 곡식을 거둬들여 보관했다가 흉년 때 나눠주는 것이다.
2	薄征	조세를 경감시켜주는 것이다.
3	緩刑	흉년에는 백성들이 죄를 범해도 완만하게 처리하는 것이다.
4	弛力	요역을 동원하는 일들을 중지하는 것이다.
5	舍禁	산림에 들어가서 채취하는 시기는 본래 정해진 기간이 있는데, 이러한 금령을 풀어주는 것이다.
6	去幾	관문과 시장에서 걷던 세금을 중지하고 단속만 하는 것이다.
7	眚禮	길례(吉禮)에 따라 시행해야 하는 여러 절차들을 생략하는 것이다.
8	殺哀	흉례(凶禮)에 따라 시행해야 하는 여러 절차들을 생략하는 것이다.
9	蕃樂	악기들을 창고에 보관하고 연주하지 않는 것이다.
10	多昏	혼례(昏禮)의 절차들을 줄여서 결혼을 쉽게 하도록 하는 것이다.
11	索鬼神	신들에게 기원을 하기 위해, 신들을 찾아다니며 제사를 지내는 것이다.
12	除盜賊	흉년에는 도적이 많아지므로, 형벌을 집행하여 도적을 제거하는 것이다.

---

9) 『주례』「지관(地官)·대사도(大司徒)」: 以荒政十有二聚萬民: 一曰散利, 二曰薄征, 三曰緩刑, 四曰弛力, 五曰舍禁, 六曰去幾, 七曰眚禮, 八曰殺哀, 九曰蕃樂, 十曰多昏, 十有一曰索鬼神, 十有二曰除盜賊.

集解 愚謂: 順於鬼神, 以事死言; 孝於其親, 以事生言. 能備, 則以事鬼神, 事君長, 事其親, 而無乎不順也. 誠信·忠敬, 所謂“內盡於己”也. 時, 謂一歲四祭, 不煩不怠也. “奉之以物”, 至“參之以時”, 所謂“外順於道”也. 爲, 謂鬼神之佑助. 蓋賢者之祭, 有得福之理, 而無求福之心也.

번역 내가 생각하기에, “귀신에게 순종한다.”는 말은 죽은 자를 섬기는 것을 기준으로 한 말이며, “부모에게 효도를 한다.”는 말은 살아 있는 자를 섬기는 것을 기준으로 한 말이다. 잘 갖출 수 있다면 이를 통해 귀신을 섬길 수 있고, 군주와 연장자를 섬길 수 있으며, 부모를 섬길 수 있고, 순종하지 않는 것이 없게 된다. 성심과 신의, 충심과 공경함은 “내적으로 자신의 뜻을 다한다.”는 의미이다. ‘시(時)’는 한 해에는 사계절마다 제사를 지내어 번잡하지 않게 하고 태만하게 하지 않는다는 뜻이다. “사물로써 받든다.”라는 말로부터 “때로써 참여한다.”는 말은 “외적으로 도에 순종한다.”는 뜻이다. ‘위(爲)’자는 귀신의 가호와 도움을 뜻한다. 무릇 현자가 제사를 지낼 때에는 복을 얻는 이치가 있지만, 복을 바라는 마음은 없다는 뜻이다.

• 제 3 절 •

제사와 효(孝) · 휵(畜)

【575a】

祭者, 所以追養繼孝也. 孝者畜也, 順於道, 不逆於倫, 是之
謂畜.

직역 祭者는 養을 追하고 孝를 繼하는 所以이다. 孝者는 畜이니, 道에 順하고, 倫을 不逆해야만, 是를 畜이라 謂한다.

의역 제사는 봉양의 도리를 미루어 시행하고 효의 뜻을 지속적으로 시행하는 것이다. 효는 봉양하는 것이니, 천도에 순응하고 인륜을 거스르지 않는 것을 '휵(畜)'이라고 부른다.

集說 應氏曰: 追其不及之養, 而繼其未盡之孝也. 畜, 固爲畜養之義, 而亦有止而畜聚之意焉.

번역 응씨가 말하길, 미치지 못하는 봉양의 도리를 미루어 따르고 미진했던 효를 계속하는 것이다. '휵(畜)'은 진실로 기르고 봉양한다는 뜻이 되고, 또한 그쳐서 쌓고 모은다는 뜻도 있다.

集說 劉氏曰: 追養其親於旣遠, 繼續其孝而不忘. 畜者, 藏也, 中心藏之而不忘, 是順乎率性之道, 而不逆天敍之倫焉. 詩曰, "心乎愛矣, 遐不謂矣, 中心藏之, 何日忘之", 此畜之意也.

번역 유씨[1]가 말하길, 이미 멀어진 상태에서 부모에 대해 미루어 봉양

하고, 효를 지속적으로 시행하여 잊지 않는 것이다. '축(畜)'자는 "보관한다
[藏]."는 뜻이니, 마음속에 간직하여 잊지 않는 것이 바로 본성에 따르는
도에 순종하고, 천도의 윤리를 거스르지 않는 것이다. 『시』에서 "마음에서
사랑하니, 어찌 말하지 않겠는가, 마음에 간직하고 있으니, 어느 날인들 잊
겠는가."2)라고 했는데, 이것이 바로 축(畜)의 의미이다.

大全 嚴陵方氏曰: 追養繼孝, 養爲事親之事, 孝爲事親之道, 追言追其往,
繼言繼其絶. 孝子之事其親也, 上則順於天道, 下則不逆於人倫, 是之謂畜. 孔
子曰, 父子之道, 天性也, 則孝之順於天道, 可知. 孟子曰, 內則父子人之大倫
也, 則孝之不逆於人倫, 可知.

번역 엄릉방씨가 말하길, "봉양을 미루어 시행하고 효를 잇는다."고 했
는데, 봉양은 부모를 섬기는 사안이고, 효는 부모를 섬기는 도리이며, 미룬
다는 것은 이미 떠난 것을 미루어 시행하는 것이고, 잇는다는 것은 이미
끊어진 것을 잇는 것이다. 자식이 부모를 섬길 때 위로는 천도에 따르고,
아래로는 인도를 거스르지 않으니, 이것을 '휵(畜)'이라고 부른다. 공자는
"부모와 자식 간에 지켜야 하는 도리는 천성적인 것이다."3)라고 했으니,
효가 천도에 따른다는 것을 알 수 있다. 『맹자』에서는 "내적으로 부자관계
의 도리는 사람의 큰 윤리이다."4)라고 했으니, 효가 인륜을 거스르지 않는
다는 사실을 알 수 있다.

---

1) 장락유씨(長樂劉氏, A.D.1017 ~ A.D.1086) : =유씨(劉氏)·유이(劉彝)·유집중
(劉執中). 북송(北宋) 때의 성리학자이다. 자(字)는 집중(執中)이다. 복주(福
州) 출신이며, 어려서 호원(胡瑗)에게서 학문을 배웠다. 『정속방(正俗方)』, 『주
역주(周易注)』를 지었으나 현존하지 않는다. 『칠경중의(七經中議)』, 『명선집
(明善集)』, 『거이집(居易集)』 등이 남아 있다.
2) 『시』「소아(小雅)·습상(隰桑)」: 心乎愛矣, 遐不謂矣. 中心藏之, 何日忘之.
3) 『효경』「성치장(聖治章)」: 父子之道, 天性也, 君臣之義也.
4) 『맹자』「공손추하(公孫丑下)」: 景子曰, "內則父子, 外則君臣, 人之大倫也. 父
子主恩, 君臣主敬. 丑見王之敬子也. 未見所以敬王也."

鄭注 畜, 謂順於德教.

번역 '휵(畜)'은 도덕과 교화에 순응한다는 뜻이다.

釋文 養, 羊尙反, 下同. 畜, 許六反, 下同.

번역 '養'자는 '羊(양)'자와 '尙(상)'자의 반절음이며, 아래문장에 나오는 글자도 그 음이 이와 같다. '畜'자는 '許(허)'자와 '六(륙)'자의 반절음이며, 아래문장에 나오는 글자도 그 음이 이와 같다.

孔疏 ●"追養繼孝也"者, 養者, 是生時養親. 孝者, 生時事親. 親今旣沒, 設禮祭之, 追生時之養, 繼生時之孝.

번역 ●經文: "追養繼孝也". ○양(養)은 생전에 부모를 봉양하는 것이다. 효(孝)는 생전에 부모를 섬기는 것이다. 부모가 현재 돌아가신 상태이니, 예법에 따라 제사를 지내서 생전에 봉양하던 뜻을 미루어 시행하고 생전에 섬기던 효를 계승하는 것이다.

孔疏 ●"孝5)者, 畜也"者, 畜, 謂畜養, 謂孝子順于德教, 不逆於倫理, 可以畜養其親, 故釋孝謂畜. 此據援神契: "庶人之孝曰畜, 五孝不同, 庶人但取畜養而已, 不能百事皆順." 援神契又云: "天子之孝曰就, 諸侯曰度, 大夫曰譽, 士曰究, 庶人曰畜, 分之." 則五總之曰畜, 皆是畜養. 但功有小大耳.

번역 ●經文: "孝者, 畜也". ○'휵(畜)'자는 기르고 봉양한다는 뜻이니, 자식이 덕과 교화에 순응하고 윤리를 거스르지 않으면, 부모를 잘 봉양한다고 할 수 있다. 그렇기 때문에 효(孝)를 휵(畜)으로 풀이한 것이다. 이것

---

5) '효(孝)'자에 대하여. '효'자는 본래 '야(也)'자로 기록되어 있었는데, 『십삼경주소(十三經注疏)』 북경대 출판본에서는 "이곳 공영달의 소는 경문을 인용하여 풀이한 것인데, 앞의 경문에는 '야'자가 없으므로, 삭제하였다."라고 했다.

은 『원신계』에서 "서인의 효를 휵(畜)이라고 부르고, 오효(五孝)[6]가 동일하지 않은데, 서인은 단지 봉양만 할 따름이며, 모든 일들에 대해서 순응할 수 없다."라고 한 말에 근거를 두고 있다. 또 『원신계』에서는 "천자의 효를 취(就)라고 부르고, 제후의 효를 도(度)라고 부르며, 대부의 효를 예(譽)라고 부르고, 사의 효를 구(究)라고 부르며, 서인의 효를 휵(畜)이라고 불러서 구분한다."라고 했으니, 오효를 총괄하여 휵(畜)이라고 부르는 것은 모두 봉양의 뜻에 해당하기 때문이다. 다만 공덕에 있어서 작고 큰 차이만 있을 따름이다.

集解 愚謂: 順於道, 謂立身行道, 而能諭諸其親也. 不逆於倫, 謂承順乎親, 而於倫理無所忤也. 不逆於倫者, 得親之謂; 順於道者, 順親之謂.

번역 내가 생각하기에, "도에 순종한다."는 말은 자신을 확립하고 도를 시행하며, 부모를 도에 따라 깨우칠 수 있다는 뜻이다. "윤리를 거스르지 않는다."는 말은 부모의 뜻을 받들고 순종하여 윤리에 있어서 거스르는 점이 없다는 뜻이다. 윤리를 거스르지 않는 것은 부모의 뜻을 얻음을 뜻하며, 도리에 순종함은 부모에게 순종함을 뜻한다.

---

6) 오효(五孝)는 천자(天子), 제후(諸侯), 경대부(卿大夫), 사(士), 서인(庶人)이 행해야할 효(孝)를 가리킨다.

• 제 4 절 •

효(孝)와 세 가지 도리

【575b】

是故孝子之事親也, 有三道焉, 生則養, 沒則喪, 喪畢則祭.
養則觀其順也, 喪則觀其哀也, 祭則觀其敬而時也. 盡此三道
者, 孝子之行也.

직역 是故로 孝子가 親을 事함에는 三道가 有하니, 生에는 養하고, 沒하면 喪하
며, 喪이 畢하면 祭한다. 養에는 그 順을 觀하며, 喪에는 그 哀를 觀하고, 祭에는
그 敬하고 時함을 觀한다. 이 三道를 盡하는 者가 孝子의 行이다.

의역 이러한 까닭으로 자식이 부모를 섬길 때에는 세 가지 도리가 있다. 부모
가 살아계실 때에는 봉양의 도리를 다하고, 돌아가셨을 때에는 상장(喪葬)의 의례
를 다하며, 상례가 끝나면 제례의 도리를 다한다. 봉양을 할 때에는 순종함을 살피
고, 상례를 치를 때에는 애통함을 살피며, 제사를 치를 때에는 공경함과 때에 맞게
함을 살핀다. 이러한 세 가지 도리를 다하는 것이 효자의 행동이다.

集說 生事之以禮, 死葬之以禮, 祭之以禮. 養以順爲主, 喪以哀爲主, 祭以
敬爲主. 時者, 以時思之, 禮時爲大也.

번역 살아계실 때에는 예에 따라 섬기고, 돌아가셔서 장례를 치를 때에
는 예에 따라 지내며, 제사를 지낼 때에는 예에 따라 치른다.1) 봉양할 때에

---

1) 『논어』「위정(爲政)」: 孟懿子問孝. 子曰, "無違." 樊遲御, 子告之曰, "孟
孫問孝於我, 我對曰, 無違." 樊遲曰, "何謂也?" 子曰, "生事之以禮, 死葬之以禮, 祭之
以禮."

는 순종함을 위주로 하고, 상장례를 치를 때에는 애통함을 위주로 하며, 제사를 치를 때에는 공경함을 위주로 한다. '시(時)'는 때에 맞게 부모를 생각한다는 뜻으로, 예법에서는 때가 가장 중대하다.2)

大全 嚴陵方氏曰: 以養志爲上, 以養口體爲下, 此養之順也. 發於聲音而見於衣服, 此喪之哀也. 所以交於神明者, 祭之敬也. 所以節其疏數者, 祭之時也. 孔子曰, 養則致其樂, 喪則致其哀, 祭則致其嚴, 又曰, 春秋祭祀, 以時思之, 其言正與此合. 是三者, 皆孝子之所常行, 故曰道, 行而有可見之迹, 故曰孝子之行也. 觀者, 上下見之之謂, 觀其順, 則不順者亦可見矣, 觀其哀, 則不哀者亦可見矣, 以至敬與時皆然也.

번역 엄릉방씨가 말하길, 뜻을 봉양하는 것이 상등이며, 몸만 봉양하는 것은 하등이니, 이것이 봉양의 따름이다. 소리를 통해 표현하고 의복을 통해 나타내니, 이것이 상례의 슬픔이다. 신명과 교감하는 것은 제사의 공경이다. 드문드문하고 자주하는 것을 조절하는 것이 제사의 시기이다. 공자는 "부모를 봉양할 때에는 진심에서 우러나오는 기쁨을 다해야 하고, 상례를 치를 때에는 슬픔을 다해야 하며, 제사를 치를 때에는 엄숙함을 다해야 한다."3)라고 했고, 또 "봄과 가을마다 제사를 지내서 때마다 부모를 생각한다."4)라고 했는데, 그 말이 바로 이곳의 뜻과 부합된다. 이러한 세 가지 것들은 모두 자식이 항상 시행하는 것이다. 그렇기 때문에 '도(道)'라고 말한 것이고, 시행하면 드러나는 자취가 있기 때문에 "효자의 행동이다."라고 했다. '관(觀)'은 위아래에서 살펴본다는 뜻이니, 순종함을 살펴본다면 순종하지 않는 것에 대해서도 알 수 있고, 슬퍼함을 살펴본다면 슬퍼하지 않는

---

2) 『예기』「예기(禮器)」【296a】: 禮, <u>時爲大</u>, 順次之, 體次之, 宜次之, 稱次之. 堯授舜, 舜授禹, 湯放桀, 武王伐紂, 時也. 詩云, 匪革其猶, 聿追來孝.
3) 『효경』「기효행장(紀孝行章)」: <u>養則致其樂</u>. 病則致其憂. <u>喪則致其哀. 祭則致其嚴</u>.
4) 『효경』「상친장(喪親章)」: 陳其簠簋而哀慼之. 擗踊哭泣, 哀以送之. 卜其宅兆, 而安措之. 爲之宗廟, 以鬼享之. <u>春秋祭祀, 以時思之</u>.

것에 대해서도 알 수 있으며, 공경함과 때에 맞게 함에 있어서도 모두 이러하다.

大全 石林葉氏曰: 養則致其樂, 而此觀其順者, 順爲樂之形也. 喪則致其哀, 而此觀其哀者, 哀爲喪之本也. 祭則致其嚴, 而此觀其敬者, 敬爲嚴之體也. 蓋孝子之行, 不過此三者, 而其誠信忠順, 皆在內者, 故曰孝子之心也.

번역 석림섭씨5)가 말하길, 봉양한다면 즐거운 마음을 지극히 해야 하는데, 순종함을 살펴보는 것은 순종함은 즐거운 마음이 나타난 것이기 때문이다. 상례를 치르면 슬퍼하는 마음을 지극히 해야 하는데, 슬퍼함을 살펴보는 것은 슬퍼함은 상례의 근본이기 때문이다. 제사를 지내면 엄숙함을 지극히 해야 하는데, 공경함을 살펴보는 것은 공경함은 엄숙함의 본체이기 때문이다. 무릇 효자의 행실은 이러한 세 가지를 지키는 것에 불과하고, 정성과 신의, 충심과 순종은 모두 내적인 것에 있기 때문에 효자의 마음이라고 했다.

鄭注 沒, 終也.

번역 '몰(沒)'자는 "죽는다[終]."는 뜻이다.

釋文 盡, 徐子忍反, 下同. 行, 下孟反.

번역 '盡'자의 서음(徐音)은 '子(자)'자와 '忍(인)'자의 반절음이며, 아래 문장에 나오는 글자도 그 음이 이와 같다. '行'자는 '下(하)'자와 '孟(맹)'자의 반절음이다.

---

5) 석림섭씨(石林葉氏, ? ~ A.D.1148) : =섭몽득(葉夢得)·섭소온(葉少蘊). 남송(南宋) 때의 유학자이다. 자(字)는 소온(少蘊)이고, 호(號)는 몽득(夢得)이다. 박학다식했다고 전해지며, 『춘추(春秋)』에 대한 조예가 깊었다.

孔疏 ●“是故”至“行也”. ○正義曰: 此一節明孝子事親有三種之道.

번역 ●經文: “是故”~“行也”. ○이곳 문단은 자식이 부모를 섬기는데, 세 종류의 도리가 있음을 나타내고 있다.

集解 內盡於己, 則有誠信忠敬, 擧敬以見誠信與忠, 外盡於道, 則有禮樂物時, 擧時以見物與禮樂也.

번역 내적으로 자신의 뜻을 다한다면 정성과 신의 및 충심과 공경이 있는 것이니, 공경함을 제시하여 정성과 신의 및 충심을 드러낸 것이다. 외적으로 도리를 다한다면 예·악·사물·때가 있는 것이니, 때를 제시하여 사물·예·악을 드러낸 것이다.

부부와 제사의 갖춤

【575c~d】

> 旣內自盡, 又外求助, 昏禮是也. 故國君取夫人之辭曰, "請君之玉女, 與寡人共有敝邑, 事宗廟社稷." 此求助之本也. 夫祭也者, 必夫婦親之, 所以備外內之官也. 官備則具備. 水草之菹, 陸産之醢, 小物備矣. 三牲之俎, 八簋之實, 美物備矣. 昆蟲之異, 草木之實, 陰陽之物備矣. 凡天之所生, 地之所長, 苟可薦者, 莫不咸在, 示盡物也. 外則盡物, 內則盡志, 此祭之心也.

직역 旣히 內로 自히 盡이나, 又히 外로 助를 求하니, 昏禮가 是이다. 故로 國君은 夫人을 取하는 辭에서 曰, "君의 玉女가 寡人과 與하여 共히 敝邑을 有하고, 宗廟와 社稷을 事하길 請합니다." 此는 助를 求하는 本이다. 夫히 祭라는 者는 必히 夫婦가 親하니, 外內의 官을 備하는 所以이다. 官이 備하면 具備한다. 水草의 菹, 陸産의 醢는 小物을 備이다. 三牲의 俎, 八簋의 實은 美物을 備이다. 昆蟲의 異, 草木의 實은 陰陽의 物이 備이다. 凡히 天이 生한 所와 地가 長한 所에 苟히 可히 薦하는 者는 咸在를 不함을 莫하니, 物을 盡함을 示이다. 外로는 物을 盡하고, 內로는 志를 盡하니, 此는 祭의 心이다.

의역 이미 내적으로 스스로 그 마음을 다했지만 또한 외적으로 도움을 구하게 되니, 혼례가 바로 여기에 해당한다. 그러므로 군주가 부인을 얻을 때 전하는 말에 있어서는 "그대의 여식이 나와 함께 우리나라를 다스리고, 종묘와 사직의 제사를 섬길 수 있도록 청합니다."라고 말한다. 이것이 바로 도움을 구하는 근본에 해당한다. 무릇 제사를 지낼 때에는 반드시 부부가 직접 시행하니, 이것이 내외의 직분을 갖추는 것이다. 또 내외의 직분이 갖춰지면 모든 것들이 갖춰지게 된다. 수초 등의 절임이나 육지에서 생산된 산물로 담근 젓갈 등은 미미한 사물들을 갖추는 것이다. 세 희생물을 도마에 담고 여덟 개의 궤(簋)에 담은 음식 등은 맛있는 사물들을 갖추는 것이다. 곤충들 중 특별한 것과 초목의 과실 등은 음양에 해당하는 사물들을 갖추는 것이다. 무릇 하늘이 낳아준 것과 땅이 길러준 것들 중에서 바칠 수 있는 것들이라면 모두 갖추지 않는 것이 없으니, 이를 통해 사물들을 모두 갖췄음을 드러낸다. 외적으로 사물들을 모두 갖추고 내적으로 자신의 뜻을 다하는 것이 제사를 지내는 자의 마음이다.

集説 按內則, 可食之物有蜩范者, 蟬與蜂也. 又如蚳醢, 是蟻子所爲. 此言昆蟲之異, 亦此類乎.

번역 『예기』「내칙(內則)」편을 살펴보면, 먹을 수 있는 음식으로 조(蜩)와 범(范)이 포함되어 있는데,1) 이것은 매미와 벌을 뜻한다. 또 '지해(蚳醢)'2)와 같은 것은 왕개미 알로 담근 젓갈이다. 따라서 이곳에서 '곤충지이(昆蟲之異)'라고 한 말은 또한 이러한 부류를 뜻할 것이다.

大全 嚴陵方氏曰: 旣內自盡於己也, 又外求助於人, 求助之道, 莫大乎夫婦之際, 以夫婦而行祭祀之道, 則足以盡陰陽之義, 以夫婦而共祭祀之事, 則足以備外內之官, 故國君取夫人之辭, 以事宗廟社稷爲言也. 必曰玉女者, 言其有貞潔之德也. 所以事宗廟社稷, 亦在乎有貞潔之德而已. 觀卷耳之詩, 后妃則輔佐君子, 求賢審官, 雞鳴之詩, 則夫人夙夜警戒, 有相成之道. 然婦之助夫, 固不特在乎祭祀之時也. 此之所言, 亦以祭祀爲本, 故曰此求助之本也. 夫婦親之, 若君制祭, 夫人薦盎, 君割牲, 夫人薦酒. 卿大夫相君, 命婦相夫人, 此外內之官也. 官所以執事, 事所以具物, 故曰官備則具備. 菹以醢類也, 故周官屬醢人. 然以植物爲之則曰菹, 以動物爲之則曰醢. 水草之菹, 卽七菹, 所謂茆

1) 『예기』「내칙(內則)」. 【357a】: 爵·鷃·蜩·范·芝·栭·菱·椇·棗·栗·榛·柿·瓜·桃·李·梅·杏·楂·梨·薑·桂.
2) 『예기』「내칙(內則)」. 【355d】: 腶脩蚳醢, 脯羹兎醢, 麋膚魚醢, 魚膾芥醬, 麋腥醢醬, 桃諸梅諸卵鹽.

菹芹菹之類. 陸産之醢, 卽七醢, 所謂兎醢鴈醢之類. 然七菹又有葵菹之類, 不
必皆水草, 七醢又有蟲醢魚醢之類, 不必皆陸産. 俎者三牲, 則八簋者五穀也.
言八簋則俎爲三俎矣. 言實則俎3)亦非虛矣. 俎所薦者天産, 故其數用三之奇,
簋所盛者地産, 故其數用八之耦. 於昆蟲草木, 言陰陽之物者, 蓋昆蟲以陰蟄
以陽出, 草木以陰枯以陽榮故也. 然草木亦陰物也, 陸産亦陽物也, 三牲以陽
物也, 八簋以陰物也, 止謂昆蟲草木爲陰陽之物者, 以用至於昆蟲之異草木之
實, 而陰陽之物, 於是爲備故也. 以陰陽之物, 於是爲備, 故曰凡天之所生, 地
之所長, 苟可薦者, 莫不咸在, 示盡物也. 徒盡物於外, 而不能盡志於內, 亦不
足以盡祭之心矣, 故曰外則盡物, 內則盡志, 祭之心也.

번역 엄릉방씨가 말하길, 이미 내적으로 제 스스로 자신의 뜻을 다했는
데도 재차 외적으로 남에게서 도움을 구하는데, 도움을 구하는 도리 중에
는 부부 사이에서 구하는 것보다 큰 것이 없으니, 부부가 제사의 도리를
시행한다면 음양의 뜻을 다하기에 충분하고, 부부가 제사의 일을 시행한다
면 내외의 관직을 갖추기에 충분하다. 그렇기 때문에 군주는 부인을 들이
며 전하는 말에서 종묘와 사직을 섬긴다고 말하는 것이다. 기어코 '옥녀(玉
女)'라고 말한 것은 정숙하고 고결한 덕을 갖추고 있음을 뜻한다. 종묘와
사직을 섬기는 방법 또한 정숙하고 고결한 덕을 갖추고 있는데 달려 있을
따름이다. 『시』「권이(卷耳)」편을 살펴보면 후비(后妃)4)는 남편을 보좌하

---

3) '조(俎)'자에 대하여. '조'자는 본래 '저(菹)'자로 기록되어 있었는데, 문맥에
따라 '조'자로 수정하였다.
4) 후비(后妃)는 천자의 부인 또는 비빈(妃嬪)을 뜻한다. 『예기』「곡례하(曲禮
下)」편에는 "天子之妃曰后, 諸侯曰夫人, 大夫曰孺人, 士曰婦人, 庶人曰妻."라
는 기록이 있다. 즉 천자의 부인은 후(后)라고 부르고, 제후의 부인은 부인
(夫人)이라고 부르며, 대부(大夫)의 부인은 유인(孺人)이라고 부르고, 사(士)
의 부인은 부인(婦人)이라고 부르며, 서인(庶人)들의 부인은 처(妻)라고 부른
다. 비(妃)에 대해서 『이아』「석고(釋詁)」편에서는 "妃, 媲也."라고 하였다. 즉
'비'는 남자의 배필이라는 뜻으로, 신분적 구분 없이 일반적으로 부인에게 붙
여 부르는 말이다. 한편 '후'자는 천자의 부인에게만 붙일 수 있는 명칭인데,
상하(上下)의 계층 구분 없이 사용할 수 있는 '비'자를 붙임으로써, '후비'는
천자의 부인과 비빈들을 통칭하는 말로 사용된 것이다.

여 현자를 찾고 관리들을 살펴야 하고,5)『시』「계명(雞鳴)」편에서는 부인은 밤낮으로 경계하여 서로 이루어주는 도가 있다고 했다.6) 그러므로 부인이 남편을 돕는 것은 진실로 제사를 지낼 때에만 한정되지 않는다. 다만 이곳에서 언급한 내용은 또한 제사를 근본으로 삼고 있기 때문에, "이것은 도움을 구하는 근본이다."라고 말한 것이다. 부부가 직접 한다는 것은 마치 군주가 제제(制祭)7)를 하고 부인이 앙제(盎齊)8)를 술잔에 따라서 바치며, 군주가 직접 희생물을 부위별로 해체하고 부인이 또한 술을 따라서 바치는 부류에 해당한다.9) 또 경과 대부는 군주를 돕고, 경과 대부의 부인들은 군주의 부인을 도우니,10) 이것은 내외의 관직에 해당한다. 관리는 일을 맡아보는 자들이고, 일은 사물들을 갖추는 것이다. 그렇기 때문에 "관직이 갖춰지면 사물들이 모두 갖춰진다."라고 했다. 절임[菹]은 젓갈[醢]의 부류이다. 그렇기 때문에『주례』에서는 그 직무를 해인(醢人)이라는 관리에 배속시켰다. 그런데 식물로 만들게 되면 '저(菹)'라고 부르고 동물로 만들게 되면

---

5)『시』「주남(周南)·권이(卷耳)」편의「모서(毛序)」: 卷耳, 后妃之志也. 又當輔佐君子, 求賢審官, 知臣下之勤勞, 內有進賢之志, 而無險詖私謁之心, 朝夕思念, 至於憂勤也.

6)『시』「제풍(齊風)·계명(雞鳴)」편의「모서(毛序)」: 雞鳴, 思賢妃也. 哀公荒淫怠慢, 故陳賢妃貞女夙夜警戒相成之道焉.

7) 제제(制祭)는 울창주로 희생물의 간장을 씻어서 굽고, 이것을 신주 앞에서 손질을 하는 등의 절차를 뜻한다.『예기』「예운(禮運)」편에는 "故玄酒在室, 醴醆在戶, 粢醍在堂, 澄酒在下, 陳其犧牲, 備其鼎俎, 列其琴瑟管磬鐘鼓, 脩其祝嘏, 以降上神與其先祖, 以正君臣, 以篤父子, 以睦兄弟, 以齊上下, 夫婦有所, 是謂承天之祜."라는 기록이 있는데, 이에 대한 공영달(孔穎達)의 소(疏)에서는 "王乃洗肝於鬱鬯而燔之, 以制於主前, 所謂制祭."라고 풀이했다.

8) 앙제(盎齊)는 오제(五齊) 중 하나이다. '오제'는 술의 맑고 탁한 정도에 따라서 다섯 가지 등급으로 분류한 술로, 주로 제사 때 사용한다. '앙제'는 오제 중에서도 중간에 해당하는 술로, '앙제'부터 맑은 술이 된다. '앙제'는 술이 익고 나서 새파란 빛깔을 보이는 것으로 찬백(鄼白)과 같은 술이다.

9)『예기』「예기(禮器)」【312d】: 大廟之內敬矣, 君親牽牲, 大夫贊幣而從; 君親制祭, 夫人薦盎; 君親割牲, 夫人薦酒.

10)『예기』「제의(祭義)」【555a】: 唯聖人爲能饗帝, 孝子爲能饗親. 饗者, 鄕也, 鄕之然後能饗焉. 是故孝子臨尸而不怍. 君牽牲, 夫人奠盎; 君獻尸, 夫人薦豆; 卿大夫相君, 命婦相夫人. 齊齊乎其敬也, 愉愉乎其忠也, 勿勿諸其欲其饗之也.

'해(醯)'라고 부른다. 수초로 만든 절임은 곧 '칠저(七菹)'11)에 해당하니, 순
채절임[茆菹]이나 미나리절임[芹菹] 등을 뜻한다. 육지의 산물로 만든 젓갈
은 곧 '칠해(七醢)'12)에 해당하니, 토끼젓갈[兎醢]이나 기러기젓갈[鴈醢] 등
을 뜻한다. 그런데 칠저에는 또한 아욱절임[葵菹] 등이 포함되어 있으니,
이 모두가 수초로 만든 것은 아니며, 칠해에도 또한 조개젓갈[蟲醢]이나
물고기젓갈[魚醢] 등이 포함되어 있으니, 이 모두가 육지의 동물로만 만든
것은 아니다. 도마에 세 가지 희생물의 고기를 담는다면, 8개의 궤(簋)에는
오곡(五穀)13)을 담는 것이다. 팔궤(八簋)라고 했다면 도마는 3개의 도마가
된다. 또 채운다고 했다면 도마 또한 비워두는 것이 아니다. 도마에 바치는
것은 하늘이 낳아준 산물이다. 그렇기 때문에 그 수를 3개라는 홀수에 맞추
는 것이다. 또 궤(簋)에 바치는 것은 땅이 길러준 산물이다. 그렇기 때문에
그 수를 8개라는 짝수에 맞추는 것이다. 곤충이나 초목 등에 대해서는 음양
의 산물이라고 했는데, 곤충은 음(陰)의 기운에 따라 칩거하고 양(陽)의 기
운에 따라 나타나며, 초목은 음(陰)의 기운에 따라 마르고 양(陽)의 기운에
따라 꽃을 피우기 때문이다. 그런데 초목은 또한 음(陰)에 해당하는 사물이

---

11) 칠저(七菹)는 일곱 가지 절임을 뜻한다. 부추[韭]절임, 순무[菁]절임, 순채[茆]
절임, 아욱[葵]절임, 미나리[芹]절임, 죽순[箔]절임을 가리킨다.
12) 칠해(七醢)는 일곱 가지 젓갈을 뜻한다. 뼈가 섞인 고기[臡]젓갈, 소라[蠃]젓
갈, 조개[蠯]젓갈, 개미알[蚳]젓갈, 물고기[魚]젓갈, 토끼[兎]젓갈, 기러기[鴈]
젓갈을 가리킨다.
13) 오곡(五穀)은 곡식을 총칭하는 말로 사용되는데, 본래 다섯 가지 곡식을 뜻
한다. 그러나 다섯 가지 곡식이 구체적으로 무엇을 가리키는지에 대해서는
이견이 많다. 『주례』「천관(天官)·질의(疾醫)」편에는 "以五味·五穀·五藥養其
病."이라는 기록이 있고, 이에 대한 정현의 주에서는 "五穀, 麻·黍·稷·麥·豆
也."라고 풀이했다. 즉 이 문장에서는 '오곡'을 마(麻)·메기장[黍]·차기장[稷]·
보리[麥]·콩[豆]으로 설명하고 있다. 그리고 『맹자』「등문공상(滕文公上)」편
에는 "樹藝五穀, 五穀熟而民人育."이라는 기록이 있고, 이에 대한 조기(趙岐)
의 주에서는 "五穀謂稻·黍·稷·麥·菽也."라고 풀이했다. 즉 이 문장에서는 '오
곡'을 쌀[稻]·메기장[黍]·차기장[稷]·보리[麥]·대두[菽]로 설명하고 있다. 그리
고 『초사(楚辭)』「대초(大招)」편에는 "五穀六仞."이라는 기록이 있는데, 이에
대한 왕일(王逸)의 주에서는 "五穀, 稻·稷·麥·豆·麻也."라고 풀이했다. 즉 이
문장에서는 '오곡'을 쌀[稻]·차기장[稷]·보리[麥]·콩[豆]·마(麻)로 설명하고 있
다. 이 외에도 각종 주석에 따라 해당 작물이 달라진다.

고, 육지에서 생산된 것은 또한 양(陽)에 해당하는 사물이며, 3개의 희생물
은 양(陽)에 해당하는 사물을 사용하고, 8개의 궤(簋)에 담는 것은 음(陰)에
해당하는 사물을 사용하는데도, 단지 곤충과 초목을 음양의 사물이라고 부
른 것은 이러한 사물들을 사용하는 것이 곤충 중 특별한 것과 초목의 과실
을 사용하는 것에 이르러야, 음양의 사물들이 이때에 모두 갖춰지기 때문
이다. 음양의 사물이 이때에 모두 갖춰지기 때문에, "무릇 하늘이 낳아준
것과 땅이 길러준 것들 중에서 바칠 수 있는 것들이라면 모두 갖추지 않는
것이 없으니, 이를 통해 사물들을 모두 갖췄음을 드러낸다."라고 말한 것이
다. 단지 외적으로 사물들을 모두 갖추기만 하고 내적으로 그 뜻을 다할
수 없다면, 또한 제사를 지내는 마음을 다하기에 부족하다. 그렇기 때문에
"외적으로 사물들을 모두 갖추고 내적으로 자신의 뜻을 다하는 것이 제사
를 지내는 자의 마음이다."라고 했다.

【참고】『시』「주남(周南)·권이(卷耳)」

采采卷耳, (채채권이) : 권이를 뜯고 뜯지만,
不盈頃筐. (불영경광) : 주둥이가 기운 광주리도 채우지 못하는구나.
嗟我懷人, (차아회인) : 아, 내가 임을 그리워하여,
寘彼周行. (치피주행) : 저 조정의 반열에 놓아두노라.

陟彼崔嵬, (척피최외) : 저 산 위의 바위에 오르려하는데,
我馬虺隤. (아마훼퇴) : 내 말이 병약하구나.
我姑酌彼金罍, (아고작피금뢰) : 내 잠시 저 황금 술동이에서 술을 부어,
維以不永懷! (유이불영회) : 길이 그리워하지 않을 것이다.

陟彼高岡, (척피고강) : 저 높은 산 등마루에 오르려하는데,
我馬玄黃. (아마현황) : 내 말이 병약하여 누렇게 되었구나.
我姑酌彼兕觥, (아고작피시굉) : 내 잠시 저 뿔잔에 술을 부어,
維以不永傷! (유이불영상) : 길이 그리워하지 않을 것이다.

제5절 부부와 제사의 갖춤 37

陟彼砠矣, (척피저의) : 저 돌산 흙무더기에 오르려하는데,

我馬瘏矣, (아마도의) : 내 말이 병약하구나,

我僕痡矣, (아복부의) : 내 마부도 병약하구나,

云何吁矣! (운하우의) : 어찌 나로 하여금 근심스럽게 하는가.

[毛序] : 卷耳, 后妃之志也, 又當輔佐君子, 求賢審官, 知臣下之勤勞. 內有進賢之志, 而無險詖私謁之心, 朝夕思念, 至於憂勤也.

[모서] : 「권이」편은 후비의 뜻을 나타낸 시이며, 또 마땅히 군자를 돕고 현자를 찾아 관직을 살펴서 신하의 노고를 알아야 한다는 뜻이다. 내적으로 현자를 등용하려는 뜻이 있고, 바르지 못하거나 사사로이 청탁하려는 마음이 없어서, 아침저녁으로 생각하고 그리워하여 근심하고 수고롭게 된 것이다.

【참고】 『시』「제풍(齊風)·계명(雞鳴)」

雞旣鳴矣, (계기명의) : 닭이 이미 울어 부인이 일어났고,

朝旣盈矣. (조기영의) : 조정에 신하들이 가득차서 군주가 일어났다고 했으나.

匪雞則鳴, (비계칙명) : 그러나 닭이 운 것이 아니라,

蒼蠅之聲. (창승지성) : 창승이 운 소리이다.

東方明矣, (동방명의) : 동쪽이 밝아진지라 부인이 비녀를 꼽고 아침문안을 드리고,

朝旣昌矣. (조기창의) : 조정에 신하들이 가득차서 군주가 정사를 듣는다고 했으나.

匪東方則明, (비동방칙명) : 동쪽이 밝아진 것이 아니라,

月出之光. (월출지광) : 달이 떠서 빛이 난 것이다.

蟲飛薨薨, (충비훙훙) : 곤충이 날아들며 윙윙거리는데,

甘與子同夢. (감여자동몽) : 나는 그대와 함께 누워 같은 꿈을 꾸길 좋아한다.

會且歸矣, (회차귀의) : 조정에 모였다 돌아감에,

無庶予子憎. (무서여자증) : 신하 무리들이 부인을 미워함이 없구나.

[毛序] : 雞鳴, 思賢妃也. 哀公荒淫怠慢, 故陳賢妃貞女夙夜警戒相成之道焉.

[모서] : 「계명」편은 현명한 후비를 사모하는 시이다. 애공은 여색에 빠져 정사를 태만하게 대했다. 그렇기 때문에 어진 후비와 정숙한 여인이 밤낮으로 경계하여 서로 이루어준 도리를 읊었다.

鄭注 言玉女者, 美言之也, 君子於玉比德焉. 具, 謂所供衆物. 水草之菹, 芹·茆之屬. 陸産之醢, 蚳·蝝之屬. 天子之祭八簋. 昆蟲, 謂溫生寒死之蟲也. 內則可食之物, 有蝸·范. 草木之實, 菱·芡·榛·栗之屬. 咸, 皆也.

번역 '옥녀(玉女)'라고 말한 것은 아름답게 표현한 것으로, 군자는 옥을 통해서 덕(德)을 비견하기 때문이다.14) '구(具)'자는 제사에 바치는 많은 사물들을 뜻한다. 수초로 담근 절임은 미나리절임이나 순채절임 등을 뜻한다. 육지의 산물로 담근 젓갈은 왕개미알 젓갈이나 메뚜기 젓갈 등을 뜻한다. 천자의 제사에서는 8개의 궤(簋)를 진설한다. '곤충(昆蟲)'은 따뜻할 때 생겨나고 추울 때 죽는 곤충들을 뜻한다. 『예기』「내칙(內則)」편에는 먹을 수 있는 음식 중에 매미나 벌 등의 부류가 포함되어 있다. 초목의 과실은 마름·가시연·개암나무 열매·밤 등의 부류를 뜻한다. '함(咸)'자는 모두[皆]라는 뜻이다.

釋文 取, 七住切. 共音恭, 下文"以共"皆同. 芹, 其斤反. 茆音卯. 蚳, 丈之反. 蝝, 悅專反. 蝸音條. 菱本亦作菱, 又音陵. 芡音儉. 榛, 側巾反.

번역 '取'자는 '七(칠)'자와 '住(왕)'자의 반절음이다. '共'자의 음은 '恭(공)'이며, 아래문장 중 '以共'에서의 '共'자도 모두 그 음이 이와 같다. '芹'자는 '其(기)'자와 '斤(근)'자의 반절음이다. '茆'자의 음은 '卯(묘)'이다. '蚳'자는 '丈(장)'자와 '之(지)'자의 반절음이다. '蝝'자는 '悅(열)'자와 '專(전)'자의

---

14) 『예기』「옥조(玉藻)」【389a】 : 凡帶必有佩玉, 唯喪否. 佩玉有衝牙, 君子無故, 玉不去身, 君子於玉比德焉.

반절음이다. '蜩'자의 음은 '條(조)'이다. '菠'자는 판본에 따라서 또한 '菱'자
로도 기록하는데, 또한 그 음은 '陵(릉)'도 된다. '芡'자의 음은 '儉(검)'이다.
'榛'자는 '側(측)'자와 '巾(건)'자의 반절음이다.

孔疏 ●"旣內"至"備矣". ○正義曰: 此一節以上文孝子事親, 先能自盡, 又
外求伉儷, 供粢盛之事.

번역 ●經文: "旣內"~"備矣". ○앞의 문단에서는 자식이 부모를 섬길
때 우선적으로 자신의 뜻을 다해야 한다고 했기 때문에, 이곳에서는 또한
외적으로 자신의 배필을 구하여, 자성(粢盛)[15] 등을 바치는 일을 나타내고
있다.

孔疏 ◎注"水草"至"之屬". ○正義曰: 云"水草之菹, 芹·茆之屬"者, 按醢
人云"加豆之實, 芹菹·兔醢"; "朝事之豆, 茆菹·麋臡", 是芹·茆也. 又"朝事之
豆", 有[16]昌本·麋臡, "加豆之實", 有深蒲·醓醢·箈菹·鴈醢·筍菹·魚醢. 其昌
本·深蒲·箈·筍是水草, 故云"之屬". 云"陸産之醢, 蚳·蜧之屬"者, 按醢人"饋
食之豆, 蝸·蚳". 蜧卽蚳之類. 醢人加豆之實有兔醢, 又有醓醢, 皆是陸産, 故
云"之屬". 云"天子之祭八簋"者, 明堂位云"周之八簋", 又特牲土"兩敦", 少牢
"四敦", 則諸侯六, 故天子八. 云"內則可食之物有蜩·范"者, 蜩, 蟬也; 范, 蜂
也, 昆蟲之屬. 云"草木之實, 菠·芡·榛·栗之屬"者, 按籩人"加籩之實", 有菠·
芡, "饋食之籩", 有棗·栗·榛實, 是草木, 故云"之屬".

---

15) 자성(粢盛)은 제성(齊盛)이라고도 부른다. 자(粢)자는 곡식의 한 종류인 기장
   을 뜻하고, 성(盛)자는 그릇에 기장을 풍성하게 채워놓은 모양을 뜻한다. 따
   라서 '자성'은 제기(祭器)에 곡물을 가득 채워놓은 것을 뜻하며, 제물(祭物)
   로 사용되었다. 『춘추공양전』「환공(桓公) 14년」편에는 "御廩者何, 粢盛委之
   所藏也."라는 기록이 있는데, 이에 대한 하휴(何休)의 주에서는 "黍稷曰粢,
   在器曰盛."이라고 풀이하였다.
16) '조사지두유(朝事之豆有)'에 대하여. 이 구문은 본래 '유조사지두(有朝事之
   豆)'로 기록되어 있었는데, 손이양(孫詒讓)의 『교기(校記)』에서는 "유(有)자
   는 마땅히 두(豆)자 뒤에 있어야 한다."라고 했다.

번역 ◎鄭注: "水草"~"之屬". ○정현이 "수초로 담근 절임은 미나리절임이나 순채절임 등을 뜻한다."라고 했는데, 『주례』「해인(醢人)」편을 살펴보면, "추가적으로 올리는 두(豆)에는 미나리절임과 토끼고기 젓갈을 올린다."[17]라고 했고, "조사(朝事)[18]를 할 때 올리는 두(豆)에는 순채절임과 뼈가 섞인 큰 사슴고기 젓갈을 올린다."[19]라고 했으니, 이것은 미나리절임과 순채절임이 포함되었음을 나타낸다. 또 '조사를 할 때 올리는 두(豆)'를 언급하며, 창본절임과 뼈가 섞인 큰 사슴고기 젓갈이 포함된다고 했고, '추가적으로 올리는 두(豆)'를 언급하며, 심포절임·육장·지절임·기러기고기 젓갈·순절임·물고기 젓갈이 포함된다고 했다. 창본·심포·지·순은 수초에 해당한다. 그렇기 때문에 '~의 부류'라고 했다. 정현이 "육지의 산물로 담근 젓갈은 왕개미알 젓갈이나 메뚜기 젓갈 등을 뜻한다."라고 했는데, 「해인」편을 살펴보면, "궤식(饋食)[20]의 두(豆)에는 큰 조개 젓갈과 왕개미알 젓갈을 올린다."[21]라고 했다. 연(蚳)은 왕개미알로 담근 젓갈 부류이다. 「해인」편에서 추가적으로 올리는 두(豆)의 음식 중에는 토끼고기로 담근 젓갈이 포함된다고 했고 또 육장이 포함된다고 했는데, 이러한 것들은 모두 육지에서 생산된 사물이다. 그렇기 때문에 '~의 부류'라고 했다. 정현이 "천자의 제사에서는 8개의 궤(簋)를 진설한다."라고 했는데, 『예기』「명당위(明

---

17) 『주례』「천관(天官)·해인(醢人)」: 加豆之實, 芹菹·兔醢·深蒲·醓醢·箈菹·鴈醢·筍菹·魚醢.

18) 조사(朝事)는 종묘(宗廟)의 제사를 지낼 때, 새벽에 지내는 제사 절차들을 가리킨다. 『예기』「제의(祭義)」편에는 "建設朝事, 燔燎羶薌."이라는 기록이 있고, 이에 대한 진호(陳澔)의 『집설(集說)』에서는 "朝事, 謂祭之日, 早朝而行之事也."라고 풀이했다.

19) 『주례』「천관(天官)·해인(醢人)」: 醢人掌四豆之實. 朝事之豆, 其實韭菹·醓醢, 昌本·麋臡, 菁菹·鹿臡, 茆菹·麇臡.

20) 궤식(饋食)은 음식을 바친다는 뜻이다. 고대에는 천자 및 제후들이 매월 초하루마다 종묘(宗廟)에서 음식을 바치는 의식을 치렀는데, 이것을 '궤식'이라고도 부른다. 『주례』「춘관(春官)·대종백(大宗伯)」편에는 "以饋食享先王."이라는 기록이 있다. 한편 조사(朝事)를 시행할 때, 조천(朝踐)을 끝낸 뒤, 생고기를 삶아서 재차 바치는 의식을 가리키기도 한다.

21) 『주례』「천관(天官)·해인(醢人)」: 饋食之豆, 其實葵菹·蠃醢·脾析·蠯醢, 蜃·蚳醢, 豚拍·魚醢.

堂位)」편에서는 "8개의 궤(簋)는 주(周)나라 때 사용하던 기물이다."22)라고 했고, 또『의례』「특생궤식례(特牲饋食禮)」편에서는 '2개의 돈(敦)'23)이라고 했으며,『의례』「소뢰궤식례(少牢饋食禮)」편에서는 '4개의 돈(敦)'24)이라고 했으니, 제후는 6개를 사용하는 것이다. 그러므로 천자가 8개를 사용한다는 사실을 알 수 있다. 정현이 "『예기』「내칙(內則)」편에는 먹을 수 있는 음식 중에 매미나 벌 등의 부류가 포함되어 있다."라고 했는데, '조(蜩)'자는 매미를 뜻하고 '범(范)'자는 벌을 뜻하니, 곤충의 부류가 된다. 정현이 "초목의 과실은 마름·가시연·개암나무 열매·밤 등의 부류를 뜻한다."라고 했는데,『주례』「변인(籩人)」편을 살펴보면, '추가적으로 올리는 변(籩)의 음식'을 말하며, 마름과 가시연이 포함된다고 했고,25) '궤식에 올리는 변(籩)'을 말하며, 대추·밤·개암나무 열매가 포함된다고 했는데,26) 이것들은 모두 초목에 해당한다. 그렇기 때문에 '~의 부류'라고 했다.

孔疏 ●"凡天"至"道也". ○正義曰: 此一經總結上文旣內自盡·外又求助祭之事.

번역 ●經文: "凡天"~"道也". ○이곳 경문은 앞 문장에서 이미 내적으로 뜻을 다하고 외적으로도 제사를 돕는 것을 구한다고 했던 사안에 대해서 총괄적으로 결론을 맺은 것이다.

孔疏 ●"苟可薦者", 悉在祭用, 故云"示盡物也", 則上陰陽之物備矣.

번역 ●經文: "苟可薦者". ○모두 제사에서 사용되는 것들이기 때문에 "사물을 다한다는 뜻을 드러낸다."라고 했으니, 앞서 말한 음양의 산물들을

---

22)『예기』「명당위(明堂位)」【404d】: 有虞氏之兩敦, 夏后氏之四璉, 殷之六瑚, 周之八簋.
23)『의례』「특생궤식례(特牲饋食禮)」: 几·席·兩敦在西堂.
24)『의례』「소뢰궤식례(少牢饋食禮)」: 上佐食取黍稷于四敦.
25)『주례』「천관(天官)·변인(籩人)」: 加籩之實, 菱芡·栗·脯·菱·芡·栗·脯.
26)『주례』「천관(天官)·변인(籩人)」: 饋食之籩, 其實棗·栗·桃·乾䕩·榛實.

모두 갖추는 것이다.

孔疏 ●"外則盡物, 內則盡志, 此祭之心也"者, 此是孝子祭親之心.

번역 ●經文: "外則盡物, 內則盡志, 此祭之心也". ○이것은 자식이 부모에게 제사를 지내는 마음에 해당한다는 뜻이다.

集解 取夫人之辭, 謂納采之辭也.

번역 부인을 취할 때의 말은 납채(納采)[27]를 할 때 전하는 말을 뜻한다.

【참고】『의례』「사혼례(士昏禮)」

[經文] 昏辭曰, "吾子有惠, 貺室某也, 某有先人之禮, 使某也, 請納采." 對曰, "某之子惷愚, 又弗能敎. 吾子命之, 某不敢辭." 致命曰, "敢納采."

[경문] 남편 집에서 보낸 부관이 혼사를 전달하며, "그대께서 은덕을 베풀어 아무개에게 따님을 아내로 주셨기에, 아무개의 부친께서는 선대의 예법에 따라 저를 시켜 납채의 예를 시행토록 하였으니, 납채를 받으시길 청합니다."라고 말한다. 그러면 아내 집의 부관은 "아무개의 여식은 우둔하고 또 제대로 교육을 시키지 못했습니다. 그대께서 이처럼 명하시니, 아무개는 감히 사양을 할 수 없습니다."라고 대답한다. 남편 집에서 보낸 부관은 말을 전달하며, "감히 납채의 예를 시행하겠습니다."라고 한다.

集解 官, 猶職也. 具, 祭饌也. 具備, 謂君割牲, 夫人薦籩·豆之屬也. 水草之葅, 若周禮醢人"茆葅"·"芹葅"之屬. 陸産之醢, 若醢人"鹿臡"·"麋臡"之屬. 陸産亦謂之小物者, 以其坐之以爲醢, 非體骨之全也. 簋盛黍稷, 祭用八簋, 天

---

27) 납채(納采)는 혼인과 관련된 육례(六禮) 중 하나이다. 청원을 하며 여자 집안에 예물을 보내는 일을 뜻한다.

子之禮也. 昆蟲之異, 若醢人"蚳醢"·"蠯醢"之屬. 草木之實, 若籩人"菱"·
"芡"·"榛"·"栗"之屬也. 祭祀之具, 莫非陰陽之氣所生, 獨於昆蟲·草木言"陰陽
之物"者, 言其如是而後備也. 此一節, 申言奉之以物也.

번역 '관(官)'자는 직무[職]를 뜻한다. '구(具)'자는 제사에서 바치는 음
식들을 뜻한다. '구비(具備)'는 군주가 희생물을 도축하고, 부인이 변(籩)이
나 두(豆) 등을 바치는 부류를 뜻한다. 수초의 절임은 『주례』「해인(醢人)」
편에서 말한 '순채절임'이나 '미나리절임' 등과 같은 것이다. 육지의 산물로
만든 젓갈은 「해인」편에서 '뼈가 섞여 있는 사슴고기 젓갈'이나 '뼈가 섞여
있는 큰 사슴고기 젓갈' 등과 같은 것이다. 육지의 산물에 대해서 '소물(小
物)'이라고 부른 것은 그것들을 저미며 젓갈로 만들었으니, 사물의 전체가
아니기 때문이다. 궤(簋)에는 서(黍)나 직(稷) 등을 담는데, 제사에서 8개의
궤(簋)를 사용한다는 것은 천자의 예법에 해당한다. 곤충 중에서도 특별한
것은 「해인」편에서 '왕개미알로 만든 젓갈'이나 '조개젓갈'이라고 했던 부
류와 같다. 초목의 과실은 『주례』「변인(籩人)」편에서 '마름'·'가시연'·'개암
나무 열매'·'밤'이라고 했던 부류와 같다. 제사에서 바치는 음식들은 음양의
기운에 따라 생겨나지 않은 것이 없는데도, 유독 곤충과 초목에 대해서 '음
양의 산물'이라고 말한 것은 이러한 것까지 갖춘 뒤에야 완비됨을 뜻한다.
이곳 문단은 "받들기를 사물로써 한다."[28]라고 했던 말을 거듭 풀이한 것
이다.

---

28) 『예기』「제통」【574b~c】: 賢者之祭也, 必受其福, 非世所謂福也. 福者, 備也,
備者, 百順之名也. 無所不順者之謂備, 言內盡於己, 而外順於道也. 忠臣以事
其君, 孝子以事其親, 其本一也. 上則順於鬼神, 外則順於君長, 內則以孝於親,
如此之謂備. 唯賢者能備, 能備然後能祭. 是故賢者之祭也, 致其誠信與其忠敬,
奉之以物, 道之以禮, 安之以樂, 參之以時, 明薦之而已矣. 不求其爲, 此孝子之
心也.

그림 5-1 조(俎)

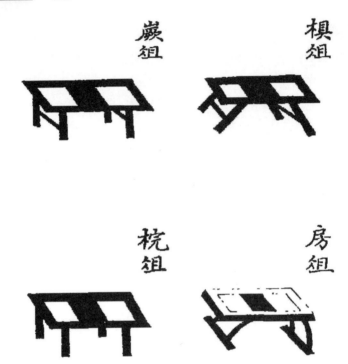

※ 출처:『삼례도집주(三禮圖集注)』13권

그림 5-2　궤(簋)

※ **출처:** 출처:상좌-『삼례도집주(三禮圖集注)』 13권 ; 상우-『삼례도(三禮圖)』 4권
하좌-『육경도(六經圖)』 6권 ; 하우-『삼재도회(三才圖會)』「기용(器用)」 1권

그림 5-3 두(豆)

※ **출처**: 상좌-『육경도(六經圖)』 6권; 상우-『삼례도(三禮圖)』 4권
      하좌-『삼례도집주(三禮圖集注)』 13권; 하우-『삼재도회(三才圖會)』「기용
      (器用)」 1권

● 그림 5-4   돈(敦)

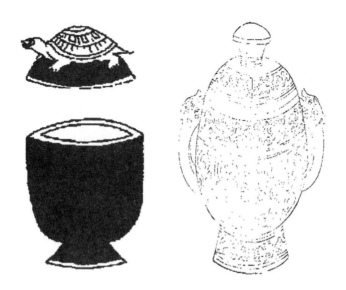

※ **출처:** 좌-『삼례도집주(三禮圖集注)』13권
　　　　　우-『삼재도회(三才圖會)』「기용(器用)」1권

● 그림 5-5　변(籩)

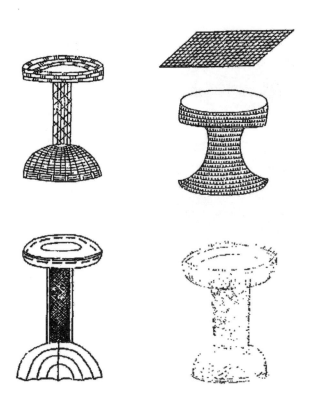

※ 출처: 상좌-『삼례도집주(三禮圖集注)』13권 ; 상우-『삼례도(三禮圖)』4권
　　　하좌-『육경도(六經圖)』 6권 ; 하우-『삼재도회(三才圖會)』「기용(器用)」
　　　2권

【576b】

是故天子親耕於南郊, 以共齊盛; 王后蠶於北郊, 以共純服;
諸侯耕於東郊, 亦以共齊盛; 夫人蠶於北郊, 以共冕服. 天
子·諸侯非莫耕也, 王后·夫人非莫蠶也, 身致其誠信, 誠信
之謂盡, 盡之謂敬, 敬盡然後可以事神明, 此祭之道也.

직역 是故로 天子는 親히 南郊에서 耕하여, 齊盛을 共하고; 王后는 北郊에서
蠶하여, 純服에 共하며; 諸侯는 東郊에서 耕하여, 亦히 이로써 齊盛을 共하고; 夫人
은 北郊에서 蠶하여, 冕服에 共한다. 天子와 諸侯는 耕을 莫함이 非이며, 王后와
夫人은 蠶을 莫함이 非이나, 身이 그 誠信을 致하니, 誠信함을 盡이라 謂하고, 盡함
을 敬이라 謂하니, 敬盡을 한 然後에야 可히 神明을 事하니, 此는 祭의 道이다.

의역 이러한 까닭으로 천자는 남쪽 교외에 마련된 자전(藉田)[29]에서 직접 경
작하여 자성(粢盛)을 공급하고, 왕후는 북쪽 교외에 마련된 잠실(蠶室)에서 직접
누에를 쳐서 천자의 제사복장을 만든다. 제후는 동쪽 교외에 마련된 자전에서 직접
경작하여 자성을 공급하고, 제후의 부인은 북쪽 교외에 마련된 잠실에서 직접 누에
를 쳐서 제후의 제사복장을 만든다. 천자와 제후에게는 경작을 할 수 있는 아랫사
람이 없는 것이 아니고, 왕후와 부인에게는 누에를 칠 수 있는 아랫사람이 없는
것이 아니지만, 직접 정성과 신의를 지극히 하니, 정성과 신의를 지극히 하는 것을
'진(盡)'이라고 부르고, 이처럼 다하는 것을 '경(敬)'이라고 부른다. 따라서 공경을
다하고 정성과 신의를 지극히 한 뒤에야 신명을 섬길 수 있으니, 이러한 것을 제사
의 도라고 한다.

集說 祭服皆上玄下纁, 天子言繡服, 諸侯言冕服, 繡服, 亦冕服也, 繡以色
言, 冕服則顯其爲祭服耳. 非莫耕, 非莫蠶, 言非無可耕之人, 非無可蠶之人也.

---

29) 자전(藉田)은 적전(籍田)이라고도 부른다. 천자와 제후가 백성들을 동원해서
경작하는 땅이다. 처음 농사일을 시작할 때, 천자와 제후는 이곳에서 직접
경작에 참여함으로써, 농업을 중시한다는 뜻을 보이게 된다.

번역 제사복장은 모두 상의는 현색으로 하고 하의는 분홍색으로 하는
데, 천자의 것은 '치복(緇服)'이라고 부르고, 제후의 것은 '면복(冕服)'이라
고 부른다. 치복 또한 면복에 해당하는데, '치(緇)'자는 그 색깔에 따라 부르
는 것이고, 면복은 그 복장이 제사복장이 됨을 현격히 드러낸 말일 뿐이다.
'비막경(非莫耕)'과 '비막잠(非莫蠶)'은 경작을 할 수 있는 아랫사람들이 없는
것이 아니고, 양잠을 할 수 있는 아랫사람들이 없는 것이 아니라는 뜻이다.

大全 嚴陵方氏曰: 東南陽地, 而耕爲陽事, 故於之以耕. 北者陰地, 而蠶爲
陰事, 故於之以蠶. 而南又盛陽之地, 故天子耕於南郊, 冕用朱紘者, 亦以此,
東者少陽之地, 故諸侯耕於東郊, 冕用靑紘者, 亦以此, 此又隆殺之別也. 夫有
天下者, 四海之內, 皆臣妾耳, 有一國者, 百里之內, 皆臣妾耳, 則天子諸侯非
莫與之耕, 王后夫人非莫與之蠶. 然且親耕親蠶焉, 則以身致其誠信而已. 以
神明之所饗者, 在誠不在物故也.

번역 엄릉방씨가 말하길, 동쪽과 남쪽은 양(陽)에 해당하는 땅이고, 경
작을 하는 것은 양(陽)에 해당하는 일이다. 그렇기 때문에 이러한 지역에서
경작을 한다. 북쪽은 음(陰)에 해당하는 땅이고, 양잠을 하는 것은 음(陰)에
해당하는 일이다. 그렇기 때문에 이 지역에서 양잠을 한다. 그런데 남쪽은
또한 양(陽)이 더욱 융성한 땅이기 때문에 천자는 남쪽 교외에서 경작을
하는 것이고, 면류관을 착용하고 주색의 끈을 다는 것 또한 이러한 이유
때문이다. 또 동쪽은 상대적으로 양(陽)이 적은 땅이기 때문에 제후는 동쪽
교외에서 경작을 하는 것이고, 면류관을 착용하고 청색의 끈을 다는 것 또
한 이러한 이유 때문이다.[30] 그리고 이것은 또한 높이고 줄이는 것에 따른
구별이다. 무릇 천하를 소유한 자는 사해 이내의 사람들이 모두 그의 신하
가 될 따름이며, 한 나라를 소유한 자는 사방 100리(里) 이내의 사람들이

---

30) 『예기』「제의(祭義)」【563b~c】: 君子反古復始, 不忘其所由生也, 是以致其
敬, 發其情, 竭力從事以報其親, 不敢弗盡也. 是故昔者天子爲藉千畝, 冕而朱紘,
躬秉耒; 諸侯爲藉百畝, 冕而靑紘, 躬秉耒. 以事天地·山川·社稷·先古, 以爲醴
酪齊盛於是乎取之, 敬之至也.

모두 그의 신하가 될 따름이다. 따라서 천자와 제후에게는 경작을 대신해 줄 사람이 없는 것이 아니고, 왕후와 제후의 부인에게도 양잠을 대신해줄 사람이 없는 것이 아니다. 그런데도 직접 경작을 하고 직접 양잠을 하니, 본인이 직접 시행하여 정성과 신의를 지극히 할 따름이다. 이것은 신명이 흠향하는 것이 정성에 달려 있고 제물에 달려 있는 것이 아니기 때문이다.

鄭注 純服, 亦冕服也, 互言之爾. 純以見繒色, 冕以著祭服. 東郊, 少陽, 諸侯象也. 夫人不蠶於西郊, 婦人禮少變也. 齊, 或爲粢.

번역 '순복(純服)' 또한 면복(冕服)을 뜻하니, 상호 그 뜻을 드러내도록 기록한 것일 뿐이다. '순(純)'자는 비단의 색깔을 드러내고, '면(冕)'자는 제사의 복장을 드러낸다. 동쪽 교외는 소양(少陽)에 해당하니 제후의 상이 된다. 제후의 부인은 서쪽 교외에서 양잠을 하지 않으니, 부인들에게 적용되는 예법은 변화가 적기 때문이다. '제(齊)'자를 다른 판본에서는 '자(粢)'자로 기록하기도 한다.

釋文 齊盛, 本亦作齋, 與粢同, 音咨, 下及注同. 純, 側眞反, 注及下"純冕"同. 見, 賢遍反. 少, 詩召反.

번역 '齊盛'에서의 '齊'자는 판본에 따라서 또한 '齋'자로도 기록하는데, '粢'자와 동일하며, 그 음은 '咨(자)'이고, 아래문장 및 정현의 주에 나오는 글자도 그 음이 이와 같다. '純'자는 '側(측)'자와 '眞(진)'자의 반절음이며, 정현의 주 및 아래문장에 나오는 '純冕'에서의 '純'자도 그 음이 이와 같다. '見'자는 '賢(현)'자와 '遍(편)'자의 반절음이다. '少'자는 '詩(시)'자와 '召(소)'자의 반절음이다.

孔疏 ●"是故天子親耕於南郊, 以共齊盛. 王后蠶於北郊, 以共純服"者, 此覆結上文也. 必夫婦親之及盡物·盡志之事, 祭須盡物·志, 故人君·夫人各竭力從事於耕·蠶也. 鄭云: "王藉田在遠郊, 故甸師氏掌之." 內宰云: "中春, 詔后帥內外命婦始蠶于北郊." 注云"婦人以純陰爲尊", 故也. 純服者, 亦冕服也.
純以見繒色, 冕以著祭服.

번역 ●經文: "是故天子親耕於南郊, 以共齊盛. 王后蠶於北郊, 以共純服". ○이곳 문장은 앞의 문장들에 대해서 재차 결론을 맺은 것이다. 반드시 남편과 부인이 직접 시행하고, 사물을 모두 갖추고 뜻을 모두 다하는 일에 있어서, 제사에서는 반드시 사물을 모두 갖추고 뜻을 모두 다해야 한다. 그렇기 때문에 군주와 부인은 각각 힘을 다하여 경작과 양잠에 종사한다. 정현은 "천자의 자전(藉田)은 원교(遠郊)에 위치하기 때문에, 전사씨(甸師氏)가 담당한다."라고 했다.『주례』「내재(內宰)」편에서는 "중춘이 되면 왕후에게 내명부와 외명부를 이끌고 북쪽 교외에서 비로소 양잠을 치도록 아뢴다."31)라고 했고, 정현의 주에서는 "부인들은 순음(純陰)을 존귀하게 여긴다."라고 했기 때문이다. '순복(純服)'이라는 것 또한 면복(冕服)을 뜻한다. '순(純)'자는 비단의 색깔을 드러내며, '면(冕)'자는 제사의 복장을 드러낸다.

孔疏 ●"諸侯耕於東郊, 亦以共齊盛"者, 天子太陽, 故南也; 諸侯少陽, 故東也. 然藉田並在東南, 故王言南, 諸侯言東.

번역 ●經文: "諸侯耕於東郊, 亦以共齊盛". ○천자는 태양(太陽)에 해당하기 때문에 남쪽에서 경작하고, 제후는 소양(少陽)에 해당하기 때문에 동쪽에서 경작한다. 그런데 자전(藉田)은 모두 동남쪽에 있다. 그러므로 천자에 대해서는 남쪽을 말하고, 제후에 대해서는 동쪽을 말한 것이다.

孔疏 ●"夫人蠶於北郊, 以共冕服"者, 后太陰, 故北; 夫人少陰, 故合西郊. 然亦北者, 婦人質少變, 故與后同也.

---

31)『주례』「천관(天官)·내재(內宰)」 : 中春, 詔后帥外內命婦始蠶于北郊, 以爲祭服.

번역 ●經文: "夫人蠶於北郊, 以共冕服". ○왕후는 태음(太陰)에 해당하기 때문에 북쪽에서 양잠을 하고, 제후의 부인은 소음(少陰)에 해당하기 때문에 본래는 서쪽 교외에서 양잠을 해야 한다. 그런데도 북쪽 교외에서 양잠을 하는 것은 부인들은 질박하므로 변화가 적기 때문에 왕후의 경우와 동일하게 따른다.

孔疏 ●"天子·諸侯非莫耕也, 王后·夫人非莫蠶也"者, 莫, 無也. 王侯豈貧無穀帛, 而夫婦自耕蠶乎! 其有以也.

번역 ●經文: "天子·諸侯非莫耕也, 王后·夫人非莫蠶也". ○'막(莫)'자는 "없다[無]."는 뜻이다. 천자와 왕후가 어찌 가난하여 곡물이나 비단이 없어서, 부부가 직접 경작을 하고 양잠을 치는 것이겠는가! 이러한 이유가 있기 때문이다.

孔疏 ●"身致其誠信, 誠信之謂盡", 是所有以其欲致誠信, 故身自親之.

번역 ●經文: "身致其誠信, 誠信之謂盡". ○정성과 신의를 지극히 하고자 하기 때문에 직접 하는 것이다.

孔疏 ●"盡之謂敬, 敬盡然後可以事神明"者, 祭盡敬, 則乃是盡也. 此祭之道, 結上文也.

번역 ●經文: "盡之謂敬, 敬盡然後可以事神明". ○제사에서 공경을 다하는 것이 곧 진(盡)이다. 이것은 제사의 도리이니, 앞의 문장을 결론 맺은 말이다.

孔疏 ◎注"純服"至"繒色". ○正義曰: "純服, 亦冕服也"者, 天子云純, 諸侯言冕. 冕, 祭服, 故知純亦是祭服. 天子言衣色, 諸侯亦有衣色, 是其互也. 鄭氏之意, 凡言純者, 其義有二: 一, 絲旁才, 是古之緇字; 二是絲旁屯, 是純字,

但書文相亂, 雖是緇字, 並皆作純. 鄭氏所注, 於絲理可知・於色不明者, 卽讀
爲緇, 卽論語云"今也純儉", 及此"純服", 皆讀爲黑色. 若衣色見・絲文不明者,
讀純以爲絲也.

번역 ◎鄭注: "純服"~"繒色". ○정현이 "'순복(純服)' 또한 면복(冕服)
을 뜻한다."라고 했는데, 천자에 대해서 '순(純)'이라고 말하고, 제후에 대해
서 '면(冕)'이라고 했다. '면(冕)'자는 제복을 뜻한다. 그렇기 때문에 '순(純)'
자 또한 제복을 뜻함을 알 수 있다. 천자에 대해서는 의복의 색깔을 나타내
어서, 제후에게 있어서도 의복의 색깔이 드러나게 되니, 이것이 상호 보완
적으로 나타낸 것이다. 정현의 의도는 다음과 같다. 무릇 '순(純)'이라고 말
한 것에는 두 가지 의미가 있다. 첫 번째는 사(絲)자의 부수에 재(才)자를
붙인 것으로, 이것은 고대의 '치(緇)'자가 된다. 두 번째는 사(絲)자의 부수
에 둔(屯)자를 붙인 것으로 '순(純)'자가 된다. 다만 문자를 기록할 때 서로
혼동이 되어서 비록 '치(緇)'자의 뜻이 된다고 하더라도 모두 '순(純)'자로
기록했다는 뜻이다. 정현은 이곳 주석에서 '순(純)'자를 순(純)자로만 여기
면 재질에 대해서는 알 수 있지만, 그 색깔에 대해서는 불분명하게 된다고
여겨서, 곧 순(純)자를 '치(緇)'자로 풀이한 것이니, 『논어』에서 "오늘날에
는 순(純)으로 하니 검소하다."[32]라고 한 것과 이곳에서 '순복(純服)'이라고
할 때의 '순(純)'자는 모두 검은색을 뜻하는 글자로 풀이하는 것이다. 만약
옷의 색깔이 드러나지만 재질이 불분명하게 된다면 순(純)자는 생사를 뜻
하는 글자로 풀이한다.

訓纂 正義: 莫, 無也. 春秋桓十四年穀梁傳, "天子親耕以其粢盛, 王后親蠶
以共祭服. 國非無良農工女也, 以爲人之所盡事其祖禰, 不若以己所自親者也.

번역 『정의』에서 말하길, '막(莫)'자는 "없다[無]."는 뜻이다. 『춘추』환
공(桓公) 14년에 대한 『곡량전』의 기록에서는 "천자는 직접 경작하여 자성

---

32) 『논어』「자한(子罕)」: 子曰, "麻冕, 禮也, <u>今也純, 儉</u>, 吾從衆. 拜下, 禮也, 今拜
乎上, 泰也. 雖違衆, 吾從下."

(粢盛)을 공급하고, 왕후는 직접 양잠을 하여 제복을 공급한다. 나라에는
농부나 여공이 없는 것이 아니지만, 남이 대신 그 일을 시행하여 조부와
부친을 섬기는 것은 자신이 직접 하는 것만 못하다고 여겼기 때문이다.”33)
라고 했다.

集解 此及下節, 皆承"內則盡志"而言.

번역 이곳 문단과 아래 문단은 모두 "내적으로 뜻을 다한다."34)라고 한
것을 이어서 한 말이다.

---

33) 『춘추곡량전』「환공(桓公) 14년」: , 八月, 壬申, 御廩災. 乙亥, 嘗, 御廩之災不
志. 此其志, 何也, 以爲唯未易災之餘, 而嘗可也, 志不敬也. 天子親耕, 以共粢
盛, 王后親蠶, 以共祭服. 國非無良農工女也, 以爲人之所盡, 事其祖禰, 不若以
已所自親者也.

34) 『예기』「제통」【575c~d】: 既內自盡, 又外求助, 昏禮是也. 故國君取夫人之辭
曰, "請君之玉女, 與寡人共有敝邑, 事宗廟社稷." 此求助之本也. 夫祭也者, 必
夫婦親之, 所以備外內之官也. 官備則具備. 水草之菹, 陸産之醢, 小物備矣. 三
牲之俎, 八簋之實, 美物備矣. 昆蟲之異, 草木之實, 陰陽之物備矣. 凡天之所生,
地之所長, 苟可薦者, 莫不咸在, 示盡物也. 外則盡物, 內則盡志, 此祭之心也.

그림 5-6   면류관[冕]과 굉(紘)

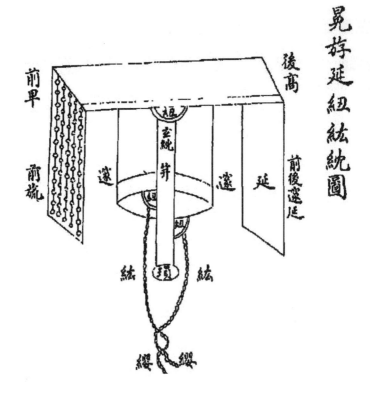

※ 출처: 『주례도설(周禮圖說)』 하권

• 제 6 절 •

제사와 재계

【576c~d】

及時將祭, 君子乃齊. 齊之爲言齊也, 齊不齊以致齊者也. 是
故君子非有大事也, 非有恭敬也, 則不齊; 不齊則於物無防
也, 者欲無止也. 及其將齊也, 防其邪物, 訖其者欲, 耳不聽
樂, 故記曰, "齊者不樂", 言不敢散其志也. 心不苟慮, 必
依於道. 手足不苟動, 必依於禮. 是故君子之齊也, 專致其精
明之德也, 故散齊七日以定之, 致齊三日以齊之. 定之之謂
齊, 齊者精明之至也, 然後可以交於神明也.

직역 時에 及하여 將히 祭함에, 君子는 齊한다. 齊의 言이 爲함은 齊이니, 不齊
함을 齊하여 齊를 致하는 者이다. 是故로 君子는 大事가 有함이 非하여, 恭敬이
有함이 非라면, 不齊하고; 不齊하면 物에 防이 無하여, 者欲이 止가 無하다. 그 將
히 齊함에 及하면, 그 邪物을 防하고, 그 者欲을 訖하며, 耳로는 樂을 不聽하니,
故로 記에서는 曰, "齊者는 不樂이라", 敢히 그 志를 散함을 不함을 言한다. 心은
苟慮를 不하여, 必히 道에 依한다. 手足은 苟動을 不하여, 必히 禮에 依한다. 是故로
君子가 齊함에는 專히 그 精明의 德을 致하니, 故로 七日을 散齊하여 定하고, 三日
을 致齊하여 齊한다. 定함을 齊라 謂하니, 齊者는 精明의 至이며, 然後에야 可히
神明과 交한다.

의역 정해진 때가 되어 제사를 지내야 하면, 군자는 곧 재계를 한다. '제(齊)'자
는 정돈한다는 뜻이니, 가지런하지 않은 것을 정돈하여 재계를 지극히 하는 것이다.
이러한 까닭으로 군자는 중대한 사안이 없다면 공경을 나타내야 할 대상이 없어서,
재계를 하지 않고, 재계를 하지 않는다면 외부 사안에 대해서 방비함이 없으며,
즐기고 바라는 것에 대해서도 금지함이 없다. 그러나 재계를 해야 할 때가 되면,

사사로운 사안에 대해 방비하고, 즐기고 바라는 것을 금하며, 귀로는 음악을 듣지 않는다. 그렇기 때문에 고대의 『기』에서는 "재계를 하는 자는 음악을 듣지 않는다."라고 한 것이니, 그 뜻을 감히 흐트러트리지 않는다는 의미이다. 마음으로는 구차한 생각을 하지 않고, 반드시 도에 따른다. 손과 발은 구차하게 움직이지 않고 반드시 예에 따른다. 이러한 까닭으로 군자가 재계를 할 때에는 전적으로 맑고 밝은 덕을 지극히 한다. 그래서 7일 동안 산제(散齊)1)를 하여 안정시키고, 3일 동안 치제(致齊)2)를 하여 가지런하게 만든다. 안정시키는 것을 '제(齊)'라고 부르니, 재계를 하는 것은 맑고 밝은 덕을 지극히 하는 것이다. 이처럼 한 뒤에야 신명과 교감할 수 있다.

集說 於物無防, 物, 猶事也, 不苟慮, 不苟動, 皆所謂防也.

번역 "물(物)에 대해서는 방비함이 없다."라고 했는데, '물(物)'자는 사안[事]을 뜻하며, "구차하게 생각하지 않는다."는 것과 "구차하게 움직이지 않는다."는 것은 모두 방비[防]에 해당한다.

大全 嚴陵方氏曰: 夫齊所以致一, 致一則不齊者齊矣. 大事, 卽祀事也. 恭敬, 則人事也, 指人言之, 故曰恭敬耳. 防以防其外之來也, 止以止其內之出也. 物自外入, 故曰防, 嗜欲由中, 故曰止. 前言止而後言訖者, 止之而後訖故也. 後言邪物, 則前所言物者, 亦邪物而已. 齊固不止於耳不聽樂, 然樂者人之所樂也, 則所以散其志, 尤在於樂故也, 故又引記以爲言焉, 此與學記引蛾子

---

1) 산제(散齊)는 산재(散齋)라고도 부른다. '산제'는 제사를 지낼 때 제사보다 앞서 7일 동안 수레도 몰지 않고, 음악도 연주하지 않으며, 조문도 하지 않으면서, 재계를 하는 것이다. 『예기』「제의(祭義)」편에는 "致齊於內, 散齊於外."라는 기록이 있고, 이에 대한 정현의 주에서는 "散齊, 七日不御不樂不弔耳."라고 풀이했다.
2) 치제(致齊)는 치재(致齋)라고도 부른다. '치제'는 제사를 지내기 이전 3일 동안 몸과 마음을 정숙하게 재계하는 의식이다. '치제' 이전에는 '산제(散齊)'를 하여 7일 동안 정숙하게 한다. '치제'는 그 이후 3일 동안 몸과 마음을 더욱 정숙하게 재계하여, 신과 소통할 수 있도록 준비하는 것이다.

時術之所言同. 不爲物所貳, 故其德精不爲物所蔽, 故其德明. 致者, 致其至而
已, 故先言致其精明之德, 而後言精明之至也. 精之至矣, 故於祭之心, 則爲精
意精志, 明之至矣, 故於祭之道, 則爲明禋明享焉. 散齊, 卽祭義所謂散齊於
外, 是也. 致齊, 卽祭義所謂致齊於內, 是也. 此以時之先後爲序, 彼以事之內
外爲序也, 解亦見彼. 以齊於內, 故又謂之宿, 以其宿於內也. 禮器所謂三日宿
者, 以此. 以齊於外, 故又謂之戒, 言戒於外也. 禮器所謂七日戒者, 以此. 若心
不苟慮, 與訖其嗜欲之類, 則所以齊其內也. 若手足不苟動, 與防其邪物之類,
則所以齊其外也. 夫散者集之, 則一歸乎定, 故散齊七日以定之, 致其至焉, 則
未始不齊, 故致齊三日以齊之. 定言定於外, 齊言齊其內.

번역 엄릉방씨가 말하길, 재계를 지극히 해서 한결같이 만드는 것이니,
지극히 하여 한결같이 한다면 가지런하지 않은 것도 가지런하게 된다. '대
사(大事)'는 곧 제사를 뜻한다. '공경(恭敬)'은 사람이 시행하는 일이고, 사
람을 가리켜서 한 말이기 때문에 '공경(恭敬)'이라고 했을 뿐이다. 방비를
하여 외부에서 도래하는 것을 막고, 그쳐서 내부에서 나타나는 것을 멈춘
다. 사물은 외부로부터 들어오는 것이기 때문에 '방(防)'이라고 했고, 즐기
고 바라는 것은 내면으로부터 비롯되기 때문에 '지(止)'라고 했다. 앞서 '지
(止)'라 말하고 이후에 '흘(訖)'이라고 말한 것은 그친 이후에 그만둘 수 있
기 때문이다. 이후에 '사물(邪物)'이라고 했으니 앞에서 말한 '물(物)' 또한
사물(邪物)이 될 따름이다. 재계를 할 때에는 단지 귀로 음악을 듣지 않는
것에만 그치는 것이 아니다. 그런데 음악이라는 것은 사람들이 즐거워하는
것이니, 뜻을 흐트러트리는 것은 더욱 음악에 달려 있기 때문이다. 그래서
『기』를 인용하여 말을 한 것이니, 이것은 『예기』「학기(學記)」편에서 "개미
는 수시로 흙덩이를 나른다."[3]라는 말을 인용했던 것과 같다. 사물로 인해
두 마음을 품지 않기 때문에 덕이 맑아져서 사물로 인해 가려지지 않는다.
그렇기 때문에 덕이 밝아진다. '치(致)'는 지극히 하는 것일 따름이다. 그렇
기 때문에 먼저 맑고 밝은 덕을 지극히 한다고 말하고, 이후에 맑고 밝은

---

3) 『예기』「학기(學記)」【446a~b】: 夫然後足以化民易俗, 近者說服而遠者懷之.
   此大學之道也. 記曰, "<u>蛾子時術之.</u>" 其此之謂乎.

덕이 지극해졌다고 말했다. 맑음이 지극해졌기 때문에 제사를 지내는 마음
에 있어서 생각과 뜻이 맑아지고, 밝음이 지극해졌기 때문에 제사를 지내
는 도에 있어서 밝게 공경하게 되고4) 밝게 향연을 한다.5) '산제(散齊)'는
곧 『예기』「제의(祭義)」편에서 "외적으로 산제를 한다."라고 한 말에 해당
한다. '치제(致齊)'는 「제의」편에서 "내적으로 치제를 한다."라고 한 말에
해당한다.6) 이곳 기록은 시간적 선후에 따라 차례를 정한 것이고, 「제의」편
은 내외의 구분에 따라 차례를 정한 것인데, 자세한 설명은 또한 「제의」편
에 나온다. 내적으로 재계를 하기 때문에 이것을 또한 '숙(宿)'이라고 부르
니, 안채에 기거하기 때문이다. 『예기』「예기(禮器)」편에서 "3일 동안 숙
(宿)을 한다."라고 말한 것도 이러한 이유 때문이다. 외적으로 재계를 하기
때문에 이것을 또한 '계(戒)'라고 부르니, 외부에 대해서 조심한다는 뜻이
다. 「예기」편에서 "7일 동안 계(戒)를 한다."라고 말한 것도 이러한 이유
때문이다.7) 마음으로 구차하게 생각하지 않고 즐기고 바라는 것을 그치게
하는 부류들은 내적인 것을 재계하는 방법이다. 손과 발을 구차하게 움직
이지 않고 사사로운 대상을 방비하는 부류들은 외적인 것을 재계하는 방법
이다. 흩어진 것을 모아두게 된다면 한결같이 안정된 곳으로 귀의하게 된
다. 그렇기 때문에 산제를 7일 동안 하여 안정시키는 것이다. 지극함을 이
루게 되면 비로소 고르지 않은 것이 없게 된다. 그렇기 때문에 치제를 3일
동안 하여 가지런하게 한다. 정(定)은 외적인 것을 안정시킨다는 뜻이고,
'제(齊)'는 내적인 것을 정돈한다는 뜻이다.

---

4) 『서』「주서(周書)·낙고(洛誥)」 : 曰, 明禋, 拜手稽首休享.

5) 『서』「주서(周書)·주고(酒誥)」 : 有斯明享, 乃不用我教辭, 惟我一人弗恤, 弗蠲
乃事, 時同于殺.

6) 『예기』「제의(祭義)」【553d~554a】 : 致齊於內, 散齊於外, 齊之日, 思其居處,
思其笑語, 思其志意, 思其所樂, 思其所嗜. 齊三日, 乃見其所爲齊者.

7) 『예기』「예기(禮器)」【308c~d】 : 故, 魯人將有事於上帝, 必先有事於頖宮; 晉
人將有事於河, 必先有事於惡池; 齊人將有事於泰山, 必先有事於配林. 三月繫,
七日戒, 三日宿, 愼之至也.

鄭注 訖, 猶止也. 定者, 定其志意.

번역 '흘(訖)'자는 "그친다[止]."는 뜻이다. '정(定)'자는 뜻을 안정시킨다는 의미이다.

釋文 乃齊, 側皆反, 本又作齋, 下不出者同. 言齊也, 齊不齊, 並如字, 下 "以齊之"同. 耆, 市志反. 邪, 似嗟反. 訖, 居乙反.

번역 '乃齊'에서의 '齊'자는 '側(측)'자와 '皆(계)'자의 반절음이며, 판본에 따라서는 또한 '齋'자로도 기록하는데, 이후에 다시 언급하지 않은 것은 그 음이 이와 같다. '言齊也'와 '齊不齊'에서의 '齊'자는 모두 글자대로 읽고, 아래문장에 나오는 '以齊之'에서의 '齊'자도 그 음이 이와 같다. '耆'자는 '市(시)'자와 '志(지)'자의 반절음이다. '邪'자는 '似(사)'자와 '嗟(차)'자의 반절음이다. '訖'자는 '居(거)'자와 '乙(을)'자의 반절음이다.

孔疏 ●"及時"至"親之". ○正義曰: 此一節明將祭齊戒之義, 幷明君與夫人皆致齊, 會於大廟, 夫婦交親行祭之義.

번역 ●經文: "及時"~"親之". ○이곳 문단은 제사를 지내고자 하여 재계를 하는 뜻을 나타내고 있고, 아울러 군주와 부인이 모두 치제(致齊)를 하고, 태묘(太廟)에 모여서 부부가 직접 교대로 제례를 시행하는 뜻도 나타내고 있다.

孔疏 ●"及時將祭, 君子乃齊"者, 謂四時應祭之前, 末8)旬時也, 方將接神, 先宜齊整身心, 故齊也.

---

8) '말(末)'자에 대하여. '말'자는 본래 '미(未)'자로 기록되어 있었는데, 완원(阮元)의 『교감기(校勘記)』에서는 "고문(考文)에서 인용하고 있는 송나라 때의 판본에서는 '미'자를 '말'자로 기록하고 있다."라고 했다.

번역 ●經文: "及時將祭, 君子乃齊". ○사계절마다 제사를 지내야 할 시기 이전, 즉 그 전달 하순경을 뜻하니, 신과 교감하려고 할 때에는 우선적으로 자신의 몸과 마음을 가지런히 정돈해야만 한다. 그렇기 때문에 재계를 한다.

孔疏 ●"齊不齊以致齊者"也, 言齊者, 齊也, 所以正此不齊之事.

번역 ●經文: "齊不齊以致齊者". ○'제(齊)'자는 "가지런히 하다[齊]."는 뜻이니, 가지런하지 않은 일들을 바로잡는다는 의미이다.

孔疏 ○謂未齊之時, 心慮散蕩, 心所嗜欲有不齊正; 及其齊也, 正此不齊之事, 以致極齊戒之道.

번역 ○아직 재계를 하지 않았을 때, 마음과 생각은 방만하게 흩어져 있고, 마음이 즐기고 바라는 것에 있어서도 가지런하지 않은 점이 있는데, 재계를 하게 되면, 이처럼 가지런하지 않은 사안들을 바로잡아서, 재계의 도리를 지극히 한다는 뜻이다.

集解 齊之爲言齊, 言齊一也. 大事, 謂祭祀之事也. 恭敬, 則以其心言之, 蓋亦有非祭祀而致其恭敬者, 如齊戒以見君是也. 物自外至, 故曰防. 嗜欲自內出, 故曰止. 防其邪物者, 謂若不飮酒不茹葷之類. 酒與葷不可謂之邪物, 然於齊時則不當飮, 不當食, 雖謂之邪物可也. 訖亦止也. 訖其嗜欲, 謂不御也. 君子未嘗苟慮苟動, 特於齊尤致其愼爾. 定之之謂齊, 申言"散齊以定之"; 齊者精明之至, 申言"致齊以齊之"也.

번역 '제지위언제(齊之爲言齊)'는 가지런히 일치시킨다는 뜻이다. '대사(大事)'는 제사의 일들을 뜻한다. '공경(恭敬)'은 그 마음을 기준으로 한 말인데, 또한 제사가 없는데도 공경을 지극히 하는 경우는 마치 재계를 하고서 군주를 알현하는 경우와 같은 것이다. 사물은 외부로부터 도달하기 때문에 '방(防)'이라고 했다. 즐기고 바라는 것은 내부로부터 나오기 때문에 '지(止)'라고 했다. '방기사물(防其邪物)'은 음주를 하지 않고 훈채를 먹지 않는 부류와 같은 것을 뜻한다. 술과 훈채는 삿된 사물이라고 부를 수 없지만, 재계를 할 때에는 마땅히 마시거나 먹어서는 안 되니, 비록 삿된 사물이라고 부르더라도 괜찮다. '흘(訖)'자는 "그치다[止]."는 뜻이다. '흘기기욕(訖其耆欲)'은 제멋대로 하지 못하도록 한다는 뜻이다. 군자는 일찍이 구차한 생각이나 행동을 한 적이 없지만, 특별히 재계를 할 때 더욱 신중을 기할 따름이다. '정지지위제(定之之謂齊)'라는 말은 "산제(散齊)를 하여 안정시킨다."는 말을 거듭 설명한 것이다. '제자정명지지(齊者精明之至)'라는 말은 "치제(致齊)를 하여 가지런히 한다."는 말을 거듭 설명한 것이다.

【577a~b】

是故先期旬有一日, 宮宰宿夫人, 夫人亦散齊七日, 致齊三日. 君致齊於外, 夫人致齊於內, 然後會於大廟. 君純冕立於阼, 夫人副褘立於東房. 君執圭瓚祼尸, 大宗執璋瓚亞祼. 及迎牲, 君執紖, 卿大夫從, 士執芻; 宗婦執盎從, 夫人薦涗水; 君執鸞刀羞嚌, 夫人薦豆. 此之謂夫婦親之.

직역 是故로 期에 先하여 旬하고 一日이 有하여, 宮宰는 夫人에게 宿하니, 夫人도 亦히 七日을 散齊하고, 三日을 致齊한다. 君은 外에서 致齊하고, 夫人은 內에서 致齊하며, 然後에 大廟에서 會한다. 君은 純冕하여 阼에 立하고, 夫人은 副褘하여 東房에 立한다. 君은 圭瓚을 執하고 尸에서 祼하고, 大宗은 璋瓚을 執하고 亞祼한다. 牲을 迎함에 及해서, 君은 紖을 執하고, 卿과 大夫는 從하며, 士는 芻를 執하고; 宗婦는 盎을 執하고 從하며, 夫人은 涗水를 薦하고; 君은 鸞刀를 執하여 嚌를 羞하고, 夫人은 豆를 薦한다. 此를 夫婦가 親함이라 謂한다.

의역 이러한 까닭으로 정해진 기한보다 11일 앞서, 궁재(宮宰)는 군주의 부인

에게 재계를 해야 한다고 아뢰니, 부인 또한 7일 동안 산제(散齊)를 하고 3일 동안
치제(致齊)를 한다. 군주는 바깥채에서 치제를 하고, 부인은 안채에서 치제를 하는
데, 치제가 끝나면 태묘에 모인다. 군주는 제복을 입고 동쪽 계단 위에 서 있게
되고, 부인은 머리장식과 위의(褘衣)를 입고 동쪽 방에 서 있게 된다. 군주는 규찬
(圭瓚)을 들고 술을 따라 시동 앞에서 술을 땅에 뿌리고, 대종(大宗)은 부인을 대신
하여 장찬(璋瓚)을 들고 술을 따라 군주 다음으로 땅에 술을 뿌린다. 희생물을 맞이
할 때가 되면, 군주는 고삐를 잡고 경과 대부는 군주를 따르며 사는 짚을 들고 따른
다. 종부는 앙제(盎齊)를 담은 술동이를 들고 부인을 따르고, 부인은 앙제를 맑게
거른 술을 바친다. 군주가 난도(鸞刀)를 들고 희생물을 갈라 폐와 간을 잘라 바치
면, 부인은 두(豆)를 바친다. 이처럼 하는 것을 부부가 직접 시행한다고 부른다.

集說 宿, 讀爲肅, 猶戒也.

번역 '숙(宿)'자는 숙(肅)자로 풀이하니, "경계를 시킨다[戒]."는 뜻이다.

集說 鄭氏曰: 大廟, 始祖廟也. 圭瓚璋瓚, 祼器也, 以圭璋爲柄. 酌鬱鬯曰
祼, 大宗亞祼, 容夫人有故攝焉. 紖, 所以牽牲. 芻, 藁也, 殺牲用以薦藉.

번역 정현이 말하길, '대묘(大廟)'는 시조의 묘(廟)를 뜻한다. 규찬(圭瓚)
과 장찬(璋瓚)은 모두 땅에 술을 뿌릴 때 사용하는 기구들인데, 규(圭)와
장(璋)으로 자루를 만든다. 울창주를 따라서 땅에 뿌리는 것을 '관(祼)'이라
고 부르는데, 대종(大宗)이 두 번째로 관(祼)을 하는 것은 부인에게 사정이
생겨서 대신하는 것까지를 수용하기 위해서이다. '진(紖)'은 희생물을 끌
때 사용하는 끈이다. '추(芻)'는 짚[藁]이니, 희생물을 도축할 때 이것을 이
용하여 깔개로 깐다.

集說 疏曰: 宗婦執盎從者, 謂同宗之婦, 執盎齊以從夫人也. 夫人薦涗水
者, 涗卽盎齊, 以濁用清酒以涗沛之. 涗水是明水, 宗婦執盎齊從夫人而來, 奠
盎齊於位, 夫人乃就盎齊之尊, 酌此涗齊而薦之, 因盎齊有明水, 連言水耳. 君

執鸞刀羞嚌者, 嚌, 肝肺也. 嚌有二時, 一是朝踐之時, 取肝以膋貫之, 入室燎
於爐炭, 而出薦之主前; 二是饋熟之時, 君以鸞刀割制所羞嚌肺, 橫切之不使
絶, 亦奠於俎上, 尸並嚌之, 故云羞嚌. 一云, 羞, 進也. 夫人薦豆者, 君羞嚌時,
夫人薦此饋食之豆也. 又曰: 郊特牲云, "祭齊加明水", 天子諸侯祭禮, 先有祼
尸之事.

번역 공영달[9]의 소에서 말하길, '종부집앙종(宗婦執盎從)'이라는 말은
같은 종가의 부인들이 앙제(盎齊)를 들고서 부인(夫人)을 뒤따른다는 뜻이
다. '부인천세수(夫人薦涗水)'라고 했는데, '세(涗)'는 곧 앙제를 뜻하니, 술
이 탁하여 맑은 술을 이용해서 맑게 걸러내기 때문이다. '세수(涗水)'는 곧
명수(明水)[10]를 뜻하는데, 종부는 앙제를 들고 부인을 뒤따라 와서, 자리
앞에 앙제를 담은 술동이를 진열하고, 부인은 곧 앙제를 담은 술동이로 다
가가 맑게 거른 술을 따라서 바치는데, 앙제에 명수가 포함된 것에 따라서
연이어 '수(水)'를 언급한 것일 뿐이다. '군집란도수제(君執鸞刀羞嚌)'라고
했는데, '제(嚌)'자는 희생물의 간과 폐를 뜻하며, 제(嚌)를 하는 것에는 두
시기가 있으니, 첫 번째는 조천(朝踐)[11]의 시기에 희생물의 간을 가져다가
지방을 두르고 묘실로 들어가서 화톳불 위에서 태우고, 밖으로 나와서 신
주 앞에 바치는 것이다. 두 번째는 궤숙(饋孰)[12]을 할 때, 군주가 난도(鸞

---

9) 공영달(孔穎達, A.D.574 ~ A.D.648): =공씨(孔氏). 당대(唐代)의 경학자이
다. 자(字)는 중달(仲達)이고, 시호(諡號)는 헌공(憲公)이다. 『오경정의(五經
正義)』를 찬정(撰定)하는데 중심적인 역할을 했다.
10) 명수(明水)는 제사 때 사용하는 깨끗한 물을 뜻한다.
11) 조천(朝踐)은 제례(祭禮) 의식 중 하나이다. 희생물의 피와 기름 등을 바치
고, 단술을 따르게 되면, 비로소 제사를 본격적으로 시행하게 된다. 제주(祭
主)의 부인이 되는 주부(主婦)는 이때 제사 때 진설해두는 제기(祭器)인 두
변(豆籩) 등을 바치게 된다. '조천'은 바로 이러한 의식 절차를 가리킨다. 『주
례』「춘관(春官)・사존이(司尊彝)」에는 "其朝踐用兩獻尊."이라는 기록이 있고,
이 기록에 대한 정현의 주에서는 "朝踐, 謂薦血腥, 酌醴, 始行祭事, 后於是薦
朝事之豆籩."이라고 풀이하였다.
12) 궤숙(饋孰)은 '궤숙(饋熟)'이라고도 부른다. 제례(祭禮) 의식 중 하나이다. 제
사를 시행할 때에는 희생물을 잡아서 생고기를 바치고, 이후에 다시 익힌 고
기를 바치는데, '궤숙'은 바로 익힌 음식을 바치는 절차를 뜻한다.

刀)로 희생물을 가르고, 음식으로 바칠 폐를 잘라내어, 횡으로 저미되 끊어지지 않게 하고, 이것을 또한 도마 위에 올려서, 시동이 맛을 보게 된다. 그렇기 때문에 '수제(羞嚌)'라고 부른다. 한편에서는 "수(羞)자는 '진설하다[進].'는 뜻이다."라고 했다. 부인이 두(豆)를 바친다는 것은 군주가 시동이 맛볼 제수를 바칠 때, 부인이 이러한 궤식(饋食)의 두(豆)를 바친다는 뜻이다. 또 말하길, 『예기』「교특생(郊特牲)」편에서는 "오제(五齊)13)를 가지고 제사를 지낼 때 명수(明水)를 첨가한다."14)라고 했는데, 천자와 제후의 제례에서는 그보다 앞서 시동 앞에서 술을 땅에 뿌리는 절차가 있다.

大全 嚴陵方氏曰: 散齊七日, 致齊三日, 則及祭凡十日矣, 故先期旬有一日, 宮宰宿夫人, 而詔之齊也. 大宰言前期十日, 帥執事而卜日, 遂戒, 則於是日, 而遂散齊也. 聽外治者君也, 故致齊於外, 聽內職者夫人也, 故致齊於內,

---

13) 오제(五齊)는 술의 맑고 탁한 정도에 따라서 다섯 가지 등급으로 분류한 술을 뜻한다. 또한 술을 범칭하는 용어로도 사용된다. 다섯 가지 술은 범제(泛齊), 례제(醴齊), 앙제(盎齊), 제제(緹齊), 침제(沈齊)를 가리킨다. 『주례』「천관(天官)·주정(酒正)」편에는 "辨五齊之名, 一曰泛齊, 二曰醴齊, 三曰盎齊, 四曰緹齊, 五曰沈齊."라는 기록이 있다. 각 술들에 대해 설명하자면, 위의 기록에 대한 정현의 주에서는 "泛者, 成而滓浮泛泛然, 如今宜成醪矣. 醴猶體也, 成而汁滓相將, 如今恬酒矣. 盎猶翁也, 成而翁翁然, 蔥白色, 如今酇白矣. 緹者, 成而紅赤, 如今下酒矣. 沈者, 成而滓沈, 如今造淸矣. 自醴以上尤濁, 縮酌者. 盎以下差淸. 其象類則然, 古之法式未可盡聞. 杜子春讀齊皆爲粢. 又禮器曰, '緹酒之用, 玄酒之尙.' 玄謂齊者, 每有祭祀, 以度量節作之."라고 풀이했다. 즉 '범제'는 술이 익고 나서 앙금이 둥둥 떠 있는 것으로 정현 시대의 의성료(宜成醪)와 같은 술이고, '례주'는 술이 익고 나서 앙금을 한 차례 걸러낸 것으로 염주(恬酒)와 같은 것이며, '앙제'는 술이 익고 나서 새파란 빛깔을 보이는 것으로 찬백(酇白)과 같은 술이고, '제제'는 술이 익고 나서 붉은 빛깔을 보이는 것으로 하주(下酒)와 같은 술이며, '침제'는 술이 익고 나서 앙금이 모두 가라앉아 있는 것으로 조청(造淸)과 같은 술이다. '범주'는 가장 탁한 술이며, '례주'는 그 다음으로 탁한 술이고, '앙제'부터는 뒤로 갈수록 맑은 술에 해당한다.

14) 『예기』「교특생(郊特牲)」【341d~342a】: 血祭, 盛氣也. 祭肺肝心, 貴氣主也. 祭黍稷加肺, 祭齊加明水, 報陰也. 取膟膋燔燎升首, 報陽也. 明水涗齊, 貴新也. 凡涗, 新之也. 其謂之明水也, 由主人之潔著此水也.

與祭義所謂內外者異矣. 彼謂一身之內外, 齊於內外, 所以辨其位. 會於大廟, 所以聯其事. 君純冕立於阼, 夫人副褘立於東房, 與明堂所言同義. 於夫人言 副褘, 則君純冕者, 袞冕也. 周官大宗伯, 凡大祭祀, 王后不與, 則攝而薦豆籩 徹, 則大宗固有攝夫人亞祼之理矣. 大宗, 卽宗伯也. 君執紖, 則親牽之故也. 宗婦, 宗子之婦也. 齊有五, 而宗婦止執盎者, 據君牽牲之時也. 祭義言夫人奠 盎, 正與此合, 然彼言夫人奠盎, 此言宗婦執盎者, 宗婦執之, 夫人奠之故也. 薦涗水, 則郊特牲所謂明水涗齊, 貴新是也. 酌齊, 則必用涗矣. 祭義不言者, 略也. 嚌者, 尸所嚌之肺也. 嚌則嘗之也. 以尸之所嚌, 故君執鸞刀而羞之也. 尸必嚌之, 君必羞之者, 以周人所貴故也. 夫人薦豆, 則與祭義所言同義. 以上 題言夫祭也者, 必夫婦親之, 故此結言此之謂夫婦親之也.

번역 엄릉방씨가 말하길, 산제(散齊)는 7일 동안 시행하고 치제(致齊) 는 3일 동안 시행하니, 제사를 지내는 당일에 이르기까지 총 10일이 소요된 다. 그렇기 때문에 정해진 기일보다 11일 앞서 궁재(宮宰)가 군주의 부인에 게 경계지침을 알려서, 재계를 하도록 아뢰는 것이다. 『주례』「대재(大宰)」 편에서는 "정해진 기일보다 10일 앞서, 일을 맡아보는 자들을 이끌고서 날 짜에 대해 점을 치고, 뒤이어 재계를 하도록 알린다."15)라고 했으니, 이 시 기에 산제를 시작하게 된다. 바깥일을 다스리는 자는 군주이기 때문에 바 깥채에서 치제를 하고, 집안일을 다스리는 자는 군주의 부인이기 때문에 안채에서 치제를 하니, 『예기』「제의(祭義)」편에서 내외라고 한 말16)과는 의미가 다르다. 「제의」편에서는 한 개인의 내적인 면과 외적인 면을 말한 것이며, 안채와 바깥채에서 재계를 한다는 것은 그들의 자리를 구별하기 위한 것이다. 태묘에 모이는 것은 그 절차들을 연속적으로 시행하기 위해 서이다. 군주가 제복을 입고 동쪽 계단 위에 서 있고, 부인이 머리장식과 위의(褘衣)를 입고 동쪽 방에 서 있는 것은 『예기』「명당위(明堂位)」편에서 말한 내용과 동일한 의미이다.17) 부인에 대해서 '부위(副褘)'라고 말했다면,

---

15) 『주례』「천관(天官)·대재(大宰)」: 前期十日, 帥執事而卜日, 遂戒.
16) 『예기』「제의(祭義)」【553d~554a】: 致齊於內, 散齊於外, 齊之日, 思其居處, 思其笑語, 思其志意, 思其所樂, 思其所嗜. 齊三日, 乃見其所爲齊者.

군주가 착용하는 '순면(純冕)'이라는 것은 곤면(袞冕)18)에 해당한다.『주례』
「대종백(大宗伯)」편에서는 "무릇 성대한 제사를 지낼 때, 왕후가 참여하지
않는다면, 왕후를 대신하여 두(豆)와 변(籩)을 바치고 그 일이 끝나면 치운
다."19)라고 했으니, 대종에게는 진실로 부인을 대신하여 군주에 뒤이어 술
을 땅에 뿌리는 이치가 있다. '대종(大宗)'은 곧 종백(宗伯)에 해당한다. 군
주가 고삐를 잡는 것은 직접 희생물을 끌기 때문이다. '종부(宗婦)'는 종자
의 며느리이다. 오제(五齊)는 다섯 종류인데, 종부는 단지 앙제(盎齊)만을
든다고 한 것은 군주가 희생물을 끌고 오는 때에 기준을 두었기 때문이다.
「제의」편에서는 "부인은 앙제를 담은 술동이를 진설한다."20)라고 했는데,
이것은 바로 이곳에서 말한 뜻과 부합한다. 다만 「제의」편에서는 "부인이
앙제를 담은 술동이를 진설한다."라고 했는데, 이곳에서는 "종부가 앙제를
담은 술동이를 든다."라고 하여 차이를 보인다. 그 이유는 종부가 술동이를
들고 따라가고 최종적으로 부인이 술동이를 받아서 진설하기 때문이다.
"세수(況水)를 바친다."라고 했는데,『예기』「교특생(郊特牲)」편에서 "명수
로 걸러낸 술을 바치니, 신선한 것을 존귀하게 여기기 때문이다."21)라고

---

17)『예기』「명당위(明堂位)」【401b】: 君卷冕立於阼, 夫人副褘立於房中. 君肉袒
迎牲於門, 夫人薦豆籩, 卿大夫贊君, 命婦贊夫人, 各揚其職. 百官廢職, 服大刑,
而天下大服.

18) 곤면(袞冕)은 곤룡포와 면류관을 뜻한다. 본래 천자의 제사복장으로, 비교적
중요한 제사 때 입는다. 윗옷과 아랫도리에 새겨진 무늬 등은 9가지이다.『
주례』「춘관(春官)・사복(司服)」편에는 "享先王則袞冕."이라는 기록이 있다.
이에 대한 정현의 주에서는 "冕服九章, 登龍於山, 登火於宗彝, 尊其神明也.
九章, 初一曰龍, 次二曰山, 次三曰華蟲, 次四曰火, 次五曰宗彝, 皆畫以爲繢,
次六曰藻, 次七曰粉米, 次八曰黼, 次九曰黻, 皆希以爲繡. 則袞之衣五章, 裳四
章, 凡九也."라고 풀이했다. 즉 '곤면'의 윗옷에는 용(龍), 산(山), 화충(華蟲),
화(火), 종이(宗彝) 등 5가지 무늬를 그려놓고, 아랫도리에는 조(藻), 분미(粉
米), 보(黼), 불(黻) 등 4가지를 수놓았다.

19)『주례』「춘관(春官)・대종백(大宗伯)」: 凡大祭祀, 王后不與, 則攝而薦豆籩徹.

20)『예기』「제의(祭義)」【555a】: 唯聖人爲能饗帝, 孝子爲能饗親. 饗者, 鄕也, 鄕
之然後能饗焉. 是故孝子臨尸而不怍. 君牽牲, 夫人奠盎; 君獻尸, 夫人薦豆; 卿
大夫相君, 命婦相夫人. 齊齊乎其敬也, 愉愉乎其忠也, 勿勿諸其欲其饗之也.

21)『예기』「교특생(郊特牲)」【341d~342a】: 血祭, 盛氣也. 祭肺肝心, 貴氣主也.

한 말에 해당한다. 오제의 술을 따를 때에는 반드시 맑은 술로 거른 것을
사용한다. 「제의」편에서 이 사실을 언급하지 않은 것은 문장을 간략히 기
록했기 때문이다. '제(嚌)'는 시동이 맛보게 되는 희생물의 폐이다. 제(嚌)를
차려내면 맛보게 된다. 시동이 맛보기 때문에 군주는 난도(鸞刀)를 들고
희생물을 갈라서 폐를 바친다. 시동이 반드시 그것을 맛보게 되고, 군주가
반드시 그것을 바치는 것은 주나라 때 존귀하게 여긴 것에 따랐기 때문이
다.22) 부인이 두(豆)를 바친다는 것은 「제의」편에서 말한 내용과 동일한
의미이다.23) 앞에서 "제사라는 것은 반드시 부부가 직접 치르는 것이다."24)
라고 제시를 했기 때문에, 이곳에서는 결론을 맺으며, "이러한 것을 부부가
직접 한다고 부른다."라고 한 것이다.

大全 馬氏曰: 言士執絞, 則後於君, 言宗婦執盎, 則先於夫人者, 蓋絞所以
用於迎牲之後, 而執盎必居於薦之前也.

번역 마씨25)가 말하길, 사가 짚을 든다고 했다면 군주보다 뒤에 하는
것이고, 종부가 앙제(盎齊)를 든다고 했다면 부인보다 먼저 하는 것이다.
무릇 짚이라는 것은 희생물을 맞이한 이후에 사용하는 것이고, 앙제를 드
는 것은 반드시 그것을 바치기 이전에 해야 하기 때문이다.

祭黍稷加肺, 祭齊加明水, 報陰也. 取膟膋燔燎升首, 報陽也. <u>明水涗齊, 貴新也</u>.
凡涗, 新之也. 其謂之明水也, 由主人之潔著此水也.
22) 『예기』「명당위(明堂位)」【405b】: 有虞氏祭首, 夏后氏祭心, 殷祭肝, <u>周祭肺</u>.
23) 『예기』「제의(祭義)」【555a】: 唯聖人爲能饗帝, 孝子爲能饗親. 饗者, 鄕也, 鄕
之然後能饗焉. 是故孝子臨尸而不怍. 君牽牲, 夫人奠盎; 君獻尸, <u>夫人薦豆</u>; 卿
大夫相君, 命婦相夫人. 齊齊乎其敬也, 愉愉乎其忠也, 勿勿諸其欲其饗之也.
24) 『예기』「제통」【575c~d】: 旣內自盡, 又外求助, 昏禮是也. 故國君取夫人之辭
曰, "請君之玉女, 與寡人共有敝邑, 事宗廟社稷." 此求助之本也. <u>夫祭也者, 必
夫婦親之</u>, 所以備外內之官也. 官備則具備. 水草之菹, 陸産之醢, 小物備矣. 三
牲之俎, 八簋之實, 美物備矣. 昆蟲之異, 草木之實, 陰陽之物備矣. 凡天之所生,
地之所長, 苟可薦者, 莫不咸在, 示盡物也. 外則盡物, 內則盡志, 此祭之心也.
25) 마희맹(馬晞孟, ? ~ ?) : =마씨(馬氏)·마언순(馬彦醇). 자(字)는 언순(彦醇)이
다. 『예기해(禮記解)』를 찬술했다.

鄭注 宮宰, 守宮官也. 宿, 讀爲肅. 肅猶戒也, 戒輕肅重也. 大廟, 始祖廟也. 圭瓚·璋瓚, 祼器也, 以圭·璋爲柄, 酌鬱鬯曰祼. 大宗亞祼, 容夫人有故攝焉. 紖, 所以牽牲也, 周禮作絼. 芻, 謂藁也, 殺牲時用薦之. 周禮·封人"祭祀, 飾牲, 共其水藁". 涗, 盎齊也. 盎齊, 涗酌也. 凡尊有明水, 因兼云水爾. 嚌, 嚌肺·祭肺之屬也. 君以鸞刀割制之. 天子諸侯之祭禮, 先有祼尸之事, 乃後迎牲. 芻, 或爲稾.

번역 '궁재(宮宰)'는 궁실을 지키는 관리이다. '숙(宿)'자는 숙(肅)자로 풀이한다. '숙(肅)'자는 "경계를 시킨다[戒]."는 뜻인데, 계(戒)는 상대적으로 수위가 낮고 숙(肅)은 수위가 높다. '대묘(大廟)'는 시조의 묘(廟)이다. 규찬(圭瓚)과 장찬(璋瓚)은 땅에 술을 뿌릴 때 사용하는 기구들인데, 규(圭)와 장(璋)으로 자루를 만들고, 울창주를 따라서 땅에 뿌리는 것을 '관(祼)'이라고 부른다. 대종(大宗)이 두 번째로 관(祼)을 하는 것은 부인에게 사정이 생겨서 대신하는 것까지를 수용하기 위해서이다. '진(紖)'은 희생물을 끌 때 사용하는 끈인데, 『주례』에서는 '진(絼)'자로 기록했다.26) '추(芻)'는 짚[藁]이니, 희생물을 도축할 때 이것을 이용하여 바닥에 깐다. 『주례』「봉인(封人)」편에서는 "제사를 지내게 되면 희생물을 꾸미고, 물에 젖은 짚을 공급한다."27)라고 했다. '세(涗)'자는 앙제(盎齊)를 뜻한다. 앙제는 맑게 걸러서 따르는 술이다. 무릇 술동이 중에는 명수(明水)를 담은 것도 있으므로, 그에 따라 '수(水)'자를 함께 언급한 것일 뿐이다. '제(嚌)'자는 희생물의 폐를 맛보고, 폐로 제사를 지내는 부류를 뜻한다. 군주가 난도(鸞刀)를 들고 희생물을 갈라서 제제(制祭)를 한다. 천자와 제후의 제례에서는 앞서 시동 앞에서 술을 땅에 뿌리는 절차가 포함되고, 그 일을 시행한 뒤에 희생물을 맞이한다. '추(芻)'자를 다른 판본에서는 '추(稾)'자로 기록하기도 한다.

---

26) 『주례』「지관(地官)·봉인(封人)」: 凡祭祀, 飾其牛牲, 設其楅衡, 置其絼, 共其水藁.
27) 『주례』「지관(地官)·봉인(封人)」: 凡祭祀, 飾其牛牲, 設其楅衡, 置其絼, 共其水藁.

釋文 先, 悉薦反, 又如字. 大廟音泰, 下“大廟”皆同. 禕音輝. 瓚, 才旦反.
祼, 古亂反. 紖, 直忍反, 注同, 徐以忍反. 從, 才用反, 下皆同. 芻, 初俱反. 盎,
烏浪反, 注同. “從夫人”, 絶句, 一讀以“從”字絶句. 況, 舒鋭反, 徐音歲. 羞齊,
本亦作齏, 才細反, 注同. 柄, 兵命反. 緌, 直忍反. 藁, 苦老反, 下同. 共音恭.
盎齊, 才細反, 下“盎齊”同.

번역 ‘先’자는 ‘悉(실)’자와 ‘薦(천)’자의 반절음이고, 또한 글자대로 읽기
도 한다. ‘大廟’에서의 ‘大’자는 그 음이 ‘泰(태)’이며, 아래문장에 나오는 ‘大
廟’에서의 ‘大’자도 모두 그 음이 이와 같다. ‘禕’자의 음은 ‘輝(휘)’이다. ‘瓚’
자는 ‘才(재)’자와 ‘旦(단)’자의 반절음이다. ‘祼’자는 ‘古(고)’자와 ‘亂(란)’자
의 반절음이다. ‘紖’자는 ‘直(직)’자와 ‘忍(인)’자의 반절음이며, 정현의 주에
나오는 글자도 그 음이 이와 같고, 서음(徐音)은 ‘以(이)’자와 ‘忍(인)’자의
반절음이다. ‘從’자는 ‘才(재)’자와 ‘用(용)’자의 반절음이고, 아래문장에 나
오는 글자도 모두 그 음이 이와 같다. ‘芻’자는 ‘初(초)’자와 ‘俱(구)’자의 반
절음이다. ‘盎’자는 ‘烏(오)’자와 ‘浪(랑)’자의 반절음이고, 정현의 주에 나오
는 글자도 그 음이 이와 같다. ‘從夫人’에서 구문을 끊는데, 다른 해석법은
‘從’자에서 구문을 끊는다. ‘況’자는 ‘舒(서)’자와 ‘鋭(예)’자의 반절음이고,
서음은 ‘歲(세)’이다. ‘羞齊’에서의 ‘齊’자는 판본에 따라서 또한 ‘齏’자로도
기록하며, ‘才(재)’자와 ‘細(세)’자의 반절음이고, 정현의 주에 나오는 글자
도 그 음이 이와 같다. ‘柄’자는 ‘兵(병)’자와 ‘命(명)’자의 반절음이다. ‘緌’자
는 ‘直(직)’자와 ‘忍(인)’자의 반절음이다. ‘藁’자는 ‘苦(고)’자와 ‘老(로)’자의
반절음이고, 아래문장에 나오는 글자도 그 음이 이와 같다. ‘共’자의 음은
‘恭(공)’이다. ‘盎齊’에서의 ‘齊’자는 ‘才(재)’자와 ‘細(세)’자의 반절음이고,
아래문장에 나오는 ‘盎齊’에서의 ‘齊’자도 그 음이 이와 같다.

孔疏 ●“君致齊於外, 夫人致齊於內”者, 外, 謂君之路寢, 內, 謂夫人正寢,
是致齊並皆於正寢, 其實散齊亦然. 但此文對“會於大廟”, 故云“君致齊於外,
夫人致齊於內”耳.

번역 ●經文: "君致齊於外, 夫人致齊於內". ○'외(外)'자는 군주의 노침(路寢)28)을 뜻하고, '내(內)'자는 부인의 정침(正寢)29)을 뜻하니, 치제(致齊)는 모두 정침에서 치르게 되는데, 실제로 산제(散齊) 또한 이처럼 치른다. 다만 이곳 문장에서는 "태묘에 모인다."라고 한 문장과 대비를 시켰기 때문에, "군주는 노침에서 치제를 하고, 부인은 정침에서 치제를 한다."라고 말한 것일 뿐이다.

孔疏 ●"然後會於大廟"者, 祭日, 君與夫人俱至大廟之中. 廟, 卽始祖廟也.

번역 ●經文: "然後會於大廟". ○제사 당일 군주와 그의 부인은 모두 태묘 안으로 가게 된다. '묘(廟)'는 시조의 묘에 해당한다.

孔疏 ●"君純冕立於阼"者, 純, 亦緇也. 上文已解, 故鄭於此略而不論. 冕皆上玄下纁, 其服並然, 故通云緇冕. 若非二王之後及周公廟, 卽悉用玄冕而祭.

번역 ●經文: "君純冕立於阼". ○이곳의 '순(純)'자 또한 치(緇)자의 뜻이다. 앞에서 이미 해석을 했으므로, 정현은 이곳 문장에서 그 설명을 생략하고 논의하지 않았다. 면복(冕服)은 모두 상의는 현색이고 하의는 분홍색인데, 그 복장이 모두 이러하기 때문에 통괄적으로 '치면(緇冕)'이라고 말한 것이다. 만약 두 왕조의 후손이나 주공의 묘에서 지내는 제사가 아니라면 모두 현면(玄冕)30)을 착용하고서 제사를 지낸다.

---

28) 노침(路寢)은 천자나 제후가 정무를 처리하던 정전(正殿)이다.『시』「노송(魯頌)·민궁(閟宮)」편에는 "松桷有舃, 路寢孔碩."이라는 기록이 있는데, 이에 대한 모전(毛傳)에서는 "路寢, 正寢也."라고 풀이했고,『문선(文選)』에 수록된 장형(張衡)의 '서경부(西京賦)'에는 "正殿路寢, 用朝群臣."이라는 기록이 있는데, 이에 대한 설종(薛綜)의 주에서는 "周曰路寢, 漢曰正殿."이라고 하여, 주(周)나라에서는 '정전'을 '노침'으로 불렀다고 풀이했다.

29) 정침(正寢)은 노침(路寢)과 같은 말이다. 또한 정전(正殿)이라고도 불렀다. 군주가 정무를 처리하던 장소이다. 천자에게는 6개의 침(寢)이 있었는데, 가장 앞쪽에 있는 1개의 침이 바로 정침(正寢)이 되고, 나머지는 5개의 침은 연침(燕寢)이 된다. 또한 군주의 부인이 사용하는 정침을 뜻하기도 한다.

孔疏 ●“夫人副褘立於東房”者, 副及褘, 后之上服, 魯及二王之後夫人得服之. 侯·伯夫人揄狄, 子·男夫人狄[31], 而並立東房, 以俟行事. 尸旣入之後, 轉就西房, 故禮器云“夫人在房”. 雖不云東西房, 下云“夫人東酌罍尊”, 則知夫人在房, 謂西房也.

번역 ●經文: “夫人副褘立於東房”. ○머리장식인 부(副)와 위의(褘衣)는 왕후가 착용하는 복장 중에서도 상위의 복장인데, 노나라의 부인 및 두 왕조의 후손국 부인은 이 복식을 착용할 수 있다. 후작과 백작의 부인은 유적(揄狄)을 착용하고, 자작과 남작의 부인은 궐적(闕狄)을 착용하며, 모두 동쪽 방에 서 있으면서 다음 절차의 진행을 기다린다. 시동이 이미 묘실로 들어온 이후라면 방향을 돌려서 서쪽 방으로 나아간다. 그렇기 때문에 『예기』「예기(禮器)」편에서는 “부인은 방에 위치한다.”[32]라고 한 것이다. 비록 동쪽이나 서쪽 방임을 언급하지 않았지만, 그 뒤의 문장에서 “부인은 서쪽에 있다가 동쪽으로 이동하여 뇌준(罍尊)에서 술을 따른다.”라고 했으니, 부인이 방에 있다는 말은 서쪽 방에 있다는 뜻임을 알 수 있다.

孔疏 ●“大宗執璋贊亞祼”者, 大宗, 主宗廟禮者. 以亞祼之禮, 夫人親爲之. 此不云夫人而云“大宗”者, 記者廣言容夫人有故, 故大宗伯代夫人行禮,

---

30) 현면(玄冕)은 현의(玄衣)와 면류관을 뜻한다. 본래 천자 및 제후의 제사복장으로, 비교적 중요성이 덜한 제사 때 입는다. ‘현의’ 중 상의에는 무늬가 들어가지 않고, 하의에만 불(黻)을 수놓는다. 『주례』「춘관(春官)·사복(司服)」편에는 “祭群小祀則玄冕.”이라는 기록이 있고, 이에 대한 정현의 주에서는 “玄者, 衣無文, 裳刺黻而已, 是以謂玄焉.”이라고 풀이했다.

31) ‘적(狄)’자에 대하여. 『십삼경주소(十三經注疏)』 북경대 출판본에서는 “혜동(惠棟)의 『교송본(校宋本)』과 위씨(衛氏)의 『집설(集說)』에서는 ‘궐적(闕狄)’으로 기록했고, 『민본(閩本)』·『감본(監本)』·『모본(毛本)』에서는 ‘궐(闕)’자를 ‘굴(屈)’자로 기록했다.”라고 했다.

32) 『예기』「예기(禮器)」【311c】: 天道至教, 聖人至德. 廟堂之上, 罍尊在阼, 犧尊在西; 廟堂之下, 縣鼓在西, 應鼓在東. 君在阼, <u>夫人在房</u>, 大明生於東, 月生於西, 此陰陽之分, 夫婦之位也. 君西酌犧象, <u>夫人東酌罍尊</u>. 禮交動乎上, 樂交應乎下, 和之至也.

執璋瓚亞祼之禮. 圭瓚·璋瓚, 並是祼器也. 以圭·璋爲柄, 酌鬱鬯曰祼也.

번역 ●經文: "大宗執璋瓚亞祼". ○'대종(大宗)'은 종묘의 의례 진행을 주관하는 자이다. 아관(亞祼)의 의례는 부인이 직접 시행하는 것이다. 그런데 이곳에서는 부인이 시행한다고 말하지 않고 대종이 시행한다고 말했다. 그 이유는 『예기』를 기록한 자가 부인에게 특별한 사정이 생겼기 때문에, 대종백이 부인을 대신하여 의례를 시행해서 장찬(璋瓚)을 잡고 아관의 의례를 하는 것까지도 포함해서 폭넓게 설명했기 때문이다. 규찬(圭瓚)과 장찬(璋瓚)은 모두 땅에 술을 뿌릴 때 사용하는 기구이다. 규(圭)와 장(璋)으로 자루를 만들고, 울창주를 따라서 땅에 뿌리는 것을 '관(祼)'이라고 부른다.

孔疏 ●"君執紖"者, 紖, 牛鼻繩, 君自執之入繫於碑.

번역 ●經文: "君執紖". ○'진(紖)'은 소의 코에 끼는 고삐이니, 군주가 직접 고삐를 잡고 종묘의 마당으로 들어와서 기둥에 매어둔다.

孔疏 ●"卿·大夫從"者, 謂卿·大夫從驅之, 及殺與幣告也, 皆從於君.

번역 ●經文: "卿·大夫從". ○경과 대부는 군주를 뒤따라가며 소를 몰고, 희생물을 도축하게 되면 폐물을 가지고 아뢰게 되는데, 이 모든 경우에 군주를 따르게 된다.

孔疏 ●"士執芻"者, 芻, 謂藁也. 以其殺牲用芻藁藉之.

번역 ●經文: "士執芻". ○'추(芻)'자는 짚[藁]을 뜻한다. 즉 희생물을 도축할 때 짚을 이용해서 바닥에 깐다.

孔疏 ●"宗婦執盎從"者, 謂同宗之婦執盎以從夫人.

번역 ●經文: "宗婦執盎從". ○같은 종족의 부인이 앙제(盎齊)를 담은 술동이를 들고 군주의 부인을 뒤따른다는 뜻이다.

孔疏 ●“夫人薦涗水”者, 涗卽盎齊, 由其濁, 用清酒以涗沛之. 涗水是明水. 宗婦執盎齊從夫人而來, 奠盎齊於位, 夫人乃就盎齊之尊, 酌此涗齊而薦之者, 因盎齊有明水, 連言水耳. 上云“夫人副褘”, 此則上公之祭, 宜有醴齊·盎齊, 但言盎者, 略言之, 亦容侯·伯·子·男之祭, 但有盎齊·無醴齊也, 故執盎從.

번역 ●經文: “夫人薦涗水”. ○‘세(涗)’는 곧 앙제(盎齊)를 뜻하는데, 술이 탁하기 때문에 맑을 술을 섞어서 거르게 된다. ‘세수(涗水)’는 명수(明水)를 가리킨다. 종부가 앙제를 들고 부인을 뒤따라 들어와서, 자리에 앙제를 담은 술동이를 놓아두고, 부인은 곧 앙제를 담은 술동이에 다가가서, 맑게 거른 앙제를 떠서 바치게 되는데, 앙제에 명수가 있는 것에 따라서 연이어 ‘수(水)’를 말한 것일 뿐이다. 앞에서는 “부인이 머리장식과 위의(褘衣)를 착용한다.”라고 했으니, 이곳의 내용은 상공(上公)33)의 제사에 해당하므로, 마땅히 예제(醴齊)34)와 앙제가 포함되어야 한다. 그런데 단지 앙제만 언급한 것은 간략히 기록했기 때문이며, 또한 후작·백작·자작·남작의 제사에서 단지 앙제만 있고 예제가 없는 경우까지도 포함한 것이다. 그렇기 때문에 앙제를 들고 뒤따른다고 했다.

---

33) 상공(上公)은 주(周)나라 제도에 있었던 관직 등급이다. 본래 신하의 관직 등급은 8명(命)까지이다. 주나라 때에는 태사(太師), 태부(太傅), 태보(太保)와 같은 삼공(三公)들이 8명의 등급에 해당했다. 그런데 여기에 1명을 더하게 되면 9명이 되어, 특별직인 ‘상공’이 된다. 『주례』「춘관(春官)·전명(典命)」편에는 “上公九命爲伯, 其國家宮室車旗衣服禮儀, 皆以九爲節.”이라는 기록이 있고, 이에 대한 정현의 주에서는 “上公, 謂王之三公有德者, 加命爲二伯. 二王之後亦爲上公.”이라고 풀이하였다. 즉 ‘상공’은 삼공 중에서도 유덕(有德)한 자에게 1명을 더해주어, 제후들을 통솔하는 ‘두 명의 백(伯)[二伯]’으로 삼았다. 또한 제후의 다섯 등급을 나열할 경우, 공작(公爵)을 ‘상공’이라고 부르기도 한다.

34) 예제(醴齊)는 오제(五齊) 중 하나이다. 비교적 탁한 술에 해당한다. 술이 익고 나서 앙금을 한 차례 걸러낸 것으로 염주(恬酒)와 같은 술이다.

孔疏 ●"君執鸞刀, 羞嚌"者, 嚌, 肝·肺也. 嚌有二時, 一是朝踐之時, 取肝以脅貫之, 入室燎於爐炭, 出薦之主前; 二者謂饋熟之時, 君以鸞刀割制所羞嚌肺, 橫切之使不絶, 亦奠於俎上. 尸並嚌之, 故云"羞嚌". 一云: 羞, 進也, 謂君用鸞刀制此嚌肉以進之, 故云"鸞刀羞嚌".

번역 ●經文: "君執鸞刀, 羞嚌". ○'제(嚌)'는 희생물의 간과 폐이다. 제(嚌)를 하는 것은 두 시기가 있다. 첫 번째는 조천(朝踐)을 시행할 때, 희생물의 간을 가져다가 지방을 두르고 묘실로 들어가서 화톳불에서 태우고, 밖으로 나와서 신주 앞에 바치는 것이다. 두 번째는 궤숙(饋熟)을 시행할 때, 군주가 난도(鸞刀)를 이용해서 음식으로 바칠 폐를 자르고, 횡으로 저미되 끊어지지 않게 하며, 이것을 또한 도마 위에 올려 진설하게 된다. 시동은 이것을 맛보게 된다. 그렇기 때문에 '수제(羞嚌)'라고 한다. 한편에서는 "수(羞)자는 '진설하다[進].'는 뜻이니, 군주가 난도를 이용해서 맛보게 되는 고기를 잘라서 바친다는 뜻이다. 그렇기 때문에 '난도로 제(嚌)를 바친다.'라고 했다."라고 한다.

孔疏 ●"夫人薦豆"者, 於君羞嚌之時, 夫人薦此饋食之豆. "此之謂夫婦親之"者, 君親執紖及鸞刀羞嚌, 是夫親之也; 夫人薦涗水及羞豆, 是婦親之也, 故云"夫婦親之".

번역 ●經文: "夫人薦豆". ○군주가 제(嚌)를 바칠 때, 부인은 궤식(饋食)에 사용되는 두(豆)를 바친다. 경문의 "此之謂夫婦親之"에 대하여. 군주가 직접 소의 고삐를 잡고 난도(鸞刀)를 들고서 시동이 맛볼 고기를 바치는 것들은 남편이 직접 하는 일에 해당한다. 부인이 세수(涗水)와 음식을 담은 두(豆)를 바치는 것은 부인이 직접 하는 일에 해당한다. 그렇기 때문에 "부부가 직접 한다."라고 했다.

孔疏 ◎注"大宗"至"迎牲". ○正義曰: "大宗亞祼, 容夫人有故, 攝焉"者, 解大宗所以亞祼之義. 按此下云夫人薦涗水及薦豆, 則是夫人親行, 而云"夫

人有故"者, 記者亂陳言大宗亞祼, 容夫人有故之時; 下云夫人薦盎·薦豆, 顯
夫人親行其事, 各有所明, 不可一揆. 云"盎齊, 沈酌也"者, 周禮·司尊彝文. 按
彼注云: "盎齊差35)淸, 和以淸酒沈之, 謂之沈酌." 鄭引此者解經"夫人薦沈",
是盎齊也. 云"凡尊有明水, 因兼云水爾"者, 以經"夫人薦沈", 祗是薦盎, 不薦
明水. 今經"薦沈"之下別更言水, 此謂明水也. 以盎齊加明水, 故記者因盎而
連言明水爾. 知盎齊加明水者, 郊特牲云"祭齊加明水", 是也. 云"嚌, 嚌肺祭
肺之屬也"者, 按少牢·特牲薦熟之時, 俎有祭肺, 及擧肺切之, 擧肺離而不提
心. 二肺皆嚌之, 故云"嚌肺·祭肺之屬". 云"天子·諸侯之祭禮, 先有祼尸之事,
乃後迎牲"者, 以特牲·少牢無此禮. 今此經祼後有迎牲之文, 是天子·諸侯之
事, 故鄭明之也.

번역 ◎鄭注: "大宗"~"迎牲". ○정현이 "대종(大宗)이 두 번째로 관(祼)
을 하는 것은 부인에게 사정이 생겨서 대신하는 것까지를 수용하기 위해서
이다."라고 했는데, 이것은 대종이 아관(亞祼)을 하는 뜻을 풀이한 말이다.
아래문장에서 부인이 세수(沈水)와 음식을 담은 두(豆)를 바친다고 한 말
을 살펴보면, 이것은 부인이 직접 시행하는 것이다. 그런데 "부인에게 사정
이 생겼다."라고 말한 것은 『예기』를 기록한 자가 대종이 아관을 한다고
기록한 것은 부인에게 특별한 사정이 생겼을 경우까지도 포괄적으로 말한
것이고, 아래문장에서 부인이 앙제(盎齊)를 바치고 두(豆)를 바친다고 한
것은 부인이 직접 그 일을 시행한다는 사실을 나타내므로, 각각 드러내고
있는 점이 있으니, 일괄적으로 규정할 수 없다. 정현이 "앙제(盎齊)는 맑게
걸러서 따르는 술이다."라고 했는데, 이것은 『주례』「사존이(司尊彝)」편의
문장이다.36) 「사존이」편에 대한 정현의 주를 살펴보면, "앙제는 보다 맑은
술인데, 맑은 술을 섞어서 거르는 것을 세작(沈酌)이라고 부른다."라고 했
다. 정현은 이러한 문장을 인용해서 경문에 나오는 '부인천세(夫人薦沈)'라

---

35) '차(差)'자에 대하여. '차'자는 본래 '수(差)'자로 기록되어 있었는데, 『주례』의
　　기록에 따라 '차'자로 수정하였다.
36) 『주례』「춘관(春官)·사존이(司尊彝)」 : 凡六彝六尊之酌, 鬱齊獻酌, 醴齊縮酌,
　　盎齊沈酌, 凡酒脩酌.

고 할 때의 ‘세(涗)’가 앙제에 해당한다는 사실을 풀이했다. 정현이 “무릇 술동이 중에는 명수(明水)를 담은 것도 있으므로, 그에 따라 ‘수(水)’자를 함께 언급한 것일 뿐이다.”라고 했는데, 경문에서 ‘부인천세(夫人薦涗)’라고 한 말은 단지 앙제만 바친다는 뜻이며, 명수를 바친다는 뜻은 아니다. 그런데 현재 경문에는 ‘천세(薦涗)’라는 글자 뒤에 별도로 ‘수(水)’자가 기록되어 있으니, 이것은 명수를 뜻한다. 앙제에 명수를 추가하기 때문에, 『예기』를 기록한 자는 앙제를 언급한 것에 따라서 명수까지도 연이어 언급한 것일 뿐이다. 앙제에 명수를 첨가한다는 사실을 알 수 있는 이유는 『예기』「교특생(郊特牲)」편에서 “오제(五齊)를 가지고 제사를 지낼 때 명수를 첨가한다.”37)라고 했기 때문이다. 정현이 “‘제(嚌)’자는 희생물의 폐를 맛보고, 폐로 제사를 지내는 부류를 뜻한다.”라고 했는데, 『의례』「소뢰궤식례(少牢饋食禮)」편과 「특생궤식례(特牲饋食禮)」편에서 익힌 음식을 바칠 때, 도마에는 제사를 지내는 희생물의 폐를 올리게 되고, 또 폐를 잘라서 저미게 되면, 폐를 분리하되 심장은 분리하지 않는다. 2개의 폐는 모두 맛보게 된다. 그렇기 때문에 “폐를 맛보고 폐로 제사를 지내는 부류이다.”라고 했다. 정현이 “천자와 제후의 제례에서는 앞서 시동 앞에서 술을 땅에 뿌리는 절차가 포함되고, 그 일을 시행한 뒤에 희생물을 맞이한다.”라고 했는데, 「특생궤식례」편과 「소뢰궤식례」편에는 이러한 의례 절차가 없다. 현재 이곳 경문에는 술을 땅에 뿌린 뒤에 희생물을 맞이한다는 기록이 있으니, 이것은 천자와 제후의 제사에 해당하므로, 정현이 그 사실을 명시한 것이다.

訓纂 春秋文十三年穀梁傳: 禮, 宗廟之事, 君親割, 夫人親舂, 敬之至也.

번역 『춘추』 문공(文公) 13년에 대한 『곡량전』에서 말하길, 예법에 따르면 종묘의 제사에서, 군주는 직접 희생물을 가르고, 부인은 직접 방아를 찧으니, 공경함이 지극한 것이다.38)

---

37) 『예기』「교특생(郊特牲)」【341d~342a】: 血祭, 盛氣也. 祭肺肝心, 貴氣主也. 祭黍稷加肺, 祭齊加明水, 報陰也. 取膟膋燔燎升首, 報陽也. 明水涗齊, 貴新也. 凡涗, 新之也. 其謂之明水也, 由主人之潔著此水也.

訓纂 鄭氏元慶曰: 鄭注"大宗亞祼, 容夫人有故攝焉". 此經上文既曰"夫人會於大廟"·"立於東房", 下又言"夫人薦涗水"·"夫人薦豆", 何於亞祼之頃, 忽然有故, 而令大宗攝之? 竊意"大宗執璋瓚"之下, 闕"夫人"二字. 大宗者, 卽宗婦也. 宗子宗婦皆得謂之大宗. 上言"大宗", 下言"宗婦", 亦立言之法. 君執圭瓚祼尸, 大宗執璋瓚以進夫人, 夫人乃亞祼. 君言自執, 夫人言他人執, 亦立言之法. 且"大宗執璋瓚, 夫人亞祼", 與下"宗婦執盎從, 夫人薦涗水", 句法相同. 此皆言夫婦親之. 若君祼尸, 大宗亞祼, 便非夫婦親之之義矣.

번역 정원경39)이 말하길, 정현의 주에서는 "대종(大宗)이 아관(亞祼)을 하는 것은 부인에게 사정이 생겨서 대신 하는 경우까지도 포함한 것이다."라고 했다. 이곳 경문에서는 앞에서 이미 "부인이 태묘에 모인다."라고 했고, "동쪽 방에 서 있게 된다."라고 했으며, 아래문장에서는 또한 "부인이 세수(涗水)를 바친다."라고 했고, "부인이 두(豆)를 바친다."라고 했는데, 어떻게 아관을 하는 시기에만 갑작스럽게 사정이 생겨서 대종을 대신 시킬 수 있겠는가? 내가 생각하기에, '대종집장찬(大宗執璋瓚)'이라는 말 뒤에는 '부인(夫人)'이라는 두 글자가 누락된 것이다. '대종(大宗)'은 곧 종부(宗婦)이다. 종자(宗子)와 종부는 모두 '대종(大宗)'이라고 부를 수 있다. 앞에서 '대종(大宗)'이라고 하고 뒤에서 '종부(宗婦)'라고 한 것은 또한 문장을 기록하는 방법이다. 군주는 규찬(圭瓚)을 들고 시동 앞에서 술을 땅에 뿌리고, 대종은 장찬(璋瓚)을 들고 부인에게 나아가며, 부인은 곧 아관을 한다. 군주에 대해서 직접 잡는다고 말하고, 부인에 대해서 다른 사람이 잡는다고 한 것 또한 문장을 기록하는 방법이다. 또 "대종이 장찬을 잡고 부인이 아

---

38) 『춘추곡량전』「문공(文公) 13년」: 大室屋壞, 大室屋壞者, 有壞道也, 譏不脩也, 大室猶世室也. 周公曰大廟, 伯禽曰大室, 群公曰宮. 禮, 宗廟之事君親割. 夫人親舂, 敬之至也, 爲社稷之主, 而先君之廟壞, 極稱之, 志不敬也.

39) 정원경(鄭元慶, A.D.1660 ~ A.D.1730): =정경원(鄭慶元). 청(淸)나라 때의 학자이다. 자(字)는 자여(子余)·지휴(芷畦)이다. 부친 정준손(鄭駿孫)의 영향으로 어려서부터 역학(易學)과 예학(禮學)을 연구하였다. 금석문(金石文)에도 정통하였다. 모기령(毛奇齡)·주이존(朱彝尊) 등과 교유하였다. 저서로는 『예기집설참동(禮記集說參同)』·『주례집설(周禮集說)』 등이 있다.

관을 한다."라고 한 것은 아래문장에서 "종부가 앙제(盎齊)를 들고 뒤따르며 부인이 세수(浼水)를 바친다."라고 한 문장과 대구가 되어 문맥이 상통한다. 따라서 이러한 것들은 모두 부부가 직접 시행하는 것들을 뜻한다. 만약 군주가 시동 앞에서 술을 뿌리는데, 대종이 아관을 한다면, 이것은 부부가 직접 시행한다는 뜻이 아니다.

集解 愚謂: 先期旬有一日者, 容散齊七日, 致齊三日也. 周禮大宰職, "前期十日, 帥執事而卜日, 遂戒." 彼不數祭日, 故云"十日", 此兼數祭日, 故云旬有一日也. 宮宰, 內宰也. 外, 君之正寢; 內, 夫人之正寢也. 大廟, 大祖之廟也. 純冕, 純衣而冕服也. 立於阼, 謂初入卽位時也. 瓚, 祼器, 以圭璋爲之柄. 大宗, 大宗伯也. 半圭曰璋. 諸侯祭禮, 夫人亞君而祼, 此旣云"夫人副褘", 又云"大宗執璋瓚亞祼"者, 容夫人有故, 則宗伯攝而祼獻也. 紖, 牛鼻繩. 君親牽牲, 故執紖. 卿大夫從者, 或驅牲, 或執幣以供告殺也. 芻, 藁也. 殺牲則以芻藁藉之, 故士執之以從也. 宗婦, 同宗之婦也. 盎, 盎齊也. 薦, 獻也. 浼卽盎也, 盎齊曰浼酌. 水, 明水也. 獻尸用齊, 而不用明水, 因明水配齊而設, 故幷言"浼水"也. 宗婦執盎從者, 謂於夫人獻尸之時, 宗婦執盎以從之也. 主人與主婦獻尸, 幷獻祝與佐食, 故夫人執盎齊獻尸, 宗婦執獻祝與佐食之爵, 以從夫人. 周禮外宗職, "王后以樂羞齍, 則贊, 凡王后之獻亦如之", 是也. 特牲禮主婦獻尸, 宗婦不贊, 少牢禮雖有"婦贊者受爵", 然獻祝及佐食皆主婦自洗酌於房中, 夫人則宗婦實盎於爵以從, 尊卑之禮異也. 羞, 進也. 嚌, 謂俎實也. 特牲少牢禮尸擧肺及牲體, 皆"振祭, 嚌之", 故謂俎實爲嚌也. 此一節, 申言道之以禮也.

번역 내가 생각하기에, '정해진 기한보다 11일 먼저'라는 말은 7일 동안 시행하는 산제(散齊)와 3일 동안 시행하는 치제(致齊)를 포함한 것이다. 『주례』「대재(大宰)」편의 직무 기록에서는 "정해진 기일보다 10일 앞서, 일을 맡아보는 자들을 이끌고서 날짜에 대해 점을 치고, 뒤이어 재계를 하도록 알린다."라고 했는데, 「대재」편에서는 제사를 지내는 당일까지 셈하지 않았기 때문에 '십일(十日)'이라고 한 것이고, 이곳에서는 제사를 지내는 당일까지 포함했기 때문에 '11일[旬有一日]'이라고 한 것이다. '궁재(宮宰)'는 내

재(內宰)라는 관리이다. '외(外)'자는 군주의 정침(正寢)을 뜻하며, '내(內)'
자는 부인의 정침을 뜻한다. '대묘(大廟)'는 태조의 묘이다. '순면(純冕)'은
순색의 옷에 면류관을 착용한 것이다. "동쪽에 서 있다."는 말은 처음 들어
서서 자리에 서 있을 때를 뜻한다. '찬(瓚)'은 술을 땅에 뿌릴 때 사용하는
기구인데, 규(圭)와 장(璋)으로 자루를 만든다. '대종(大宗)'은 대종백(大宗
伯)이라는 관리이다. 규(圭)의 반절 크기인 것을 장(璋)이라고 부른다. 제후
의 제례에서 부인은 군주 다음으로 술을 땅에 뿌리게 되는데, 이곳에서 앞
서 "부인이 머리장식과 위의(褘衣)를 착용한다."라고 했고, 또 "대종이 장
찬(璋瓚)을 들고 아관(亞祼)을 한다."라고 한 것은 부인에게 특별한 사정이
생기면, 종백이 대신 술을 뿌리게 되는 경우까지도 포함한 것이다. '진(紖)'
은 소의 코에 끼우는 고삐이다. 군주가 직접 희생물을 끌고 오기 때문에
고삐를 잡는다. 경과 대부가 뒤따른다고 했는데, 어떤 자들은 희생물이 바
른 방향으로 가도록 몰고, 또 어떤 자들은 폐물을 들고서 희생물을 도축함
을 아뢸 때 폐물을 바치게 된다. '추(芻)'는 짚[藁]이다. 희생물을 도축하게
되면 짚으로 깔게 된다. 그렇기 때문에 사가 짚을 들고서 뒤따른다. '종부
(宗婦)'는 같은 종가의 아녀자이다. '앙(盎)'자는 앙제(盎齊)를 뜻한다. '천
(薦)'자는 "바친다[獻]."는 뜻이다. '세(涗)'는 앙제를 뜻하는데, 앙제는 '세작
(涗酌)'이라고도 부른다. '수(水)'자는 명수(明水)를 뜻한다. 시동에게 술을
따라서 바칠 때에는 오제(五齊)에 해당하는 술을 사용하고, 명수는 사용하
지 않는다. 그런데 명수는 오제와 짝해서 진설하는 것에 연유하여 '세수(涗
水)'라고 함께 말한 것이다. 종부가 앙제를 들고 뒤따르는 것은 부인이 시동
에게 술을 바치는 때, 종부가 앙제를 들고 뒤따른다는 뜻이다. 주인과 주부
가 시동에게 술을 따라서 바칠 때에는 아울러 축관과 좌식(佐食)[40]에게도
술을 따라서 준다. 그렇기 때문에 부인이 앙제를 들고서 시동에게 바치고,
종부는 축관과 좌식에게 바칠 술잔을 들고서 부인을 따르게 된다. 『주례』

---

40) 좌식(佐食)은 제사를 지낼 때, 시동의 옆에서 시동이 제사 음식을 흠향할 수
   있도록 시중을 드는 사람이다. 『의례』「특생궤식례(特牲饋食禮)」편에는 "佐
   食北面, 立於中庭."이라는 기록이 있는데, 이에 대한 정현의 주에서는 "佐食,
   賓佐尸食者."라고 풀이했다.

「외종(外宗)」편의 직무 기록에서는 "왕후가 음악에 맞춰서 서직(黍稷)을 바치게 되면 그 일을 돕고, 왕후가 술을 따라서 바칠 때에도 이처럼 한다."[41]라고 했다. 『의례』「특생궤식례(特牲饋食禮)」편에서는 주부가 시동에게 술을 따라서 바칠 때 종부는 그 일을 돕지 않고, 『의례』「소뢰궤식례(少牢饋食禮)」편에는 비록 "부인들 중 의례를 돕는 자가 술잔을 받는다."[42]라는 말이 나오지만, 축관과 좌식에게 술을 바칠 때에는 모두 주부 스스로 방안에서 술잔을 닦아서 따르게 되는데, 군주 부인(夫人)의 경우에는 종부가 술잔에 앙제를 따라서 뒤따르게 되니, 이것은 신분의 차이에 따른 예법의 다른 점이다. '수(羞)'자는 "진설하다[進]."는 뜻이다. '제(嚌)'자는 도마에 올리는 음식을 뜻한다. 「특생궤식례」편[43]과 「소뢰궤식례」편[44]에서는 시동이 희생물의 폐나 몸체를 들 때 모두 "진제(振祭)[45]를 하고 맛본다."라고 했다. 그렇기 때문에 도마에 올리는 음식을 '제(嚌)'라고 부른 것이다. 이곳 문단은 "인도하길 예로써 한다."[46]라는 말을 재차 풀이한 것이다.

---

41) 『주례』「춘관(春官)·외종(外宗)」: 王后以樂羞齍, 則贊. 凡王后之獻亦如之.

42) 『의례』「소뢰궤식례(少牢饋食禮)」: 有司贊者取爵于篚以升, 授主婦贊者于房戶. 婦贊者受以授主婦.

43) 『의례』「특생궤식례(特牲饋食禮)」: 尸受, 振祭, 嚌之, 左執之, 乃食, 食擧.

44) 『의례』「소뢰궤식례(少牢饋食禮)」: 尸受, 振祭, 嚌之. 佐食加于肵.

45) 진제(振祭)는 구제(九祭) 중 하나이다. '진제'는 본래 유제(擩祭)와 같은 것으로, '유제'는 아직 입에 대지 않은 음식을 젓갈이나 소금 등에 찍어서 제사를 지내는 것을 뜻하며, '진제'는 젓갈이나 소금 등에 찍은 음식에 대해 겉면에 묻은 젓갈이나 소금을 털어내어 제사를 지내는 것을 뜻한다.

46) 『예기』「제통」【574b~c】: 賢者之祭也, 必受其福, 非世所謂福也. 福者, 備也, 備者, 百順之名也. 無所不順者之謂備, 言內盡於己, 而外順於道也. 忠臣以事君, 孝子以事其親, 其本一也. 上則順於鬼神, 外則順於君長, 內則以孝於親, 如此之謂備. 唯賢者能備, 能備然後能祭. 是故賢者之祭也, 致其誠信與其忠敬, 奉以物, 道之以禮, 安之以樂, 參之以時, 明薦之而已矣. 不求其爲, 此孝子之心也.

● 그림 6-1 위의(褘衣)

※ 출처: 『삼례도집주(三禮圖集注)』 2권

● 그림 6-2 규찬(圭瓚)과 장찬(璋瓚)

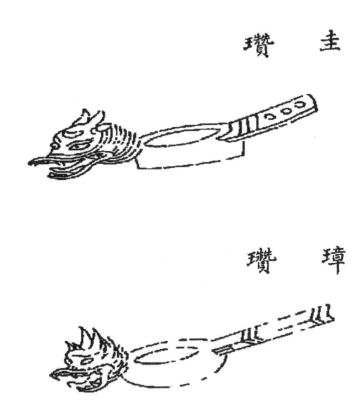

※ 출처: 『삼례도집주(三禮圖集注)』 14권

■ 그림 6-3 ■ 오옥(五玉) : 황(璜)·벽(璧)·장(璋)·규(珪)·종(琮)

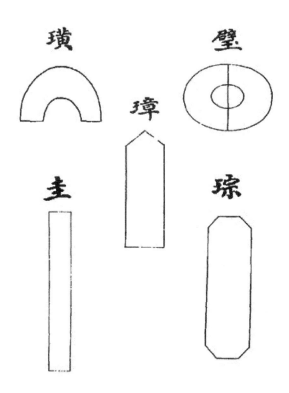

※ 출처: 『주례도설(周禮圖說)』 하권

● 그림 6-4 난도(鸞刀)

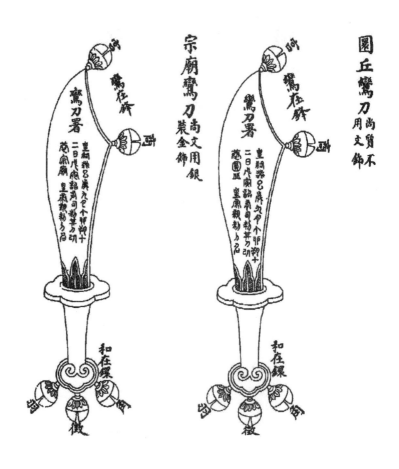

※ **출처:** 『황우신악도기(皇祐新樂圖記)』하권

● 그림 6-5 곤면(袞冕)

※ **출처:** 『삼례도집주(三禮圖集注)』1권

● 그림 6-6 천자의 노침(路寢)과 연침(燕寢)

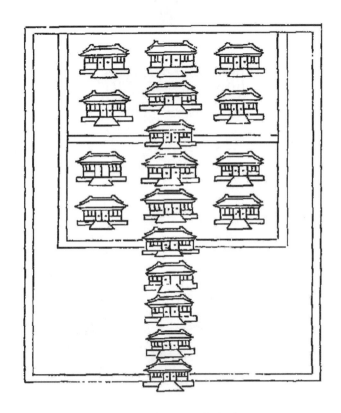

制 寢 宮

◎ 가장 위쪽의 육침(六寢)은 왕후(王后)의 육침
◎ 육침 중 중앙 앞쪽 1개는 노침(路寢), 나머지 5개는 연침(燕寢)
※ 출처:『삼례도집주(三禮圖集注)』4권

그림 6-7 현면(玄冕)

※ **출처:** 『삼례도집주(三禮圖集注)』1권

그림 6-8 유적(揄狄=揄翟)

※ 출처: 『삼례도집주(三禮圖集注)』 2권

그림 6-9 궐적(闕狄=闕翟)

※ 출처: 『삼례도집주(三禮圖集注)』 2권

● 그림 6-10   뇌(罍)

※ **출처**: 좌-『삼재도회(三才圖會)』「기용(器用)」 1권
          상우-『삼례도집주(三禮圖集注)』 14권 ; 하우-『삼례도(三禮圖)』 4권

그림 6-11 준(尊)과 이(彝)

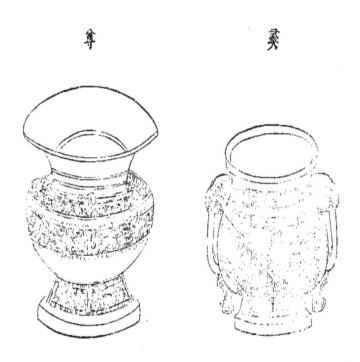

※ **출처:** 『삼재도회(三才圖會)』「기용(器用)」 1권

제사와 춤

【578a】

及入舞, 君執干戚就舞位. 君爲東上, 冕而總干, 率其群臣以
樂皇尸. 是故天子之祭也, 與天下樂之; 諸侯之祭也, 與竟內
樂之. 冕而總干, 率其群臣以樂皇尸, 此與竟內樂之之義也.

직역 入하여 舞함에 及하여, 君은 干戚을 執하고 舞位로 就한다. 君은 東上을 爲하고, 冕하고서 干을 總하며, 그 群臣을 率하여 皇尸를 樂한다. 是故로 天子가 祭함은 天下와 與하여 樂함이며; 諸侯가 祭함은, 竟內와 與하여 樂함이다. 冕하고 干을 總하고, 그 群臣을 率하여 皇尸를 樂하니, 此는 竟內와 與하여 樂하는 義이다.

의역 종묘로 들어가서 춤을 줄 때, 군주는 직접 무용도구인 방패와 도끼를 들고 무용수들의 대열로 나아간다. 군주는 동쪽 끝에 위치하며, 면복(冕服)을 착용하고 방패를 쥐며, 뭇 신하들을 통솔하여 황시를 즐겁게 만든다. 이러한 까닭으로 천자가 제사를 지내는 것은 천하의 백성들과 즐거워하는 것이고, 제후가 제사를 지내는 것은 자기 영토 안의 백성들과 즐거워하는 것이다. 면복을 착용하고 방패를 쥐며 뭇 신하들을 통솔하여 황시를 즐겁게 하니, 이것이 영토 안의 백성들과 즐거워 한다는 뜻이다.

集說 東上, 近主位也. 此明祭時天子諸侯親在舞位.

번역 동쪽 끝은 신주와 가까운 위치이다. 이것은 제사를 지낼 때, 천자와 제후가 직접 무용수들의 대열에 있게 됨을 나타내고 있다.

大全 長樂陳氏曰: 天子諸侯之於尸, 非特備禮物以薦之, 抑又就舞位以樂之. 蓋廟中, 在天子則天下之象也, 在諸侯則竟內之象也, 故天子冕而總干以樂皇尸, 非徒樂之, 所以與天下樂之也. 諸侯冕而總干, 亦與竟內樂之. 古者人君之於廟饗, 藉則親耕, 牲則親殺, 酒則親獻, 尸則親迎, 然則樂則親舞, 不爲過矣.

번역 장락진씨[1]가 말하길, 천자와 제후는 시동에 대해서 단지 예물을 갖춰서 바쳤던 것만이 아니니, 또한 무용수들의 대열에 나아가서 춤을 통해 즐겁게 만들었던 것이다. 묘(廟) 안은 천자에게 있어서는 천하의 형상이 되며, 제후에게 있어서는 나라 안의 형상이 된다. 그렇기 때문에 천자가 면복(冕服)[2]을 착용하고 방패를 들고서 황시(皇尸)를 즐겁게 만드는 것은 자기 홀로 즐기는 것이 아니며, 천하와 함께 즐기는 방법이다. 또 제후가 면복을 착용하고 방패를 들고서 춤을 추는 것 또한 나라 안의 백성들과 함께 즐기는 것이다. 고대에 군주는 종묘의 제사에 대해서, 자전(藉田)은 직접 경작을 했고, 희생물은 직접 도축을 했으며, 술은 직접 따라서 바쳤고, 시동에 대해서는 직접 나가서 맞이하였으니, 악무에 대해서 직접 춤을 췄던 것은 지나친 일이 아니다.

大全 嚴陵方氏曰: 舞位, 則綴兆也. 君於東上, 則以君爲祭主故也. 干戚, 武舞所執也. 羽籥, 文舞所執也. 止言干, 主武宿夜言之, 明堂位曰, 朱干玉戚, 冕而舞大武, 正謂是矣. 上言執干戚, 而不言冕, 下言總干, 而不言戚, 互相備也. 言總干, 固知其爲不特執干矣. 祭義樂記所言同. 與天下樂之, 與竟內樂

---

1) 진상도(陳祥道, A.D.1159 ~ A.D.1223) : =장락진씨(長樂陳氏)·진씨(陳氏)·진용지(陳用之). 북송대(北宋代)의 유학자이다. 자(字)는 용지(用之)이다. 장락(長樂) 지역 출신으로, 1067년에 과거에 급제하여 태상박사(太常博士) 등을 지냈다. 왕안석(王安石)의 제자로, 그의 학문을 전파하는데 공헌하였다. 저서에는 『예서(禮書)』, 『논어전해(論語全解)』 등이 있다.
2) 면복(冕服)은 대부(大夫) 이상의 계층이 착용하는 예관(禮冠)과 복식을 뜻한다. 무릇 길례(吉禮)를 시행할 때에는 모두 면류관[冕]을 착용하는데, 복장의 경우에는 시행하는 사안에 따라서 달라진다.

之, 言與天下竟內共樂皇尸也. 揚子曰, 寧神莫大於得四表之歡心, 是矣. 稱皇尸, 與詩楚茨所稱同義. 然詩於鳧鷖, 又稱公尸, 何也? 鳧鷖, 兼神示祖考而言之也, 故曰公尸. 公, 言衆之所共也. 楚茨, 指宗廟之祖考言之而已. 諸侯之尸, 亦稱皇者, 尊神而已.

번역 엄릉방씨가 말하길, '무위(舞位)'는 무용수들의 대열[綴]과 춤을 추는 공간[兆]을 뜻한다. 군주가 동쪽 끝에 있는 것은 군주를 제주로 여기기 때문이다. 방패와 도끼는 무무(武舞)[3]를 출 때 사용하는 무용도구이다. 깃털과 피리는 문무(文舞)[4]를 출 때 사용하는 무용도구이다. 단지 방패만 말한 것은 무숙야(武宿夜)라는 악곡을 위주로 말했기 때문이며,『예기』「명당위(明堂位)」편에서 "적색의 방패와 옥으로 장식한 도끼를 들고, 면복(冕服)을 착용하고 대무(大武)[5]를 춤춘다."[6]라고 한 말이 바로 이러한 뜻을 나타낸다. 앞에서는 방패와 도끼를 잡는다고 했지만 면복에 대해서는 언급하지 않았고, 뒤에서는 방패를 잡는다고 했지만 도끼를 언급하지 않았으니, 상호 그 뜻을 보완적으로 나타내도록 기록했기 때문이다. 방패를 잡는다고 했다면, 단지 방패만 잡는 것이 아님을 알 수 있다.『예기』「제의(祭義)」편[7]과「악기(樂記)」편[8]에서 말한 내용도 동일하다. 천하의 백성들과 즐겁게 하고

---

3) 무무(武舞)는 문무(文舞)와 상대되는 용어이다. 주(周)나라 때에 생겨났다. 무용수들이 도끼와 방패 등의 병장기를 들고 추는 춤이다. 통치자의 무공(武功)을 기리는 뜻을 춤으로 표현한 것이다.

4) 문무(文舞)는 무무(武舞)와 상대되는 용어이다. 무용수들이 피리 및 깃털 등의 도구를 들고 추는 춤이다. 통치자의 치적(治積)을 기리는 뜻을 춤으로 표현한 것이다.

5) 대무(大武)는 주(周)나라 때의 악무(樂舞) 중 하나로, 무왕(武王)에 대한 악무이다.『주례』「춘관(春官)·대사악(大司樂)」편에는 '대무'에 대한 용례가 나오고, 이에 대한 정현의 주에서는 "大武, 武王樂也."라고 풀이하였다.

6)『예기』「명당위(明堂位)」【400d】: 升歌淸廟, 下管象. 朱干玉戚, 冕而舞大武. 皮弁素積, 裼而舞大夏. 昧, 東夷之樂也. 任, 南蠻之樂也. 納夷蠻之樂於太廟, 言廣魯於天下也.

7)『예기』「제의(祭義)」【570c~d】: 食三老·五更於大學, 天子袒而割牲, 執醬而饋, 執爵而酳, 冕而總干, 所以敎諸侯之弟也. 是故鄕里有齒, 而老窮不遺, 强不犯弱, 衆不暴寡, 此由大學來者也.

나라의 백성들과 즐겁게 한다는 것은 천하의 백성 및 한 나라의 백성들과
함께 황시를 즐겁게 한다는 뜻이다. 양웅9)이 "신을 편안하게 하는 데에는
천하 백성들의 환심을 얻는 것만큼 큰 것이 없다."라고 한 말이 바로 이러
한 뜻을 나타낸다. '황시(皇尸)'라고 지칭한 것은 『시』「초자(楚茨)」편에서
지칭한 말과 뜻이 같다.10) 그런데 『시』「부예(鳧鷖)」편에서는 또한 '공시(公
尸)'11)라고 지칭했는데 이것은 어째서인가? 「부예」편은 천신·지신·조상신
등을 함께 말했기 때문에 '공시(公尸)'라고 말한 것이다. '공(公)'자는 대중
들이 함께 하는 대상을 뜻한다. 반면 「초자」편은 종묘제사에서 모시는 조
상신만을 가리켜서 말한 것일 뿐이다. 제후의 제사에서 세우는 시동에 대
해 또한 '황(皇)'자를 붙여서 부를 수 있는 것은 신령을 존숭하기 때문이다.

【참고】 『시』「소아(小雅)·초자(楚茨)」

楚楚者茨, (초초자자) : 무성한 남가새밭에,
言抽其棘. (언추기극) : 그 남가새와 가시를 제거함은.
自昔何爲? (자석하위) : 예로부터 어째서 시행했는가?
我蓺黍稷. (아예서직) : 우리들이 서직을 심기위해서이다.
我黍與與, (아서여여) : 우리의 서(黍)가 무성하고,

<hr />

8) 『예기』「악기(樂記)」【485a~b】: 食三老五更於大學, 天子袒而割牲, 執醬而
饋, 執爵而酳, 冕而總干, 所以敎諸侯之弟也. 若此, 則周道四達, 禮樂交通, 則
夫武之遲久, 不亦宜乎?
9) 양웅(揚雄, B.C.53 ~ A.D.18) : =양웅(揚雄)·양자(揚子). 전한(前漢) 때의 학
자이다. 자(字)는 자운(子雲)이다. 사부작가(辭賦作家)로도 명성이 높았다.
왕망(王莽)에게 동조했다는 이유로 송(宋)나라 이후부터는 배척을 당하였다.
만년에는 경학(經學)에 전념하여, 자신을 성현(聖賢)이라고 자처하였다. 참
위설(讖緯說) 등을 배척하고, 유가(儒家)와 도가(道家)의 사상을 절충하였다.
저서로는 『법언(法言)』, 『태현경(太玄經)』 등이 있다.
10) 『시』「소아(小雅)·초자(楚茨)」: 禮儀旣備, 鍾鼓旣戒. 孝孫徂位, 工祝致告. 神
具醉止, 皇尸載起. 鼓鍾送尸, 神保聿歸. 諸宰君婦, 廢徹不遲. 諸父兄弟, 備言
燕私.
11) 『시』「대아(大雅)·부예(鳧鷖)」: 鳧鷖在涇, 公尸來燕來寧. 爾酒旣淸, 爾殽旣馨,
公尸燕飮, 福祿來成.

我稷翼翼. (아직익익) : 우리의 직(稷)이 무성하구나.

我倉既盈, (아창기영) : 우리 창고가 이미 가득하고,

我庾維億. (아유유억) : 우리가 길가에 쌓아둔 것들이 무수히 많구나.

以爲酒食, (이위주사) : 이것으로 술과 밥을 짓고,

以享以祀. (이향이사) : 이것으로 흠향을 드리며 제사를 지낸다.

以妥以侑, (이타이유) : 이것으로 편안히 모시고 권유를 하며,

以介景福. (이개경복) : 이것으로 큰 복을 얻게끔 돕는다.

濟濟蹌蹌, (제제창창) : 단정하고 절도가 있으니,

絜爾牛羊, (혈이우양) : 너의 소와 양을 정갈하게 하여,

以往烝嘗. (이왕증상) : 이로써 가서 증상(烝嘗)12)의 제사를 지내라.

或剝或亨, (혹박혹형) : 혹은 희생의 가죽을 벗기고 혹은 고기를 삶고,

或肆或將. (혹사혹장) : 혹은 진설하고 혹은 정돈을 하는구나.

祝祭于祊, (축제우팽) : 축관이 팽(祊)13)에서 제사를 지내니,

祀事孔明. (사사공명) : 제사의 일들이 매우 갖춰졌구나.

先祖是皇, (선조시황) : 선조가 크게 강림하시어,

神保是饗. (신보시향) : 신령이 편안히 흠향을 하시는구나.

孝孫有慶, (효손유경) : 효손에게 경사가 생겨,

報以介福, (보이개복) : 큰 복으로 보답을 하시니,

萬壽無疆! (만수무강) : 만수무강하리라!

---

12) 증상(烝嘗)은 종묘(宗廟)에서 지내는 가을 제사와 겨울 제사를 가리킨다. 또한 '증상'은 종묘에 대한 제사를 총칭하는 용어로도 사용된다. 사계절마다 큰 제사를 지내게 되는데, 계절별 제사 명칭이 다르며, 문헌마다 조금씩 차이를 보인다. 예를 들어 『춘추번로(春秋繁露)』「사제(四祭)」편에는 "四祭者, 因四時之所生孰而祭其先祖父母也. 故春曰祠, 夏曰礿, 秋曰嘗, 冬曰烝."이라고 하여, 봄 제사를 사(祠), 여름 제사를 약(礿), 가을 제사를 상(嘗), 겨울 제사를 증(烝)이라고 설명했다. 한편 『예기』「왕제(王制)」편에는 "天子諸侯宗廟之祭, 春曰礿, 夏曰禘, 秋曰嘗, 冬曰烝."이라고 하여, 봄 제사를 약(礿), 여름 제사를 체(禘), 가을 제사를 상(嘗), 겨울 제사를 증(烝)이라고 설명했다.

13) 팽(祊)은 제사의 명칭이다. 정규 제사를 끝낸 뒤에, 시행하는 역제(繹祭)를 가리킨다. 또한 팽에 대한 제사를 지낼 때, 그 장소는 묘문(廟門) 안쪽이 되므로, '팽'은 종묘의 문(門)을 가리키는 용어로도 사용되었고, 묘문 안쪽 제사를 지내는 장소를 뜻하기도 한다.

執爨踖踖, (집찬적적) : 부엌이 단정하고 정갈하여,

爲俎孔碩, (위조공석) : 도마에 올린 고기가 매우 크며,

或燔或炙. (혹번혹적) : 혹은 고기의 지방을 취하고 혹은 적을 만드는구나.

君婦莫莫, (군부막막) : 왕후가 정숙하고 공경스러워,

爲豆孔庶, (위두공서) : 두(豆)에 올린 음식이 매우 많으며,

爲賓爲客. (위빈위객) : 역제(繹祭)를 올려서 시동과 빈객을 대접하는구나.

獻酬交錯, (헌수교착) : 술을 따라 주고받음이 교차하니,

禮儀卒度, (예의졸도) : 예의가 법도에 맞으며,

笑語卒獲. (소어졸획) : 웃음소리와 말들이 모두 들어 맞구나.

神保是格, (신보시격) : 신령이 편안히 이르셔서,

報以介福, (보이개복) : 큰 복으로 보답을 하시니,

萬壽攸酢! (만수유초) : 만수로 보답을 하도다.

我孔熯矣, (아공한의) : 우리 효손들이 매우 공경스러우니,

式禮莫愆. (식례막건) : 예법을 본받아 과실이 없구나.

工祝致告, (공축치고) : 공축(工祝)14)이 신령의 뜻을 아뢰니,

徂賚孝孫. (조뢰효손) : 가서 효손에게 주어라.

苾芬孝祀, (필분효사) : 향기로운 제수에 효성스러운 제사여,

神嗜飮食. (신기음식) : 신이 기꺼이 너의 음식을 흠향하노라.

卜爾百福, (복이백복) : 너에게 모든 복을 줄 것이니,

如幾如式. (여기여식) : 기약에 따르고 법도에 따르라.

旣齊旣稷, (기제기직) : 이미 가지런하고 이미 재빠르며,

旣匡旣敕. (기광기칙) : 이미 바르고 이미 굳건하도다.

永錫爾極, (영석이극) : 길이 너에게 알맞고 조화로운 복을 내리니,

時萬時億. (시만시억) : 만억으로 하노라.

禮儀旣備, (예의기비) : 예의가 이미 갖춰져 있고,

鍾鼓旣戒. (종고기계) : 종과 북이 이미 울리니.

---

14) 공축(工祝)은 축관(祝官)을 지칭하는 말이다. 『시』「소아(小雅)·초자(楚茨)」편
에는 "工祝致告, 徂賚孝孫."이라는 기록이 있고, 이에 대한 고형(高亨)의 주
에서는 "工祝卽祝官."이라고 풀이했다.

孝孫徂位, (효손조위) : 효손이 가서 자리하여,

工祝致告. (공축치고) : 공축이 신령의 뜻을 아뢰는구나.

神具醉止, (신구취지) : 신령이 모두 취하여 그치니,

皇尸載起. (황시재기) : 황시가 곧 일어나도다.

鼓鍾送尸, (고종송시) : 북과 종을 쳐서 황시를 전송하니,

神保聿歸. (신보율귀) : 신령이 편안히 돌아가도다.

諸宰君婦, (제재군부) : 여러 담당자들과 왕후가,

廢徹不遲. (폐철불지) : 상 치우기를 더디게 하지 않는구나.

諸父兄弟, (제부형제) : 제부들과 형제들이,

備言燕私. (비언연사) : 연회를 열어 은정을 다하는구나.

樂具入奏, (악구입주) : 악공들이 모두 들어와 연주하니,

以綏後祿. (이수후록) : 이로써 편안히 이후의 복을 누리는구나.

爾殽旣將, (이효기장) : 네가 음식을 올리니,

莫怨具慶. (막원구경) : 원망하는 자가 없고 모두 경하하는구나.

旣醉旣飽, (기취기포) : 이미 취하고 이미 배부르니,

小大稽首. (소대계수) : 모든 계층의 사람들이 머리를 조아리는구나.

神嗜飮食, (신기음식) : 신이 기꺼이 너의 음식을 흠향하노니,

使君壽考. (사군수고) : 군주로 하여금 장수토록 하는구나.

孔惠孔時, (공혜공시) : 크게 은혜롭고 크게 때에 맞으니,

維其盡之. (유기진지) : 지극히 다하는구나.

子子孫孫, (자자손손) : 자자손손으로,

勿替引之. (물체인지) : 폐지하지 말고 오래도록 지속하여라.

[毛序] : 楚茨, 刺幽王也. 政煩賦重, 田萊多荒, 饑饉降喪, 民卒流亡, 祭祀不
饗, 故君子思古焉.

[모서] : 「초자」편은 유왕을 풍자한 시이다. 정사가 번잡스럽고 부역이 무
거워졌으며, 토지가 대부분 황폐해져서, 기근이 들고 재앙이 덮치니, 백성
들이 끝내 유망하여 제사를 지내도 신령이 흠향하지 않았다. 그렇기 때문
에 군자가 옛 일들을 그리워한 것이다.

【참고】『시』「대아(大雅)·부예(鳧鷖)」

鳧鷖在涇, (부예재경) : 부예가 물 가운데 있으니,
公尸來燕來寧. (공시래연래녕) : 공시가 종묘에 와서 연회를 하고 편안히 계시구나.
爾酒旣淸, (이주기청) : 네가 바친 술이 이미 맑고,
爾殽旣馨, (이효기형) : 네가 바친 음식이 이미 향기로우니,
公尸燕飮, (공시연음) : 공시가 연회를 즐기며 술을 마셔서,
福祿來成. (복록래성) : 복과 녹봉이 와서 너를 이루어주는구나.

鳧鷖在沙, (부예재사) : 부예가 물가에 있으니,
公尸來燕來宜. (공시래연래의) : 공시가 와서 연회를 하고 그 일을 마땅하게 하는구나.
爾酒旣多, (이주기다) : 네가 바친 술이 이미 많고,
爾殽旣嘉, (이효기가) : 네가 바친 음식이 이미 아름다우니,
公尸燕飮, (공시연음) : 공시가 연회를 즐기며 술을 마셔서,
福祿來爲. (복록래위) : 복과 녹봉이 와서 너를 도와주는구나.

鳧鷖在渚, (부예재저) : 부예가 모래섬에 있으니,
公尸來燕來處. (공시래연래처) : 공시가 와서 연회를 하고 머무는구나.
爾酒旣湑, (이주기서) : 네가 바친 술이 이미 맑디맑고,
爾殽伊脯. (이효이포) : 네가 바친 음식이 저 포로다.
公尸燕飮, (공시연음) : 공시가 연회를 즐기며 술을 마셔서,
福祿來下. (복록래하) : 복과 녹봉이 와서 내려주는구나.

鳧鷖在潈, (부예재종) : 부예가 물들이에 있으니,
公尸來燕來宗. (공시래연래종) : 공시가 와서 연회를 하고 존숭을 받는구나.
旣燕于宗, (기연우종) : 이미 종묘에서 연회를 즐기니,
福祿攸降. (복록유강) : 복과 녹봉이 내리는 바로다.
公尸燕飮, (공시연음) : 공시가 연회를 즐기며 술을 마셔서,
福祿來崇. (복록래숭) : 복과 녹봉이 와서 쌓이는구나.

鳧鷖在亹, (부예재미) : 부예가 산어귀에 있으니,

公尸來止熏熏. (공시래지훈훈) : 공시가 와서 머물며 화락하구나.
旨酒欣欣, (지주흔흔) : 맛있는 술이 즐겁고 즐거우며,
燔炙芬芬. (번적분분) : 익힌 고기가 향기롭고 향기롭도다.
公尸燕飮, (공시연음) : 공시가 연회를 즐기며 술을 마셔서,
無有後艱. (무유후간) : 이후 곤란함에 없게 되었구나.

[毛序] : 鳧鷖, 守成也. 大平之君子, 能持盈守成, 神祇祖考安樂之也.

[모서] :「부예」편은 이룸을 지킨다는 뜻을 읊은 시이다. 태평성세의 군자는 가득함을 지키고 이룸을 지켜서, 천지의 신들과 조상신들이 편안히 여기고 즐겁게 여기도록 할 수 있다.

鄭注 君爲東上, 近主位也. 皇, 君也. 言君尸者, 尊之.

번역 군주가 동쪽 끝에 위치하는 것은 신주의 자리와 가깝기 때문이다. '황(皇)'자는 군주[君]를 뜻한다. 즉 군주의 시동이라고 부르는 것은 존숭하는 것이다.

釋文 以樂, 音洛, 下同. 竟音境, 篇內皆同. 近, 附近之近.

번역 '以樂'에서의 '樂'자는 그 음이 '洛(낙)'이며, 아래문장에 나오는 글자도 그 음이 이와 같다. '竟'자의 음은 '境(경)'이며,「제통」편에 나오는 이 글자는 그 음이 모두 이와 같다. '近'자는 '부근(附近)'이라고 할 때의 '近'자이다.

孔疏 ●"及入"至"義也". ○正義曰: 此一經明祭時, 天子·諸侯親在舞位, 以樂皇尸也.

번역 ●經文: "及入"~"義也". ○이곳 경문은 제사를 지낼 때 천자와 제후가 직접 무용수들의 대열에 위치하여, 춤을 통해 황시(皇尸)를 즐겁게

만든다는 사실을 나타내고 있다.

集解 愚謂: 君執干戚就舞位, 所謂"朱干玉戚, 以舞大武"也. 舞有文·武, 獨言"干戚"者, 以武舞爲重也. 冕而總干, 象武王之總干山立也. 朱干玉戚, 以舞大武, 此天子之禮, 兼云"諸侯"者, 據魯禮言之也. 與天下樂之, 得萬國之歡心, 以事其先王也. 與竟內樂之, 得一國之歡心, 以事其先君也. 此一節, 申言"安之以樂"也.

번역 내가 생각하기에, 군주가 방패와 도끼를 들고 무용수들의 대열로 나아간다고 했는데, 이것은 "적색의 방패와 옥으로 장식한 도끼를 들고, 대무(大武)를 춤춘다."라고 한 뜻에 해당한다. 춤에는 문무(文舞)와 무무(武舞)가 있는데, 유독 '방패와 도끼'라고만 말한 것은 무무를 중시했기 때문이다. 면복(冕服)을 착용하고 방패를 드는 것은 무왕이 방패를 들고서 산처럼 우뚝 서 있었음을 상징한다.15) 적색의 방패와 옥으로 장식한 도끼를 들고 대무를 추는 것은 천자의 예법에 해당하는데, '제후(諸侯)'까지도 함께 말한 것은 노(魯)나라의 예법을 기준으로 말했기 때문이다. 천하와 함께 즐거워한다는 말은 천하 백성들의 환심을 얻어서, 선왕을 섬긴다는 뜻이다. 한 나라의 백성들과 함께 즐거워한다는 말은 한 나라 백성들의 환심을 얻어서, 선군을 섬긴다는 뜻이다. 이곳 문단은 "음악으로써 편안하게 한다."16)는 뜻을 거듭 밝힌 것이다.

---

15) 『예기』「악기(樂記)」【482d】: 賓牟賈起, 免席而請曰, "夫武之備戒之已久, 則既聞命矣, 敢問遲之, 遲而又久, 何也?" 子曰, "居! 吾語汝. 夫樂者, 象成者也. <u>總干而山立, 武王之事也</u>. 發揚蹈厲, 太公之志也. 武亂皆坐, 周召之治也."

16) 『예기』「제통」【574b~c】: 賢者之祭也, 必受其福, 非世所謂福也. 福者, 備也, 備者, 百順之名也. 無所不順者之謂備, 言內盡於己, 而外順於道也. 忠臣以事其君, 孝子以事其親, 其本一也. 上則順於鬼神, 外則順於君長, 內則以孝於親, 如此之謂備. 唯賢者能備, 能備然後能祭. 是故賢者之祭也, 致其誠信與其忠敬, 奉之以物, 道之以禮, <u>安之以樂</u>, 參之以時, 明薦之而已矣. 不求其爲, 此孝子之心也.

● 그림 7-1 무용도구 : 방패[干]와 도끼[戚]

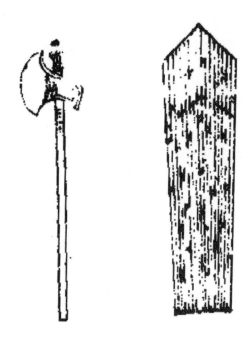

※ 출처:『삼재도회(三才圖會)』「기용(器用)」4권

그림 7-2 무용도구 : 피리[篇]와 깃털[羽]

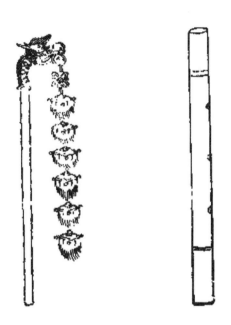

※ 출처: 『삼재도회(三才圖會)』「기용(器用)」 4권

제사와 세 가지 중대한 절차

【578b~c】

夫祭有三重焉. 獻之屬莫重於祼, 聲莫重於升歌, 舞莫重於武
宿夜, 此周道也. 凡三道者, 所以假於外, 而以增君子之志也,
故與志進退. 志輕則亦輕, 志重則亦重. 輕其志而求外之重
也, 雖聖人弗能得也, 是故君子之祭也, 必身自盡也, 所以明
重也. 道之以禮, 以奉三重而薦諸皇尸, 此聖人之道也.

직역 夫히 祭에는 三重이 有하다. 獻의 屬에는 祼보다 重함이 莫하고, 聲에는
升歌보다 重함이 莫하며, 舞에는 武宿夜보다 重함이 莫하니, 此는 周道이다. 凡히
三道者는 外에서 假하여, 이로써 君子의 志를 增하는 所以이니, 故로 志와 與하여
進退한다. 志가 輕하면 亦히 輕하고, 志가 重하면 亦히 重한다. 그 志를 輕하고도
外의 重을 求함은 雖히 聖人이라도 能히 得함이 弗이라, 是故로 君子가 祭함에는
必히 身은 自히 盡하니, 重을 明하는 所以이다. 道하길 禮로써 하고, 이로써 三重을
奉하여 皇尸에게 薦하니, 此는 聖人의 道이다.

의역 무릇 제사에는 세 가지 중대한 절차가 있다. 술을 바치는 것 중에서 술을
땅에 부어 신을 강림시키는 것보다 중대한 것이 없고, 음악 중에는 당상(堂上)에
올라가서 노래를 부르는 것보다 중대한 것이 없으며, 춤 중에는 무숙야(武宿夜)라
는 악곡에 맞춰 무무(武舞)를 추는 것보다 중대한 것이 없으니, 이것은 주나라 때의
도리이다. 이러한 세 가지 도리는 외부 사물의 힘을 빌려서 군자의 뜻을 증진시키
는 것이다. 그렇기 때문에 그 뜻과 함께 나아가거나 물러나게 된다. 따라서 내면의
뜻이 가벼우면 외부 사물 또한 가볍게 되고, 내면의 뜻이 무거우면 외부 사물 또한
무겁게 된다. 내면의 뜻을 가볍게 두면서도 외부 사물 중 중대한 것을 구한다면,

비록 성인일지라도 할 수 없다. 따라서 군자가 제사를 지낼 때에는 반드시 제 스스로 그 뜻을 다하니, 중대함을 드러내는 방법이다. 인도하길 예로써 하여, 세 가지 중대한 절차를 받들고, 황시에게 바치니, 이것은 성인이 따르는 도이다.

集說 祼以降神, 於禮爲重, 歌者在上, 貴人聲也. 武宿夜, 武舞之曲名也, 其義未聞. 假於外者, 祼則假於鬱鬯, 歌則假於聲音, 舞則假於干戚也. 誠敬者, 物之未將者也, 誠敬之志存於內, 而假外物以將之, 故其輕重隨志進退, 若內志輕而求外物之重, 雖聖人不可得也. 聖人固無內輕而求外重之事, 此特以明役志爲本耳.

번역 술을 땅에 부어서 신을 강림시키는 것은 예법 중에서도 중대하고, 노래를 부르는 자가 당상(堂上)에 올라가서 부르는 것은 사람의 목소리를 귀하게 여기기 때문이다. '무숙야(武宿夜)'는 무무(武舞)를 출 때 연주하는 악곡의 이름인데, 그 뜻에 대해서는 들어보지 못했다. '가어외(假於外)'는 술을 땅에 붓게 되면 울창주의 힘을 빌리게 되고, 노래를 부르게 되면 사람의 소리를 빌리게 되며, 춤을 추게 되면 방패와 도끼의 힘을 빌리게 된다는 뜻이다. 정성과 공경은 사물이 끌어낼 수 있는 것이 아니지만, 정성과 공경의 뜻은 내면에 존재하여, 외부 사물을 빌려 그것을 끌어내기 때문에, 경중이 뜻에 따라 나아가고 물러나니, 만약 내면의 뜻이 가벼운데도 외부 사물 중 중대한 것을 구한다면, 비록 성인일지라도 할 수 없다. 성인은 진실로 내면의 뜻이 가벼운데도 외부 사물 중 중대한 것을 구하는 일이 없으니, 이것은 단지 뜻을 부리는 것이 근본이 됨을 나타낼 따름이다.

大全 嚴陵方氏曰: 三者, 蓋周廟之所重, 故始言三重, 而終言周道也. 祼, 所以求陰而貴氣臭, 周人則先求諸陰而尚臭也, 故重祼. 經言升歌淸廟, 淸廟者, 文王之詩, 故重升歌, 大武者, 武王之舞也, 故重武宿夜, 象成而爲樂, 故謂之大武. 獻有九, 而祼其一也, 故以屬言之. 於獻言屬, 則聲與舞可知矣. 君子之祭也, 內則盡志, 外則盡物, 然其輕重亦在志而已. 必自盡者, 所以明重也.

三重之本在志, 禮則達之於外, 以承其志於內, 故曰道之以禮, 以奉三重. 內既盡志, 外又盡禮, 則聖人所以事皇尸之道, 如斯而已, 故曰此聖人之道也.

번역 엄릉방씨가 말하길, 세 가지는 주나라 종묘 제사에서 중시 여기던 것이다. 그렇기 때문에 처음에는 '삼중(三重)'이라고 말하고, 끝에서는 '주도(周道)'라고 말한 것이다. 관(祼)은 음(陰)에서 신을 찾으며 기운과 냄새를 중시 여기는 것인데, 주나라 때에는 우선적으로 음(陰)에서 신을 찾았고,[1] 냄새를 숭상했기 때문에,[2] 땅에 술을 뿌려 신을 강림시키는 것을 중시여겼다. 경문에서는 "당상(堂上)에 올라가서 청묘(清廟)라는 시를 노래로 부른다."[3]라고 했는데, '청묘(清廟)'라는 것은 문왕에 대해 읊은 시이다. 그렇기 때문에 당상에 올라가서 노래 부르는 것을 중시 여긴다. 또 '대무(大武)'라는 것은 무왕의 업적을 표현한 춤이다. 그렇기 때문에 무숙야(武宿夜)라는 악곡을 중시 여긴다. 과업을 이룬 것을 본떠서 악무를 만들기 때문에[4] '대무(大武)'라고 부른다. 술을 따라서 바치는 것에는 아홉 종류가 있고, 관(祼)은 그 중의 하나일 뿐이기 때문에, '~의 부류[屬]'라고 말했다. 술을 따라서 바치는 것에 대해 '속(屬)'이라고 했다면, 음악[聲]과 춤[舞]에 대해서도 '~의 부류[屬]'라고 표현한 것임을 알 수 있다. 군자가 제사를 지낼 때, 내적으로는 뜻을 다하고 외적으로는 사물을 다하는데, 경중은 또한 내적인 뜻에 달려 있을 따름이다. 반드시 스스로 그 뜻을 다하는 것만이

---

1) 『예기』「교특생(郊特牲)」【341a】: 魂氣歸于天, 形魄歸于地, 故祭求諸陰陽之義也. 殷人先求諸陽, 周人先求諸陰. 詔祝於室, 坐尸於堂, 用牲於庭, 升首於室. 直祭祝於主, 索祭祝於祊. 不知神之所在, 於彼乎, 於此乎? 或諸遠人乎? 祭于祊, 尙曰求諸遠者與.

2) 『예기』「교특생(郊特牲)」【339d~340a】: 周人尙臭, 灌用鬯臭, 鬱合鬯, 臭陰達於淵泉. 灌以圭璋, 用玉氣也. 旣灌然後迎牲, 致陰氣也.

3) 『예기』「명당위(明堂位)」【400d】: 升歌清廟, 下管象. 朱干玉戚, 冕而舞大武. 皮弁素積, 裼而舞大夏. 昧, 東夷之樂也. 任, 南蠻之樂也. 納夷蠻之樂於太廟, 言廣魯於天下也.

4) 『예기』「악기(樂記)」【482d】: 賓牟賈起, 免席而請曰, "夫武之備戒之已久, 則旣聞命矣, 敢問遲之, 遲而又久, 何也?" 子曰, "居! 吾語汝. 夫樂者, 象成者也. 總干而山立, 武王之事也. 發揚蹈厲, 太公之志也. 武亂皆坐, 周召之治也."

중대함을 나타내는 방법이 된다. 세 가지 중대함의 근본은 뜻에 달려 있는
데, 예는 그것을 외적으로 통하게 하고, 내적으로는 그 뜻을 받들게 된다.
그렇기 때문에 "인도하길 예로써 하고, 이를 통해 삼중을 받든다."라고 했
다. 내적으로 이미 뜻을 다하고 외적으로도 예를 다한다면, 성인이 황시(皇
尸)를 섬기는 도는 이와 같을 따름이다. 그렇기 때문에 "이것은 성인의 도
이다."라고 했다.

【참고】『시』「주송(周頌)·청묘(淸廟)」

於穆淸廟, (오목청묘) : 오! 깊은 청묘에,
肅雝顯相. (숙옹현상) : 공경스럽고 조화로운 훌륭한 조력자여.
濟濟多士, (제제다사) : 단정한 많은 사들이,
秉文之德. (병문지덕) : 문왕의 덕을 지니고 있구나.
對越在天, (대월재천) : 하늘에 계신 분을 대하며,
駿奔走在廟. (준분주재묘) : 묘에 계신 신주를 분주히 받드는구나.
不顯不承, (불현불승) : 드러내지 않겠으며, 받들지 않겠는가,
無射於人斯. (무역어인사) : 사람들에게 미움을 받지 않는구나.

[毛序] : 淸廟, 祀文王也. 周公, 旣成洛邑, 朝諸侯, 率以祀文王焉.

[모서] : 「청묘」편은 문왕에게 제사를 지내며 사용하는 시가이다. 주공이
낙읍을 완성하고서 제후에게 조회를 받을 때, 그들을 통솔하여 문왕에게
제사를 지냈다.

鄭注 武宿夜, 武曲名也. 周道, 猶周之禮.

번역 '무숙야(武宿夜)'는 무무(武舞)의 악곡 명칭이다. '주도(周道)'는 주
나라 때의 예를 뜻한다.

釋文 獻之屬莫重於祼, 一本無"之屬"二字. 道之, 音導.

번역 '헌지속막중어관(獻之屬莫重於祼)'에 대해서, 어떤 판본에서는 '지속(之屬)'이라는 두 글자가 없다. '道之'에서의 '道'자는 그 음이 '導(도)'이다.

孔疏 ●"夫祭"至"之道也". ○正義曰: 此一節幷明祭祀之禮, 有三種可重之事.

번역 ●經文: "夫祭"~"之道也". ○이곳 문단은 제사의 예법에는 세 종류의 중시 해야만 하는 사안이 있음을 나타내고 있다.

孔疏 ●"舞莫重於武宿夜"者, 武宿夜是武曲之名, 是衆舞之中, 無能重於武宿夜之舞. 皇氏云: "師說書傳云: '武王伐紂, 至於商郊, 停止宿夜, 士卒皆歡樂歌舞以待旦, 因名焉.' 武宿夜, 其樂亡也." 熊氏云: "此卽大武之樂也."

번역 ●經文: "舞莫重於武宿夜". ○'무숙야(武宿夜)'는 무무(武舞)의 악곡 명칭이니, 여러 악무들 중에서 무숙야에 맞춰서 추는 춤만큼 중대한 것이 없다. 황간[5]은 『서전』에 대해 선사들이 말하길, '무왕이 주임금을 정벌하여 은나라 교외에 이르렀는데, 그곳에서 멈춰서 하루를 숙영하였다. 병사들은 모두 기쁜 마음으로 노래를 부르고 춤을 추며 아침이 될 때까지 기다렸으므로, 이에 따라 무숙야라는 명칭을 붙였다.'라고 했다. 그러나 무숙야라는 악곡은 이미 망실되어 전해지지 않는다."라고 했다. 웅안생은 "무숙야는 대무(大武)에 연주하는 악곡이다."라고 했다.

孔疏 ●"凡三道者, 所以假於外而以增君子之志也"者, 言三種所重之道,

---

5) 황간(皇侃, A.D.488 ~ A.D.545): =황씨(皇氏). 남조(南朝) 때 양(梁)나라의 경학자이다. 『주례(周禮)』, 『의례(儀禮)』, 『예기(禮記)』 등에 해박하여, 『상복문구의소(喪服文句義疏)』, 『예기의소(禮記義疏)』, 『예기강소(禮記講疏)』 등을 지었지만, 현재는 전해지지 않는다. 그 일부가 마국한(馬國翰)의 『옥함산방집일서(玉函山房輯佚書)』에 수록되어 있다.

皆假借外物, 而以增益君子內志. 祼則假於鬱鬯, 歌則假於聲音, 舞則假於干戚, 皆是假於外物.

번역 ●經文: "凡三道者, 所以假於外而以增君子之志也". ○중대하게 여기는 세 종류의 도는 모두 외부 사물의 힘을 빌려서 군자의 내면적인 뜻을 증진시킨다는 의미이다. 즉 관(祼)은 울창주의 힘을 빌리는 것이고, 노래는 사람의 목소리를 빌리는 것이며, 춤은 방패와 도끼 등의 무용도구를 빌리는 것이니, 이 모두는 외부 사물에 대해 그 힘을 빌리는 것에 해당한다.

孔疏 ●"故與志進退"者, 此外物增成君子內志, 故與志同進同退. 若內6)志輕略, 則此等亦輕略. 內志殷重, 此等亦殷重.

번역 ●經文: "故與志進退". ○외부 사물이 군자의 내면적인 뜻을 증진시키기 때문에 뜻과 함께 나아가거나 물러나게 된다. 만약 내면의 뜻이 가볍다면 이러한 사물들도 모두 가볍게 된다. 반면 내면의 뜻이 융성하고 중대하면, 이러한 사물들도 융성하고 중대하게 된다.

集解 升歌, 謂升歌淸廟也. 大武之第一成謂之武宿夜, 象武王之師次孟津而宿也. 祼者獻之始, 升歌者聲之始, 武宿夜者舞之始. 天子祭禮十二獻, 上公九獻, 侯伯七, 子男五, 而祼爲重. 聲有下管·間歌, 而升歌爲重. 武有六成, 而武宿夜爲重. 志, 卽上所謂"誠信"·"忠敬"也. 有誠信·忠敬之志, 則能自盡矣. 此一節, 又因祭之用禮樂, 而歸本於自盡之義也.

번역 '승가(升歌)'는 당상(堂上)에 올라가서 청묘(淸廟)라는 시를 노래로 부른다는 뜻이다. 대무(大武)의 첫 번째 악장을 무숙야(武宿夜)라고 부르는데, 무왕의 군대가 맹진(孟津)에 머물며 숙영했던 것을 상징한다. 관

---

6) '내(內)'자에 대하여. '내'자 뒤에는 본래 '심(心)'자가 기록되어 있었는데, 완원(阮元)의 『교감기(校勘記)』에서는 "혜동(惠棟)의 『교송본(校宋本)』에는 '심'자가 없고, 위씨(衛氏)의 『집설(集說)』에도 동일하게 없으니, 이곳 판본은 잘못하여 연문으로 들어간 것이다."라고 했다.

(祼)은 술을 바치는 시작이 되고, 당상에 올라가서 노래를 부르는 것은 노래의 시작이 되며, 무숙야는 춤의 시작이 된다. 천자의 제례에서는 12차례 술을 따라서 바치고, 상공은 9차례, 후작과 백작은 7차례, 자작과 남작은 5차례 따르게 되지만, 모두 관(祼)을 중대하게 여긴다. 음악에 있어서는 당하(堂下)에서 관악기로 연주하는 것도 있고, 중간에 서로 맞춰서 노래를 부르는 것도 있지만, 당상에서 노래 부르는 것을 중대하게 여긴다. 대무에서는 여섯 차례 악곡을 연주하게 되는데, 무숙야를 중대하게 여긴다. '지(志)'는 앞에서 말한 '정성과 신의', '충심과 공경'에 해당한다.7) 충심과 신의, 충심과 공경의 뜻을 가지고 있다면, 제 스스로 그 뜻을 다할 수 있다. 이곳 문단은 또한 제사에서 예악을 사용하는 것에 따라서, 그 근본이 스스로 뜻을 다하는 데로 귀결된다는 의미를 나타내고 있다.

---

7) 『예기』「제통」【574b~c】: 賢者之祭也, 必受其福, 非世所謂福也. 福者, 備也, 備者, 百順之名也. 無所不順者之謂備, 言內盡於己, 而外順於道也. 忠臣以事其君, 孝子以事其親, 其本一也. 上則順於鬼神, 外則順於君長, 內則以孝於親, 如此之謂備. 唯賢者能備, 能備然後能祭. 是故賢者之祭也, 致其誠信與其忠敬, 奉之以物, 道之以禮, 安之以樂, 參之以時, 明薦之而已矣. 不求其爲, 此孝子之心也.

제사와 남은 음식을 먹는 의미

【578d】

夫祭有餕, 餕者祭之末也, 不可不知也. 是故古之人有言曰,
"善終者如始, 餕其是已." 是故古之君子曰, "尸亦餕鬼神
之餘也, 惠術也, 可以觀政矣."

직역 夫히 祭에는 餕이 有한데, 餕者는 祭의 末이니, 不知가 不可하다. 是故로
古의 人은 言을 有하여 曰, "終을 善하는 者는 始와 如하니, 餕이 그 是일 따름이
다." 是故로 古의 君子는 曰, "尸도 亦히 鬼神의 餘를 餕한데, 惠術이니, 可히 이로
써 政을 觀한다."

의역 무릇 제사에는 남은 음식을 먹는 절차가 있는데, 이처럼 남은 음식을 먹는
것은 제사를 마무리 짓는 절차이므로, 그 의미에 대해서 몰라서는 안 된다. 이러한
까닭으로 고대인은 "마무리를 잘하는 것은 처음을 잘했던 것처럼 하니, 남은 음식
을 먹는 것이 바로 여기에 해당한다."라고 했다. 그래서 고대의 군자는 "시동 또한
귀신이 남긴 음식을 먹으니, 이것은 은혜를 베푸는 것에 해당하므로, 이러한 예법
을 살펴보면 그 나라의 정치를 확인할 수 있다."라고 했다.

集說 方氏曰: 牲旣殺, 則薦血腥於鬼神, 及熟之於俎, 而尸始食之, 是尸餕
鬼神之餘也.

번역 방씨가 말하길, 희생물을 도축했다면 피와 생고기를 귀신에게 바
치고, 익힌 고기를 도마에 바치게 되면 시동이 비로소 맛보게 되는데, 이것
은 시동이 귀신이 남겨준 음식을 먹는 것에 해당한다.

集說 劉氏曰: 祭畢而餕餘, 是祭之終事也. 必謹夫餕之禮者, 愼終如始也, 故引古人曰, 善終者如其始之善, 今餕餘之禮, 其是此意矣. 所以古之君子有言, 尸之飮食, 亦是餕鬼神之餘也, 此卽施惠之法也, 觀乎餕之禮, 則可以觀爲政之道矣.

번역 유씨가 말하길, 제사가 끝나고 남은 음식을 먹는 것은 제사의 마무리에 해당한다. 반드시 남은 음식을 먹는 예법에 대해 신중히 하는 것은 끝을 신중히 하길 처음처럼 한다는 뜻이다. 그렇기 때문에 고대인의 말을 인용하여, "끝을 잘 마무리 짓는 것은 처음 시작할 때 잘하는 것처럼 하는 것이다. 현재 남은 음식을 먹는 예법이 바로 이러한 의미에 해당한다."라고 했다. 그래서 고대의 군자는 "시동이 음식을 먹는 것은 또한 귀신이 먹고 남긴 음식을 먹는 것인데, 이것은 곧 은혜를 베푸는 법도에 해당하므로, 남은 음식을 먹는 예법을 살펴본다면, 정치를 시행하는 도를 살펴볼 수 있다."라고 했다.

鄭注 術, 猶法也. 爲政尙施惠, 盡美能知能惠. 詩云: "維此惠君, 民人所瞻."

번역 '술(術)'자는 법도[法]이다. 정치를 시행할 때에는 은혜 베푸는 것을 숭상하니, 아름다움을 다할 수 있으면 잘 깨우칠 수 있고 은혜도 잘 베풀 수 있다. 『시』에서는 "오직 은혜를 베푸는 군자라야 백성들이 우러러본다."[1]라고 했다.

釋文 餕音俊. 施惠, 始豉反, 下文注並同. 能知, 音智.

번역 '餕'자의 음은 '俊(준)'이다. '施惠'에서의 '施'자는 '始(시)'자와 '豉(시)'자의 반절음이며, 아래문장의 정현 주에 나오는 글자도 모두 그 음이 이와 같다. '能知'에서의 '知'자는 그 음이 '智(지)'이다.

---

1) 『시』「대아(大雅)·상유(桑柔)」 : 維此惠君, 民人所瞻. 秉心宣猶, 考愼其相. 維彼不順, 自獨俾臧. 自有肺腸, 俾民卒狂.

孔疏 ●"夫祭"至"政矣". ○正義曰: 此一節明祭末餕餘之禮, 自求多物, 恩澤廣被之事.

번역 ●經文: "夫祭"~"政矣". ○이곳 문단은 제사 말미에 남은 음식을 먹는 예법에 대해서 나타내고 있으니, 제 스스로 많은 사물을 구한 것은 은혜를 널리 베푸는 일에 해당한다.

孔疏 ●"是故古之人有言曰: 善終者如始, 餕其是已"者, 引古人之言證餕爲美也. 夫"靡不有初, 鮮克有終", 而祭之有餕, 卽是克有終而禮猶盛, 故云"善終者如始, 餕其是已". 已, 語辭也.

번역 ●經文: "是故古之人有言曰: 善終者如始, 餕其是已". ○고대인의 말을 인용하여 남은 음식을 먹는 것이 아름다운 일임을 증명하였다. 『시』에서는 "처음에는 선하게 하지 않는 이가 없지만, 끝까지 선하게 할 수 있는 자는 드물다."[2]라고 했는데, 제사에서 남은 음식을 먹는 절차가 있는 것이 바로 끝까지 선하게 할 수 있는 일이고 예법도 오히려 융성하게 된다. 그렇기 때문에 "마무리를 잘하는 것은 처음을 잘했던 것처럼 하니, 남은 음식을 먹는 것이 바로 여기에 해당한다."라고 한 것이다. '이(已)'자는 어조사이다.

孔疏 ●"是故古之君子曰: 尸亦餕鬼神之餘也"者, 又引古言證餕義也. 言亦者, 亦人餕尸之餘, 乃是人食尸餘. 而云"尸亦餕鬼神餘"者, 若王侯初薦毛血燔燎, 是薦於鬼神. 至薦熟時, 尸乃食之, 是尸餕鬼神之餘. 若大夫·士陰厭, 亦是先薦鬼神而後尸乃食, 亦尸餕鬼神餘, 故幷云"尸亦餕鬼神之餘"也.

번역 ●經文: "是故古之君子曰: 尸亦餕鬼神之餘也". ○이 또한 옛말을

---

2) 『시』「대아(大雅)·탕(蕩)」: 蕩蕩上帝, 下民之辟. 疾威上帝, 其命多辟. 天生烝民, 其命匪諶. <u>靡不有初, 鮮克有終</u>.

인용하여 남은 음식을 먹는 뜻을 증명한 것이다. '역(亦)'이라고 말한 것은
또한 제사에 참여한 사람들도 시동이 남긴 음식을 먹으니, 이것은 사람이
시동이 남긴 음식을 먹는 것에 해당한다. 그런데 "시동 또한 귀신이 남긴
음식을 먹는다."라고 말한 것은 천자와 제후가 제사 초반에 희생물의 털과
피를 바치고 기름에 발라서 태우는 것은 귀신에게 바치는 일에 해당한다.
익힌 음식을 바치는 때가 되면 시동이 곧 그 음식을 먹게 되는데, 이것은
시동이 귀신이 남긴 음식을 먹는 것이다. 대부나 사가 지내는 음염(陰厭)[3]
의 경우라면, 또한 우선적으로 귀신에게 바치고, 그 이후에 시동이 음식을
먹게 되니, 이 또한 시동이 귀신이 남긴 음식을 먹는 것이 된다. 그렇기
때문에 두 상황을 아울러서, "시동은 또한 귀신이 남긴 음식을 먹는다."라
고 말한 것이다.

孔疏 ●"惠術也, 可以觀政矣"者, 術, 猶法也. 尸餕鬼神之餘, 是施恩惠之
術法, 言爲政之道, 貴在於惠, 可以觀省人君之政敎. 能施恩惠者, 卽其政善,
不能施恩惠者, 則其政惡, 故云"可以觀政矣".

번역 ●經文: "惠術也, 可以觀政矣". ○'술(術)'자는 법도[法]를 뜻한다.
시동은 귀신이 남긴 음식을 먹는데, 이것은 은혜를 펼치는 법도에 해당한
다. 즉 정치를 시행하는 도리에 있어서 존귀함은 은혜에 달려 있으니, 이를
통해 군주가 정교를 시행하는 것을 살펴볼 수 있다. 은혜를 베풀 수 있다면
그 나라의 정치가 선한 것이고, 은혜를 베풀 수 없다면 그 나라의 정치가
악한 것이다. 그렇기 때문에 "정치를 살펴볼 수 있다."라고 했다.

---

3) 음염(陰厭)은 본래 염제(厭祭)의 절차 중 하나이다. '염제'는 정규 제사를 진
행하는 절차인데, 정규 제사의 본격적인 의식은 시동을 통해 진행된다. '염
제'는 시동을 이용하지 않고, 본식 이전과 이후에 간략히 지내는 제사를 뜻
한다. '염(厭)'자는 신을 흠향시킨다는 뜻이다. '염제'에는 '음염'과 양염(陽厭)
이 있다. '음염'은 시동을 맞이하기 이전에 축관이 술을 따라서 바치고, 그 술
잔을 올려서 신을 흠향하게 만드는 것이다. 또한 적장자가 아직 성년이 되지
않은 상태에서 죽었을 때, 그에 대한 제사는 종묘(宗廟)의 그윽하고 음(陰)한
장소에서 간략하게 치르게 되는데, 이것을 '음염'이라고 부른다.

訓纂 鄭注郊特牲曰: 食餘曰餕.

번역 『예기』「교특생(郊特牲)」편에 대한 정현의 주에서 말하길, 남은 음식을 먹는 것을 '준(餕)'이라고 부른다.4)

【579a~b】

> 是故尸謖, 君與卿四人餕; 君起, 大夫六人餕, 臣餕君之餘也; 大夫起, 士八人餕, 賤餕貴之餘也; 士起, 各執其具以出, 陳于堂下, 百官進, 徹之, 下餕上之餘也. 凡餕之道, 每變以衆, 所以別貴賤之等, 而興施惠之象也. 是故以四簋黍, 見其修於廟中也. 廟中者, 竟內之象也.

직역 是故로 尸가 謖하면, 君은 卿과 與하여 四人이 餕하고; 君이 起하면, 大夫六人이 餕하니, 臣이 君의 餘를 餕함이며; 大夫가 起하면, 士八人이 餕하니, 賤이 貴의 餘를 餕함이고; 士가 起하면, 各히 그 具를 執하고 出하여, 堂下에 陳하고, 百官이 進하여, 徹하니, 下가 上의 餘를 餕함이다. 凡히 餕의 道에서는 每히 變하길 衆으로써 하니, 貴賤의 等을 別하고, 施惠의 象을 興하는 所以이다. 是故로 四簋의 黍로써 하여, 그 廟中에서 修함을 見한다. 廟中者는 竟內의 象이다.

의역 이러한 까닭으로 시동이 귀신이 남겨준 음식을 먹고 자리에서 일어나면, 군주는 3명의 경과 함께 시동이 남긴 음식을 먹는다. 군주와 경이 자리에서 일어나면, 6명의 대부가 군주가 남긴 음식을 먹는다. 이것은 신하가 군주가 남긴 음식을 먹는다는 뜻이다. 대부가 일어나면 8명의 사가 대부가 남긴 음식을 먹는다. 이것은 신분이 천한 자가 존귀한 자가 남긴 음식을 먹는다는 뜻이다. 사가 일어나서 각각 그릇을 잡고 밖으로 나가 당하(堂下)에 놓아두면, 모든 관리들이 나아가서 사가

---

4) 이 기록은 『예기』「교특생(郊特牲)」편에 대한 정현의 주가 아니라, 공영달(孔穎達)의 소(疏)에 나온다.

남긴 음식을 먹고 그릇을 치운다. 이것은 아랫사람이 윗사람이 남긴 음식을 먹는다는 뜻이다. 무릇 남긴 음식을 먹는 법도에 있어서 매번 변화가 생길 때마다 인원이 늘어나니, 이것은 귀천의 등급을 구별하고 은혜를 베푸는 형상을 흥기시키는 방법이다. 이러한 까닭으로 4개의 궤(簋)에 담긴 서직을 이용해서 남은 음식을 먹고, 그것을 종묘 안에서 시행함을 드러낸다. 종묘 안은 한 나라의 영역을 상징한다.

集說 謖, 起也. 天子之祭八簋, 諸侯六簋, 此言四簋者, 留二簋爲陽厭之祭, 故以四簋餕也. 簋以盛黍稷, 擧黍則稷可知矣. 自君卿至百官, 每變而人益衆, 所以別貴賤, 象施惠也. 施惠之禮, 修擧於廟中, 則施惠之政, 必徧及於境內, 此可以觀政之謂也.

번역 '속(謖)'자는 "일어난다[起]."는 뜻이다. 천자의 제사에서는 8개의 궤(簋)를 차려내고, 제후의 제사에서는 6개의 궤(簋)를 차려낸다. 그런데 이곳에서 4개의 궤(簋)라고 한 것은 2개의 궤(簋)는 남겨두어서 양염(陽厭)5)의 제사에 사용하기 때문에, 4개의 궤(簋)를 이용해서 남은 밥을 먹는다. 궤(簋)에는 서직으로 지은 밥을 담는데, 서(黍)를 제시했다면 직(稷)도 포함됨을 알 수 있다. 군주와 경으로부터 모든 관리들에 이르기까지 매번 변화가 생길 때마다 사람들이 더욱 늘어나니, 이것을 통해 귀천의 등급을 구별하고 은혜를 베푼다는 것을 상징한다. 은혜를 베푸는 예법을 종묘 안에서 시행한다면, 은혜를 베푸는 정치도 분명 나라 안에서 두루 펼쳐지게 되니, 이것이 정치를 살펴볼 수 있다는 뜻이다.

大全 嚴陵方氏曰: 尸猶受惠於鬼神, 人固當受惠於其君. 餕每變以衆, 故始則君與三卿共四人, 變而加以兩, 故大夫六人, 又變而加以兩, 故士八人, 又變則又加以百官, 蓋以示其惠之愈廣, 然非實數也. 百官, 謂中下之士以及於百執事者也. 祭法以官師爲中下之士, 則此以百官稱之, 亦宜矣. 爾雅曰, 謖興

---

5) 양염(陽厭)은 염제(厭祭)의 절차 중 하나이다. '염제'에는 음염(陰厭)과 '양염'이 있다. '양염'은 시동이 묘실(廟室)을 빠져 나간 이후에, 시동에게 바쳤던 조(俎)와 돈(敦) 등을 거둬들여서, 서북쪽 모퉁이에 다시 진설하는 것이다.

起也. 由君而下皆言起, 獨於尸言諰者, 蓋不疾而速者神也, 尸神象也, 故特以諰言之. 特牲饋食·少牢饋食·土虞禮·有司篇, 皆言尸諰者, 以此. 夫施惠之道, 不止於餕, 特由餕見之而已, 故曰象. 見乃謂之象也. 四簋之黍, 未爲多也, 特取其脩於廟中故爾. 廟中之惠, 未爲大也, 特取其象於竟內故爾. 諸侯廟中, 爲竟內之象, 則天子廟中, 爲天下之象可知.

번역 엄릉방씨가 말하길, 시동은 귀신으로부터 은혜를 받으니, 사람들은 진실로 그들의 군주로부터 은혜를 받아야만 한다. 남은 음식을 먹을 때 매번의 변화마다 무리가 늘어나게 된다. 그렇기 때문에 처음에는 군주와 삼경(三卿)6)이 먹게 되니 총 4명이고, 그 다음 차례에서는 2만큼을 더하기 때문에 6명의 대부가 먹고, 또 그 다음 차례에서는 2만큼을 더하기 때문에 8명의 사가 먹고, 또 그 다음 차례에서는 모든 관리들이 먹게 되는데, 이것은 은혜가 점점 널리 베풀어짐을 드러내는 것이지 실제의 수치를 말하는 것은 아니다. '백관(百官)'은 중사(中士)와 하사(下士) 및 온갖 일들을 맡아보는 자들을 뜻한다. 『예기』「제법(祭法)」편에서는 관사(官師)를 중사와 하사로 여겼으니,7) 이곳에서 '백관(百官)'으로 그들을 지칭하는 것 또한 마땅하다. 『이아』에서는 "속(諰)과 흥(興)은 일어난다는 뜻이다."8)라고 했다. 군주로부터 그 이하의 계층에 대해서는 모두 '기(起)'라고 했는데, 유독 시

---

6) 삼경(三卿)은 세 명의 경(卿)을 뜻하며, 제후국의 관리 중 가장 높은 반열에 오른 자들이다. 사도(司徒), 사마(司馬), 사공(司空)이 '삼경'에 해당한다. 제후국의 입장에서는 천자에게 소속된 삼공(三公)과 유사하다. 『주례』의 체제에 따르면, 천자에게는 천관(天官), 지관(地官), 춘관(春官), 하관(夏官), 추관(秋官), 동관(冬官)이라는 여섯 관부가 있었고, 각 관부의 수장은 총재(冢宰), 사도(司徒), 종백(宗伯), 사마(司馬), 사구(司寇), 사공(司空)이 된다. 제후국에서는 3명의 경들이 여섯 관부의 일을 책임지게 되어, 사도가 총재를 겸하고, 사마가 종백을 겸하며, 사공이 사구를 겸했다고 설명하기도 한다. 『예기』「왕제」편에는 "大國三卿, 皆命於天子."라는 기록이 있고, 이에 대한 공영달(孔穎達)의 소(疏)에서는 최영은(崔靈恩)의 주장을 인용하여, "崔氏云, 三卿者, 依周制而言, 謂立司徒, 兼冢宰之事; 立司馬, 兼宗伯之事; 立司空, 兼司寇之事."라고 풀이했다.
7) 『예기』「제법(祭法)」【550b】: 官師一廟, 曰考廟, 王考無廟而祭之, 去王考爲鬼.
8) 『이아』「석언(釋言)」: 諰·興, 起也.

동에 대해서만 '속(謖)'이라고 했다. 그 이유는 달리지 않아도 빠른 것은
신인데,9) 시동은 신을 형상화하는 자이기 때문에, 특별히 '속(謖)'이라고
말한 것이다. 『의례』「특생궤식례(特牲饋食禮)」10)·「소뢰궤식례(少牢饋食
禮)」11)·「사우례(士虞禮)」12)·「유사(有司)」13)편에서 모두 '시속(尸謖)'이라
고 말한 것도 이러한 이유 때문이다. 은혜를 베푸는 도리는 남은 음식을
먹는 것에 그치지 않지만 특별히 남은 음식을 먹는 것에 따라서 드러냈기
때문에, '상(象)'이라고 했다. 드러나는 것을 곧 '상(象)'이라고 부른다. 4개
의 궤(簋)에 담은 기장밥은 많다고 할 수 없으니, 단지 종묘 안에서 시행된
다는 뜻을 취한 것일 뿐이다. 종묘 안에서 베푸는 은혜는 크다고 할 수 없으
니, 단지 한 나라를 상징한다는 뜻을 취한 것일 뿐이다. 제후의 종묘 안은
한 나라를 상징하니, 천자의 종묘 안이 천하를 상징함을 알 수 있다.

鄭注 進, 當爲餕, 聲之誤也. 百官, 謂有事於君祭者也, 既餕, 乃徹之而去,
所謂自卑至賤. 進·徹, 或俱爲餕. 鬼神之惠徧廟中, 如國君之惠徧竟內也.

번역 '진(進)'자는 마땅히 준(餕)자가 되어야 하니, 소리가 비슷해서 생
긴 오류이다. '백관(百官)'은 군주의 제사에서 담당하고 있는 일이 있는 자
들을 뜻하는데, 그들이 남은 음식을 다 먹게 되면, 그릇들을 치우고 떠나가

---

9) 『역』「계사상(繫辭上)」 : 唯深也, 故能通天下之志, 唯幾也, 故能成天下之務,
唯神也, 故不疾而速, 不行而至.
10) 『의례』「특생궤식례(特牲饋食禮)」 : 主人出, 立于戶外, 西面. 祝東面告, "利
成." 尸謖. 祝前. 主人降. 祝反, 及主人入, 復位, 命佐食徹尸俎. 俎出于廟門. 徹
庶羞, 設于西序下.
11) 『의례』「소뢰궤식례(少牢饋食禮)」 : 主人出, 立于阼階上, 西面. 祝出, 立于西
階上, 東面. 祝告曰, "利成." 祝入, 尸謖. 主人降, 立于阼階東, 西面. 祝先, 尸
從, 遂出于廟門.
12) 『의례』「사우례(士虞禮)」 : 婦人復位. 祝出戶, 西面告, "利成." 主人哭. 皆哭.
祝入, 尸謖. 從者奉篚, 哭如初. 祝前尸出戶, 踊如初. 降堂, 踊如初. 出門, 亦如
之.
13) 『의례』「유사철(有司徹)」 : 主人出, 立于阼階上, 西面. 祝出, 立于西階上, 東面.
祝告于主人曰, "利成." 祝入. 主人降, 立于阼階東, 西面. 尸謖.

니, 지위가 낮은 자로부터 미천한 자에게까지 이른다는 뜻이다. '진(進)'자
와 '철(徹)'자를 다른 판본에서는 모두 준(餕)자로 기록하기도 한다. 귀신의
은혜가 종묘 안에 두루 미치니, 이것은 제후의 은혜가 한 나라에 두루 미치
는 것과 같다.

釋文 謖, 所六反, 起也. 百官進, 依注作"餕". 卑如字, 隱義音必利反. 別,
彼列反, 下同. 見, 賢遍反, 下同. 脩於, 一本脩作徧, 徧音遍, 下同.

번역 '謖'자는 '所(소)'자와 '六(륙)'자의 반절음이며, 일어난다는 뜻이다.
'百官進'에서의 '進'자는 정현의 주에 따르면 '餕'자가 된다. '卑'자는 글자대
로 읽는데, 『예기은의』14)에서는 그 음이 '必(필)'자와 '利(리)'자의 반절음
이라고 했다. '別'자는 '彼(피)'자와 '列(렬)'자의 반절음이며, 아래문장에 나
오는 글자도 그 음이 이와 같다. '見'자는 '賢(현)'자와 '遍(편)'자의 반절음이
며, 아래문장에 나오는 글자도 그 음이 이와 같다. '脩於'에 대해 다른 판본
에서는 '脩'자를 '徧'자로 기록하기도 하니, '徧'자의 음은 '遍(편)'이며, 아래
문장에 나오는 글자도 그 음이 이와 같다.

孔疏 ●"臣餕君之餘也"者, 以君於廟中, 事尸如君, 則君爲臣禮. 君食尸
餘, 是臣食君餘, 與大夫食君餘相似, 故云"臣餕君之餘也". 諸侯之國有五大
夫, 此云六者, 兼有采地助祭也. 以下漸徧及下, 示溥恩惠也.

번역 ●經文: "臣餕君之餘也". ○군주가 종묘 안에서 선대 군주처럼 시
동을 섬긴다면, 군주 본인이 신하의 예법에 따라 처신하는 것이다. 군주가
시동이 남긴 음식을 먹는 것은 신하가 군주가 남긴 음식을 먹는 것이니,
대부가 군주가 남긴 음식을 먹는 것과 유사하다. 그렇기 때문에 "신하가
군주가 남긴 음식을 먹는 것이다."라고 했다. 제후국에는 5명의 대부를 두
는데, 이곳에서 6명이라고 말한 것은 채지를 가지고 있는 자가 제사를 돕는

---

14) 『예기은의(禮記隱義)』는 『예기』에 대한 주석서로 하윤(何胤, A.D.446 ~
 A.D.531)의 저작이다.

경우까지도 포함했기 때문이다. 이후 점차 아랫사람들에게 두루 미치게 되니, 이것은 은혜를 널리 베푸는 것을 나타낸다.

孔疏 ●"士起, 各執其具以出, 陳于堂下"者, 士廟中餕訖而起, 所司各執其饌具以出廟戶, 陳于堂下. "百官進, 徹之"者, 進, 當爲餕, 謂有祭事之百官餕訖, 各徹其器而乃去之.

번역 ●經文: "士起, 各執其具以出, 陳于堂下". ○사가 묘실 안에서 남은 음식 먹는 일을 끝내면 자리에서 일어나고, 담당하는 자들이 각각 음식을 담은 그릇을 들고 묘실의 방문 밖으로 나가서 당하에 진열한다. 경문의 "百官進, 徹之"에 대하여. '진(進)'자는 마땅히 준(餕)자가 되어야 하니, 제사에 참여한 모든 관리들이 남긴 음식을 먹고, 그 절차가 끝나면 각각 그 그릇들을 치우고서 나간다는 뜻이다.

孔疏 ●"凡餕之道, 每變以衆, 所以別貴賤之等"者, 初君四人, 次大夫六人, 次士八人, 是變以衆, 加之以兩, 是別貴賤之等.

번역 ●經文: "凡餕之道, 每變以衆, 所以別貴賤之等". ○최초 군주 등 4명이 남은 음식을 먹고, 그 다음 대부 6명이 남은 음식을 먹으며, 그 다음 사 8명이 남은 음식을 먹는데, 이것은 변화가 거듭되며 무리가 많아지고, 2만큼씩 늘어나는 것이니, 귀천의 등급을 구별하는 것이다.

孔疏 ●"而興施惠之象也"者, 興, 起也. 其餕之禮, 初餕貴而少, 後餕賤而多, 皆先上而後下. 施惠之道亦當然, 皆先貴後賤, 故云"施惠之象".

번역 ●經文: "而興施惠之象也". ○'흥(興)'자는 "일으킨다[起]."는 뜻이다. 남은 음식을 먹는 예법은 최초 존귀한 자의 남은 음식을 먹을 때에는 그 인원이 적지만, 이후 미천한 자가 남긴 음식을 먹을 때에는 그 인원이 많아진다. 이것들은 모두 윗사람이 먼저 하고 아랫사람이 뒤에 하는 것에 해당한다. 은혜를 베푸는 도 또한 이러하니, 존귀한 자에게 먼저 베풀고 미천한 자에게 이후에 베푼다. 그렇기 때문에 "은혜를 베푸는 상이다."라고 했다.

孔疏 ●"是故以四簋黍見其脩於廟中也"者, 謂餕之時, 君與三卿以四簋之黍脩整普徧也. 所以用四簋多黍而餕者, 欲見其恩惠脩整徧於廟中. 諸侯之祭有六簋, 今云以四簋者, 以二簋留爲陽厭之祭, 故以四簋而餕. 簋有黍·稷, 特云"黍"者, 見其美, 擧黍, 稷可知也.

번역 ●經文: "是故以四簋黍見其脩於廟中也". ○남은 음식을 먹을 때, 군주와 삼경(三卿)은 4개의 궤(簋)에 담긴 기장밥을 고르게 나눠 두루 돌아가게 한다. 이것은 4개의 궤(簋)에 담긴 비교적 많은 기장밥을 이용해서 남은 음식을 먹는 것인데, 이를 통해 종묘 안에서 은혜가 골고루 베풀어짐을 나타내고자 한 것이다. 제후의 제사 때에는 6개의 궤(簋)를 차리게 되는데, 현재 이곳에서 4개의 궤(簋)라고 한 것은 2개의 궤(簋)는 남겨두어 양염(陽厭)의 제사 때 사용하기 때문에, 4개의 궤(簋)를 이용해서 남은 음식을 먹는 것이다. 궤(簋)에는 서직(黍稷)을 담게 되는데, 단지 '서(黍)'만을 말한 것은 그 중에서도 맛있는 것을 나타낸 것이니, '서(黍)'를 언급했다면 직(稷) 또한 포함됨을 알 수 있다.

孔疏 ●"廟中者, 竟內之象也"者, 以四簋而徧廟中, 如君之恩惠徧於竟內也.

번역 ●經文: "廟中者, 竟內之象也". ○4개의 궤(簋)를 이용해서 종묘 안에 있는 자들에게 남은 음식이 두루 돌아가도록 하는데, 이것은 군주의 은혜가 한 나라 안에 두루 베풀어지는 것과 같다.

訓纂 王氏念孫曰: 作"徧"者是也. 徧於廟中, 謂神惠徧及於廟中也. 若云"脩於廟中", 則與上文"施惠"之義無涉.

번역 왕념손15)이 말하길, '견기수어묘중야(見其脩於廟中也)'에서 '수(脩)'자를 편(徧)자로 기록한 판본이 옳다. '편어묘중(徧於廟中)'이라는 말은 신의 은혜가 종묘 안에 두루 베풀어진다는 뜻이다. 만약 '수어묘중(脩於廟中)'이라고 말한다면, 앞 문장에서 "은혜를 베푼다."라고 했던 뜻과는 전혀 관련이 없게 된다.

訓纂 鄭氏元慶曰: 君與卿四人餕, 故用四簋. 大夫士雖有四人八人之衆, 亦只此四簋而已. 疏言"君與三卿用四簋之黍", 是也. 又云"諸侯之祭六簋, 留二簋以爲陰厭", 恐未然. 蓋正祭無所謂陰厭也.

번역 정원경이 말하길, 군주와 경 등 4명이 남은 음식을 먹기 때문에, 4개의 궤(簋)를 사용한다. 대부와 사는 비록 4명, 8명 등 많은 인원이 되지만, 또한 단지 이러한 4개의 궤(簋)를 사용할 따름이다. 따라서 공영달의 소에서 "군주와 삼경은 4개의 궤(簋)에 담긴 기장밥을 이용한다."라고 한 말은 옳다. 또 소에서는 "제후의 제사에서는 6개의 궤(簋)를 사용하는데, 2개의 궤(簋)를 남겨 두어서 음염(陰厭)을 치른다."라고 했는데, 아마도 그렇지 않을 것 같다. 무릇 정규 제사에 대해서는 음염이라는 절차가 없다.

集解 食餘曰餕. 鬼神享氣, 朝踐時先薦腥・爛, 至饋食, 尸乃食之, 故曰"尸亦餕鬼神之餘". 祭之餕, 以上之所食者逮及於下, 此施惠之道也. 爲政在於施惠, 故於餕可以觀政也. 謖, 起也. 君與卿四人餕, 君與三卿也. 文王世子曰, "其登餕・獻・受爵, 則以上嗣." 此君自與卿餕, 蓋未立世子者之禮與. 大夫士衆多, 其六人・八人餕者, 皆有事於廟中者也. 特牲禮以長兄弟爲下餕, 少牢禮以二佐食饗, 則非有事於廟中者不得餕可見矣. 士起, 各執其具以出者, 士旣餕畢, 各執其所餕之簋・鉶以出於室也. 百官, 謂餘士之無事於廟者也. 進當作

"餕". 餕徹, 言旣餕而遂徹之也. 餕之道每變以衆, 旣以爲貴賤之別, 而又以象
其惠之漸廣也. 簋, 盛黍稷之器也. 特牲禮二敦, 以一敦餕留, 一敦爲陽厭; 少
牢禮四敦, 以二敦餕留, 二敦爲陽厭. 又少牢禮二佐食簋, "司士進一敦黍於上
佐食, 又進一敦黍於下佐食", 則是餕皆以黍矣. 蓋尸食黍而不食稷, 餕宜以尸
之所食者也. 諸侯六簋, 黍惟三簋, 此得有四簋黍者, 蓋別用一簋分之, 六人餕
則遞分爲六簋, 八人餕則遞分爲八簋, 若特牲禮佐食分簋鉶之爲也. 脩, 整治
也. 廟中者, 竟內之象者, 鬼神之惠徧於廟中, 猶君之惠徧於竟內也.

번역 남은 음식을 먹는 것을 '준(餕)'이라고 부른다. 귀신은 기운을 흠향
하므로, 조천(朝踐) 때에는 먼저 희생물의 생고기와 데친 고기를 바치는데,
궤식(饋食)을 할 때가 되어서야 시동이 음식들을 먹게 된다. 그렇기 때문에
"시동 또한 귀신이 남긴 음식을 먹는다."라고 했다. 제사에서 남긴 음식을
먹을 때에는 윗사람이 먹고 남긴 것을 아랫사람에게까지 차례대로 미치게
하니, 이것은 은혜를 베푸는 도에 해당한다. 정치를 시행하는 것은 은혜를
베푸는데 달려 있다. 그렇기 때문에 남은 음식을 먹는 것을 통해서 정치를
살펴볼 수 있다. '속(漵)'자는 "일어난다[起]."는 뜻이다. 군주와 경 등 4명이
남은 음식을 먹는다는 말은 군주와 삼경(三卿)을 가리킨다. 『예기』「문왕세
자(文王世子)」편에서는 "당상에 올라가서 남은 음식을 먹고, 술잔을 바치
며, 술잔을 받는 경우에는 적장자를 가장 우선시한다."16)라고 했다. 이곳에
서는 군주 본인과 삼경이라고 했는데, 아직 세자를 세우지 않았을 때의 예
법일 것이다. 대부와 사는 인원이 많은데, 6명이나 8명이 남은 음식을 먹는
다고 한 것은 모두 묘실 안에서 일을 담당했던 자들을 가리킨다. 『의례』「특
생궤식례(特牲饋食禮)」편에서 장형제가 음식을 차리고, 『의례』「소뢰궤식
례(少牢饋食禮)」편에서 두 명의 좌식(佐食)이 음식을 차린다고 했다면, 묘
실 안에서 일을 담당했던 자가 아니라면 남은 음식을 먹을 수 없다는 사실
을 알 수 있다. 사가 일어나서 각각 그 그릇들을 들고서 밖으로 나간다고
했는데, 사가 남은 음식을 먹고 그 절차가 끝나면 각각 남겨진 음식을 먹었

---

16) 『예기』「문왕세자(文王世子)」【257b】 : 其登, 餕·獻·受爵, 則以上嗣.

던 궤(簋)나 형(鉶) 등을 들고서 묘실을 빠져나간다는 뜻이다. '백관(百官)'은 나머지 사들 중 묘실 안에서 일을 맡아보지 않은 자들이다. '백관진(百官進)'에서의 '진(進)'자는 마땅히 준(餕)자가 되어야 한다. '준철(餕徹)'은 남은 음식 먹는 일이 끝나서 치운다는 뜻이다. 남은 음식을 먹는 법도에서는 매번 차례대로 인원이 증가하는데, 이것을 통해 이미 귀천의 구별로 여기고 있는 것이고 또 이를 통해 은혜가 점차 확대된다는 것을 상징한다. '궤(簋)'는 서직을 담는 그릇이다. 「특생궤식례」편에는 2개의 돈(敦)이 나오는데, 1개의 돈(敦)은 남은 음식을 먹는 용도로 남겨두고, 나머지 1개의 돈(敦)으로는 양염(陽厭)을 지낸다. 또 「소뢰궤식례」편에는 4개의 돈(敦)이 나오는데, 2개의 돈(敦)으로는 남은 음식을 먹는 용도로 남겨두고, 나머지 2개의 돈(敦)으로는 양염을 지낸다. 또 「소뢰궤식례」편에서는 2명의 좌식이 음식을 마련한다고 했고, "사사(司士)가 서(黍)를 담은 1개의 돈(敦)은 상좌식에게 바치고, 또 서(黍)를 담은 1개의 돈(敦)은 하좌식에게 바친다."[17]라고 했으니, 남은 음식을 먹을 때에는 모두 기장밥으로 먹게 된다. 무릇 시동은 서(黍)로 지은 밥은 먹지만 직(稷)으로 지은 밥은 먹지 않으니, 남은 음식을 먹을 때에는 마땅히 시동이 먹고 남긴 것을 먹어야 하기 때문이다. 제후는 6개의 궤(簋)를 사용하는데, 서(黍)는 오직 3개의 궤(簋)에만 담는다. 그런데 이곳에서 4개의 궤(簋)에 서(黍)를 담을 수 있었던 것은 별도로 1개의 궤(簋)를 사용하여 밥을 나눠서 담은 것이니, 6명이 남은 음식을 먹게 되면 다시 나눠서 6개의 궤(簋)에 담고, 8명이 남은 음식을 먹게 되면 다시 나눠서 8개의 궤(簋)에 담는다. 이것은 마치 「특생궤식례」편에서 좌식이 궤(簋)와 형(鉶)에 담긴 음식들을 나누는 행위와 같은 것이다. '수(脩)'자는 가다듬고 정돈한다는 뜻이다. 종묘 안은 한 나라 안을 상징하는데, 귀신의 은혜가 묘 안에 두루 미치게 되는 것은 군주의 은혜가 한 나라 안에 두루 미치는 것과 같다.

---

17) 『의례』「소뢰궤식례(少牢饋食禮)」 : 上佐食盥升, 下佐食對之, 賓長二人備. <u>司士進一敦黍于上佐食, 又進一敦黍于下佐食</u>, 皆右之于席上.

● 그림 9-1   형(鉶)

※ 출처: 좌-『삼례도집주(三禮圖集注)』 13권
　　　　　우-『삼재도회(三才圖會)』「기용(器用)」2권

• 제 10 절 •

제사와 은택

【579c~d】

祭者, 澤之大者也. 是故上有大澤, 則惠必及下, 顧上先下後耳, 非上積重而下有凍餒之民也. 是故上有大澤, 則民夫人待于下流, 知惠之必將至也, 由餒見之矣. 故曰, "可以觀政矣." 夫祭之爲物大矣, 其興物備矣, 順以備者也, 其敎之本與. 是故君子之敎也, 外則敎之以尊其君長, 內則敎之以孝於其親, 是故明君在上, 則諸臣服從; 崇事宗廟社稷, 則子孫順孝. 盡其道, 端其義, 而敎生焉.

직역 祭者는 澤의 大者이다. 是故로 上에 大澤이 有하면, 惠는 必히 下에 及하니, 顧하면 上이 先하고 下가 後할 뿐이며, 上이 重을 積하고 下에 凍餒의 民이 有함이 非이다. 是故로 上에 大澤이 有하면, 民夫人은 下流를 待하니, 惠이 必히 將히 至함을 知이니, 餒을 由하여 見이라. 故로 曰, "可히 政을 觀한다." 夫히 祭의 物이 爲함은 大이니, 그 物을 興함이 備이니, 順하여 備하는 者이며, 그 敎의 本일 것이다. 是故로 君子의 敎함은 외로는 敎하여 그 君長을 尊하고, 內로는 敎하여 그 親에게 孝하니, 是故로 明君이 上에 在하면, 諸臣이 服從하고; 宗廟와 社稷을 崇事하면, 子孫이 順孝한다. 그 道를 盡하고, 그 義를 端하여, 敎가 生한다.

의역 제사는 은택이 크게 베풀어지는 것이다. 이러한 까닭으로 윗사람에게 큰 은택이 내려지면, 그 은택은 반드시 아랫사람에게까지 미치니, 살펴보면 이것은 단지 윗사람에게 먼저 베풀고 아랫사람에게 이후에 베푸는 것일 뿐이며, 윗사람이 중대한 은택을 쌓아두기만 하여 아랫사람 중 굶어죽고 얼어 죽는 백성이 생긴다는 뜻이 아니다. 이러한 까닭으로 윗사람에게 큰 은택이 내려지면, 백성들은 은택이 밑으로 흐르기를 기다리니, 은택이 반드시 자신들에게까지 미치게 됨을 알기 때문이며, 이것은 남은 밥을 먹는 것을 통해 나타난다. 그러므로 "이로써 정치를 살필수 있다."라고 말한 것이다. 무릇 제사에서는 제물을 성대하게 갖추고, 그 제수들을 빠짐없이 갖추는데, 예법에 따름으로써 갖추는 것으로, 이것은 교화의 근본일 것이다. 이러한 까닭으로 군자의 교화는 외적으로는 백성들을 가르쳐서 그들의 군주와 연장자를 존경하게 만들고, 내적으로는 백성들을 가르쳐서 그들의 부모에게 효를 하도록 한다. 이러한 까닭으로 현명한 군주가 윗자리에 있다면 신하들이 복종하게되고, 종묘와 사직을 존숭하며 섬긴다면, 자손들이 순응하고 효를 다하게 된다. 그 도를 다하고 그 의를 바르게 하여, 교화가 생기는 것이다.

集說 爲物, 以事言也; 興物, 以具言也. 興擧牲羞之具, 凡以順於禮而致其備焉耳, 聖人立敎, 其本在此.

번역 "사물을 마련한다."는 말은 사안을 기준으로 말한 것이며, "만물을 융성하게 한다."는 말은 갖춘 것을 기준으로 말한 것이다. 희생물과 음식 등을 융성하게 갖추는 것은 모두 예법에 따라서 지극히 갖춘 것일 뿐이며, 성인이 교화를 세울 때 그 근본도 여기에 달려 있다.

大全 嚴陵方氏曰: 祭之爲澤, 幽足以及乎神, 明足以及乎人, 非澤之大者乎? 澤者, 德之所惠也. 上有大澤, 則惠及下, 則主人言之也. 由其先後有序, 上下有等, 顧上先下後耳, 非上重積之, 而不施使下有凍餒之民也. 由餒而見惠, 故曰可以觀政矣. 爲物大者, 祭之體也, 興物備者, 祭之用也. 非體之爲大, 不足以致用之備, 非用之爲備, 不足以成體之大. 然則備者, 豈徒備其用而已哉? 亦在乎無所不順, 然後爲備爾, 故曰順以備, 其敎之本與. 以上言順, 故此言外敎以尊其君長, 內敎以孝其親. 敎以尊其君長, 由其君之明而已, 故曰則諸臣服從. 敎以孝其親, 在乎崇重宗廟社稷而已, 故曰則子孫順孝. 且祭所以嚴上, 固足以敎之尊其君長. 祭所以追養, 固足以敎之孝其親. 盡其道者, 盡祭之道, 而無所遺也. 端其義者, 端祭之義, 而有所立也. 有道有義, 敎之所由生也.

번역 엄릉방씨가 말하길, 제사를 지내는 것은 은택을 베푸는 것이 되니, 그윽한 저 세상에 대해서는 신명에까지 미칠 수 있고, 밝은 인간 세상에 대해서는 사람들에게까지 미칠 수 있으니, 은택 중에서도 큰 것이 아니겠는가? '택(澤)'은 덕을 베푼 것이다. 윗사람에게 큰 은택이 있으면 은택이 아랫사람에게까지 미치니, 이것은 사람을 중심으로 말한 것이다. 선후에 질서가 있고 상하에 등급이 있는 것에 따른다면, 살펴보니 이것은 윗사람에 대해 먼저 하고 아랫사람에 대해 뒤에 하는 것일 뿐이며, 윗사람은 거듭 은택을 받지만 그것을 베풀지 않아서 아랫사람 중 얼어 죽고 굶어죽는 백성이 생기도록 하는 것이 아니다. 남은 음식을 먹는 것을 통해 은택을 드러낸다. 그렇기 때문에 "정치를 살펴볼 수 있다."라고 했다. 사물을 크게 갖추는 것은 제사의 본체에 해당하고, 사물을 융성하게 갖추는 것은 제사의 작용에 해당한다. 본체가 크지 않다면 작용을 지극히 이루기에 부족하고, 작용이 갖춰지지 않는다면 본체의 큼을 이루기에 부족하다. 그러므로 갖춘다는 것이 어찌 단지 그 작용에 대해서만 갖추는 것이겠는가? 또한 따르지 않는 것이 없게 된 뒤에야 갖춰지는 것일 뿐이다. 그러므로 "따름으로써 갖추니, 교화의 근본일 것이다."라고 했다. 앞에서는 순(順)이라고 했기 때문에, 이곳에서는 외적으로 가르쳐서 군주와 연장자를 존경하게 만들고, 내적으로 가르쳐서 그들의 부모에게 효를 하도록 한다고 했다. 가르쳐서 군주와 연장자를 존경하게 만드는 것은 군주의 현명함으로부터 비롯될 따름이다. 그렇기 때문에 "신하들이 복종한다."라고 했다. 가르쳐서 그들의 부모에게 효를 하도록 만드는 것은 종묘와 사직을 존숭하는데 달려 있을 따름이다. 그렇기 때문에 "자손들이 따르고 효를 한다."라고 했다. 또 제사는 윗사람을 존엄하게 대하도록 하는 방법이므로,[1] 진실로 그들을 가르쳐서 군주와 연장자를 존경하도록 할 수 있다. 제사는 봉양의 도리를 미루어 시행하는 것이므로,[2] 진실로 그들을 가르쳐서 부모에게 효를 하도록 할

---

1) 『예기』「교특생(郊特牲)」【329a~b】: 祭之日, 王皮弁以聽祭報, <u>示民嚴上也</u>. 喪者不哭, 不敢凶服, 氾埽反道, 鄉爲田燭, 弗命而民聽上.
2) 『예기』「제통」【575a】: <u>祭者, 所以追養繼孝也</u>. 孝者畜也, 順於道, 不逆於倫, 是之謂畜.

수 있다. "그 도를 다한다."는 말은 제사의 도를 다하여 빠트리는 것이 없도록 한다는 뜻이다. "그 의를 바르게 한다."는 말은 제사의 도의를 바르게 하여 성립하는 점이 있도록 한다는 뜻이다. 도가 있고 의가 있는 것은 교화가 생겨나는 원인이다.

鄭注 鬼神有祭, 不獨饗之, 使人餕之, 恩澤之大者也. 國君有蓄積, 不獨食之, 亦以施惠於竟內也. 爲物, 猶爲禮也. 興物, 謂薦百品. 崇, 猶尊也.

번역 귀신에게 제사를 지내는 것은 단지 그들을 흠향시키는 것뿐 아니라, 사람들로 하여금 남은 음식을 먹게끔 하니, 은택이 큰 것이다. 제후에게 많이 쌓이더라고 자기 혼자 먹지 않으니, 또한 이를 통해 나라 안의 백성들에게 두루 은택을 베푸는 것이다. '위물(爲物)'은 예법을 시행한다는 뜻이다. '흥물(興物)'은 온갖 제수를 바친다는 뜻이다. '숭(崇)'자는 "존경한다[尊]."는 뜻이다.

釋文 重, 直龍反, 下同. 餕, 乃罪反. 夫音扶. 見如字, 舊賢遍反. 畜, 敕六反. 與音餘, 下"是與"同. 長, 丁丈反, 下"長幼"皆同.

번역 '重'자는 '直(직)'자와 '龍(룡)'자의 반절음이며, 아래문장에 나오는 글자도 그 음이 이와 같다. '餕'자는 '乃(내)'자와 '罪(죄)'자의 반절음이다. '夫'자의 음은 '扶(부)'이다. '見'자는 글자대로 읽으며, 구음(舊音)은 '賢(현)'자와 '遍(편)'자의 반절음이다. '畜'자는 '敕(칙)'자와 '六(륙)'자의 반절음이다. '與'자의 음은 '餘(여)'이며, 아래문장에 나오는 '是與'에서의 '與'자도 그 음이 이와 같다. '長'자는 '丁(정)'자와 '丈(장)'자의 반절음이며, 아래문장에 나오는 '長幼'에서의 '長'자도 그 음이 이와 같다.

孔疏 ●"顧上先下後耳"者, 言上有大澤, 惠必及下, 無不周徧. 但瞻顧之時, 尊上者在先, 卑下者處後耳. 一云, 顧, 故也. 謂君上先餕, 臣下後餕, 示恩則從上起也. "非上有積重而下有凍餕之民也"者, 言非是在上有財物積重而不以施惠, 而使在下有凍餒之民. 言有積重, 必施散在下, 不使凍餒.

번역 ●經文: "顧上先下後耳". ○윗사람에게 큰 은택이 있으면, 그 은택은 반드시 아랫사람에게까지 미쳐서 두루 베풀어지지 않는 것이 없게 된다. 다만 이러한 것들을 살펴봤을 때, 존귀하고 지위가 높은 자는 먼저 받게 되고, 미천하고 지위가 낮은 자는 뒤에 받게 될 따름이다. 한편에서는 "'고(顧)'자는 고(故)자이다."라고 했다. 즉 군주가 먼저 남은 음식을 먹고 신하가 뒤에 남은 음식을 먹으니, 이것은 은혜가 윗사람으로부터 발생함을 드러낸다는 뜻이라고 한다. 경문의 "非上有積重而下有凍餒之民也"에 대하여. 윗사람이 재물을 축적하기만 하고 은택을 베풀지 않아서, 아랫사람들 중 얼어 죽고 굶어죽는 백성이 발생하도록 만드는 것이 아니라는 뜻이다. 즉 축적하게 되면 반드시 아랫사람에게 두루 베풀게 되어, 얼어 죽거나 굶어 죽도록 만들지 않는다는 의미이다.

孔疏 ●"由餒見之矣"者, 言民所以知上有財物恩惠及於下者, 祇由[3]祭祀之餒, 見其恩逮於下之理, 故曰"可以觀政矣"者, 餒若以禮, 則能施惠, 其善政也. 餒若不以禮, 則不能施惠, 其政惡也. 故云"可以觀政矣".

번역 ●經文: "由餒見之矣". ○백성들은 윗사람이 재물을 축적하고 은택을 받게 되면, 아랫사람에게 베푼다는 사실을 알게 되는데, 그것은 단지 제사에서 남은 음식을 먹는 것을 통해, 그 은택이 아랫사람에게 두루 미치게 되는 이치를 드러내는 것이다. 그렇기 때문에 "정치를 살펴볼 수 있다."라고 했으니, 남은 음식을 먹을 때 예법에 따라 한다면 은택을 두루 베풀 수 있으니, 그 나라는 선정을 베푼 것이다. 반면 남은 음식을 먹을 때 예법에 따르지 않는다면 은택을 두루 베풀 수 없으니, 그 나라의 정치는 악하게

---

3) '유(由)'자에 대하여. '유'자는 본래 없던 글자인데, 완원(阮元)의『교감기(校勘記)』에서는 "혜동(惠棟)의『교송본(校宋本)』에는 '지(祇)'자 뒤에 '유'자가 기록되어 있고, 위씨(衛氏)의『집설(集說)』에도 동일하게 기록되어 있으니, 이곳 판본에는 '유'자가 누락된 것이다."라고 했다.

된다. 그렇기 때문에 "정치를 살펴볼 수 있다."라고 했다.

孔疏 ●"夫祭"至"也已". ○正義曰: 此一節明祭祀禮備具, 內外俱兼脩之於己, 然後及物, 是爲政之本. "夫祭之爲物大矣"者, 物, 謂事物, 物大, 言祭之爲物盛大矣, 以所行皆依禮, 故爲大.

번역 ●經文: "夫祭"~"也已". ○이곳 문단은 제사의 예법이 온전히 갖춰졌을 때, 내외적으로 갖추는 것은 자신을 통해 다듬고 그런 뒤에야 사물에 이르게 되니, 이것이 정치의 근본이 됨을 나타내고 있다. 경문의 "夫祭之爲物大矣"에 대하여. '물(物)'자는 사물을 뜻하니, 사물이 크다는 것은 제사에서 갖추는 사물이 융성하고 크다는 뜻으로, 시행하는 것들은 모두 예법에 따르기 때문에 크게 된다.

孔疏 ●"其興物備矣"者, 謂庶羞之屬, 言興造庶羞百品皆是, 故"興物備矣".

번역 ●經文: "其興物備矣". ○여러 음식들을 뜻하니, 여러 음식들과 제수들을 모두 갖춘 것이 모두 옳다는 의미이다. 그렇기 때문에 "만물을 온전히 갖췄다."라고 했다.

孔疏 ●"順以備者也, 其敎之本與"者, 祭必依禮, 是順也. 百品皆足, 是備也. 若能上下和順, 物皆備具, 是爲敎之本. 言聖人設敎, 惟以順以備, 故云"其敎之本與".

번역 ●經文: "順以備者也, 其敎之本與". ○제사는 반드시 예법에 의거해야 하니 이것이 '순(順)'이다. 제수는 모두 충분히 갖춰져야 하니 이것이 '비(備)'이다. 만약 윗사람과 아랫사람이 화락하고 순응하며 만물이 모두 갖춰지게 되면, 이것은 교화의 근본이 된다. 성인이 교화를 펼칠 때에는 오직 순종과 갖춤으로써 한다. 그렇기 때문에 "교화의 근본일 것이다."라고 했다.

孔疏 ●"是故君子"至"其親"者, 祭旣順·備, 可爲敎, 故人君因爲敎焉. 外敎謂郊天, 內敎謂孝於親·祭宗廟.

번역 ●經文: "是故君子"~"其親". ○제사에서 이미 순종과 갖춤을 이루었다면 교화를 펼칠 수 있다. 그렇기 때문에 군주는 이에 따라 교화를 펼친다. 외적인 교화는 하늘에 대한 교(郊)제사4)를 뜻하며, 내적인 교화는 부모에게 효를 하고 종묘의 제사를 지낸다는 뜻이다.

孔疏 ●"是故明君"至"順孝"者, 由君外敎尊君長, 故諸臣服從. 內敎孝其5)親, 故子孫順孝.

번역 ●經文: "是故明君"~"順孝". ○군주의 외적인 교화를 통해 군주와 연장자를 존숭한다. 그렇기 때문에 신하들이 복종한다. 내적인 교화를 통해 부모에게 효를 한다. 그렇기 때문에 자손들이 순종하며 효를 한다.

孔疏 ●"盡其道, 端其義, 而敎生焉"者, 謂人君身自行之, 盡其事上之道, 又端正君臣上下之義, 則政敎由此生焉.

번역 ●經文: "盡其道, 端其義, 而敎生焉". ○군주 본인이 시행하여, 윗사람 섬기는 도리를 다하고, 또 군신 및 상하의 도의를 바르게 한다면, 정치

---

4) 교제(郊祭)는 '교사(郊祀)'라고도 부른다. 교외(郊外)에서 천지(天地)에 제사를 지냈기 때문에 붙여진 명칭이다. 음양설(陰陽說)이 성행했던 한(漢)나라 때에는 하늘에 대한 제사는 양(陽)의 뜻을 따라 남교(南郊)에서 지냈고, 땅에 대한 제사는 음(陰)의 뜻을 따라 북교(北郊)에서 지냈다. 『한서』「교사지하(郊祀志下)」편에는 "帝王之事莫大乎承天之序, 承天之序莫重於郊祀. …… 祭天於南郊, 就陽之義也. 地於北郊, 卽陰之象也."라는 기록이 있다. 한편 '교사'는 후대에 제사를 범칭하는 용어로도 사용되었다. '교사' 중의 '교(郊)'자는 규모가 큰 제사를 뜻하며, '사(祀)'는 비교적 규모가 작은 제사들을 뜻한다.
5) '기(其)'자에 대하여. '기'자는 본래 '즉(則)'자로 기록되어 있었는데, 완원(阮元)의 『교감기(校勘記)』에서는 "혜동(惠棟)의 『교송본(校宋本)』에는 '즉'자를 '기'자로 기록하였고, 위씨(衛氏)의 『집설(集說)』에서도 동일하게 기록하였으니, 이곳 판본에서는 '기'자를 잘못하여 '즉'자로 기록한 것이다."라고 했다.

와 교화는 이를 통해 생겨난다는 뜻이다.

集解 爲物, 猶爲禮也. 備以物言, 順兼心與禮言. 人君教民之事非一, 而盡禮於祭祀者, 乃其本也. 祭祀事尸如事君, 所以教民尊其君長也. 追養繼孝, 所以教民孝於其親也. 教之以尊其君長, 則諸臣服從; 教之以孝於其親, 則子孫順孝. "盡其道"以下, 皆以明設教之必本於身也.

번역 '위물(爲物)'은 예를 시행한다는 뜻이다. '비(備)'자는 사물을 기준으로 한 말이며, '순(順)'자는 마음과 예를 함께 포함해서 한 말이다. 군주가 백성들을 가르치는 사안은 한 가지가 아니지만, 제사에서 예법을 다하는 것은 곧 가르침의 근본이 된다. 제사에서 시동을 섬길 때 군주를 섬기는 것처럼 하는 것은 백성들에게 군주와 연장자를 존숭하도록 가르치는 방법이다. 봉양의 도리를 미루어 시행하고 효의 뜻을 지속적으로 시행하는 것은 백성들에게 부모에게 효를 하도록 가르치는 방법이다. 가르쳐서 군주와 연장자를 존숭하게 만든다면 신하들이 복종하게 되고, 가르쳐서 부모에게 효를 하도록 만든다면 자손들이 순종하고 효를 하게 된다. "그 도를 다한다."라고 한 말로부터 그 이하의 말들은 모두 가르침을 설파하는 것은 반드시 자신에게 근본을 두고 있음을 나타낸 것이다.

• 제11절 •

제사와 교화의 근본

【580a】

> 是故君子之事君也, 必身行之; 所不安於上, 則不以使下; 所惡於下, 則不以事上. 非諸人, 行諸己, 非教之道也. 是故君子之教也, 必由其本, 順之至也, 祭其是與. 故曰, "祭者, 教之本也已."

직역 是故로 君子가 君을 事함에는 必히 身으로 行하고; 上에게 不安한 所라면, 이로써 下를 使함을 不하며, 下에서 惡한 所라면, 이로써 上을 事함을 不한다. 人에게 非함을 己에게 行함은 教의 道가 非이다. 是故로 君子의 教는 必히 그 本으로 由하니, 順의 至이며, 祭가 是일 것이다. 故로 曰, "祭者는 教의 本일 따름이다."

의역 이러한 까닭으로 군자가 군주를 섬길 때에는 반드시 몸소 시행하니, 윗사람에게 편치 않은 것으로는 아랫사람에게 시키지 않고, 아랫사람들이 싫어하는 것으로는 윗사람을 섬기지 않는다. 남을 비난하면서도, 자신이 그러한 짓을 하는 것은 교화의 도리가 아니다. 이러한 까닭으로 군자의 교화는 반드시 그 근본을 따라야 하니, 순종함이 지극하게 되며, 제사가 바로 여기에 해당할 것이다. 그러므로 "제사는 교화의 근본일 따름이다."라고 했다.

集說 以己之心, 度人之心, 卽大學絜矩之道, 如此而後能盡其道, 端其義也. 申言教之本, 以結上文之意.

번역 자신의 마음을 기준으로 남의 마음을 헤아리는 것은 곧 『대학』에서 말한 '혈구지도(絜矩之道)'이니, 이처럼 한 뒤에야 도를 다하고 의를 바르게 할 수 있다. 이것은 교화의 근본을 거듭 말하여, 앞문장의 뜻을 결론 맺은 것이다.

大全　嚴陵方氏曰: 必身行之者, 以身敎者從故也. 敎必以事君言之者, 欲明乎事上使下之道故也. 蓋事上使下, 臣之事而已. 惡者, 好之對, 安者, 危之對. 好惡以情言, 安危以勢言. 上之使下, 以勢爲主, 下之事上, 以情爲主. 事上使下之道如此, 則所謂身行之也. 苟非諸人而行諸己, 豈所謂身行之哉? 故曰非敎之道也. 君子之敎必由其本, 敎之本在乎祭, 祭之本在乎順, 故其言如此. 然上言事上使下以爲敎者, 事上使下, 亦在乎順故也.

번역　엄릉방씨가 말하길, 반드시 몸소 시행한다는 것은 직접 시행하는 것으로 가르쳐야 따르기 때문이다. 가르침에 대해서 기어코 군주 섬기는 것을 언급한 이유는 윗사람을 섬기고 아랫사람을 부리는 법도를 드러내고자 했기 때문이다. 무릇 윗사람을 섬기고 아랫사람을 부리는 것은 신하의 일일 따름이다. '오(惡)'는 호(好)와 대비되며, '안(安)'은 위(危)와 대비된다. 좋아하고 싫어하는 것은 정감을 기준으로 말한 것이고, 편안하고 위태로운 것은 세력을 기준으로 말한 것이다. 윗사람이 아랫사람을 부릴 때에는 세력이 위주가 되며, 아랫사람이 윗사람을 섬길 때에는 정감이 위주가 된다. 윗사람을 섬기고 아랫사람을 부리는 도가 이와 같다면 바로 몸소 시행하는 것이 된다. 만약 남에 대해 비난을 하면서도 자신이 그러한 행동을 한다면, 어떻게 몸소 시행하는 것이라 하겠는가? 그러므로 "가르침의 도가 아니다."라고 했다. 군자의 교화는 반드시 근본에 따르게 되는데, 교화의 근본은 제사에 달려 있고, 제사의 근본은 순종에 달려 있다. 그렇기 때문에 이처럼 말한 것이다. 그리고 앞에서는 윗사람을 섬기고 아랫사람을 부리는 것을 교화로 삼았으니, 윗사람을 섬기고 아랫사람을 부리는 것 또한 순종에 달려 있기 때문이다.

鄭注　必身行之, 言恕己乃行之. 敎由孝順生也.

번역 반드시 몸소 시행한다는 말은 자신에게 비추어보고 시행한다는 뜻이다. 교화는 효와 순종을 통해서 생겨난다.

釋文 惡, 烏路反.

번역 '惡'자는 '烏(오)'자와 '路(로)'자의 반절음이다.

孔疏 ●"所不安於上, 則不以使下"者, 謂在上所爲之事施之於己, 己所不安, 則不得施於下.

번역 ●經文: "所不安於上, 則不以使下". ○윗사람이 시행하는 사안을 자신에게 적용하여, 자신이 편안하게 여기지 않는 것이라면, 아랫사람에게 시행할 수 없다는 뜻이다.

孔疏 ●"所惡於下, 則下以事上"者, 在下有不善之事施於己, 己所憎惡, 則不得以此事於上, 上亦憎惡也.

번역 ●經文: "所惡於下, 則下以事上". ○아랫사람이 좋지 못한 일을 자신에게 시행하여, 자신이 싫어하는 것이라면, 이를 통해 윗사람을 섬길 수 없다는 뜻이니, 윗사람 또한 싫어하기 때문이다.

孔疏 ●"非諸人, 行諸己, 非教之道也"者, 結上二事. 諸, 於也, 謂他人行此惡事加於己, 己以爲非, 是非於人. 己乃行此惡事而施人, 是行於己也. 若如此, 非政教之道. 言爲政教必由於己, 乃能及物, 故下云"必由其本, 順之至也".

번역 ●經文: "非諸人, 行諸己, 非教之道也". ○위의 두 사안을 결론 맺은 말이다. '저(諸)'자는 어(於)자의 뜻이니, 다른 사람이 이러한 나쁜 짓을 자신에게 적용하여 자신이 그릇되었다고 여긴 것이 바로 남을 비난한다는 뜻이다. 본인이 이러한 나쁜 짓을 시행하여 남에게 적용하는 것이 바로 자

신이 시행한다는 뜻이다. 만약 이처럼 한다면, 이것은 정치와 교화의 도가
아니다. 즉 정치와 교화는 반드시 자신을 통해서 시행되어야만 다른 대상
에게 미칠 수 있다. 그렇기 때문에 아래문장에서 "반드시 근본에 따라야
하니, 순종이 지극한 것이다."라고 한 것이다.

• 제12절 •

제사와 십륜(十倫)

【580b~c】

> 夫祭有十倫焉. 見事鬼神之道焉, 見君臣之義焉, 見父子之倫
> 焉, 見貴賤之等焉, 見親疏之殺焉, 見爵賞之施焉, 見夫婦之
> 別焉, 見政事之均焉, 見長幼之序焉, 見上下之際焉. 此之謂
> 十倫.

직역 夫히 祭에는 十倫이 有하다. 鬼神을 事하는 道에서 見하고, 君臣의 義에서
見하며, 父子의 倫에서 見하고, 貴賤의 等에서 見하며, 親疏의 殺에서 見하고, 爵賞
의 施에서 見하며, 夫婦의 別에서 見하고, 政事의 均에서 見하며, 長幼의 序에서
見하고, 上下의 際에서 見한다. 此를 十倫이라 謂한다.

의역 무릇 제사에는 10가지 도의가 포함된다. 첫 번째는 귀신을 섬기는 도가
나타난다. 두 번째는 군신관계에서 지켜야 하는 의가 나타난다. 세 번째는 부자관
계에서 지켜야 하는 윤리가 나타난다. 네 번째는 신분의 귀천에 따른 등급이 나타
난다. 다섯 번째는 친하고 소원한 관계에 따른 차등이 나타난다. 여섯 번째는 작위
와 상을 하사하는 것이 나타난다. 일곱 번째는 부부의 유별함이 나타난다. 여덟
번째는 정치의 균등한 시행이 나타난다. 아홉 번째는 장유관계의 질서가 나타난다.
열 번째는 상하계층의 사귐이 나타난다. 이것을 바로 '십륜(十倫)'이라고 부른다.

集說 鄭氏曰: 倫, 猶義也.

번역 정현이 말하길, '윤(倫)'자는 의(義)자와 같다.

鄭注 倫, 猶義也.

번역 '윤(倫)'자는 의(義)자와 같다.

釋文 見事, 賢遍反, 下皆同. 殺, 色界反, 徐所例反, 下同.

번역 '見事'에서의 '見'자는 '賢(현)'자와 '遍(편)'자의 반절음이며, 아래 문장에 나오는 글자도 모두 그 음이 이와 같다. '殺'자는 '色(색)'자와 '界(계)'자의 반절음이며, 서음(徐音)은 '所(소)'자와 '例(례)'자의 반절음이고, 아래문장에 나오는 글자도 그 음이 이와 같다.

孔疏 ●"夫祭"至"十倫". ○正義曰: 此一節廣明祭有十種倫禮, 今各隨文解之. 從此至"此之謂十倫"一經, 總明十倫之目. 從上雖云祭, 其事隱; 此廣陳祭含十義, 以顯敎之本十倫義也.

번역 ●經文: "夫祭"～"十倫". ○이곳 문단은 제사에 10종류의 도의와 예법이 포함되어 있음을 폭넓게 설명하고 있으니, 각각의 문장에 따라서 풀이하겠다. 이곳 구문으로부터 '차지위십륜(此之謂十倫)'이라는 구문까지는 십륜(十倫)의 항목을 총괄적으로 나타내고 있다. 첫 구문에서는 비록 제사라고 언급했는데, 그 사안은 은미하여 잘 나타나지 않는다. 이곳 구문에서는 제사에 포함된 10가지 도의를 폭넓게 진술하여, 가르침의 근본에 10가지의 도의가 포함되어 있음을 드러내었다.

集解 倫, 謂義禮之次序也.

번역 '윤(倫)'자는 의리와 예법에 따른 질서를 뜻한다.

• 제 13 절 •

십륜(十倫) ① - 신명과 교감하는 도(道)

【580c】

鋪筵設同几, 爲依神也. 詔祝於室而出于祊, 此交神明之道也.

직역 筵을 鋪하고 同几를 設함은 神을 依하기 爲함이다. 室에서 詔祝하고 祊으로 出함은 此는 神明과 交하는 道이다.

의역 십륜(十倫) 중 첫 번째는 다음과 같다. 자리를 깔고 공동으로 사용하는 한 개의 안석을 설치하는데, 이것은 신이 기대어 편안히 있도록 하기 위함이다. 묘실에서 축관이 시동에게 제사를 지낸다고 아뢰고, 다음날 묘문 밖 측면에서 역제(繹祭)를 지내니, 이것은 신명과 교감하는 도이다.

集說 筵, 席也. 几, 所馮以爲安者. 人生則形體異, 故夫婦之倫在於有別, 死則精氣無間, 共設一几, 故祝辭云, 以某妃配也. 依神, 使神馮依乎此也. 詔, 告也. 祝, 祝也, 謂祝以事告尸於室中也. 出于祊者, 謂明日繹祭, 出在廟門外之旁也, 郊特牲云, "索祭祝于祊", 是也. 祊, 說見前篇. 神之所在於彼乎, 於此乎, 故曰, "此交神明之道也."

번역 '연(筵)'은 자리[席]이다. '궤(几)'는 기대어서 편안하게 앉도록 하는 기구이다. 사람이 태어나게 되면 형체가 달라지기 때문에 부부관계에서 지켜야 하는 윤리는 서로 구별하는데 달려 있지만, 죽게 되면 죽은 자의 정기에는 차이가 없으니, 둘에 대해 공동으로 하나의 안석을 설치한다. 그렇기 때문에 축사에서 "아무개 비를 배향합니다."라고 말하는 것이다. '의신(依神)'은 신으로 하여금 이곳에 의지해서 기대도록 한다는 뜻이다. '조

(詔)'자는 "아뢴다[告]."는 뜻이다. '축(祝)'자는 축관[祝]이다. 즉 축관이 그
사안을 묘실 안에서 시동에게 아뢴다는 뜻이다. '출우팽(出于祊)'이라는 말
은 정규 제사를 지낸 다음날 역제(繹祭)[1]를 지내는데, 묘문 밖의 측면으로
나아가서 지내니, 『예기』「교특생(郊特牲)」편에서 "신을 찾으며 지내는 제
사에서는 팽(祊)에서 축사를 아뢴다."[2]라고 한 말이 바로 이 제사를 가리킨
다. '팽(祊)'에 대한 설명은 앞 편에 나온다.[3] 신이 계신 곳이 저기인가?
아니면 여기인가? 알 수 없기 때문에 역제를 지낸다. 그러므로 "이것이 신
명과 교감하는 도이다."라고 했다.

大全 嚴陵方氏曰: 鬼神則變化有所通, 故曰道. 君臣則嚴謹有所守, 故曰
義. 父子則恩孝有所順, 故曰倫. 貴賤則名位有所差, 故曰等. 親疏則遠近有所
間, 故曰殺. 爵賞則恩惠有所及, 故曰施. 夫婦則內外有所辨, 故曰別. 政事則
多寡有所一, 故曰均. 長幼則先後有所次, 故曰序. 上下則情意有所接, 故曰
際. 夫祭以鬼神爲主, 故於首言鬼神之道, 至於惠之之道, 則祭之末也, 故以上
下之際終焉.

---

1) 역제(繹祭)는 일종의 제례 의식 중 하나이다. 정규 제사를 지낸 다음날 지내
는 제사이다.
2) 『예기』「교특생(郊特牲)」【341a】: 魂氣歸于天, 形魄歸于地, 故祭求諸陰陽之
義也. 殷人先求諸陽, 周人先求諸陰. 詔祝於室, 坐尸於堂, 用牲於庭, 升首於室.
直祭祝於主, 索祭祝於祊. 不知神之所在, 於彼乎, 於此乎? 或諸遠人乎? 祭于
祊, 尙曰求諸遠者與.
3) 『예기』「교특생(郊特牲)」【341a】의 "魂氣歸于天, 形魄歸于地, 故祭求諸陰陽
之義也. 殷人先求諸陽, 周人先求諸陰. 詔祝於室, 坐尸於堂, 用牲於庭, 升首於
室. 直祭祝於主, 索祭祝於祊. 不知神之所在, 於彼乎, 於此乎? 或諸遠人乎? 祭
于祊, 尙曰求諸遠者與."라는 기록에 대해, 진호(陳澔)의 『집설(集說)』에서는
"祊有二, 一是正祭時設祭于廟, 又求神於廟門之內而祭之. 詩云: '祝祭于祊.' 此
則與祭同日. 一是明日繹祭, 祭於廟門之外也."라고 풀이했다. 즉 "'팽(祊)'에는
두 가지가 있으니, 하나는 정규 제사를 지낼 때, 묘(廟)에서 제사를 지내고,
또한 묘문(廟門) 안쪽에서 신을 찾아서 제사를 지내는 것이다. 『시』에서는
'축관이 팽(祊)에서 제사를 지낸다.'라고 했다. 이러한 경우에는 정규 제사를
지내는 날과 동일한 날에 시행한다. 다른 하나는 그 다음날 지내는 역제(繹
祭)를 뜻하니, 묘문 밖에서 제사를 지내는 것이다."라는 뜻이다.

번역 엄릉방씨가 말하길, 귀신은 변화하여 두루 통하는 점이 있기 때문에 '도(道)'라고 했다. 군주와 신하는 엄격하고 삼가여 지키는 점이 있기 때문에 '의(義)'라고 했다. 부자관계에서는 은정과 효에 순종하는 점이 있기 때문에 '윤(倫)'이라고 했다. 귀천의 등급에서는 명분과 지위에 차등이 있기 때문에 '등(等)'이라고 했다. 친소관계에서는 멀고 가까운 차이가 있기 때문에 '쇄(殺)'라고 했다. 작위와 상에 있어서는 은혜가 미치는 점이 있기 때문에 '시(施)'라고 했다. 부부관계에서는 내외에 따른 구별이 있기 때문에 '별(別)'이라고 했다. 정사에는 많고 적은 차이를 동일하게 하는 점이 있기 때문에 '균(均)'이라고 했다. 장유관계에서는 선후의 차이가 있기 때문에 '서(序)'라고 했다. 상하관계에서는 정감과 뜻에 접하는 점이 있기 때문에 '제(際)'라고 했다. 무릇 제사에서는 귀신 섬기는 일을 위주로 하기 때문에 첫머리에서 귀신의 도를 언급하였고, 은혜를 베푸는 도는 제사의 말단에 해당한다. 그렇기 때문에 '상하지제(上下之際)'라는 말로 마무리를 지었다.

大全 石林葉氏曰: 鬼神無形而依於有形, 故鋪筵則陳祭, 同几則配祭. 鬼神無方而求之有方, 故詔祝則在廟中, 爲祊則在門外. 几筵祝祊, 祭祀之終始, 皆所以交神明而饗之也, 故言交神明之道, 而事不足以言之.

번역 석림섭씨가 말하길, 귀신은 형체가 없지만 형체가 있는 것에 의지하기 때문에, 자리를 까는 것은 제기를 진설하는 것이고, 동일하게 사용하는 한 개의 안석을 설치하는 것은 배향하는 제사가 된다. 귀신은 정해진 방향이 없지만 그들을 찾을 때에는 일정한 방향이 있기 때문에, 축관이 아뢰게 되면 묘실 안에서 하게 되고, 팽(祊)을 하게 되면 묘문 밖에서 하게 된다. 안석과 자리를 깔고 축관이 아뢰고 팽(祊)을 하는 것은 제사의 시작과 끝인데, 이 모두는 신명과 교감하여 그들을 흠향시키는 방법이다. 그렇기 때문에 "신명과 교감하는 도이다."라고 말했지만, 그 사안들은 이루 다 말할 수 없다.

鄭注 同之言詷也. 祭者以其妃配, 亦不特几也. 詔祝, 告事於尸也. 出於祊, 謂索祭也.

번역 '동(同)'자는 공동[詷]이라는 뜻이다. 제사에서 그 대상의 부인을 배향하게 되면, 또한 그녀만 사용할 수 있는 안석은 설치하지 않는다. '조축(詔祝)'은 시동에게 제사를 지낸다고 아뢴다는 뜻이다. '출어팽(出於祊)'은 신령을 찾으며 지내는 제사이다.

釋文 鋪, 普胡反, 又芳夫反. 筵, 羊然反. 爲, 于僞反, 下注"爲其"皆同. 祊, 伯更反. 詷, 徒貢反. 索, 所伯反.

번역 '鋪'자는 '普(보)'자와 '胡(호)'자의 반절음이며, 또한 '芳(방)'자와 '夫(부)'자의 반절음도 된다. '筵'자는 '羊(양)'자와 '然(연)'자의 반절음이다. '爲'자는 '于(우)'자와 '僞(위)'자의 반절음이며, 아래 정현의 주에 나오는 '爲其'에서의 '爲'자도 모두 그 음이 이와 같다. '祊'자는 '伯(백)'자와 '更(경)'자의 반절음이다. '詷'자는 '徒(도)'자와 '貢(공)'자의 반절음이다. '索'자는 '所(소)'자와 '伯(백)'자의 반절음이다.

孔疏 ●"鋪筵"至"道也". ○正義曰: 此一節明第一倫交鬼神之道.

번역 ●經文: "鋪筵"~"道也". ○이곳 문단은 첫 번째 도의인 귀신과 교감하는 도를 나타내고 있다.

孔疏 ●"鋪筵設同几"者, 設之曰筵, 坐之曰席. 同之言詷, 詷, 共也. 言人生時形體異, 故夫婦別几, 死則魂氣同歸于此, 故夫婦共几. 鋪席設几, 使神依之. 設此夫婦所共之几, 席亦共之. 必云"同几"者, 筵席旣長, 几則短小, 恐其各設, 故特云"同几".

번역 ●經文: "鋪筵設同几". ○자리를 설치하게 되면 '연(筵)'이라고 부르고, 자리에 앉게 되면 '석(席)'이라고 부른다. '동(同)'자는 동(詷)자를 뜻하는데, '동(詷)'자는 공동[共]이라는 의미이다. 즉 사람이 태어났을 때에는 형체가 다르기 때문에 부부는 별도의 안석을 사용하게 되지만, 죽게 되면 혼기는 모두 이곳으로 귀의하게 된다. 그렇기 때문에 부부가 공동으로 하나의 안석을 사용한다. 자리를 깔고 안석을 설치하는 것은 귀신으로 하여금 그곳에 의지하도록 하는 것이다. 이곳에서 부부가 함께 사용하는 안석을 설치한다고 했다면, 자리 또한 함께 사용하는 것이다. 경문에서 기어코 '동궤(同几)'라고 했는데, 자리 자체는 이미 길이가 길고, 안석의 경우에는 길이가 짧으니, 아마도 각각의 안석을 설치한다고 오해할 것을 염려했기 때문에 특별히 '동궤(同几)'라고 말한 것이다.

孔疏 ●"詔祝於室"者, 詔, 告也. 祝, 祝也. 謂祝官以言詔告, 祝請其尸於室求之.

번역 ●經文: "詔祝於室". ○'조(詔)'자는 "아뢴다[告]."는 뜻이다. '축(祝)'자는 축관[祝]을 뜻한다. 즉 축관이 말을 통해 아뢴다는 의미로, 축관이 묘실에서 신에게 청원하여, 신령을 찾는 것이다.

孔疏 ●"而出于祊"者, 謂明日繹祭而出廟門旁, 廣求神於門外之祊.

번역 ●經文: "而出于祊". ○정규 제사를 지낸 다음날 역제(繹祭)를 지내며, 묘문 밖으로 나가 측면에서 지내게 되는데, 이것은 묘문 밖의 팽(祊)에서 신을 널리 찾는 것을 뜻한다.

孔疏 ●"此交神明之道也"者, 神明難測, 不可一處求之, 或門旁不敢定, 是與神明交接之道, 鬼·神通, 故云道.

번역 ●經文: "此交神明之道也". ○신명은 추측하기 어려우며, 한 장소에서만 찾을 수 없고, 간혹 문의 측면에 있을 수도 있어서 감히 확정할 수 없으니, 이것이 신명과 교감하는 도이며, 귀(鬼)와 신(神)은 두루 통하기 때문에 '도(道)'라고 했다.

孔疏 ◎注"同之"至"祭也". ○正義曰: "同之言詷也"者, 若單作"同"字, 是 "齊同"之"同", 非"詷共"之"詷", 所以物有異類而同時也, 則同死同生同出同 入之類. 不齊, 其物異也. 若詷共之詷, 則言旁作同, 故古文·字林皆訓"詷"爲 "共", 是漢魏之時字義如此, 是以讀"同"爲"詷". 今則總爲一字. 云"祭者以 其4)妃配"者, 儀禮·少牢文, 謂祭, 夫祝辭云以某妃配. 云"亦不特几也"者, 謂 不但不特設辭, 亦不特設其几. 謂祝辭與几皆同於夫, 不特設也. 故鄭注司几 筵云"祭於廟, 同几, 精氣合也". 云"詔祝告事於尸也"者, 謂灌鬯·饋熟·酳尸之 等, 祝官以祝辭告事於尸, 其事廣也. 以總論事神, 故廣言之. 知非朝踐之時血 毛詔於室者, 以朝踐尸·主皆在戶外, 蹔時之事, 非終始事神之道, 故知非也. 云"出於祊, 謂索祭也"者, 按郊特牲"索祭祀于祊", 故云"謂索祭也".

번역 ◎鄭注: "同之"~"祭也". ○정현이 "'동(同)'자는 공동[詷]이라는 뜻이다."라고 했는데, 만약 '동(同)'자만 기록했다면, 이것은 동등[齊同]을 뜻하는 '동(同)'자가 되며, 공동[詷共]을 뜻하는 '동(詷)'자의 뜻이 아니다. 사물에는 다른 부류가 있지만 동시에 발생한다면, 동시에 죽고 동시에 태어나며 동시에 나오고 동시에 들어가는 부류가 된다. 동등하게 할 수 없는 것은 사물들에 차이가 있기 때문이다. 만약 공동의 '동(詷)'자로 풀이한다면, '동(同)'자에 '언(言)'자를 붙여서 기록한다. 그렇기 때문에 고문과 『자림』5)에서는 모두 '동(詷)'자를 공동[共]으로 풀이한 것이며, 한(漢)나라와 위(魏)나라 때에는 자형과 의미가 이와 같았으니, 이러한 까닭으로 '동(同)'자를

---

4) '기(其)'자에 대하여. 『십삼경주소(十三經注疏)』 북경대 출판본에서는 "'기'자는 본래 '위(爲)'자로 기록되어 있었는데, 이곳 기록은 정현의 주를 인용한 문장이며, 앞의 정현 주 기록에는 '기'자로 기록되어 있으므로, 그 기록에 따라 글자를 수정하였다."라고 했다.
5) 『자림(字林)』은 고대의 자서(字書)이다. 진(晉)나라 때 학자인 여침(呂忱)이 지었다. 원본은 일실되어 전해지지 않고, 다른 문헌들 속에 일부 기록들만 남아 있다.

동(詞)자로 풀이한 것이다. 현재는 동일하게 하나의 글자로 사용한다. 정현이
"제사에서 그 대상의 부인을 배향하게 된다."라고 했는데, 이것은『의례』
「소뢰궤식례(少牢饋食禮)」편의 문장이니,6) 제사를 지낼 때 축사에서는
"아무개 비를 배향합니다."라고 말한다는 의미이다. 정현이 "또한 그녀만
사용할 수 있는 안석은 설치하지 않는다."라고 했는데, 단지 축사만 단독으
로 올리지 않는다는 뜻이 아니라, 또한 단독으로 그녀에 대한 안석도 설치
하지 않는다는 의미이다. 즉 축사 및 안석은 모두 그녀의 남편과 공동으로
하게 되며, 단독으로 하지 않는다는 뜻이다. 그래서『주례』「사궤연(司几筵)」
편에 대한 정현의 주에서는 "종묘에서 제사를 지낼 때에는 공동으로 사용
하는 안석을 설치하니, 부부의 정기가 서로 부합되기 때문이다."7)라고 한
것이다. 정현이 "'조축(詔祝)'은 시동에게 제사를 지낸다고 아뢴다는 뜻이
다."라고 했는데, 울창주로 관례(灌禮)8)를 하고, 궤숙(饋孰)을 하며, 시동에
게 입가심하는 술을 따라 주는 등의 절차를 시행할 때, 축관은 축사를 통해
그 사안들을 시동에게 아뢴다는 뜻으로, 그 사안은 광범위하다. 신을 섬기
는 일에 대해서 통괄적으로 논의했기 때문에 광범위하게 설명했다. 이것이
조천(朝踐)을 할 때 희생물의 피와 털로 묘실에서 아뢰는 절차가 아님을
알 수 있는 이유는 조천 때 시동과 신주는 모두 묘실 방문 밖에 있고, 잠시
시행하는 절차이니, 신을 섬기는 처음부터 끝까지의 전체 도가 아니다. 그
렇기 때문에 아니라는 사실을 알 수 있다. 정현이 "'출어팽(出於祊)'은 신령
을 찾으며 지내는 제사이다."라고 했는데,『예기』「교특생(郊特牲)」편을 살
펴보면, "신을 찾으며 지내는 제사에서는 팽(祊)에서 축사를 아뢴다."라고

6)『의례』「소뢰궤식례(少牢饋食禮)」: 命曰, "孝孫某, 來日丁亥, 用薦歲事于皇祖
  伯某, 以某妃配某氏, 以某之某爲尸, 尙饗."
7) 이 문장은『주례』「춘관(春官)·사궤연(司几筵)」편의 "凡喪事, 設葦席, 右素几.
  其柏席用萑黼純, 諸侯則紛純, 每敦一几."라는 기록에 대한 정현의 주이다.
8) 관례(灌禮)는 제례(祭禮) 의식 중 하나이다. 술을 땅에 부어서 신(神)을 강림
  시키는 것이다.『논어』「팔일(八佾)」편에는 "禘, 自旣灌而往者, 吾不欲觀之
  矣."라는 기록이 있고, 이 기록에 대한 하안(何晏)의『집해(集解)』에서는 공
  안국(孔安國)의 주장을 인용하여, "灌者, 酌鬱鬯灌於太祖以降神也."라고 풀이
  하였다.

했기 때문에, "신령을 찾으며 지내는 제사이다."라고 했다.

訓纂 說文, "詷, 共也." 段氏玉裁曰, "祭統'設詷几', 注'詷之言同也.' 按此經注本如此, 假令經本作'同几', 何煩以詷釋之?"

번역 『설문』9)에서는 "'동(詷)'자는 공동이라는 뜻이다."라고 했고, 단옥재10)는 "『예기』「제통」편에서는 '동궤(詷几)를 설치한다.'라고 했고, 정현의 주에서는 '동(詷)자는 동(同)자의 뜻이다.'라고 했다. 살펴보니 이곳 경문의 기록과 주석의 판본이 이와 같이 기록되어 있는데, 가령 경문 판본에 '동궤(同几)'라고 기록되어 있다면, 어찌하여 번거롭게 동(詷)자로 풀이하겠는가?"라고 했다.

訓纂 鄭氏元慶曰: 詔祝於室, 卽郊特牲"詔祝於室", 禮器所謂"血毛詔於室", 是也. 出於祊, 卽郊特牲"索祭祝於祊", 皆指正祭本日而言, 孔疏謂"明日繹祭", 非是.

번역 정원경이 말하길, '조축어실(詔祝於室)'이라는 말은 곧 『예기』「교특생(郊特牲)」편에서 "실(室)에서 축관이 축사를 통해 신에게 아뢴다."11)라고 하고, 『예기』「예기(禮器)」편에서 "희생물의 피와 털을 가져다가 묘실에서 아뢴다."12)라고 한 말에 해당한다. '출어팽(出於祊)'이라는 말은 「교특

9) 『설문해자(說文解字)』는 후한(後漢) 때의 학자인 허신(許愼)이 찬(撰)했다고 전해지는 자서(字書)이다. 『설문(說文)』이라고도 칭해진다. A.D.100년경에 완성되었다고 전해진다. 글자의 형태, 뜻, 음운(音韻)을 수록하고 있다.

10) 단옥재(段玉裁, A.D.1735 ~ A.D.1815) : 청(淸)나라 때의 학자이다. 자(字)는 약응(若膺)이고, 호(號)는 무당(懋堂)이다. 저서로는 『설문해자주(說文解字注)』, 『육서음균표(六書音均表)』, 『고문상서찬이(古文尙書撰異)』 등이 있다.

11) 『예기』「교특생(郊特牲)」【341a】 : 魂氣歸于天, 形魄歸于地, 故祭求諸陰陽之義也. 殷人先求諸陽, 周人先求諸陰. 詔祝於室, 坐尸於堂, 用牲於庭, 升首於室. 直祭祝於主, 索祭祝於祊. 不知神之所在, 於彼乎, 於此乎? 或諸遠人乎? 祭于祊, 尙曰求諸遠者與.

12) 『예기』「예기(禮器)」【313b】 : 納牲詔於庭, 血毛詔於室, 羹定詔於堂. 三詔皆不同位, 蓋道求而未之得也.

생」편에서 "신을 찾으며 지내는 제사에서는 팽(祊)에서 축사를 아뢴다."라고 한 말에 해당하는데, 이 모두는 정규 제사를 지내는 당일을 기준으로한 말이다. 그런데 공영달의 소에서는 "정규 제사를 지낸 다음날 지내는역제(繹祭)이다."라고 했으니, 이것은 잘못된 주장이다.

集解 鋪筵, 設同几, 謂祭以某妃配, 而同鋪一筵, 同設一几也. 特言"同几"者, 几小筵大, 几同則筵可知. 爲依神者, 言所以依神者異於生人也. 詔·祝於室, 所謂"血毛詔於室"; 出于祊, 所謂"爲祊於外"也. 蓋生時形體異, 故男女別筵; 死時精氣合, 故男女同几. 生人有象可接, 故事之有定所; 死則不知神之所在, 故求之非一處. 此二者, 皆所以交神明之道也.

번역 자리를 깔고 동궤(同几)를 설치한다고 했는데, 제사를 지낼 때 아무개 비를 배향하게 되어 공동으로 사용하는 1개의 자리를 깔고 공동으로사용하는 1개의 안석을 설치한다는 뜻이다. 특별히 '동궤(同几)'라고 말한것은 안석은 크기가 작고 자리는 크니, 안석을 함께 사용한다면 자리 또한함께 사용한다는 사실을 알 수 있기 때문이다. '위의신(爲依神)'이라는 말은신령을 의지하게 하여 살아 있는 자들과 차이를 두는 것을 뜻한다. 묘실에서 아뢰고 축문을 외운다는 말은 "희생물의 피와 털을 가져다가 묘실에서아뢴다."라는 말에 해당한다. '출우팽(出于祊)'은 "묘문 밖에서 팽(祊)을 지낸다."[13]라고 한 말에 해당한다. 무릇 살아있을 때에는 형체가 다르기 때문에 남자와 여자는 별도의 자리에 앉게 되지만, 죽었을 때에는 정기가 부합되기 때문에 남자와 여자가 동일한 안석을 사용한다. 살아있는 사람에게는형상이 있어서 접할 수 있다. 그렇기 때문에 섬길 때 정해진 장소가 있다.그러나 죽게 되면 신이 계신 장소를 알지 못하게 때문에 신을 찾는 장소는한 곳이 아니다. 이 두 가지는 모두 신명과 교감하는 도이다.

---

13) 『예기』「예기(禮器)」【직역】: 設祭於堂, 爲祊乎外, 故曰於彼乎, 於此乎.

그림 13-1 연(筵)

筵

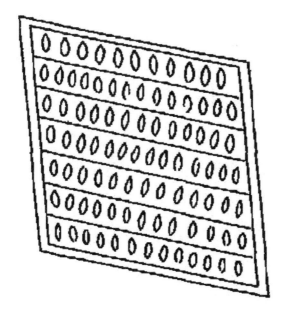

※ **출처:** 『삼례도집주(三禮圖集注)』 8권

● 그림 13-2 궤(几)

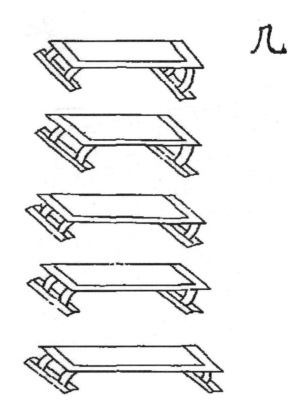

※ 출처:『삼례도집주(三禮圖集注)』8권

십륜(十倫) ② - 군신관계에서 지켜야 하는 의(義)

君迎牲而不迎尸, 別嫌也. 尸在廟門外則疑於臣, 在廟中則全
於君. 君在廟門外則疑於君, 入廟門則全於臣・全於子. 是故
不出者, 明君臣之義也.

직역 君이 牲을 迎하되 尸를 不迎함은 嫌을 別함이다. 尸가 廟門의 外에 在하
면 臣에 疑하고, 廟中에 在하면 君에 全한다. 君이 廟門의 外에 在하면 君에 疑하고,
廟門으로 入하면 臣에 全하며 子에 全한다. 是故로 不出하는 者는 君臣의 義를 明
한다.

의역 십륜(十倫) 중 두 번째는 다음과 같다. 군주는 제사에 사용되는 희생물을
맞이하지만 시동은 맞이하지 않는데, 이것은 혐의를 변별하기 위해서이다. 시동이
묘문 밖에 있을 때에는 신하의 신분이 되지만, 종묘 안에 있게 되면 온전히 선대
군주를 형상화하게 된다. 군주가 묘문 밖에 있을 때에는 군주의 신분이 되지만,
묘문 안으로 들어가게 되면 온전히 신하와 자식의 입장이 된다. 그렇기 때문에 묘
문 밖으로 나가서 시동을 맞이하지 않는 것은 군주와 신하 관계에서 지켜야 하는
의를 나타낸다.

集說 尸本是臣, 爲尸而象神, 則尊之如君父矣, 然在廟外未入, 則猶疑是
臣也; 及旣入廟, 則全其象君父之尊矣. 君祭固主於尊君父而盡臣子之道, 然
未入廟, 則猶疑是君也; 及旣入廟, 則全爲臣子而事尸無嫌矣. 若君出門迎尸,
則疑以君而迎臣, 故不出者, 所以別此嫌而明君臣之義也.

번역 시동은 본래 신하의 신분인데, 시동이 되어 신을 형상화하게 된다면 그를 군주나 부친처럼 존귀하게 대한다. 그러나 묘문 밖에 있고 아직 안으로 들어오지 않았을 때라면 여전히 신하의 신분이 아닌가라는 의심이 든다. 반면 묘문 안으로 이미 들어온 상태라면 군주와 부친의 존귀함을 형상화하고 있음을 온전히 대해준다. 군주의 제사에서는 진실로 군주와 부친을 존숭하는 것을 위주로 하여 신하와 자식된 도리를 다하게 되지만, 아직 묘문으로 들어오지 않았을 때라면 여전히 군주의 신분이 아닌가라는 의심이 든다. 반면 묘문 안으로 이미 들어온 상태라면 온전히 신하와 자식의 입장이 되어 시동을 섬기더라도 혐의가 없다. 만약 군주가 묘문 밖으로 나가서 시동을 맞이하게 된다면 군주의 신분으로 신하를 맞이한다는 의심을 받게 된다. 그렇기 때문에 밖으로 나가지 않는 것은 이러한 혐의를 변별하여 군신관계에서 지켜야 하는 도의를 나타낸다.

大全 長樂陳氏曰: 尸卑於廟門之外, 而尊於廟門之內, 君尊於廟門之外, 而卑於廟門之內. 尸之爲體, 貴其尊之而不卑, 君之事尸, 貴其卑之而不尊, 是以君出迎牲而不迎尸, 所以別尊卑之義, 故曰明君臣之義也.

번역 장락진씨가 말하길, 시동은 묘문 밖에서는 신분이 낮지만 묘문 안에서는 존귀하게 되고, 군주는 묘문 밖에서는 신분이 높지만 묘문 안에서는 신분이 낮아진다. 시동의 임무를 수행할 때에는 자신을 존귀하게 높이고 낮추지 않는 것을 귀하게 여기고, 군주가 시동을 섬길 때에는 자신을 낮추고 존귀하게 높이지 않는 것을 귀하게 여긴다. 이러한 까닭으로 군주는 밖으로 나가서 희생물은 맞이하지만 시동을 맞이하지 않는데, 이것은 존비의 도의를 구별하는 것이다. 그렇기 때문에 "군주와 신하 관계에서 지켜야 하는 도의를 나타낸다."라고 했다.

大全 嚴陵方氏曰: 尸者, 神之象, 君者, 人之主. 廟門之外, 以人道爲尙, 廟門之內, 以神道爲尙. 凡迎之禮, 必出門焉, 君迎牲而不迎尸者, 非重牲而輕尸

也, 爲其有君臣之疑, 所以別其嫌也. 旣曰嫌, 又曰疑, 疑固未至於嫌, 而嫌亦
疑之所積也.

번역 엄릉방씨가 말하길, 시동은 신을 형상화하는 자이고 군주는 사람
들의 주인이다. 묘문 밖에서는 인간의 도리를 숭상하고 묘문 안에서는 귀
신의 도리를 숭상한다. 무릇 맞이하는 예법에서는 반드시 문밖으로 나가게
된다. 군주가 희생물을 맞이하되 시동을 맞이하지 않는 것은 희생물을 중
시하고 시동을 경시해서가 아니다. 즉 군주와 신하 관계에 혐의가 생기기
때문에, 이를 통해 혐의를 변별하는 것이다. 이미 '혐(嫌)'이라고 말했는데
재차 '의(疑)'라고 말한 것은 의(疑)는 아직까지 혐(嫌)의 단계까지는 이르
지 않은 것이고, 혐(嫌)은 또한 의(疑)가 거듭 쌓인 것이다.

鄭注 不迎尸者, 欲全其尊也. 尸, 神象也. 鬼神之尊在廟中, 人君之尊出廟
門則伸.

번역 시동을 맞이하지 않는 것은 존귀함을 온전히 하고자 했기 때문이
다. 시동은 신을 형상화하는 자이다. 귀신의 존귀함은 묘 안에서 이루어지
고, 군주의 존귀함은 묘문 밖으로 나가면 펼쳐지게 된다.

釋文 伸音申.

번역 '伸'자의 음은 '申(신)'이다.

孔疏 ●"君迎"至"義也". ○正義曰: 此經明第二倫君臣之義也.

번역 ●經文: "君迎"~"義也". ○이곳 경문은 두 번째 도의인 군주와 신
하 관계에서 지켜야 하는 도의를 나타내고 있다.

孔疏 ●"君迎牲不迎尸, 別嫌也"者, 尸體旣尊, 君宜自卑. 若出迎尸, 尸道

未伸, 則嫌君猶欲自尊之義也.

번역 ●經文: "君迎牲不迎尸, 別嫌也". ○시동 본인은 이미 존귀한 존재이므로, 군주는 마땅히 스스로를 낮춰야 한다. 만약 묘문 밖으로 나가서 시동을 맞이하게 된다면, 시동의 도의는 아직 펼쳐지지 않은 상태이니, 군주가 여전히 스스로를 존귀하게 높이는 도의를 시행하고자 한다는 혐의를 받게 된다.

孔疏 ●"尸在廟門外, 則疑於臣"者, 則解別嫌事也. 尸本是臣, 而爲尸時, 則尊在廟中耳[1]. 君若未入廟, 其尊未伸, 君若出迎, 則疑尸有還爲臣之道, 故云"疑於臣"也.

번역 ●經文: "尸在廟門外, 則疑於臣". ○혐의스러운 일을 변별한다는 뜻을 풀이한 말이다. 시동은 본래 신하의 신분인데, 시동이 되었을 때라면 종묘 안에서 존귀하게 될 따름이다. 군주가 만약 아직 종묘로 들어오지 않았을 때라면, 그의 존귀함은 아직 펼치지 못하는데, 군주가 만약 묘문 밖으로 나가서 그를 맞이하게 된다면, 시동이 다시 신하의 도의를 시행해야 한다는 의심이 생긴다. 그렇기 때문에 "신하로 처신해야 한다는 의심이 생긴다."라고 했다.

孔疏 ●"在廟中則全於君"者, 尸若入廟, 則君·父道全也. 唯云全君, 不云全父者, 此本是明君臣, 故略於全父也. 下旣云臣·子, 故知此爲君·父也. 且廟中行禮, 尸皆答拜. 然父無答子之禮, 君有答臣之法, 故據君言之耳.

번역 ●經文: "在廟中則全於君". ○시동이 만약 묘문 안으로 들어왔다면, 군주와 부친의 도가 온전하게 된다. 다만 '전군(全君)'이라고만 말하고,

---

1) '이(耳)'자에 대하여. '이'자는 본래 없던 글자인데, 완원(阮元)의 『교감기(校勘記)』에서는 "혜동(惠棟)의 『교송본(校宋本)』에는 '중(中)'자 뒤에 '이'자가 기록되어 있는데, 여러 판본에는 모두 '이'자가 누락되어 있다."라고 했다.

'전부(全父)'라고 말하지 않은 것은 이곳 기록은 본래 군주와 신하의 관계를 밝히기 위한 것이다. 그렇기 때문에 부친의 도를 온전하게 한다는 사실에 대해서는 생략한 것이다. 뒤에서 이미 신하와 자식을 언급했기 때문에 이곳에서 말하는 내용이 군주와 부친에 대한 것임을 알 수 있다. 또 종묘 안에서 의례를 시행할 때 시동은 모든 경우에 답배를 하게 된다. 그러나 부친은 자식에게 답배를 하는 예법이 없고, 군주는 신하에게 답배를 하는 예법이 있다. 그렇기 때문에 군주의 경우를 기준으로 말한 것일 뿐이다.

孔疏 ●"君在廟門外則疑於君"者, 釋君疑也. 君道之全, 全在廟門外. 若出門外, 則君道還尊, 與平常不異, 故不出門也.

번역 ●經文: "君在廟門外則疑於君". ○군주가 의혹을 받는다는 뜻을 풀이한 말이다. 군주의 도리를 온전하게 함에 있어서, 온전함은 묘문 밖에 있을 때 발휘된다. 만약 묘문 밖으로 나가게 된다면, 군주의 도리가 재차 존귀하게 되어 평상시와 차이가 없게 된다. 그렇기 때문에 묘문 밖으로 나가지 않는다.

孔疏 ●"入廟門則全於臣·全於子"者, 君若入廟, 則臣·子道全, 無所疑也. "是故不出者, 明君臣之義也"者, 結第二倫也. 君至尊而受屈廟中, 以臣子自處, 不敢出廟門, 恐尸尊不極, 欲示天下咸知君臣之義也. 君臣由義而合, 故云 "義"也.

번역 ●經文: "入廟門則全於臣·全於子". ○군주가 만약 묘문 안으로 들어가게 된다면, 신하와 자식의 도리가 온전하게 되는데, 여기에는 혐의를 둘 것이 없다. 경문의 "是故不出者, 明君臣之義也"에 대하여. 두 번째 도의에 대해서 결론을 맺은 말이다. 군주는 지극히 존귀하지만, 종묘 안에서는 굽혀야 하는 상황을 받아들여서 신하와 자식의 입장으로 자처하여, 묘문 밖으로 감히 나가지 않으니, 아마도 시동의 존귀함이 지극해지지 못할 것을 염려했기 때문이며, 천하의 모든 사람들에게 군주와 신하 관계에서 지켜야 하는 도의를 알도록 만들기 위해 드러내고자 했던 것이다. 군주와 신하는 의리에 따라 부합하기 때문에 '의(義)'라고 했다.

訓纂 彬謂: "疑於臣"·"疑於君"之疑, 皆與儗同. 儗, 比也.

번역 내가 생각하기에, '의어신(疑於臣)'과 '의어군(疑於君)'에서의 '의(疑)'자는 모두 의(儗)자와 동일하다. '의(儗)'자는 "견주다[比].'는 뜻이다.

集解 愚謂: 君出迎尸, 則君屈於臣, 故不出者, 所以全君之尊, 而君臣之義所以明也.

번역 내가 생각하기에, 군주가 묘문 밖으로 나가서 시동을 맞이하게 된다면, 군주는 신하에게 굽히는 꼴이 된다. 그렇기 때문에 묘문 밖으로 나가지 않는 것은 군주의 존귀함을 온전히 하는 방법이고, 군주와 신하 관계에서 지켜야하는 도의도 밝혀지게 된다.

십륜(十倫) ③ - 부자관계에서 지켜야 하는 윤(倫)

【581b】

夫祭之道, 孫爲王父尸. 所使爲尸者, 於祭者子行也; 父北面而事之, 所以明子事父之道也. 此父子之倫也.

직역 夫히 祭의 道에서, 孫은 王父의 尸가 爲한다. 使하여 尸로 爲한 所의 者는 祭者에게는 子의 行이며; 父는 北面하고서 事하니, 子가 父를 事하는 道를 明하는 所以이다. 此는 父子의 倫이다.

의역 십륜(十倫) 중 세 번째는 다음과 같다. 제사의 도에서 손자는 왕부(王父)[1]의 시동이 된다. 시동으로 삼는 자는 제사를 지내는 자의 입장에서는 자식 항렬이 된다. 부친 항렬의 사람이 북쪽을 바라보고 자식 항렬의 시동을 섬기는 것은 자식이 부친을 섬기는 도를 나타내는 방법이다. 이것은 부자관계에서 지켜야 하는 윤리에 해당한다.

集說 行, 猶列也. 父北面而事子行之尸者, 欲子知事父之道當如是也.

번역 '항(行)'자는 항렬[列]과 같다. 부친이 북쪽을 바라보며 자식 항렬의 시동을 섬기는 것은 자식에게 부친을 섬기는 도는 이처럼 해야 함을 알게끔 하기 위해서이다.

---

1) 왕부(王父)는 부친의 아버지, 즉 조부(祖父)를 지칭하는 말이다. 『이아』「석친(釋親)」편에는 "父之考爲王父."라는 기록이 있다.

集說 方氏曰: 十倫皆倫也, 止於父子言倫者, 有父子之倫, 然後有宗廟之祭, 則祭之倫, 本於父子而已, 故止以父子爲倫焉.

번역 방씨가 말하길, '십륜(十倫)'에 대해서는 모두 '윤(倫)'이라고 하지만, 단지 부자관계에 대해서만 '윤(倫)'이라고 말한 것은 부자관계의 윤리가 생긴 뒤에야 종묘의 제사가 생기고, 제사의 윤리는 부자관계의 윤리에 근본을 두고 있기 때문이다. 그래서 단지 부자관계에 대해서만 '윤(倫)'이라고 말한 것이다.

大全 長樂陳氏曰: 尸於王父則孫, 於祭者則子. 以孫爲王父之尸, 則是以子爲祭者之父, 子忘其子之卑而事於父, 父忘其父之尊而事子, 凡此所以明祭者事父之道而已.

번역 장락진씨가 말하길, 시동은 조부의 입장에서는 손자가 되고, 제사를 지내는 자의 입장에서는 자식이 된다. 손자를 조부의 시동으로 삼는다면 자식을 제사지내는 자의 부친으로 삼은 것이니, 자식은 자신이 신분이 낮은 자식의 입장임을 잊고 부친으로부터 섬김을 받게 되고, 부친은 자신이 신분이 높은 부친의 입장임을 잊고 자식을 섬기는 것인데, 무릇 이러한 것들은 제사가 부친을 섬기는 도임을 밝히기 위해서일 따름이다.

大全 石林葉氏曰: 尸所以象神, 取於異姓, 則嫌於不親, 取於己子, 則疑於無別, 故爲尸者子行也. 雖以父事之, 不疑於父, 不疑則人倫明矣.

번역 석림섭씨가 말하길, 시동은 신을 형상화하는 자이니, 다른 성(姓)을 가진 자로 세우게 된다면 친근히 여기지 않는다는 혐의를 받고, 자기 자식을 세우게 된다면 분별이 없다는 혐의를 받는다. 그렇기 때문에 시동으로 세우는 자는 자식 항렬의 사람을 세운다. 따라서 비록 부친이 그를 섬기게 되더라도 부친의 도의를 저버린다는 혐의를 받지 않고, 혐의가 생기지 않는다면 인륜이 밝아진다.

鄭注 子行, 猶子列也. 祭祖則用孫列, 皆取於同姓之適孫也. 天子·諸侯之祭, 朝事延尸於戶外, 是以有北面事尸之禮.

번역 '자항(子行)'은 자식 항렬을 뜻한다. 조부에게 제사를 지내게 된다면 손자 항렬의 사람을 세우게 되는데, 모든 경우 동성(同姓)의 친족 중에서도 적손을 세운다. 천자와 제후의 제사라면 조사(朝事)를 할 때 묘실 방문 밖에서 시동을 인도하는데, 이러한 까닭으로 북쪽을 바라보며 시동을 섬기는 예가 포함된다.

釋文 行, 戶剛反, 注同, 徐胡孟反. 適, 丁歷反.

번역 '行'자는 '戶(호)'자와 '剛(강)'자의 반절음이며, 정현의 주에 나오는 글자도 그 음이 이와 같고, 서음(徐音)은 '胡(호)'자와 '孟(맹)'자의 반절음이다. '適'자는 '丁(정)'자와 '歷(력)'자의 반절음이다.

孔疏 ●"夫祭"至"倫也". ○正義曰: 此第三倫, 明父子之理.

번역 ●經文: "夫祭"~"倫也". ○이것은 세 번째 도의에 해당하니, 부친과 자식 관계에서 지켜야 하는 윤리를 나타내고 있다.

孔疏 ●"孫爲王父尸"者, 謂王父之孫行與王父作尸.

번역 ●經文: "孫爲王父尸". ○조부의 손자 항렬인 자를 조부에 대한 시동으로 세운다는 뜻이다.

孔疏 ●"所使爲尸者, 於祭者, 子行也"者, 謂孝子所使令爲尸者, 於祭者孝子身爲子之行秩也.

번역 ●經文: "所使爲尸者, 於祭者, 子行也". ○자식 항렬인 자로 하여금 시동으로 세우는 것은 제사를 지내는 자 본인에 대해 자식 항렬의 자가 된다는 뜻이다.

孔疏 ●"父北面而事之"者, 父則祭者之身, 北面而事子行之尸也.

번역 ●經文: "父北面而事之". ○부친은 제사를 지내는 본인을 뜻하는데, 그가 북쪽을 바라보며 자식 항렬의 시동을 섬기는 것이다.

孔疏 ●"所以明子事父之道也, 此父子之倫也"者, 主人爲欲孝敬己父, 不許己尊而北面事子行, 則凡爲子者, 豈得不自尊事其父乎! 是見子事父之道也.

번역 ●經文: "所以明子事父之道也, 此父子之倫也". ○제주는 자신의 부친에 대해서 효와 공경을 나타내고자 하여, 자신의 존귀함은 따지지 않고 북쪽을 바라보며 자식 항렬인 자를 섬기니, 무릇 자식된 자들이 어찌 스스로 자신의 부친에 대해 존귀하게 높이며 섬기지 않을 수 있겠는가! 이것은 자식이 부친을 섬기는 도를 나타낸다.

孔疏 ◎注"皆取"至"尊之禮". ○正義曰: "天子·諸侯之祭, 朝事延尸於戶外"者, 以少牢·特牲尸皆在室之奧, 主人西面事之, 無北面事尸之禮, 故知是天子·諸侯也. 知當"朝事"者, 以郊特牲"詔祝於室, 坐尸於堂". 詔祝於室, 當朝事之節, 故知坐尸於堂, 當朝事也.

번역 ◎鄭注: "皆取"~"尊之禮". ○정현이 "천자와 제후의 제사라면 조사(朝事)를 할 때 묘실 방문 밖에서 시동을 인도한다."라고 했는데,『의례』「소뢰궤식례(少牢饋食禮)」편과「특생궤식례(特牲饋食禮)」편에서는 시동이 모두 묘실의 아랫목에 위치하여, 주인이 서쪽을 바라보며 섬긴다고 했으니, 북쪽을 바라보며 시동을 섬기는 예법이 없다. 그렇기 때문에 이 내용이 천자와 제후가 지내는 제사에 해당함을 알 수 있다. 그리고 이것이 '조사(朝事)'에 해당한다는 사실을 알 수 있는 이유는『예기』「교특생(郊特牲)」편에서 "실(室)에서 축관이 축사를 통해 신에게 아뢰고, 당(堂)에 시동을 앉힌다."[2]라고 했기 때문이다. "실에서 축관이 축사를 통해 신에게 아뢴다."
는 말은 조사의 절차에 해당한다. 그렇기 때문에 "당에 시동을 앉힌다."는
말이 조사에 해당한다는 사실을 알 수 있다.

集解 尸用所祭者之孫, 無孫則取族中孫行者爲之, 以其昭穆同也. 此據祭
考廟而言之, 故尸於主祭者爲子行, 主祭者於尸爲諸父也. 北面而事之者, 天
子諸侯之禮, 朝踐時尸在堂上南面, 主人北面而事之也.

번역 시동은 제사를 받는 자의 손자를 세우게 되는데, 손자가 없다면
족인들 중 손자 항렬인 자를 뽑아서 시동으로 세우니, 조부와 소목(昭穆)
의 항렬이 같기 때문이다. 이것은 부친의 묘에서 제사를 지내는 것을 기준
으로 한 말이다. 그렇기 때문에 시동은 제사를 주관하는 자의 입장에서는
자식 항렬이 되고, 제사를 주관하는 자는 시동에 대해서 제부의 항렬이 된
다. 북쪽을 바라보며 섬긴다는 것은 천자와 제후의 예법에 해당하니, 조천
(朝踐)을 할 때 시동은 당상에서 남쪽을 바라보게 되므로, 주인은 북쪽을
바라보며 섬기게 된다.

---

2) 『예기』「교특생(郊特牲)」【341a】: 魂氣歸于天, 形魄歸于地, 故祭求諸陰陽之
義也. 殷人先求諸陽, 周人先求諸陰. <u>詔祝於室, 坐尸於堂</u>, 用牲於庭, 升首於室.
直祭祝於主, 索祭祝於祊. 不知神之所在, 於彼乎, 於此乎? 或諸遠人乎? 祭于
祊, 尚曰求諸遠者與.

• 제16절 •

십륜(十倫) ④ - 신분의 귀천에 따른 등(等)

【581c】

尸飮五, 君洗玉爵獻卿; 尸飮七, 以瑤爵獻大夫; 尸飮九, 以散爵獻士及群有司. 皆以齒, 明尊卑之等也.

직역 尸가 飮하길 五하면, 君은 玉爵을 洗하여 卿에게 獻하고; 尸가 飮하길 七하면, 瑤爵으로 大夫에게 獻하며; 尸가 飮하길 九하면, 散爵으로 士 및 群有司에게 獻한다. 皆히 齒로써 하니, 尊卑의 等을 明한다.

의역 십륜(十倫) 중 네 번째는 다음과 같다. 시동이 다섯 차례 술을 마시면 군주는 옥작(玉爵)을 씻어서 술을 따라 경에게 주고, 시동이 일곱 차례 술을 마시면 군주는 요작(瑤爵)을 씻어서 술을 따라 대부에게 주며, 시동이 아홉 차례 술을 마시면 군주는 산작(散爵)을 씻어서 술을 따라 사들과 여러 유사(有司)[1]들에게 준다. 이들에 대해 술을 따라 줄 때에는 나이에 따라 순서를 정하니, 이것은 신분의 귀천에 따른 등급을 나타낸다.

集說 自獻卿以下至群有司, 凡同爵, 則長者必先飮, 故云皆以齒.

번역 경에게 술을 따라준다는 것으로부터 여러 유사(有司)들에게 술을 따라준다는 것에 있어서, 무릇 작위가 동일하다면, 그 중에서도 연장자가

---

1) 유사(有司)는 관리를 뜻하는 용어이다. '사(司)'자는 담당한다는 뜻이다. 관리들은 각자 담당하고 있는 업무가 있었으므로, 관리를 '유사'라고 불렀던 것이다. 일반적으로 하위관료들을 지칭하여, 실무자를 뜻하는 용어로 많이 사용된다. 그러나 때로는 고위관료까지도 지칭하는 용어로 사용되기도 한다.

반드시 먼저 마시도록 해야 한다. 그렇기 때문에 "모두 나이로써 한다."라고 했다.

集説 疏曰: 此據備九獻之禮者, 至主人酳尸, 故尸飲五也. 凡祭二獻, 祼用鬱鬯, 尸祭奠而不飲, 朝踐二獻, 饋食二獻, 及食畢, 主人酳尸, 此皆尸飲之, 故云尸飲五. 於此時以獻卿, 獻卿之後主婦酳尸, 酳尸畢, 賓長獻尸, 是尸飲七也. 乃以瑤爵獻大夫, 是正九獻禮畢. 但初二祼不飲, 故云飲七, 自此以後, 長賓長兄弟更爲加爵, 尸又飲二, 是并前尸飲九, 主人乃以散爵獻士及群有司也, 此謂上公九獻, 故以酳尸之一獻爲尸飲五也. 若侯·伯七獻, 朝踐饋食時各一獻, 食訖酳尸, 但飲三也. 子·男五獻, 食訖酳尸, 尸飲一.

번역 공영달의 소에서 말하길, 이것은 구헌(九獻)의 예법을 갖춘 경우에 기준을 둔 것이니, 주인이 시동에게 입가심하는 술을 따라주기 때문에 시동이 다섯 차례 술을 마시게 된다. 무릇 제사 초반에 두 차례 술을 따를 때에는 울창주를 이용해서 땅에 술을 부어 신을 강림시키니, 시동은 제사를 지내며 술잔을 진설하고 마시지 않는다. 조천(朝踐)을 할 때 두 차례 따르는 술과 궤식(饋食)을 할 때 두 차례 따르는 술, 그리고 식사가 끝나면 주인이 시동에게 입가심하는 술을 따라주게 되니, 이러한 술은 모두 시동이 마시게 된다. 그렇기 때문에 "시동이 다섯 차례 술을 마신다."라고 했다. 이 시기에는 술을 따라서 경에게 주는데, 경에게 술을 따라서 준 이후에 주부는 시동에게 입가심하는 술을 따라주고, 시동에게 입가심하는 술 따라주는 절차가 끝나면, 빈객들의 수장이 시동에게 술을 따라서 바치니, 이것이 시동이 일곱 차례 술을 마신다는 뜻이다. 이러한 절차가 끝나면 곧 요작(瑤爵)을 이용해서 술을 따라 대부에게 주는데, 여기에서 정규 구헌의 예법이 모두 끝난다. 다만 두 차례 술을 따라서 신을 강림시킬 때에는 그 술을 마시지 않기 때문에 "일곱 차례 술을 마신다."라고 했다. 그리고 이러한 절차 이후로 빈객들의 수장과 장형제는 재차 가작(加爵)[2]을 하게 되고, 시동

---

2) 가작(加爵)은 술을 따라서 권한다는 뜻이다.

은 또한 술을 받아 두 차례 술을 마시게 되니, 앞에서 마신 술까지 합하면 시동은 아홉 차례 술을 마시게 된다. 주인은 곧 산작(散爵)을 이용해서 사와 뭇 유사(有司)들에게 술을 따라서 준다. 이러한 것들은 상공(上公)이 시행하는 구헌의 예법에 해당한다. 그렇기 때문에 시동에게 입가심하는 술을 따라주는 한 차례의 술 따름까지 합하여 시동이 다섯 차례 술을 마신다고 한 것이다. 만약 후작이나 백작의 경우처럼 칠헌(七獻)을 하게 된다면, 조천과 궤식 때 각각 한 차례 술을 따르게 되고, 식사가 끝나면 시동에게 입가심하는 술을 따라주니, 시동은 단지 세 차례 술을 마실 따름이다. 그리고 자작과 남작처럼 오헌(五獻)을 하게 된다면, 식사가 끝난 뒤에 시동에게 입가심하는 술을 따라주니, 시동은 한 차례 술을 마시게 된다.

大全 嚴陵方氏曰: 於尸言飲, 則主人酳之故也. 卿以下言獻, 則飲之可知. 君必獻臣者, 以賓禮隆助祭之人故也. 尸飲之后, 獻則間之者, 隆殺之別也. 間之以五以七以九者, 飲陽事, 故用數之奇焉. 凡觴, 皆謂之爵, 此言玉爵瑤爵, 正謂一升之爵爾, 言散爵, 卽五升之散也. 禮器曰, 宗廟之祭, 貴者獻以爵, 賤者獻以散, 則不特獻者然也, 雖受獻者亦然. 群有司則前言進徹之百官, 後言煇胞翟閽者, 皆是也. 皆以齒者, 同爵則尙齒也. 前言貴賤之等, 此變言尊卑者, 其獻也, 以卿大夫士爲之等, 故以貴賤言之, 於卿大夫士之等, 又各以齒, 故以尊卑言之.

번역 엄릉방씨가 말하길, 시동에 대해서는 '음(飲)'이라고 했으니, 주인이 입가심하는 술을 따라주었기 때문이다. 경으로부터 그 이하의 계층에 대해서는 '헌(獻)'이라고 했으니, 그 술을 마시게 됨을 알 수 있다. 군주가 반드시 신하에게 술을 따라주는 것은 빈객의 예법에 따라 제사를 도왔던 자들을 융성하게 대하기 때문이다. 시동이 술을 마신 뒤에 헌(獻)을 하는 것에는 차이를 두었으니, 높이고 낮추는 것에 따른 구별이다. 다섯 차례·일곱 차례·아홉 차례로 차이를 둔 것은 술을 마시는 것은 양(陽)에 해당하는 일이기 때문에 홀수에 따른 것이다. 무릇 잔[觴]들에 대해서 모두 '작(爵)'이라고 불렀는데, 이곳에서 옥작(玉爵)과 요작(瑤爵)이라고 한 것은 바로 1승

(升)3)의 용적을 가진 잔일 따름이며, '산작(散爵)'이라고 한 것은 6승의 술 잔이다. 『예기』「예기(禮器)」편에서는 "종묘에서 지내는 제사에서는 신분 이 존귀한 자는 작(爵)을 사용하여 술을 바치고, 신분이 낮은 자는 산(散)을 사용하여 술을 바친다."4)라고 했으니, 단지 헌(獻)을 하는 자만 이처럼 하 는 것이 아니라, 비록 헌(獻)한 것을 받는 자라도 또한 이처럼 한다. '군유사 (群有司)'는 앞에서 "나아가서 먹고 치운다."라고 했을 때의 '백관(百官)'5) 이나 뒤에서 "가죽을 가공하고, 희생물을 도살하며, 음악을 담당하고, 문을 지키는 관리"6)라고 했던 자들이 모두 여기에 해당한다. "모두 나이로써 한 다."라는 말은 작위가 동일한 경우에는 나이를 숭상한다는 뜻이다. 앞에서 는 '귀천지등(貴賤之等)'이라고 했는데, 이곳에서는 귀천(貴賤)이라는 말을 바꿔서 '존비(尊卑)'라고 했다. 그 이유는 헌(獻)을 할 때 경·대부·사는 각각 의 동일한 등급으로 여겼기 때문에 '귀천(貴賤)'이라고 말한 것이고, 경·대 부·사의 등급에 있어서 또한 그 안에서는 각각 나이에 따르기 때문에 '존비 (尊卑)'라고 말한 것이다.

---

3) 승(升)은 용량을 재는 단위이다. 지역 및 각 시대마다 다소 차이를 보이는데, 고대에는 10합(合)을 1승(升)으로 여겼고, 10승(升)을 1두(斗)로 여겼다. 『한 서(漢書)』「율력지상(律曆志上)」편에는 "合龠爲合, 十合爲升."이라는 기록이 있다.

4) 『예기』「예기(禮器)」【299d~300a】: 有以大爲貴者, 宮室之量, 器皿之度, 棺 椁之厚, 丘封之大, 此以大爲貴也. 有以小爲貴者, 宗廟之祭, 貴者獻以爵, 賤者 獻以散, 尊者擧觶, 卑者擧角. 五獻之尊, 門外缶, 門內壺. 君尊瓦甒. 此以小爲 貴也.

5) 『예기』「제통」【579a~b】: 是故尸謖, 君與卿四人餕; 君起, 大夫六人餕, 臣餕 君之餘也; 大夫起, 士八人餕, 賤餕貴之餘也; 士起, 各執其具以出, 陳于堂下, 百官進, 徹之, 下餕上之餘也. 凡餕之道, 每變以衆, 所以別貴賤之等, 而興施惠 之象也. 是故以四簋黍, 見其修於廟中也. 廟中者, 竟內之象也.

6) 『예기』「제통」【583c~d】: 夫祭有畀·煇·胞·翟·閽者, 惠下之道也. 唯有德之君 爲能行此, 明足以見之, 仁足以與也. 畀之爲言與也, 能以其餘畀其下者也. 煇 者, 甲吏之賤者也; 胞者, 肉吏之賤者也; 翟者, 樂吏之賤者也; 閽者, 守門之賤 者也, 古者不使刑人守門. 此四守者, 吏之至賤者也. 尸又至尊, 以至尊旣祭之末 而不忘至賤, 而以其餘畀之, 是故明君在上, 則竟內之民無凍餒者矣. 此之謂上 下之際.

鄭注 尸飲五, 謂酳尸五獻也, 大夫·士祭, 三獻而獻賓.

번역 시동이 다섯 차례 술을 마신다는 것은 시동에게 입가심하는 술까지 따라주어 다섯 차례 술을 따라준 것을 뜻하니, 대부와 사의 제사라면 세 차례 술을 따라서 바친 뒤 빈객에게 술을 따라준다.

釋文 瑤音遙. 散, 悉但反. 差, 本又作之等. 酳音胤, 又仕覲反.

번역 '瑤'자의 음은 '遙(요)'이다. '散'자는 '悉(실)'자와 '但(단)'자의 반절음이다. '差'자는 판본에 따라서 또한 '之等'으로도 기록한다. '酳'자의 음은 '胤(윤)'이며, 또한 '仕(사)'자와 '覲(근)'자의 반절음도 된다.

孔疏 ●"尸飲"至"等也". ○正義曰: 此一節明第四倫, 尊卑差等.

번역 ●經文: "尸飲"~"等也". ○이곳 문단은 네 번째 도의에 해당하니, 존비의 차등에 대해서 나타내고 있다.

孔疏 ●"尸飲五, 君洗玉爵獻卿"至"皆以齒, 明尊卑之等"者, 謂獻卿·大夫·士及有司等, 其爵雖同, 皆長者在先, 故云"皆以齒".

번역 ●經文: "尸飲五, 君洗玉爵獻卿"~"皆以齒, 明尊卑之等". ○경·대부·사 및 유사(有司) 등에게 술을 따라서 줄 때, 그들의 작위가 비록 동일하더라도 모두 연장자를 먼저 따라준다. 그렇기 때문에 "모두 나이로써 한다."라고 했다.

孔疏 ◎注"尸飲"至"獻賓". ○正義曰: 此據備九獻之禮者. 至主人酳尸, 故尸飲五也. 凡祭二獻, 祼用鬱鬯, 尸祭奠而不飲. 朝踐二獻, 饋食二獻, 及食畢, 主人酳尸. 此等皆尸飲之, 故云"尸飲五". 於此之時以獻卿, 獻卿之後, 乃主婦酳尸. 酳尸畢, 賓長獻尸, 是尸飲七也. 乃瑤爵獻大夫, 是正九獻禮畢, 但初二裸不飮, 故云尸飮七. 自此以後, 長賓·長兄弟更爲加爵, 尸又飮二, 是幷前尸飮九, 主人乃散爵獻士及群有司也. 此謂上公九獻, 故以酳尸之一獻爲尸飮五也. 若侯伯七獻, 朝踐·饋食時各一獻. 食訖酳尸, 但飮三也. 子男五獻, 食訖, 酳尸, 尸飮一. 云"大夫·士祭, 三獻而獻賓"者, 欲明諸侯獻賓時節與大夫·士獻賓不同. 知大夫·士祭三獻而獻賓者, 特牲禮文. 下大夫不賓尸, 與士同, 亦三獻而獻賓. 知者, 有司徹文. 其上大夫別行賓尸之禮, 與此異也.

번역 ◎鄭注: "尸飮"~"獻賓". ○이것은 구헌(九獻)의 예법을 갖춘 경우에 기준을 둔 것이다. 주인이 시동에게 입가심하는 술을 따라주기 때문에 시동이 다섯 차례 술을 마시게 된다. 무릇 제사 초반에 두 차례 술을 따를 때에는 울창주를 이용해서 땅에 술을 부어 신을 강림시키니, 시동은 제사를 지내며 술잔을 진설하고 마시지 않는다. 조천(朝踐)을 하며 두 차례 술을 따르고 궤식(饋食)을 할 때 두 차례 술을 따르며, 식사가 끝나면 주인은 시동에게 입가심하는 술을 따라주게 된다. 이러한 술은 모두 시동이 마시게 된다. 그렇기 때문에 "시동이 다섯 차례 술을 마신다."라고 했다. 이 시기에는 술을 따라서 경에게 주는데, 경에게 술을 따라서 준 이후에 주부는 시동에게 입가심하는 술을 따라준다. 시동에게 입가심하는 술 따라주는 절차가 끝나면, 빈객들의 수장이 시동에게 술을 따라서 바치니, 이것이 시동이 일곱 차례 술을 마신다는 뜻이다. 이러한 절차가 끝나면 곧 요작(瑤爵)을 이용해서 술을 따라 대부에게 주는데, 여기에서 정규 구헌의 예법이 모두 끝난다. 다만 두 차례 술을 따라서 신을 강림시킬 때에는 그 술을 마시지 않기 때문에 "일곱 차례 술을 마신다."라고 했다. 그리고 이러한 절차 이후로 빈객들의 수장과 장형제는 재차 가작(加爵)을 하게 되고, 시동은 또한 술을 받아 두 차례 술을 마시게 되니, 앞에서 마신 술까지 합하면 시동은 아홉 차례 술을 마시게 된다. 이러한 절차가 끝나면 주인은 곧 산작(散爵)을 이용해서 사와 뭇 유사(有司)들에게 술을 따라서 준다. 이러한 것들은 상공(上公)이 시행하는 구헌의 예법에 해당한다. 그렇기 때문에 시동에게 입가심하는 술을 따라주는 한 차례의 술 따름까지 합하여 시동이 다섯 차례 술을 마신다고 한 것이다. 만약 후작이나 백작의 경우처럼 칠헌(七獻)을 하게 된다면, 조천과 궤식 때 각각 한 차례 술을 따르게 된다. 그리고 식사가 끝나면 시동에게 입가심하는 술을 따라주니, 시동은 단지 세 차례 술을 마실 따름이다. 그리고 자작과 남작처럼 오헌(五獻)을 하게 된다면, 식사가 끝난 뒤에 시동에게 입가심하는 술을 따라주니, 시동은 한 차례 술을 마시게 된다. 정현이 "대부와 사의 제사라면 세 차례 술을 따라서 바친 뒤 빈객에게 술을 따라준다."라고 했는데, 제후가 빈객에게 술을 따라주는 때와 절차는 대부와 사가 빈객에게 술을 따라주는 것과 다르다는 뜻을 나타내고자 했기 때문이다. 대부와 사가 제사를 지내며 삼헌을 하고 빈객에게 술을 따라준다는 사실을 알 수 있는 이유는『의례』「특생궤식례(特牲饋食禮)」편의 기록에 나오기 때문이다. 하대부는 빈시(賓尸)[7]를 하지 않으니 사의 경우와 동일하다. 그러나 이러한 경우에도 또한 삼헌을 하고 빈객에게 술을 따라준다. 이러한 사실을 알 수 있는 이유는『의례』「유사철(有司徹)」편의 기록에 나오기 때문이다. 상대부는 별도로 빈시의 예법을 시행하니, 이곳의 경우와는 차이가 있다.

訓纂 王氏引之曰: 此言尊卑之等, 非言長幼之序也. "皆以齒"三字, 蓋涉下文"凡群有司皆以齒"而誤衍.

번역 왕인지[8]가 말하길, 이곳 문장은 존비에 따른 차등을 나타내고 있으며, 장유관계에서의 질서를 나타낸 것이 아니다. 따라서 '개이치(皆以齒)'라는 세 글자는 아마도 아래문장에 "무릇 여러 유사(有司)들은 모두 나이에 따른다."[9]라고 한 문장으로 인해 잘못해서 연문으로 들어간 글자인 것 같다.

---

7) 빈시(賓尸)는 두 가지 뜻이 있다. 첫 번째는 제사를 지낸 다음날 다시 지내는 제사를 뜻한다. 두 번째는 제사를 지낸 다음 날 시행하는 일종의 잔치이다. 제사 때 시동의 역할을 했던 자의 노고를 위로하기 위해 시행한다.
8) 왕인지(王引之, A.D.1766 ~ A.D.1834) : 청(淸)나라 때의 훈고학자이다. 자(字)는 백신(伯申)이고, 호(號)는 만경(曼卿)이며, 시호(諡號)는 문간(文簡)이다. 왕념손(王念孫)의 아들이다. 대진(戴震), 단옥재(段玉裁), 부친과 함께 대단이왕(戴段二王)이라고 일컬어졌다. 『경전석사(經傳釋詞)』, 『경의술문(經義述聞)』 등의 저술이 있다.

集解　蓋凡禮記言諸侯之祭, 多據魯禮, 此謂上公九獻者也. 尸飮五者, 祼獻二, 朝獻二, 至饋食, 主人獻尸而爲五也. 夫人又獻尸而爵止, 君乃以玉爵獻卿. 玉爵, 獻尸所用之爵, 以玉爲飾者. 以玉爵獻卿, 因獻尸之爵也. 尸飮七者, 尸作止爵, 及食畢君酳尸而爲七也. 旣則夫人又酳尸而爵止, 君乃以瑤爵獻大夫也. 瑤爵, 酳尸所用之爵, 以瑤爲飾者. 周禮內宰職曰, "后之祼·獻, 則贊, 瑤爵亦如之", 鄭氏云, "瑤爵, 后酳尸之爵", 是也. 以瑤爵獻大夫, 亦因酳尸之爵也. 尸飮九者, 尸作止爵飮之, 賓長又酳尸而爲九也. 旣則長兄弟爲加爵而爵止, 君乃以散爵獻士也. 五升曰散, 以璧飾之. 爲加爵者用璧散, 明堂位曰, "加以璧散·璧角", 是也. 以散爵獻士, 亦用獻尸之爵也. 獻士, 謂獻士之有事於廟者也. 群有司, 衆士也. 皆以齒, 同爵則尙齒也. 特牲禮賓長以下, 同以三獻爵止後獻之, 此獻卿·大夫·士不同時者, 人君之臣尊卑殊, 故其尊者先獻之, 卑者後獻之, 是明尊卑之等也.

번역　무릇 『예기』에서 제후의 제사를 언급할 때에는 대부분 노(魯)나라의 예법을 기준으로 하고 있는데, 이곳의 내용은 상공(上公)이 시행하는 구헌(九獻)에 해당한다. "시동이 다섯 차례 술을 마신다."는 말은 술을 땅에 부어 신을 강림시키며 두 차례 술을 따르고, 조천(朝踐) 때 두 차례 술을 따르며, 궤식(饋食)을 하게 되면 주인이 시동에게 술을 바치니 이것이 다섯 차례 술을 마시는 것이 된다. 부인이 또한 시동에게 술을 바치면 술 따르는 것을 그치고, 군주는 곧 옥작(玉爵)을 사용해서 경에게 술을 따라서 준다. '옥작(玉爵)'은 시동에게 술을 따라서 바칠 때 사용하는 술잔인데, 옥으로 장식을 한 것이다. 옥작을 사용해서 경에게 술을 따라주는 것은 시동에게 술을 따르며 사용하는 술잔에 따르기 때문이다. "시동이 일곱 차례 술을 마신다."는 말은 시동이 일어나서 술잔 바치는 것을 그치고, 식사를 마치게 되면 군주는 시동에게 입가심하는 술을 따라서 바치니 이것이 일곱 차례가 된다. 그것이 끝나면 부인은 또한 시동에게 입가심하는 술을 바치게 되어, 술잔 따르는 것을 그치게 되니, 군주는 곧 요작(瑤爵)을 이용해서 대부에게

---

9)　『예기』「제통」【583b】: 凡賜爵, 昭爲一, 穆爲一, 昭與昭齒, 穆與穆齒. 凡群有司皆以齒. 此之謂長幼有序.

술을 따라서 준다. '요작(瑤爵)'은 시동에게 입가심하는 술을 따라줄 때 사용하는 술잔이니, 요(瑤)로 장식을 한 것이다. 『주례』「내재(內宰)」편의 직무 기록에서는 "왕후가 술을 땅에 뿌려 신을 강림시키거나 술을 바칠 때라면, 그 절차를 돕고, 요작을 따를 때에도 그처럼 한다."10)라고 했고, 정현은 "요작(瑤爵)은 왕후가 시동에게 입가심하는 술을 따라줄 때 사용하는 술잔이다."라고 한 말이 이러한 사실을 나타낸다. 요작을 이용해서 대부에게 술을 따라주는 것 또한 시동에게 입가심하는 술을 따라줄 때의 술잔에 따르기 때문이다. "시동이 아홉 차례 술을 마신다."는 말은 시동이 일어나서 술잔 바치는 것을 그치고 술을 마셔서 비우면, 빈객들의 수장은 또한 시동에게 입가심하는 술을 따라주니, 아홉 차례 술을 마시게 된다. 그것이 끝나서 장형제가 가작(加爵)을 하여 술잔 바치는 것을 그치게 되면, 군주는 산작(散爵)을 이용해서 사에게 술을 따라서 준다. 5승(升)의 용적을 지닌 술잔을 '산(散)'이라고 부르는데, 벽(璧)으로 장식을 한다. 가작을 할 때에는 벽산(璧散)을 이용하게 된다. 『예기』「명당위(明堂位)」편에서 "재차 술잔을 올릴 때에는 벽산(璧散)과 벽각(璧角)을 사용한다."11)라고 한 말이 이러한 사실을 나타낸다. 산작을 사용해서 사에게 술을 따라주는 것 또한 시동에게 술을 바칠 때의 술잔을 사용하기 때문이다. 사에게 술을 따라준다는 것은 묘에서 일을 담당하고 있는 사에게 술을 따라서 준다는 뜻이다. '군유사(群有司)'는 뭇 사들을 뜻한다. '개이치(皆以齒)'는 작위가 같다면 나이를 숭상한다는 뜻이다.12) 『의례』「특생궤식례(特牲饋食禮)」편에서는 빈객들의 수장으로부터 그 이하의 계층은 모두 삼헌을 하고 술 따르는 것을 그친 뒤에 술을 바치는데, 이곳에서는 경·대부·사에게 술을 따라주는 것이 동일한 시기가 아니라고 했다. 그 이유는 군주의 신하들은 신분에 차이가 있기 때문에, 존귀한 자는 먼저 따라주고, 낮은 자는 뒤에 따라주기 위해서이니,

---

10) 『주례』「천관(天官)·내재(內宰)」: 大祭祀, 后祼獻, 則贊, 瑤爵亦如之.
11) 『예기』「명당위(明堂位)」【400b~c】: 灌用玉瓚大圭, 薦用玉豆雕簋, 爵用玉琖仍雕, 加以璧散璧角, 俎用梡嶡.
12) 『예기』「제의(祭義)」【569a】: 是故朝廷同爵則尙齒. 七十杖於朝, 君問則席, 八十不俟朝, 君問則就之, 而弟達乎朝廷矣.

이것은 존비의 차등을 나타낸다.

集解 周禮司尊彝疏謂, "此據侯伯禮", 尸飮五, 獻卿, 爲酳尸三獻之後. 此篇鄭氏注云, "尸飮五, 謂酳尸五獻也." 疏謂, "此據九獻之禮, 主人酳尸爲尸飮五." 蓋注疏之說, 皆謂二祼尸不飮故也. 人君獻尸用玉爵, 酳尸用瑤爵, 此獻卿用玉爵, 因獻尸之爵, 此必在酳尸之前, 而二祼, 尸亦卒爵, 益可見矣. 特牲禮賓長獻尸, 爵止而主人·主婦致爵, 尸作止爵飮畢, 而主人獻賓. 此於尸飮五而獻賓, 則致爵當在其前, 其於主人饋獻之後與.

번역 『주례』「사존이(司尊彝)」편에 대한 가공언13)의 소에서는 "이것은 후작과 백작의 예법에 기준을 둔 것이다."라고 했는데, 시동이 다섯 차례 술을 마셨을 때 경에게 술을 따라주는 것은 시동에게 입가심하는 술을 따라주어 삼헌을 한 이후가 된다. 이곳 「제통」편에 대한 정현의 주에서는 "시동이 다섯 차례 술을 마시는 것은 시동에게 입가심하는 술을 따라주어 오헌을 했을 때를 뜻한다."라고 했고, 공영달의 소에서는 "이것은 구헌의 예법을 기준으로 하고 있으니, 주인이 시동에게 입가심하는 술을 따라주는 것이 시동이 다섯 차례 술을 마시는 것이다."라고 했다. 아마도 주와 소에서의 주장은 모두 두 차례 술을 따라서 신을 강림시키는 술은 시동이 마시지 않기 때문이라고 여겼기 때문이다. 군주가 시동에게 술을 따라서 바칠 때에는 옥작(玉爵)을 사용하고, 시동에게 입가심하는 술을 따라서 줄 때에는 요작(瑤爵)을 사용한다. 이곳에서 경에게 술을 따라서 줄 때에는 옥작을 사용한다고 했으니, 시동에게 술을 따라서 바칠 때의 술잔에 따르는 것이니, 이것은 반드시 시동에게 입가심하는 술을 따르기 이전이 되고, 두 차례 술을 땅에 붓는 것에 있어서도 시동은 또한 그 술잔을 비우게 되니, 이러한 사실을 분명히 확인할 수 있다. 『의례』「특생궤식례(特牲饋食禮)」편에서는 빈객들의 수장이 시동에게 술을 바치고, 술잔 따르는 것을 그치면 주인과

---

13) 가공언(賈公彦, ? ~ ?) : 당(唐)나라 때의 유학자이다. 정현(鄭玄)을 존숭하였다. 예학(禮學)에 조예가 깊었다. 『주례소(周禮疏)』, 『의례소(儀禮疏)』 등의 저서를 남겼으며, 이 저서들은 『십삼경주소(十三經注疏)』에 포함되었다.

주부가 술잔을 돌리게 되고, 시동이 일어나서 술잔 따르는 것을 그치고 마시는 일을 끝내면 주인은 빈객에게 술을 따라준다. 이것은 시동에게 있어서 다섯 차례 술을 마시고 빈객에게 술을 따라주는 것이 되니, 술잔을 돌리는 것은 마땅히 그 이전이 되므로, 주인이 궤식(饋食)을 하며 술잔을 따라서 바친 이후가 될 것이다.

●그림 16-1 작(爵)

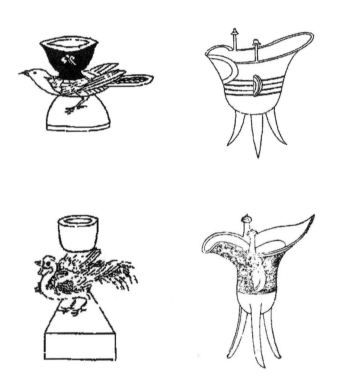

※ **출처**: 상좌-『삼례도집주(三禮圖集注)』12권 ; 상우-『삼례도(三禮圖)』3권
　　　　　하좌-『육경도(六經圖)』 6권 ; 하우-『삼재도회(三才圖會)』「기용(器用)」
　　　　　1권

그림 16-2 산(散)

※ 출처: 상좌-『삼례도집주(三禮圖集注)』 12권 ; 상우-『삼례도(三禮圖)』 3권
하좌-『육경도(六經圖)』 6권 ; 하우-『삼재도회(三才圖會)』「기용(器用)」
2권

그림 16-3 각(角)

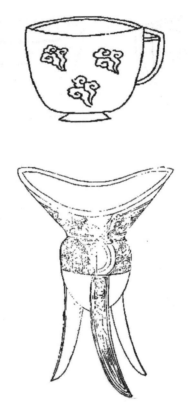

※ 출처: 상-『삼례도집주(三禮圖集注)』 12권 ; 하-『삼재도회(三才圖會)』「기용(器
　　用)」 1권

• 제 17 절 •

십륜(十倫) ⑤ - 친소관계의 쇄(殺)

【582a~b】

> 夫祭有昭穆. 昭穆者, 所以別父子·遠近·長幼·親疏之序而無亂也. 是故有事於太廟, 則群昭群穆咸在而不失其倫. 此之謂親疏之殺也.

직역 夫히 祭에는 昭穆이 有하다. 昭穆이라는 者는 父子·遠近·長幼·親疏의 序를 別하여 亂을 無하는 所以이다. 是故로 太廟에서 事가 有하면, 群昭와 群穆은 咸히 在하되 그 倫을 不失한다. 此를 親疏의 殺라 謂한다.

의역 십륜(十倫) 중 다섯 번째는 다음과 같다. 무릇 제사에는 소목(昭穆)의 항렬이 있다. 소목이라는 것은 부모와 자식·멀고 가까움·나이가 많고 어림·친근하고 소원한 질서를 구별하여 문란함이 없도록 하는 것이다. 이러한 까닭으로 태묘에서 제사를 지내게 되면 뭇 소목 항렬에 해당하는 시동과 신주가 모두 태묘 안에 모이지만, 각각의 질서를 어기지 않게 된다. 이것을 바로 친하고 소원한 관계에 따른 차등이라고 부른다.

集說 疏曰: 祭太廟, 則群昭群穆咸在; 若餘廟之祭, 唯有當廟尸主, 及所出之子孫, 不得群昭群穆咸在也.

번역 공영달의 소에서 말하길, 태묘에서 제사를 지내게 되면, 뭇 소(昭)와 목(穆)항렬에 해당하는 시동과 신주가 모두 모이게 되지만, 만약 나머지 묘에서 제사를 지내게 된다면, 단지 해당하는 묘의 시동과 신주만 있게 되고, 그에게서 파생된 자손은 뭇 소와 목 항렬의 시동과 신주를 모두 모이게 할 수 없다.

大全 嚴陵方氏曰: 昭穆, 固所以別父子, 而父子之行, 又各有遠近・長幼・親疏. 遠近以代言, 長幼以齒言, 親疏以情言, 然而代之遠近, 齒之長幼, 皆以情爲主爾, 故下總謂之親疏之殺也. 夫有隆然後有殺, 別親疏, 則親者隆而疏者殺矣. 幷言殺者, 言自隆降之以至於殺也. 王制三昭三穆, 神之昭穆也, 此群昭群穆, 人之昭穆也. 首言祭有昭穆, 則兼神人而言之, 然昭穆以神爲主, 故人於廟中乃稱之.

번역 엄릉방씨가 말하길, '소목(昭穆)'이라는 것은 진실로 부자관계를 구별하는 것인데, 부모와 자식 항렬에는 또한 각각 멀고 가까움・나이가 많고 어림・친근하고 소원한 차이가 있다. 원근(遠近)은 세대를 기준으로 한 말이며, 장유(長幼)는 나이를 기준으로 한 말이고, 친소(親疏)는 정감을 기준으로 한 말인데, 세대에 따른 원근과 나이에 따른 장유는 모두 정감을 위주로 할 따름이다. 그렇기 때문에 뒤에서는 총괄적으로 친소관계의 차등이라고 말한 것이다. 무릇 융성하게 높이는 것이 생긴 뒤에야 낮춤이 생기니, 친소관계를 구별하게 된다면 친근한 자에 대해서는 융성하게 높이고 소원한 자에 대해서는 낮추게 된다. 이 둘에 대해서 '쇄(殺)'라고 말한 것은 융성하게 높이는 것을 통해 낮춰서 줄이는 것에 이르기 때문이다. 『예기』「왕제(王制)」편에서 3개의 소(昭)와 3개의 목(穆)이라고 한 것[1]은 신주에 따른 소목을 뜻하며, 이곳에서 뭇 소(昭)와 뭇 목(穆)이라고 한 것은 사람에 따른 소목을 뜻한다. 앞에서 제사에는 소목이 있다고 했으니, 이것은 신주와 사람을 포괄해서 말한 것이지만, 소목은 본래 신주에 대한 것을 위주로 한다. 그렇기 때문에 사람에 대해서도 종묘 안에서는 소목이라고 지칭한 것이다.

鄭注 昭・穆咸在, 同宗父子皆來.

---

1) 『예기』「왕제(王制)」【159a】: 天子七廟, 三昭三穆, 與大祖之廟而七, 諸侯五廟, 二昭二穆, 與大祖之廟而五, 大夫三廟, 一昭一穆, 與大祖之廟而三, 士一廟, 庶人祭於寢.

번역 소목(昭穆)이 함께 있다는 것은 종주가 같은 부친과 자식 항렬의 사람들이 모두 온다는 뜻이다.

釋文 昭, 上遙反, 後放此.

번역 ‘昭’자는 ‘上(상)’자와 ‘遙(요)’자의 반절음이며, 이후에 나오는 글자는 모두 이에 따른다.

孔疏 ●“夫祭”至“殺也”. ○正義曰: 此一節明第五倫也, 親疏之殺也. 昭·穆, 謂尸主行列於廟中, 所以至無亂者, 謂父南面, 子北面, 親者近, 疏者遠, 又各有次序. “是故有事於大廟, 則群昭群穆咸在”者, 祭大廟之時, 則衆廟尸主皆來, 及助祭之人·同宗父子皆至, 則群昭穆咸在. 若不於大廟, 餘廟之祭, 唯有當廟尸主及所出之廟子孫來至, 不得群昭群穆咸在也.

번역 ●經文: “夫祭”~“殺也”. ○이곳 문단은 다섯 번째 도의에 해당하니, 친소관계의 차등을 나타내고 있다. 소목(昭穆)은 시동과 신주가 종묘 안에서 항렬에 따라 나열된다는 뜻으로, 문란함이 없게 되는 것은 부친 항렬이 남쪽을 바라보고 자식 항렬이 북쪽을 바라보게 되며, 친근한 자는 가까이 위치하고 소원한 자는 멀리 위치하여, 또한 각각 질서를 지닌다는 뜻이다. 경문의 “是故有事於大廟, 則群昭群穆咸在”에 대하여. 태묘에서 제사를 지낼 때라면, 뭇 묘들에 있는 시동과 신주가 모두 오게 되고, 제사를 돕는 사람과 같은 종가의 부친 및 자식 항렬의 사람들이 모두 찾아오게 되니, 뭇 소목 항렬에 해당하는 대상들이 모두 있게 된다. 만약 태묘에서 제사를 지내지 않고 나머지 묘에서 지내는 제사라면, 오직 해당 묘의 시동과 신주만 있게 되고, 해당 묘에서 파생된 자손들만 오게 되어, 뭇 소목 항렬에 있는 대상들이 모두 있을 수 없다.

孔疏 ●“而不失其倫”者, 尸主旣有昭穆, 故主人及衆賓亦爲昭穆列在廟, 不失倫類.

번역 ●經文: "而不失其倫". ○시동과 신주 자체에 이미 소목(昭穆)의 항렬이 있기 때문에, 주인 및 여러 빈객 무리들 또한 소목의 항렬에 따라 묘에 있게 되어, 질서를 잃지 않게 된다.

孔疏 ●"此之謂親疏之殺也"者, 殺, 漸也. 列昭穆存亡各[2]有遠近, 示天下親疏有漸也.

번역 ●經文: "此之謂親疏之殺也". ○'쇄(殺)'자는 점차[漸]라는 뜻이다. 소목(昭穆)의 항렬에 따라 보존되고 없어질 때에는 각각 멀고 가까운 차이가 있으니, 이를 통해 천하의 백성들에게 친소관계에는 점진적인 차등이 있음을 드러내는 것이다.

集解 群昭群穆, 謂子孫之昭穆也. 宗廟之禮, 始祖爲大廟, 自此以下, 每一世爲昭, 每一世爲穆, 而子孫亦以爲稱. 其在大廟之中, 昭爲一列, 穆爲一列, 雖其世數之久, 人衆之多, 而其父子·遠近·長幼·親疏皆可得而序也.

번역 군소(群昭)와 군목(群穆)은 소목(昭穆) 항렬에 따른 자손들을 뜻한다. 종묘의 예법에서 시조는 태묘에 안치하고, 그 이후로는 매 세대마다 반복하여 1세대는 소묘(昭廟)가 되고 그 다음 1세대는 목묘(穆廟)가 되는데, 그들에게서 파생된 자손들 또한 각 묘(廟)에 따라 소목으로 지칭한다. 태묘 안에 있을 때에는 소묘에 해당하는 자손들은 한 줄을 이루고 목묘에 해당하는 자손들은 한 줄을 이루니, 비록 세대가 멀어졌고 사람이 많아졌다고 하더라도, 부자관계·원근관계·장유관계·친소관계는 모두 질서에 따라 정렬할 수 있다.

---

2) '각(各)'자에 대하여. 『십삼경주소(十三經注疏)』 북경대 출판본에서는 "'각(各)'자는 본래 '명(名)'자로 기록되어 있었는데, 『민본(閩本)』·『감본(監本)』에는 동일하게 '명'자로 기록되어 있고, 『모본(毛本)』에는 '각'자로 기록되어 있으며, 『예기훈찬(禮記訓纂)』에도 동일하게 '각'자로 기록되어 있다."라고 했다.

십륜(十倫) ⑥ - 작위와 상의 시(施)

【582b~c】

> 古者明君爵有德而祿有功, 必賜爵祿於太廟, 示不敢專也. 故祭之日, 一獻, 君降立于阼階之南, 南鄉, 所命北面, 史由君右, 執策命之, 再拜稽首, 受書以歸, 而舍奠于其廟. 此爵賞之施也.

직역 古者에 明君은 德이 有함에 爵하고 功이 有함에 祿한데, 必히 太廟에서 爵祿을 賜하니, 敢히 專함을 不함을 示한다. 故로 祭의 日에, 一獻하고, 君은 降하여 阼階의 南에 立하여, 南鄕하고, 命을 所함은 北面하고, 史는 君右로 由하여, 策을 執하여 命하며, 再拜하고 首를 稽하고, 書를 受하여 歸하고, 그 廟에서 舍奠한다. 此는 爵賞의 施이다.

의역 십륜(十倫) 중 여섯 번째는 다음과 같다. 고대에 현명한 군주는 덕을 갖춘 자에게 작위를 하사했고, 공을 세운 자에게 녹봉을 내려주었는데, 반드시 태묘 안에서 작위와 녹봉을 하사하여, 감히 제멋대로 한 것이 아님을 드러내었다. 그러므로 제사를 지내는 날, 한 차례 술을 시동에게 바치면, 군주는 동쪽 계단으로 내려가서 계단의 남쪽에 서서 남쪽을 바라보고, 군주로부터 작위나 녹봉을 받는 자는 북쪽을 바라보게 된다. 사관은 군주의 우측에 위치하여 문서를 들고 작위나 녹봉을 받는 자에게 군주의 명령을 전달한다. 작위나 녹봉을 받는 자는 명령을 받은 뒤 재배를 하고 머리를 조아리고서 문서를 받고 자신의 집으로 되돌아가고, 자신의 종묘에 사전(舍奠)을 치르며 그 사실을 아뢴다. 이것이 작위와 상을 하사하는 것이다.

集說 疏曰: 酳尸之前, 皆承奉鬼神, 未暇策命, 此一獻, 則上文尸飮五, 君獻卿之時也. 若天子命群臣, 則不因常祭之日, 特假於廟. 釋奠, 告以受君之命也.

번역 공영달의 소에서 말하길, 시동에게 입가심하는 술을 따르기 이전에는 모두 귀신을 받들어 섬기니, 기록을 적어 명령할 겨를이 없다. 따라서 이곳에서 한 차례 술을 따른다고 했다면, 이것은 앞 문장에서 시동이 다섯 차례 술을 마시면, 군주가 경에게 술을 따라서 준다고 했던 때에 해당한다.1) 만약 천자가 뭇 신하들에게 명령하는 경우라면, 정규 제사를 지내는 날에 따르지 않고, 특별히 묘로 가서 치른다. 작위나 상을 받은 자는 석전(釋奠)2)을 지내서, 이를 통해 군주로부터 명령을 받았음을 아뢴다.

大全 長樂陳氏曰: 施爵賞者, 必於大廟, 示其不敢專, 所以明父祖之尊也. 受爵祿者, 舍奠于廟, 示其有歸美, 所以明父子之賢也. 明乎父祖之尊, 則天下知所敬, 明乎父子之賢, 則天下知所遜, 故曰爵賞之施.

번역 장락진씨가 말하길, 작위와 상을 하사할 때 반드시 태묘 안에서 하는 것은 감히 자기 마음대로 하지 않음을 드러내는 것이니, 부친과 조부의 존귀함을 드러내는 방법이다. 작위와 녹봉을 하사받은 자가 자신의 종묘에서 사전(舍奠)을 지내는 것은 좋은 것을 조상에게 돌리는 뜻을 드러내는 것이니, 부친과 자식의 현명함을 드러내는 방법이다. 부친과 조부의 존귀함을 밝힐 수 있다면 천하의 백성들은 공경해야 할 바를 알게 되고, 부친과 자식의 현명함을 드러낼 수 있다면 천하의 백성들은 겸손하게 낮출 바를 알게 된다. 그렇기 때문에 "작위와 상을 하사한다."라고 했다.

---

1) 『예기』「제의」【581c】: <u>尸飮五, 君洗玉爵獻卿</u>; 尸飮七, 以瑤爵獻大夫; 尸飮九, 以散爵獻士及群有司. 皆以齒, 明尊卑之等也.
2) 사전(舍奠)은 석전(釋奠)이라고도 부른다. '사전'은 제사의 한 형식이다. 술과 음식을 진설하여 제사를 지내기 때문에 '사전'이라고 부른다. 사전의 예법은 고대에 조회(朝會)・종묘의 제사, 산천의 제사 및 정벌을 하거나 학교에서 선성(先聖)과 선사(先師)들에게 제사를 지내는 일에 사용했다. 또한 '사전'은 정규적으로 지내기도 하며, 특별한 일이 있을 때 시행하기도 했다.

大全 嚴陵方氏曰: 爵者, 錫之以名, 祿者, 錫之以利. 有德者, 必有名, 有功者, 必有利. 爵有德, 祿有功, 亦從其類也. 史則掌書也. 策則書其所命之事也. 上言執策, 下言受書, 互相備也. 夫命有所稟, 則非君命也, 祖命而已, 故史命之也. 由君右焉, 非重史也, 重命而已.

번역 엄릉방씨가 말하길, 작위는 명성에 따라 하사하고, 녹봉은 이익을 세운 것에 따라 하사한다. 덕을 갖춘 자는 반드시 명성을 갖추고 있고, 공을 세운 자는 반드시 이로움을 끼친다. 덕을 가진 자에게 작위를 하사하고 공을 세운 자에게 녹봉을 하사하는 것 또한 같은 부류에 따르는 것이다. 사관은 문서의 기록을 담당한다. 책(策)은 명령한 사안을 기록한 것이다. 앞에서는 "책(策)을 잡는다."라고 했고, 뒤에서는 "서(書)를 받는다."라고 했는데, 이것은 상호 그 뜻을 보완하도록 기록한 것이다. 무릇 명령을 받게 되는 것은 군주의 명이 아니라 군주 조상의 명령일 따름이다. 그렇기 때문에 사관이 그 명령을 대신 전달한다. 사관이 군주의 우측에 위치하는 것은 사관을 중시해서가 아니며, 명령을 중시하기 때문이다.

大全 金華應氏曰: 一獻始命者, 以祭爲先也. 不俟獻終而命者, 以賞爲重也.

번역 금화응씨가 말하길, 한 차례 술을 따르고 비로소 명령을 내리는 것은 제사를 우선으로 삼기 때문이다. 술 바치는 것을 끝낼 때까지 기다리지 않고 명령을 전달하는 것은 상을 중시하기 때문이다.

鄭注 一獻, 酳尸也. 舍, 當爲釋, 聲之誤也. 非時而祭曰奠.

번역 '일헌(一獻)'은 시동에게 입가심하는 술을 따라준다는 뜻이다. '사(舍)'자는 마땅히 석(釋)자로 풀이하니, 소리가 비슷해서 생긴 오류이다. 정해진 시기가 아닌데도 제사지내는 것을 '전(奠)'이라고 부른다.

釋文 鄕, 許亮反. 舍, 依注音釋.

번역 '鄕'자는 '許(허)'자와 '亮(량)'자의 반절음이다. '舍'자는 정현의 주에 따르면 그 음이 '釋(석)'이다.

孔疏 ●"古者"至"施也". ○正義曰: 此一節明第六倫也, 爵賞之施焉.

번역 ●經文: "古者"~"施也". ○이곳 문단은 여섯 번째 도의에 해당하니, 작위와 상을 하사하는 것을 나타내고 있다.

孔疏 ●"爵有德而祿有功"者, 爵表德, 故云"有德". 祿賞功, 故云"有功"也.

번역 ●經文: "爵有德而祿有功". ○작위는 그의 덕을 드러내는 것이다. 그렇기 때문에 "덕을 갖췄다."라고 했다. 녹봉은 공에 대해서 상을 주는 것이다. 그렇기 때문에 "공을 세웠다."라고 했다.

孔疏 ●"而舍奠于其廟"者, 謂受策命, 卿·大夫等旣受策書, 歸還而釋奠於家廟, 告以受君之命, 似非時而祭, 故稱奠. "此爵賞之施也"者, 君尊上爵賞於廟, 不自專, 故民知施必由尊也.

번역 ●經文: "而舍奠于其廟". ○명령을 받는다는 뜻이니, 경과 대부 등이 이미 명령을 기록한 문서를 받게 되면, 되돌아가서 자신의 종묘에서 석전(釋奠)을 치르며, 이를 통해 군주의 명령을 받았음을 아뢰는데, 정해진 때가 아닌데도 제사를 지낸 것과 유사하기 때문에 '전(奠)'이라고 부른 것이다. 경문의 "此爵賞之施也"에 대하여. 군주처럼 존귀한 자도 태묘에서 작위와 상을 하사하여 자기 마음대로 하지 않는다. 그렇기 때문에 백성들은 하사라는 것이 반드시 존귀한 자로부터 나오는 것임을 알게 된다.

孔疏 ◎注"一獻, 一酳尸也". ○正義曰: 經云"一獻", 知非初祼及朝踐·饋食之一獻, 必爲一酳尸者, 以一酳尸之前, 皆爲祭事, 承奉鬼神, 未暇策命, 而尸食已畢, 祭事方了, 始可以行其爵賞及賜勞臣下. 此一獻則上尸飮五, 君獻

卿之時也. 若天子命群臣, 則不因常祭之日, 特假於廟. 故大宗伯云"王命諸侯
則儐", 注云"王將出命, 假祖廟, 立, 依前南向", 是也.

번역 ◎鄭注: "一獻, 一酳尸也". ○경문에서는 '일헌(一獻)'이라고 했는
데, 이것이 최초 술을 땅에 부어서 신을 강림시키는 것이거나 조천(朝踐)과
궤식(饋食) 때 한 차례 술을 따르는 것이 아니고, 반드시 시동에게 한 차례
입가심하는 술을 따라주는 것이 됨을 알 수 있는 이유는 시동에게 한 차례
입가심하는 술을 따라주기 이전의 절차들은 모두 제사를 치르는 일이 되어,
귀신을 받들어 섬기니, 명령을 내릴 겨를이 없고, 시동이 식사를 끝내게
되어, 제사의 절차들이 끝나게 되면, 비로소 작위와 상에 대한 절차를 시행
하여 신하들에게 하사하며 노고를 치하할 수 있기 때문이다. 이곳에서 한
차례 술을 따라서 바친다고 했으니, 이것은 앞에서 시동이 다섯 차례 술을
마시고, 군주가 경에게 술을 따라 줄 때에 해당한다. 만약 천자가 뭇 신하들
에게 명령을 내리게 된다면, 정규적으로 지내는 제삿날에 따르지 않고, 특
별히 묘에 찾아가서 지낸다. 그러므로 『주례』「대종백(大宗伯)」편에서는
"천자가 제후에게 명령을 내리면, 제후를 도와서 나아가게 한다."3)라고 했
고, 정현의 주에서는 "천자가 명령을 내리게 되면 조묘로 찾아가며, 그곳에
서서 조묘를 등지고 남쪽을 바라본다."라고 했다.

訓纂 郝楚望曰: 王者爵祿群臣, 必告祖廟, 行一獻之禮. 祭之日, 卽策命之日.

번역 학초망4)이 말하길, 천자는 뭇 신하들에게 작위와 녹봉을 하사할
때 반드시 조묘에 그 사실을 아뢰며 일헌(一獻)의 의례를 시행한다. '제지
일(祭之日)'은 곧 책명을 내리는 날에 해당한다.

---

3) 『주례』「춘관(春官)·대종백(大宗伯)」: 王命諸侯, 則儐.
4) 학경(郝敬, A.D.1558 ~ A.D.1639): =학중여(郝仲輿)·학초망(郝楚望). 명(明)
　나라 때의 학자이다. 자(字)는 중여(仲輿)이고, 호(號)는 초망(楚望)이다. 경
　학에 능통하여, 수많은 저서를 남겼다.

集解 愚謂: 史, 內史也. 由君右者, 詔辭自右也. 策, 所以書命辭者也. 王於卿大夫, 蓋亦因祭時命之, 其命諸侯及有大功若召穆公者, 則不待祭時與.

번역 내가 생각하기에, '사(史)'는 내사(內史)5)를 뜻한다. "군주의 우측에서 한다."는 말은 말을 아뢸 때에는 우측에서 하기 때문이다. '책(策)'은 명령을 기록한 문서이다. 천자는 경이나 대부에 대해서 아마도 또한 제사를 지내는 날에 따라 명령을 내렸을 것이며, 제후에게 명령을 하거나 소공(召公)이나 목공(穆公)처럼 큰 공적을 세운 자에 대해서라면, 정규 제사를 지낼 때까지 기다리지 않았을 것이다.

---

5) 내사(內史)는 천자가 신하들의 작위, 녹봉, 등용 등에 대해 관리할 때, 그 일을 도왔던 관리이다.

• 제 19 절 •

십륜(十倫) ⑦ - 부부관계에서 지켜야 하는 별(別)

【582d】

君卷冕立于阼, 夫人副褘立于東房. 夫人薦豆執校, 執醴授之執鐙; 尸酢夫人執柄, 夫人受[1]尸執足. 夫婦相授受, 不相襲處, 酢必易爵, 明夫婦之別也.

직역 君은 卷冕하고 阼에 立하고, 夫人은 副褘하고 東房에 立한다. 夫人은 豆를 薦하며 校를 執하고, 醴를 執한 자가 之에게 授하며 鐙을 執하며; 尸는 夫人에게 酢하며 柄을 執하고, 夫人은 尸에게 受하며 足을 執한다. 夫婦가 相히 授受함에, 相히 襲處를 不하며, 酢에는 必히 爵을 易하니, 夫婦의 別을 明한다.

의역 십륜(十倫) 중 일곱 번째는 다음과 같다. 군주는 곤면(袞冕)을 착용하고 동쪽 계단 위에 서 있고, 군주의 부인은 머리장식과 위의(褘衣)를 착용하고 동쪽 방에 서 있다. 부인이 두(豆)를 바칠 때에는 두의 중앙 부분을 잡고, 예제(醴齊)를 전달하는 자는 두를 전달할 때 두의 발 부분을 잡는다. 시동이 부인에게 술잔을 돌릴 때에는 자루부분을 잡고, 부인이 시동에게서 술잔을 받을 때에는 다리부분을 잡는다. 부부가 서로 물건을 주고받을 때에는 서로 잡았던 부분을 잡지 않고, 술잔을 돌릴 때에는 반드시 술잔을 바꾸니, 이것은 부부의 유별함을 나타낸다.

---

1) '수(受)'자에 대하여. 『십삼경주소(十三經注疏)』 북경대 출판본에서는 "'수'자는 본래 '수(授)'자로 기록되어 있었는데, 완원(阮元)의 『교감기(校勘記)』에서는 '혜동(惠棟)의 『교송본(校宋本)』에는 수(授)자가 수(受)자로 기록되어 있고, 『정의(正義)』·『석경(石經)』·『악본(岳本)』·『가정본(嘉靖本)』 및 『고문(考文)』에서 인용하고 있는 『고본(古本)』과 『족리본(足利本)』에서도 동일하게 기록하고 있다. 따라서 이곳 판본은 잘못하여 수(授)자로 기록한 것이다.'라고 하여, 이러한 기록에 근거해서 글자를 수정하였다."라고 했다.

集說 卷冕・副褘, 見前. 校, 豆中央直者. 執醴, 執醴齊之人也, 此人兼掌授豆. 鐙, 豆之下跗也. 爵形如雀, 柄則尾也. 襲處, 謂因其處.

번역 '곤면(衮冕)'과 '부위(副褘)'[2]에 대한 설명은 앞에 나온다. '교(校)'는 두(豆) 중에서도 가운데 곧게 뻗은 부분이다. '집례(執醴)'는 예제(醴齊)를 든 사람을 뜻하는데, 이 사람은 두(豆)를 전달하는 임무도 겸하고 있다. '등(鐙)'은 두(豆)의 하단에 있는 발 부분이다. 작(爵)은 그 형태가 참새와 비슷하므로, 자루부분은 꼬리에 해당한다. '습처(襲處)'는 잡았던 부분을 잡는다는 뜻이다.

大全 長樂陳氏曰: 禮器言, 夫人在房, 而東酌罍尊, 則在房者, 西房也, 而此言副褘, 立于東房, 何耶? 蓋婦人貴於從夫, 又貴於辨位. 從夫則立之東, 所以待其將有事, 辨位則卽於西, 所以動而行事也. 至於夫婦相受授, 不相襲處, 則異其所立, 酌必易爵, 則易其所執, 故曰明夫婦之別.

번역 장락진씨가 말하길, 『예기』「예기(禮器)」편에서는 "부인은 방에 있고, 동쪽으로 이동하여 뇌준(罍尊)에서 술을 따른다."[3]라고 했으니, 이때 "방에 있다."는 말은 서쪽 방에 있다는 뜻이다. 그런데 이곳에서 "머리장식과 위의(褘衣)를 착용하고 동쪽 방에 서 있다."라고 한 것은 어째서인가? 무릇 부인들은 남편을 따르는 것을 존귀하게 여기고, 또 자리를 구별하는 것을 존귀하게 여긴다. 남편을 따르게 된다면 동쪽에 서 있게 되니, 장차

---

2) 『예기』「제의(祭義)」【564c】에는 "歲旣單矣, 世婦卒蠶, 奉繭以示于君, 遂獻繭于夫人. 夫人曰, '此所以爲君服與.' 遂副褘而受之, 因少牢以禮之. 古之獻繭者, 其率用此與."라는 기록이 있고, 이에 대한 진호(陳澔)의 『집설(集說)』에서는 "副之爲言覆也, 婦人首飾, 所以覆首者. 褘, 褘衣也."라고 풀이했다. 즉 "'부(副)'자는 '덮는다[覆].'는 뜻이니, 부인(婦人)들이 하는 머리장식은 머리를 가리기 위한 것이다. '위(褘)'자는 위의(褘衣)를 뜻한다."라는 뜻이다.

3) 『예기』「예기(禮器)」【311c】: 天道至敎, 聖人至德. 廟堂之上, 罍尊在阼, 犧尊在西; 廟堂之下, 縣鼓在西, 應鼓在東. 君在阼, 夫人在房, 大明生於東, 月生於西, 此陰陽之分, 夫婦之位也. 君西酌犧象, 夫人東酌罍尊. 禮交動乎上, 樂交應乎下, 和之至也.

주어진 일들을 처리하기 위해서이며, 자리를 구별하게 된다면 서쪽으로 가
게 되니, 이동하여 일을 처리하기 위해서이다. 부부가 서로 물건을 주고받
는 것에 있어서도, 서로 상대가 있던 곳에서 전달하지 않는 것은 서 있는
자리를 달리하는 것이 되며, 술잔을 돌릴 때 반드시 술잔을 바꾼다면, 잡았
던 부분을 달리하는 것이 된다. 그렇기 때문에 "부부의 유별함을 나타낸
다."라고 했다.

鄭注 校, 豆中央直者也. 執醴, 授醴之人. 授夫人以豆, 則執鐙. 鐙, 豆下跗也.

번역 '교(校)'는 두(豆) 중에서도 가운데 곧게 뻗은 부분이다. '집례(執
醴)'는 예제(醴齊)를 전달하는 사람이다. 부인에게 두(豆)를 전달하게 된다
면 등(鐙)을 잡는다. '등(鐙)'은 두(豆)의 하단에 있는 발 부분이다.

釋文 卷, 古本反. 校, 戶敎反, 又戶交反, 柄也. 鐙音登, 又丁鄧反.

번역 '卷'자는 '古(고)'자와 '本(본)'자의 반절음이다. '校'자는 '戶(호)'자
와 '敎(교)'자의 반절음이며, 또한 '戶(호)'자와 '交(교)'자의 반절음도 되니,
자루를 뜻한다. '鐙'자의 음은 '登(등)'이며, 또한 '丁(정)'자와 '鄧(등)'자의
반절음도 된다.

孔疏 ●"君卷"至"別也". ○正義曰: 此一節明第七倫也.

번역 ●經文: "君卷"~"別也". ○이곳 문단은 일곱 번째 도의를 나타내
고 있다.

孔疏 ●"夫人副褘立于東房"者, 此謂上公之夫人, 故副褘立于東房. 若其
餘夫人則不副褘也.

번역 ●經文: "夫人副褘立于東房". ○이곳에서 말한 자는 상공(上公)의

부인을 뜻한다. 그렇기 때문에 머리장식인 부(副)와 위의(褘衣)를 착용하고 동쪽 방에 서 있는 것이다. 만약 나머지 제후들의 부인이었다면, 머리장식인 부(副)와 위의를 착용하지 않는다.

孔疏 ●“夫人薦豆執校”者, 校, 謂豆之中央直者. 夫人薦豆之時, 手就此校.

번역 ●經文: “夫人薦豆執校”. ○‘교(校)’는 두(豆) 중에서도 가운데 곧게 뻗은 부분을 뜻한다. 부인이 두(豆)를 바칠 때 손으로는 중앙의 곧게 뻗은 부분을 잡는다.

孔疏 ●“執醴授之, 執鐙”者, 鐙, 謂豆下跗. 夫人薦豆之時, 此執醴之人以豆授夫人之時, 則執豆之下跗. 夫人授之, 乃執校也.

번역 ●經文: “執醴授之, 執鐙”. ○‘등(鐙)’은 두(豆)의 하단에 있는 발 부분을 뜻한다. 부인이 두(豆)를 바칠 때, 례제(醴齊)를 든 사람이 두(豆)를 부인에게 건네게 되면 두(豆)의 발 부분을 잡는다. 부인이 그것을 받게 되면 곧 두(豆)의 중앙 부분을 잡는다.

孔疏 ●“尸酢, 夫人執柄”者, 爵爲雀形, 以尾爲柄. 夫人獻尸, 尸酢夫人, 尸則執雀尾授夫人也.

번역 ●經文: “尸酢, 夫人執柄”. ○작(爵)은 참새의 형태로 만들게 되며 꼬리부분을 자루로 삼는다. 부인이 시동에게 술잔을 바치면 시동은 부인에게 술잔을 돌리니, 시동은 참새의 꼬리부분을 잡고서 부인에게 건넨다.

孔疏 ●“夫人授尸執足”者, 夫人受酢於尸, 則執爵足也.

번역 ●經文: “夫人授尸執足”. ○부인이 시동에게서 권한 술잔을 받게 되면, 술잔의 다리부분을 잡는다.

孔疏 ●"夫婦相授受, 不相襲處"者, 謂夫婦交相致爵之時. 襲, 因也. 其執之物不相因故處. 若夫婦交相致爵不能執故處, 以明男女有別.

번역 ●經文: "夫婦相授受, 不相襲處". ○부부가 서로 술잔을 주고받을 때를 뜻한다. '습(襲)'자는 "~에 따른다[因]."는 뜻이다. 잡는 물건에 있어서 서로 상대가 이전에 잡았던 부분을 잡지 않는다. 만약 부부가 서로 술잔을 주고받게 된다면 상대가 이전에 잡았던 부분을 잡을 수 없으니, 이를 통해 남녀의 유별함을 나타낸다.

孔疏 ●"酢必易爵"者, 謂夫婦交相致爵之時, 主人受主婦之酢, 易換其爵, 故特牲主人受主婦之酢爵, "更爵酢", 鄭注云"主人更爵自酢, 男子不承婦人爵", 卽引此文云"夫婦相授受不相襲處, 酢必易爵"也. 皇氏云: "夫婦猶男女不相襲處, 則上執校·執鐙之屬", 違鄭注儀禮之文, 其義非也.

번역 ●經文: "酢必易爵". ○부부가 서로 술잔을 주고받을 때를 뜻하는데, 주인이 주부에게서 권한 술잔을 받게 되면 술잔을 바꾸게 된다. 그렇기 때문에 『의례』「특생궤식례(特牲饋食禮)」편에서는 주인이 주부가 권한 술잔을 받았을 때 "술잔을 바꿔서 술잔을 돌린다."4)라고 한 것이고, 정현의 주에서는 "주인은 술잔을 바꿔서 스스로 술잔을 돌리니, 남자는 부인의 술잔을 받들지 않는다."라고 하며, 곧 이곳 문장에 나온 "부부가 서로 물건을 주고받을 때에는 서로 잡았던 부분을 잡지 않고, 술잔을 돌릴 때에는 반드시 술잔을 바꾼다."라고 한 말을 인용한 것이다. 황간은 "부부는 여전히 남녀가 서로 상대가 잡았던 부분을 잡지 않는 것처럼 따르니, 앞에서 교(校)를 잡고 등(鐙)을 잡는다고 한 부류이다."라고 했는데, 『의례』에 대한 정현의 주와 위배되므로, 그 주장은 잘못되었다.

---

4) 『의례』「특생궤식례(特牲饋食禮)」: 從獻皆如主人. 主人**更爵, 酌醋**, 卒爵, 降, 實爵于篚, 入復位.

孔疏 ◎注"執醴授醴"至"執鐙". ○正義曰: 謂夫人獻尸以醴齊之時, 此人酌醴以授夫人. 至夫人薦豆之時, 此人又執豆以授夫人, 是獻之與薦皆此人所事, 故云"執醴, 授醴之人", 執鐙, 謂授夫人以豆而執鐙也.

번역 ◎鄭注: "執醴授醴"~"執鐙". ○부인이 시동에게 예제(醴齊)를 따라서 술을 바칠 때, 예제 따르는 일을 담당하는 자가 부인에게 건네는 것을 뜻한다. 그리고 부인이 두(豆)를 바칠 때, 예제를 담당했던 자는 또한 두(豆)를 잡고서 부인에게 건네는데, 이것은 술을 바치고 두(豆)에 음식을 담아서 바치는 일이 모두 이 사람이 종사하는 것임을 나타낸다. 그렇기 때문에 "'집례(執醴)'는 예제(醴齊)를 전달하는 사람이다."라고 한 것이다. '집등(執鐙)'은 부인에게 두(豆)를 전달하며 두(豆)의 발 부분을 잡는다는 뜻이다.

訓纂 說文, "鐙, 錠也." 段氏玉裁曰, "按, 跗, 說文作柎, 闌足也. 鐙有柎, 則'無足曰鐙'之說, 未可信."

번역 『설문』에서는 "등(鐙)은 정(錠)이라는 기구이다."라고 했다. 단옥재는 "살펴보니 '부(跗)'자를 『설문』에서는 부(柎)자로 기록했는데, 가로 지지대가 있는 발을 뜻한다. 등(鐙)에 발 부분이 있다면 '발이 없는 것을 등(鐙)이라고 한다.'라고 한 설명은 믿을 수 없다."라고 했다.

集解 夫人受尸, 舊本誤作"授尸", 今據孔疏及石經正之.

번역 '부인수시(夫人受尸)'에 대해서 『구본』에서는 '수시(受尸)'를 '수시(授尸)'로 잘못 기록하였는데, 현재 공영달의 소와 『석경』에 근거하여 글자를 바로잡았다.

集解 愚謂: 特牲·少牢禮主人·主婦獻尸, 皆親洗·酌, 主婦薦豆自東房, 亦無贊授之者, 此云"執醴授之執鐙", 是夫人獻尸不親酌, 其薦豆又有贊授之者, 皆與大夫士禮異矣. 尸酢夫人執柄, 夫人受尸執足, 則夫人獻尸亦執足, 尸受

夫人亦執柄矣. 夫婦, 猶言男女. 君與夫人所立之異所, 執器之異處, 主人自酢
之易爵, 皆以明男女之別也.

번역 내가 생각하기에, 『의례』「특생궤식례(特牲饋食禮)」편과 「소뢰궤
식례(少牢饋食禮)」편에서는 주인과 주부가 시동에게 술을 따라서 바칠 때
모두 직접 술잔을 씻어서 술잔을 돌리게 되고, 주부는 두(豆)를 바칠 때
동쪽 방으로부터 하며, 또한 그 일을 도와서 전달하는 자가 없다. 그런데
이곳에서는 "예제(醴齊)를 든 자가 건넬 때 등(鐙)을 잡는다."라고 했으니,
이것은 부인이 시동에게 술을 바칠 때 직접 술잔을 돌리지 않는다는 사실
을 나타낸다. 그리고 두(豆)를 바칠 때에도 또한 그것을 도와서 전달하는
자가 있으니, 이 모두는 대부 및 사의 예법과 차이를 보이는 부분이다. 시동
이 부인에게 술잔을 돌릴 때 자루부분을 잡고, 부인이 시동에게 술잔을 받을
때 다리부분을 잡는다면, 부인이 시동에게 술잔을 바칠 때에도 다리부분을
잡는 것이고, 시동이 부인에게 술잔을 받을 때에도 자루부분을 잡는 것이다.
'부부(夫婦)'는 '남녀(男女)'라고 한 말과 같다. 군주와 그의 부인이 서 있을
때 장소를 달리하고, 기물을 잡을 때 잡는 부분을 달리하며, 주인이 스스로
술잔을 돌릴 때 잔을 바꾸는 일들은 모두 남녀의 유별함을 나타낸다.

• 제 20 절 •

십륜(十倫) ⑧ - 정치의 균(均)

【583a~b】

凡爲俎者, 以骨爲主. 骨有貴賤. 殷人貴髀, 周人貴肩. 凡前貴於後. 俎者, 所以明祭之必有惠也. 是故貴者取貴骨, 賤者取賤骨, 貴者不重, 賤者不虛, 示均也. 惠均則政行, 政行則事成, 事成則功立. 功之所以立者, 不可不知也. 俎者, 所以明惠之必均也. 善爲政者如此, 故曰, 見政事之均焉.

직역 凡히 俎를 爲한 者는 骨을 主로 爲한다. 骨에는 貴賤이 有하다. 殷人은 髀를 貴했고, 周人은 肩을 貴했다. 凡히 前은 後보다 貴하다. 俎者는 祭에는 必히 惠가 有함을 明하는 所以이다. 是故로 貴者는 貴骨을 取하고, 賤者는 賤骨을 取하되, 貴者는 不重하고, 賤者는 不虛하니, 均을 示함이다. 惠가 均하면 政이 行하고, 政이 行하면 事가 成하며, 事가 成하면 功이 立한다. 功이 立하는 所以의 者는 不知가 不可하다. 俎者는 惠는 必히 均함을 明하는 所以이다. 善히 政을 爲한 者가 此와 如하다. 故로 曰, 政事의 均을 見한다.

의역 십륜(十倫) 중 여덟 번째는 다음과 같다. 무릇 도마에 고기를 올릴 때에는 살점이 붙어 있는 뼈를 위주로 한다. 살점이 붙어 있는 뼈에는 귀천의 등급이 있다. 은나라 때에는 넓적다리 부위를 존귀하게 여겼고, 주나라 때에는 어깨 부위를 존귀하게 여겼다. 또 주나라 때에는 희생물의 앞부분을 뒷부분보다 존귀하게 여겼다. 도마에 올린 고기라는 것은 제사를 지낼 때 반드시 은혜가 베풀어짐을 나타내는 것이다. 이러한 까닭으로 존귀한 자는 살점이 붙어 있는 뼈 중에서도 존귀한 부분을 받고, 천한 자는 상대적으로 천한 부분을 받는다. 그러나 존귀한 자라고 하더라도 중복해서 받지 않고, 천한 자라고 하더라도 받지 못하는 경우가 없으니, 이것은 균등하게 돌아감을 나타낸다. 은혜가 균등하게 베풀어지면 정치가 시행되고, 정치가 시행되면 사업이 이루어지며, 사업이 이루어지면 공을 세우게 된다. 공을 세울 수 있는 방법은 이처럼 몰라서는 안 되는 것이다. 따라서 도마에 올린 고기라는 것은 은혜가 반드시 균등하게 베풀어짐을 나타내는 것이다. 이처럼 정치를 잘하기 때문에, "정치의 균등한 시행을 나타낸다."라고 했다.

集說 疏曰: 殷質, 貴髀之厚, 賤肩之薄. 周文, 貴肩之顯, 賤髀之隱. 前貴於後, 據周言之.

번역 공영달의 소에서 말하길, 은나라 때에는 질박함을 숭상하여 두터운 넓적다리 부위를 귀하게 여겼고, 얇은 어깨 부위를 상대적으로 천하게 여겼다. 주나라 때에는 화려함을 숭상하여 훤히 드러나는 어깨 부위를 귀하게 여겼고, 잘 드러나지 않는 넓적다리 부위를 상대적으로 천하게 여겼다. 앞부분이 뒷부분보다 귀하다는 것은 주나라 때를 기준으로 한 말이다.

集說 方氏曰: 俎者, 對豆之器, 俎以骨爲主, 則豆以肉爲主可知. 骨, 陽也, 肉, 陰也. 俎之數以奇而從陽, 豆之數以偶而從陰, 爲是故也.

번역 방씨가 말하길, 도마[俎]는 두(豆)와 대비되는 기물인데, 도마에서는 살점이 붙어 있는 뼈 부위 담는 것을 위주로 하니, 두(豆)에는 고기 부위 담는 것을 위주로 함을 알 수 있다. 뼈는 양(陽)에 해당하고 고기는 음(陰)에 해당한다. 도마를 진설할 때에는 홀수에 맞춰서 양(陽)에 따르고, 두(豆)는 짝수에 맞춰서 음(陰)에 따르는 것도 이러한 이유 때문이다.

大全 長樂陳氏曰: 貴者取貴骨, 賤者取賤骨, 則有所別, 而足以爲義. 貴者不重, 賤者不虛, 則有所均, 而可以爲仁. 行於上者政也, 通於下者事也. 政必有事, 而事不必有政, 故事成本於政行.

번역 장락진씨가 말하길, 존귀한 자가 살점이 붙어 있는 뼈 중에서도 귀한 부분을 가져가고 미천한 자가 상대적으로 천한 부분을 가져간다면,

구별이 있으면서도 충분히 의(義)를 시행할 수 있다. 존귀한 자가 중복해서 받지 않고 미천한 자가 받지 못하는 경우가 없다면, 균등함이 있으면서도 인(仁)을 시행할 수 있다. 윗사람에게 시행하는 것은 정(政)이며, 아랫사람에게까지 적용되는 것은 사(事)이다. 정(政)에는 반드시 사(事)가 있게 되지만, 사(事)에는 반드시 정(政)이 있는 것은 아니다. 그렇기 때문에 사(事)가 완성되는 것은 정(政)이 시행됨에 근본을 둔다.

鄭注 殷人貴髀, 爲其厚也. 周人貴肩, 爲其顯也. 凡前貴於後, 謂脊·脅·臂·臑之屬.

번역 은나라 때에는 넓적다리 부위를 존귀하게 여겼으니, 그 부위의 살이 두텁기 때문이다. 주나라 때에는 어깨 부위를 존귀하게 여겼으니, 그 부위가 잘 드러나기 때문이다. 무릇 전면이 후면보다 존귀하다고 했는데, 등뼈·갈비·앞다리의 아랫부분·앞다리의 윗부분 등을 뜻한다.

釋文 髀, 必氏反, 又必履反. 重, 直龍反. 臑, 乃報反, 肱骨也.

번역 '髀'자는 '必(필)'자와 '氏(씨)'자의 반절음이며, 또한 '必(필)'자와 '履(리)'자의 반절음도 된다. '重'자는 '直(직)'자와 '龍(룡)'자의 반절음이다. '臑'자는 '乃(내)'자와 '報(보)'자의 반절음이며, 앞다리의 윗부분 뼈를 뜻한다.

孔疏 ●"凡爲"至"均焉". ○正義曰: 此一經明第八倫也.

번역 ●經文: "凡爲"~"均焉". ○이곳 문단은 여덟 번째 도의를 나타내고 있다.

孔疏 ●"凡爲俎者, 以骨爲主"者, 俎爲助祭者各將物於俎也.

번역 ●經文: "凡爲俎者, 以骨爲主". ○도마는 제사를 돕는 자들을 위해서 각각의 도마에 음식들을 차려주는 것이다.

孔疏 ●"殷人貴髀, 周人貴肩"者, 殷質, 貴髀之厚, 賤肩之薄. 周文, 貴肩之顯, 賤髀之隱, 各隨所貴.

번역 ●經文: "殷人貴髀, 周人貴肩". ○은나라 때에는 질박함을 숭상하여 두터운 넓적다리 부위를 귀하게 여겼고, 얇은 어깨 부위를 상대적으로 천하게 여겼다. 주나라 때에는 화려함을 숭상하여 훤히 드러나는 어깨 부위를 귀하게 여겼고, 잘 드러나지 않는 넓적다리 부위를 상대적으로 천하게 여겼다. 즉 각각 존귀하게 여기던 것에 따른 것이다.

孔疏 ●"凡前貴於後"者, 據周言之, 以周人之貴肩故也.

번역 ●經文: "凡前貴於後". ○주나라 때를 기준으로 한 말이다. 주나라 때에는 어깨 부위를 존귀하게 여겼기 때문이다.

孔疏 ●"俎者, 所以明祭之必有惠也"者, 助祭者, 故賜之俎也.

번역 ●經文: "俎者, 所以明祭之必有惠也". ○제사를 도왔던 자들이기 때문에 도마에 고기를 담아서 하사하는 것이다.

孔疏 ●"貴者不重, 賤者不虛, 示均也"者, 言貴者不特多而重, 賤者不虛而無分俎, 多少隨其貴賤, 是示均平也.

번역 ●經文: "貴者不重, 賤者不虛, 示均也". ○존귀한 자가 특별히 많이 받고 거듭 받는 것이 아니며, 미천한 자가 받지 못하여 고르게 돌아가는 도마의 고기가 없는 것도 아니라는 뜻이니, 많고 적음은 귀천의 등급에 따르게 되므로, 이것은 균평함을 드러낸다는 의미이다.

孔疏 ●"功之所以立者, 不可不知也"者, 言功立由於分俎, 其事既重, 人君不可不知分俎之事也.

번역 ●經文: "功之所以立者, 不可不知也". ○공은 고르게 돌아가는 도마의 고기를 통해서 세워지게 되며, 그 사안이 이미 중요하므로, 군주는 도마의 고기를 고르게 분배해야 할 일을 몰라서는 안 된다는 뜻이다.

孔疏 ●"善爲政者如此"者, 言人君欲善爲政敎者, 必須如此分俎均平.

번역 ●經文: "善爲政者如此". ○군주가 정치와 교화를 잘 시행하고자 할 때에는 반드시 이처럼 도마의 고기를 균평하게 나눠주는 것처럼 해야만 한다는 뜻이다.

孔疏 ◎注"凡前"至"之屬". ○正義曰: 此脊·脅·臂·臑, 擧其貴者, 言之屬中包其賤者. 不云肩者, 以經云"周人貴肩", 故此略之. 前體臂·臑爲貴, 後體膊·胳爲賤. 就脊·脅之中, 亦有貴賤. 正脊在前爲貴, 脡脊·橫脊在後爲賤. 脅則正脅在前爲貴, 短脅爲賤. 故總云"之屬"以包之.

번역 ◎鄭注: "凡前"~"之屬". ○척(脊)·협(脅)·비(臂)·노(臑)는 존귀하게 여기는 부분을 제시한 것이며, '~의 부류[之屬]'라고 한 말은 천하게 여기는 부분까지도 포함한 것이다. 견(肩)을 언급하지 않은 것은 경문에서 "주나라 때에는 어깨 부위를 존귀하게 여겼다."라고 했기 때문에, 이곳에서는 생략한 것이다. 희생물의 앞부분 중에서 비(臂)·노(臑)는 존귀한 부분이 되고, 뒷부분 중에서 박(膊)·각(胳)은 천한 부분이 된다. 척(脊)·협(脅)에 있어서도 존귀한 부분과 천한 부분이 있다. 정척(正脊)은 앞부분에 있으므로 존귀한 부분이 되고, 정척(脡脊)·횡척(橫脊)은 뒷부분에 있으므로 천한 부분이 된다. 협(脅)의 경우 정협(正脅)은 앞부분에 있으므로 존귀한 부분이 되고, 단협(短脅)은 천한 부분이 된다. 그렇기 때문에 총괄적으로 '지속(之屬)'이라고 말하여 이러한 부분까지도 포함시킨 것이다.

集解 愚謂: 爲俎, 謂主人以下及助祭者之俎也. 凡牲之體骨, 兩肱各三: 肩·臂·臑也. 兩股各三: 髀·▼(骨+屯)·骼也. 脊三: 正脊·脡脊·橫脊也. 兩胉各三: 代脅·長脅·短脅也. 其右胖以爲尸俎, 其左胖以爲主人·主婦及助祭者之俎. 殷人貴後, 而髀則後體之上者; 周人貴前, 而肩則前體之上者. 貴者取貴骨, 賤者取賤骨, 言自主人以下之俎, 以貴賤次第用之也. 然骨雖有貴賤, 而未嘗不各有所取, 則惠無不均矣. 人君欲恩惠周徧, 必由於政事之均平, 故於爲俎而可以見政事之均焉.

번역 내가 생각하기에, '위조(爲俎)'는 주인으로부터 그 이하로 제사를 도왔던 자들에 이르기까지 그들에게 차려내는 도마를 뜻한다. 무릇 희생물의 몸체와 뼈에 있어서 양쪽의 굉(肱)에는 각각 세 부위가 있으니, 견(肩)·비(臂)·노(臑)이다. 또 양쪽의 고(股)에는 각각 세 부류가 있으니, 비(髀)·▼(骨+屯)·격(骼)이다. 척(脊)에는 세 부위가 있으니, 정척(正脊)·정척(脡脊)·횡척(橫脊)이다. 양쪽 박(胉)에는 각각 세 부위가 있으니, 대협(代脅)·장협(長脅)·단협(短脅)이다. 그 중 우측 부분들은 시동의 도마에 담아내는 고기로 삼고, 좌측 부분은 주인·주부 및 제사를 도왔던 자들의 도마에 담아내는 고기로 삼는다. 은나라 때에는 뒷부분을 존귀하게 여겼으니, 비(髀)라는 것은 뒷부분 중에서도 위에 있었던 부위이며, 주나라 때에는 앞부분을 존귀하게 여겼으니, 견(肩)이라는 것은 앞부분 중에서도 위에 있었던 부위이다. 존귀한 자가 살점이 붙어 있는 뼈 중에서도 귀한 것을 가져가고 미천한 자가 천한 것을 가져간다는 것은 주인으로부터 그 이하의 자들이 받는 도마에는 귀천의 등급에 따라 순차적으로 해당하는 고기를 사용했다는 뜻이다. 그러나 살점이 붙어 있는 뼈에 귀천의 구분이 있었더라도 일찍이 각각 가져가지 않는 것이 없었으니, 은혜를 베풂에 있어서 균등하지 않았던 점이 없는 것이다. 군주는 은혜를 두루 펼치고자 할 때 반드시 정치가 균평하게 시행되는 것에 따르게 된다. 그렇기 때문에 도마에 고기를 차려냄을 통해서 정치가 균평하게 시행됨을 확인할 수 있다.

• 제 21 절 •

십륜(十倫) ⑨ - 장유관계에서 지켜야 하는 서(序)

【583b】

凡賜爵, 昭爲一, 穆爲一, 昭與昭齒, 穆與穆齒. 凡群有司皆以齒. 此之謂長幼有序.

직역 凡히 爵을 賜함에, 昭는 一이 爲하고, 穆은 一이 爲하며, 昭는 昭와 與하여 齒하고, 穆은 穆과 與하여 齒한다. 凡히 群有司는 皆히 齒로써 한다. 此는 長幼에 序가 有라 謂한다.

의역 십륜(十倫) 중 아홉 번째는 다음과 같다. 무릇 술잔을 하사할 때에는 형제들과 자손들 중 소(昭)항렬에 해당하는 자들은 한 무리를 이루고, 목(穆)항렬에 해당하는 자들은 한 무리를 이루며, 소항렬의 사람들은 소항렬의 사람들과 나이에 따라 서열을 정하고, 목항렬의 사람들은 목항렬의 사람들과 나이에 따라 서열을 정한다. 여러 유사(有司)들도 모두 나이에 따라 서열을 정한다. 이것을 장유관계에 질서가 있다고 부른다.

集說 爵, 行酒之器也.

번역 '작(爵)'은 음주를 할 때 사용하는 기물이다.

集說 疏曰: 此旅酬時賜助祭者酒, 衆兄弟子孫等在昭列者則爲一色, 在穆列者自爲一色, 各自相旅, 長者在前, 少者在後, 是昭與昭齒, 穆與穆齒也.

번역 공영달의 소에서 말하길, 이것은 여수(旅酬)[1]를 할 때 제사를 도왔던 자들에게 하사하는 술을 뜻하는데, 형제들과 자손들 중에서 소(昭)항렬에 해당하는 자들은 한 무리를 이루고, 목(穆)항렬에 해당하는 자들은 한 무리를 이루는데, 각각 그들끼리 서로에게 술을 권하게 되며, 연장자가 앞에 위치하고 젊은이가 뒤에 위치한다. 이것이 소항렬의 사람들은 소항렬끼리 나이에 따라 서열을 정하고, 목항렬의 사람들은 목항렬끼리 나이에 따라 서열을 정한다는 뜻이다.

集說 方氏曰: 宗廟之中, 授事則以爵, 至於賜爵則以齒, 何也? 蓋授事主義, 而行於旅酬之前; 賜爵主恩, 而行於旅酬之後, 以其主恩, 故皆以齒也. 司士所謂"祭祀賜爵呼昭穆而進之", 是矣. 夫齒所以序長幼, 故曰, "此之謂長幼有序."

번역 방씨가 말하길, 종묘 안에서 임무를 전달할 때에는 작위의 등급에 따르는데,[2] 술잔을 하사할 때에 이르러 나이에 따르는 것은 어째서인가? 무릇 임무를 전달할 때에는 의(義)를 위주로 하고 여수(旅酬)를 시행하기 이전에 해지만, 술잔을 하사할 때에는 은혜를 위주로 하고 여수를 시행한 이후에 하니, 은혜를 위주로 하기 때문에 모든 경우에 나이에 따르는 것이다. 『주례』「사사(司士)」편에서 "제사를 지내며 술잔을 하사할 때에는 소(昭)항렬과 목(穆)항렬의 사람들을 불러서 나오도록 한다."[3]라고 한 말이 이러한 뜻을 나타낸다. 무릇 나이라는 것은 장유관계에 질서를 세우는 것이다. 그렇기 때문에 "이것을 장유관계에 질서가 있다고 부른다."라고 했다.

---

1) 여수(旅酬)는 제사가 끝난 후에, 제사에 참가했던 친족 및 빈객(賓客)들이 술잔을 들어 술을 마시고, 서로 공경의 예(禮)를 표하며, 잔을 권하는 의례(儀禮)이다.
2) 『예기』「문왕세자(文王世子)」【257a】: 其在宗廟之中, 則如外朝之位. 宗人授事, 以爵以官.
3) 『주례』「하관(夏官)·사사(司士)」: 凡祭祀, 掌士之戒令, 詔相其法事; 及賜爵, 呼昭穆而進之.

鄭注 昭·穆, 猶特牲·少牢饋食之禮衆兄弟也. 群有司, 猶衆賓下及執事者. 君賜之爵, 謂若酬之.

번역 '소(昭)'와 '목(穆)'은 『의례』「특생궤식례(特牲饋食禮)」편과 「소뢰궤식례(少牢饋食禮)」편에서 말한 여러 형제들을 뜻한다. '군유사(群有司)'는 여러 빈객무리로부터 일을 맡아보았던 자들을 뜻한다. 군주가 그들에게 술잔을 하사한다는 것은 마치 여수(旅酬)를 한다는 것과 같은 것을 뜻한다.

孔疏 ●"凡賜"至"有序". ○正義曰: 此一節明祭之第九倫, 長幼之序.

번역 ●經文: "凡賜"~"有序". ○이곳 문단은 제사의 아홉 번째 도의에 해당하니, 장유관계의 질서를 나타내고 있다.

孔疏 ●"凡賜爵"者, 爵, 酒爵也. 謂祭祀旅酬時, 賜助祭者酒爵, 故云"賜爵".

번역 ●經文: "凡賜爵". ○'작(爵)'자는 술잔을 뜻한다. 즉 제사를 지내며 여수(旅酬)를 할 때, 제사를 도왔던 자들에게 술잔을 하사한다는 뜻이다. 그렇기 때문에 "술잔을 하사한다."라고 했다.

孔疏 ●"昭爲一, 穆爲一"者, 言君衆兄弟·子孫等在昭列者則爲一色, 在穆列者自爲一色, 各自相旅. 尊者在前, 卑者在後. 若同班列, 則長者在前, 少者在後, 是"昭與昭齒, 穆與穆齒".

번역 ●經文: "昭爲一, 穆爲一". ○군주의 형제들과 자손들 중에서 소(昭)항렬에 해당하는 자들은 한 무리를 이루고, 목(穆)항렬에 해당하는 자들은 한 무리를 이루어서, 각각 자기들끼리 술을 권하고 돌린다는 뜻이다. 존귀한 자는 앞에 위치하고 미천한 자는 뒤에 위치한다. 만약 작위가 동일한 경우라면, 연장자가 앞에 위치하고 나이가 어린 자가 뒤에 위치한다. 이것이 "소항렬의 사람들은 소항렬의 사람들끼리 나이에 따라 서열을 정하고, 목항렬의 사람들은 목항렬의 사람들끼리 나이에 따라 서열을 정한다.”
는 뜻이다.

孔疏 ◎注“君賜之爵, 謂若酬之”. ○正義曰: 按特牲饋食禮初有主人獻衆
賓·兄弟之禮, 後乃旅酬衆賓·兄弟. 此經直云“賜爵”, 知非獻時, 而特云酬者,
以獻時不以昭·穆爲次者. 此云昭與昭齒, 穆與穆齒, 當旅酬之事, 故知賜爵爲酬.

번역 ◎鄭注: “君賜之爵, 謂若酬之”. ○『의례』「특생궤식례(特牲饋食禮)」
편을 살펴보면, 초반에 주인은 여러 빈객들과 형제들에게 술을 따라주는
예법이 있고, 그 이후에 여러 빈객들과 형제들에게 여수(旅酬)를 한다. 이
곳 경문에서는 단지 “술잔을 하사한다.”라고 했는데, 이것이 술을 따라주는
시기가 아님을 알아서 특별히 여수를 한다고 말한 것은 술을 따라줄 때에
는 소목(昭穆)에 따라 서열을 정하지 않기 때문이다. 그리고 이곳에서는
“소항렬의 사람들은 소항렬의 사람들끼리 나이에 따라 서열을 정하고, 목
항렬의 사람들은 목항렬의 사람들끼리 나이에 따라 서열을 정한다.”라고
했으니, 이것은 여수를 시행하는 사안에 해당한다. 그렇기 때문에 술잔을
하사한다는 것이 여수를 뜻한다는 사실을 알 수 있다.

集解 賜爵, 謂獻之也. 群有司, 謂異姓之士也. 卿·大夫及士之有事於廟者,
皆別獻之, 前云“玉爵獻卿”·“瑤爵獻大夫”·“散爵獻士”, 是也. 其士之無事於
廟者, 同姓則使昭爲一列, 穆爲一列, 而以年齒爲序; 異姓則雖不序昭穆, 而亦
以齒爲序, 而皆次第獻之也. 此獻昭穆及群有司, 卽上云“尸飮九”·“獻群有司
皆以齒”, 是也. 但上則通卿·大夫·士而等其位, 所以明貴賤, 此則就同於爲士
之中而序其齒, 所以別長幼, 義各有所主也.

번역 ‘사작(賜爵)’은 술을 따라준다는 뜻이다. ‘군유사(群有司)’는 제주
와 성(姓)이 다른 사들을 뜻한다. 경과 대부 및 사 중에서도 종묘 안에서
일을 맡아본 자들에게는 모두 각각에게 술을 따라주니, 앞에서 “옥작(玉爵)
을 씻어서 술을 따라 경에게 준다.”라고 하고, “요작(瑤爵)을 씻어서 술을

따라 대부에게 준다."라고 하며, "산작(散爵)을 씻어서 술을 따라 사에게 준다."라고 했던 말들이 여기에 해당한다.4) 사 중에서 종묘 안에서 일을 맡아보지 않았던 자라면, 제주와 동성인 자에 대해서 소(昭)항렬은 한 줄을 이루게 하고 목(穆)항렬은 한 줄을 이루게 하며, 나이에 따라 서열을 정한다. 그리고 이성인 자라면, 비록 소목에 따라 서열을 정하지 않더라도 또한 나이에 따라 서열을 정하니, 모두 그 순서에 따라 술을 따라주게 된다. 이것은 소목에 속하는 친족과 뭇 유사들에게 술을 따라준다는 뜻으로, 앞에서 "시동이 아홉 차례 술을 마신다."라고 하고, "여러 유사들에게 술을 따라주며, 모두 나이에 따른다."라고 한 말에 해당한다.5) 다만 앞에서는 경·대부·사를 통괄하여 그들의 지위가 동등했을 때의 귀천을 밝힌 것이고, 이곳에서는 동등하게 사의 무리인 자들에 대해서 나이에 따라 서열을 정하여 장유관계를 구별한 것이니, 그 의미에는 각각 주안점을 두고 있는 것이 있다.

---

4) 『예기』「제통」【581c】: 尸飮五, 君洗玉爵獻卿; 尸飮七, 以瑤爵獻大夫; 尸飮九, 以散爵獻士及群有司. 皆以齒, 明尊卑之等也.
5) 『예기』「제통」【581c】: 尸飮五, 君洗玉爵獻卿; 尸飮七, 以瑤爵獻大夫; 尸飮九, 以散爵獻士及群有司. 皆以齒, 明尊卑之等也.

• 제 22 절 •

십륜(十倫) ⑩ - 상하계층의 제(際)

【583c~d】

夫祭有畀煇·胞·翟·閽者, 惠下之道也. 唯有德之君爲能行
此, 明足以見之, 仁足以與之. 畀之爲言與也, 能以其餘畀其
下者也. 煇者, 甲吏之賤者也; 胞者, 肉吏之賤者也; 翟者,
樂吏之賤者也; 閽者, 守門之賤者也, 古者不使刑人守門. 此
四守者, 吏之至賤者也. 尸又至尊, 以至尊旣祭之末而不忘至
賤, 而以其餘畀之, 是故明君在上, 則竟內之民無凍餒者矣.
此之謂上下之際.

직역　夫히 祭에는 煇·胞·翟·閽者에게 畀함이 有하니, 下에게 惠하는 道이
다. 唯히 德을 有한 君이라야만 能히 此를 行함이 爲하니, 明하여 足히 見하고,
仁하여 足히 與한다. 畀의 言이 爲함은 與이니, 能히 그 餘를 그 下에게 畀하는
者이다. 煇者는 甲吏의 賤者이며; 胞者는 肉吏의 賤者이고; 翟者는 樂吏의 賤者이
며; 閽者는 守門의 賤者이니, 古者에는 刑人으로 使하여 門을 守하길 不했다. 이
四守者는 吏의 至賤者이다. 尸는 又히 至尊인데, 至尊으로써 旣히 祭의 末하여 至
賤을 不忘하고, 그 餘로 畀하니, 是故로 明君이 上에 在하면, 竟內의 民에는 凍餒者
가 無하다. 此를 上下의 際라 謂한다.

의역　십륜(十倫) 중 열 번째는 다음과 같다. 무릇 제사에서는 휘(煇)·포
(胞)·적(翟)·혼(閽)과 같은 자들에게도 나눠줌이 있으니, 이것은 아랫사람에게
도 은혜를 베푸는 도이다. 오직 덕을 갖춘 군주여야만 이처럼 시행할 수 있어서,
밝게 그들의 사정을 살피고, 인자하게 그들에게 줄 수 있는 것이다. '비(畀)'라는
말은 남에게 준다는 뜻이니, 자신에게 남는 것을 아랫사람에게 줄 수 있다는 뜻이
다. '휘(煇)'는 가죽을 다루는 미천한 관리이다. '포(胞)'는 고기를 담당하는 미천한

관리이다. '적(翟)'은 음악을 담당하는 미천한 관리이다. '혼(閽)'은 문을 지키는 미천한 관리이다. 고대에는 형벌을 받은 자로 하여금 문을 지키도록 하지 않았다. 이처럼 네 가지 일을 담당하고 있는 자들은 하급관리들 중에서도 매우 미천한 자이다. 시동은 또한 지극히 존귀한 자임데, 지극히 존귀한 자임에도 제사의 말미에 이르면, 매우 미천한 자들까지도 잊지 않고, 남은 것들을 그들에게 주니, 이러한 까닭으로 현명한 군주가 위정자의 자리에 있어야만, 그 나라의 백성들 중 얼어 죽거나 굶어죽는 자가 없게 된다. 이것은 상하계층의 사귐이라고 부른다.

集說 不使刑人守門, 恐是周以前如此, 周則墨者使守門也. 際, 接也, 言尊者與賤者恩意相接也.

번역 "형벌을 받은 자로 하여금 문을 지키게 하지 않는다."는 말은 아마도 주나라 이전에 이와 같이 했다는 뜻이니, 주나라 때에는 묵형(墨刑)[1]을 받은 자로 하여금 문을 지키게 했다.[2] '제(際)'자는 "접한다[接]."는 뜻이니, 존귀한 자 및 미천한 자의 은혜와 뜻이 서로 접하게 된다는 의미이다.

大全 嚴陵方氏曰: 夫祭之有俎, 固已見惠均矣. 然未足以盡惠下之道, 以至尊之尸而畀至賤之吏, 然後見惠下也. 此政事之均, 與上下之際, 所以爲異歟. 惠下之道, 有明足以見之, 而無仁以與之, 則惠或失於不行, 有仁足以與之, 而無明以見之, 則惠或失於無辨. 德者, 得也, 唯有德之君, 乃能兩得, 故曰爲能行此.

번역 엄릉방씨가 말하길, 무릇 제사에는 도마에 고기를 차려내는 것이 있으니, 진실로 은혜가 균등하게 베풀어짐을 나타낼 수 있다. 그러나 아직

---

1) 묵형(墨刑)은 묵벽(墨辟)이라고도 부르며, 오형(五刑) 중의 하나이다. 범죄자의 얼굴 및 이마에 상처를 내고, 먹물로 새겨 넣어서 죄인의 신분임을 표시하는 형벌이다. 『서』「주서(周書)·여형(呂刑)」편에는 "墨辟疑赦."라는 기록이 있고, 이에 대한 공안국(孔安國)의 전(傳)에서는 "刻其顙而涅之, 曰墨刑."이라고 풀이했다.
2) 『주례』「추관(秋官)·장륙(掌戮)」: 墨者使守門.

까지는 아랫사람에게까지 은혜를 베푸는 도를 다하기에는 부족하다. 지극히 존귀한 시동이 매우 미천한 하급관리들에게 나눠주게 되어야만 아랫사람에게 은혜를 베푸는 도를 나타낼 수 있다. 그러므로 이것이 정치의 균평함이 상하계층의 사귐과 차이를 보이는 부분일 것이다. 아랫사람에게 은혜를 베푸는 도에 있어서 현명함이 있어서 그들의 실정을 파악할 수 있지만, 인자함에 따라 그들에게 줄 수 없다면, 은혜가 간혹 실행되지 않는 잘못을 범하고, 인자함이 있어서 그들에게 줄 수 있지만, 현명함에 따라 그들의 실정을 파악할 수 없다면, 은혜가 간혹 분별없이 베풀어지는 잘못을 범하게 된다. '덕(德)'이라는 말은 "얻는다[得]."는 뜻이다. 따라서 오직 덕을 갖춘 군주여야만 이러한 두 가지 사안을 얻을 수 있다. 그렇기 때문에 "이것을 시행할 수 있다."라고 했다.

鄭注 明足以見之, 見此卑者也. 仁足以與之, 與此卑者也. 鞙, 周禮作韗, 謂韗礫皮革之官也. 翟, 謂敎羽舞者也. 古者不使刑人守門, 謂夏·殷時.

번역 '명족이견지(明足以見之)'는 미천한 자들에 대해서 살펴본다는 뜻이다. '인족이여지(仁足以與之)'는 미천한 자들에게 나눠준다는 뜻이다. '휘(鞙)'자를 『주례』에서는 운(韗)자로 기록했는데, 가죽을 다루고 다듬는 관리이다. '적(翟)'은 깃털을 들고 추는 춤을 가르치는 자이다. 고대에는 형벌을 받은 자로 하여금 문을 지키게 하지 않았는데, 이것은 하나라와 은나라 때를 뜻한다.

釋文 畀, 必利反, 下及注同, 與也. 鞙, 依注作韗, 同況萬反, 又音運, 下同, 甲吏也. 胞, 步交反, 下同, 肉吏也. 翟, 狄也, 樂吏也. 閽音昏, 守門者也. 以見, 賢遍反, 注皆同. 此卑如字, 舊必利反, 下同. 礫, 知宅反.

번역 '畀'자는 '必(필)'자와 '利(리)'자의 반절음이며, 아래문장 및 정현의 주에 나오는 글자도 그 음이 이와 같고, 준다는 뜻이다. '鞙'자는 정현의 주에 따르면 '韗'자가 되니, 두 글자는 모두 '況(황)'자와 '萬(만)'자의 반절음이고, 또한 그 음은 '運(운)'도 되는데, 아래문장에 나오는 글자도 그 음이 이와 같고, 가죽을 다루는 관리이다. '胞'자는 '步(보)'자와 '交(교)'자의 반절음이며, 아래문장에 나오는 글자도 그 음이 이와 같고, 고기를 담당하는 관리이다. '翟'자는 '狄'자이니, 음악을 담당하는 관리이다. '閽'자의 음은 '昏(혼)'이니, 문을 지키는 자이다. '以見'에서의 '見'자는 '賢(현)'자와 '遍(편)'자의 반절음이며, 정현의 주에 나오는 글자도 그 음이 모두 이와 같다. '此卑'에서의 '卑'자는 글자대로 읽고, 구음(舊音)은 '必(필)'자와 '利(리)'자의 반절음이며, 아래문장에 나오는 글자도 그 음이 이와 같다. '磔'자는 '知(지)'자와 '宅(택)'자의 반절음이다.

孔疏 ●"夫祭"至"之際". ○正義曰: 此一節明祭之第十倫也.

번역 ●經文: "夫祭"~"之際". ○이곳 문단은 제사의 열 번째 도의를 나타내고 있다.

孔疏 ●"夫祭有畀煇·胞·翟·閽者, 惠下之道也"者, 畀, 與也. 煇也, 胞也, 翟也, 昏也, 此四者皆是賤官, 於祭之末, 與此四者以恩賜, 是惠施之道也.

번역 ●經文: "夫祭有畀煇·胞·翟·閽者, 惠下之道也". ○'비(畀)'자는 "준다[與]."는 뜻이다. 휘(煇)·포(胞)·적(翟)·혼(昏)이라는 네 부류는 모두 미천한 관리들로, 제사의 말미가 되면 이러한 네 부류의 사람들에게까지 은혜를 베푸니, 이것은 은혜를 베푸는 도에 해당한다.

孔疏 ●"明足以見之"者, 謂有德之君, 德能昭明, 足以見其惠下之義.

번역 ●經文: "明足以見之". ○덕을 가진 군주는 덕에 따라 밝게 알 수 있으니, 아랫사람들에게 은혜를 베푸는 뜻에 대해서도 충분히 알 수 있다는 의미이다.

孔疏 ●"仁足以與之"者, 以君有仁恩, 足能賜與於下.

번역 ●經文: "仁足以與之". ○군주가 인자함과 은혜를 갖추고 있어서, 아랫사람들에게까지 하사품을 베풀 수 있다는 뜻이다.

孔疏 ●"古者不使刑人守門"者, 此作記之人以見周刑人守門, 以祭末又何恩賜與刑人, 故明之, 云古者夏·殷之時, 不使刑人守門. 雖是賤人, 所以得恩賜.

번역 ●經文: "古者不使刑人守門". ○『예기』를 기록한 자는 주나라 때 형벌을 받은 자로 하여금 문을 지키게 했던 것을 보고, 제사 말미에 또한 어찌 형벌을 받은 자들에게까지 은혜를 베풀 수 있느냐는 의문이 들 것을 예상하여, 그 사실을 나타낸 것이다. 즉 고대의 하나라와 은나라 때에는 형벌을 받은 자로 하여금 문을 지키게 하지 않았다고 한 것이다. 따라서 주나라 때에는 비록 형벌을 받은 미천한 자들일지라도 이러한 은혜를 받을 수 있었다.

孔疏 ●"此四守者, 吏之至賤者也"者3), 旣每言賤, 明但是各守其職之人, 能爲四物, 故云"四守"也.

번역 ●經文: "此四守者, 吏之至賤者也". ○이미 매번 미천하다는 말을 했으니, 이것은 단지 그들이 각각의 직무만을 담당하는 자들임을 나타내며, 그들은 이러한 네 부류를 담당할 수 있기 때문에 '사수(四守)'라고 말한 것이다.

孔疏 ●"尸又至尊, 以至尊旣祭之末而不忘至賤, 而以其餘畀之, 是故明君在上, 則竟內之民無凍餒者矣"者, 更廣明貴有餘分與至賤, 爲恩之深也. 人

---

3) '자(者)'자에 대하여. '자'자는 본래 없던 글자인데, 완원(阮元)의 『교감기(校勘記)』에서는 "혜동(惠棟)의 『교송본(校宋本)』에는 '야(也)'자 뒤에 '자'자가 기록되어 있다."라고 했다.

君身尊, 而尸又更尊, 故言又也.

번역 ●經文: "尸又至尊, 以至尊旣祭之末而不忘至賤, 而以其餘畀之, 是故明君在上, 則竟內之民無凍餒者矣". ○존귀한 자가 여유분을 지극히 미천한 자에게까지 베푸는 것은 은혜로움이 깊은 것임을 재차 설명한 것이다. 군주 본인은 존귀하지만 시동은 더욱 존귀하다. 그렇기 때문에 '우(又)'라고 말했다.

孔疏 ●"此之謂上下之際"者, 結十倫也. 際, 接也, 至尊與賤者, 其道接也.

번역 ●經文: "此之謂上下之際". ○십륜(十倫)에 대해서 결론을 맺은 것이다. '제(際)'자는 "접한다[接]."는 뜻이니, 지극히 존귀한 자와 미천한 자의 도가 서로 접하는 것을 의미한다.

孔疏 ◎注"煇周"至"殷時". ○正義曰: 按周禮·考工記"韗人爲皐陶", 鄭云: "皐陶, 鼓木也." 言韗人之官, 掌作鼓木, 張皮兩頭鞔之以爲鼓, 是韗礫皮革之官. 云"翟, 謂敎羽舞者也"者, 羽, 翟羽, 故詩·邶風云"左手執籥, 右手秉翟", 翟卽狄也, 古字通用. 云"古者不使刑人守門, 謂夏殷時"者, 以周禮墨者使守門, 故知不使刑人守門, 謂夏殷時也.

번역 ◎鄭注: "煇周"~"殷時". ○『주례』「고공기(考工記)」편을 살펴보면, "운인(韗人)은 고도(皐陶)를 만든다."[4]라고 했고, 정현의 주에서는 "고도(皐陶)는 북의 나무틀이다."[5]라고 했다. 즉 운인이라는 관리는 북의 나무틀 만드는 것을 담당하는데, 가죽의 양쪽을 펴서 북의 치는 면을 만들게 됨을 뜻한다. 따라서 이것이 가죽을 다루고 다듬는 관리임을 나타낸다. 정현이 "'적(翟)'은 깃털을 들고 추는 춤을 가르치는 자이다."라고 했는데, '우(羽)'는 꿩의 깃털을 뜻한다. 그러므로 『시』「패풍(邶風)」편에서는 "좌측 손

---

4) 『주례』「동관고공기(冬官考工記)·운인(韗人)」: 韗人爲皐陶.
5) 이 풀이는 정사농(鄭司農)의 주장이다.

으로는 피리를 잡고, 우측 손으로는 꿩의 깃털을 잡는다."6)라고 한 것이니, '적(翟)'자는 곧 적(狄)자에 해당하며, 고대의 글자에서는 통용해서 사용했다. 정현이 "고대에는 형벌을 받은 자로 하여금 문을 지키게 하지 않았는데, 이것은 하나라와 은나라 때를 뜻한다."라고 했는데, 『주례』에서는 묵형(墨刑)을 받은 자로 하여금 문을 지키게 한다고 했다. 그러므로 형벌을 받은 자로 하여금 문을 지키게 하지 않았다는 것이 하나라와 은나라 때를 뜻한다는 사실을 알 수 있다.

集解 畀, 謂頒胙及之也.

번역 '비(畀)'자는 제사에 사용한 고기를 분배하여 그들에게까지 나눠준다는 뜻이다.

集解 此以上, 明十倫, 又以申"道之以禮"之義也.

번역 이곳 문단으로부터 그 앞의 내용들은 십륜(十倫)에 대해 밝히고 있으며, 또한 이를 통해 "인도하길 예로써 한다."7)는 뜻을 거듭 밝히고 있다.

---

6) 『시』「패풍(邶風)·간혜(簡兮)」: 有力如虎, 執轡如組. <u>左手執籥, 右手秉翟</u>. 赫如渥赭, 公言錫爵.
7) 『예기』「제통」【574b~c】: 賢者之祭也, 必受其福, 非世所謂福也. 福者, 備也, 備者, 百順之名也. 無所不順者之謂備, 言內盡於己, 而外順於道也. 忠臣以事其君, 孝子以事其親, 其本一也. 上則順於鬼神, 外則順於君長, 內則以孝於親, 如此之謂備. 唯賢者能備, 能備然後能祭. 是故賢者之祭也, 致其誠信與其忠敬, 奉之以物, <u>道之以禮</u>, 安之以樂, 參之以時, 明薦之而已矣. 不求其爲, 此孝子之心也.

• 제 23 절 •

사계절의 제사와 나라를 다스리는 근본

【584a】

凡祭有四時, 春祭曰礿, 夏祭曰禘, 秋祭曰嘗, 冬祭曰烝.

직역 凡히 祭에는 四時가 有하니, 春祭를 礿이라 曰하고, 夏祭를 禘라 曰하며, 秋祭를 嘗이라 曰하고, 冬祭를 烝이라 曰한다.

의역 무릇 제사에는 고정적으로 정해진 네 시기가 있으니, 봄에 지내는 제사를 약(礿)이라 부르고, 여름에 지내는 제사를 체(禘)라 부르며, 가을에 지내는 제사를 상(嘗)이라 부르고, 겨울에 지내는 제사를 증(烝)이라 부른다.

集說 周禮, 春祠·夏禴·秋嘗·冬烝. 鄭氏謂此夏殷之禮.

번역 『주례』의 체제에 따른다면 봄제사는 사(祠)[1]가 되고 여름 제사는 약(禴)[2]이 되며 가을 제사는 상(嘗)[3]이 되고 겨울 제사는 증(烝)[4]이 된

---

1) 사(祠)는 봄에 종묘(宗廟)에서 지내는 제사를 뜻한다. '사'자는 음식[食]을 뜻하는 글자로, 선왕(先王)들에게 음식을 대접한다는 의미에서, 봄의 제사를 '사'라고 부르는 것이다. 『이아』「석천(釋天)」편에는 "春祭曰祠."라는 기록이 있는데, 이에 대한 곽박(郭璞)의 주에서는 "祠之言食."이라고 풀이했다. 한편 『예기』「왕제(王制)」편에는 "天子諸侯宗廟之祭, 春曰礿, 夏曰禘, 秋曰嘗, 冬曰烝."이라는 기록이 있고, 이에 대한 정현의 주에서는 "此蓋夏殷之祭名. 周則春曰祠, 夏曰礿, 以禘爲殷祭."라고 풀이했다. 즉 하(夏)나라와 은(殷)나라에서는 봄에 종묘에서 지내는 제사를 약(礿)이라고 불렀는데, 주(周)나라에 이르러, '약'이라는 명칭을 '사'로 고치게 되었다는 뜻이다.
2) 약(礿)은 약(禴)이라고도 부른다. 하(夏)나라와 은(殷)나라 때에는 봄에 종묘(宗廟)에서 지내는 제사를 뜻하는 용어로 사용하였지만, 주(周)나라 때에는

다.5) 정현은 이 기록이 하나라와 은나라 때의 예법이라고 했다.

鄭注 謂夏·殷時禮也.

명칭을 고쳐서, 여름에 지내는 제사의 명칭으로 삼았다. '약(礿)'이 봄 제사를 뜻하는 용어로 사용될 때에는 적다[薄]라는 뜻으로, 봄에는 만물이 아직 성숙하지 않았으므로, 제사 때 차려내는 제수(祭需)들이 적게 된다. 그렇기 때문에 그 제사를 '약(礿)'이라고 부르는 것이다. 『예기』「왕제(王制)」편에는 "天子諸侯宗廟之祭, 春日礿, 夏日禘, 秋日嘗, 冬日烝."이라는 기록이 있고, 이에 대한 정현의 주에서는 "此蓋夏殷之祭名. 周則春日祠, 夏日礿, 以禘爲殷祭."라고 풀이했고, 진호(陳澔)의 『집설(集說)』에서는 "礿, 薄也. 春物未成, 祭品鮮薄也."라고 풀이했다. 한편 '약(礿)'자가 여름 제사를 뜻하는 용어로 사용될 때에는 삶다[汋=礿]의 뜻으로, 여름 4월에는 보리가 익어서, 삶아서 밥을 지을 수가 있다. 여름 제사 때에는 이처럼 보리밥을 헌상하기 때문에, 그 제사를 '약(礿)'이라고 부르는 것이다. 『춘추공양전』「환공(桓公) 8년」편에는 "夏日礿."이라는 기록이 있는데, 이에 대한 하휴(何休)의 주에서는 "薦尙麥苗, 麥始熟可礿, 故日礿."이라고 풀이했다. 그리고 『주례』「춘관(春官)·사존이(司尊彝)」편에서는 "春祠夏禴, 祼用雞彝·鳥彝, 皆有舟."라고 하여, 약(礿)을 '약(禴)'자로 기록하고 있다.

3) 상(嘗)은 가을에 종묘(宗廟)에서 지내는 제사를 뜻한다. 『이아』「석천(釋天)」편에는 "春祭日祠, 夏祭日礿, 秋祭日嘗, 冬祭日烝."이라는 기록이 있다. 즉 봄에 지내는 제사를 '사(祠)'라고 부르며, 여름에 지내는 제사를 '약(礿)'이라고 부르고, 가을에 지내는 제사를 '상(嘗)'이라고 부르며, 겨울에 지내는 제사를 '증(烝)'이라고 부른다. 한편 '상'제사는 성대한 규모로 거행하였기 때문에, '대상(大嘗)'이라고도 불렀으며, 가을에 지낸다는 뜻에서, '추상(秋嘗)'이라고도 불렀다. 또한 『춘추번로(春秋繁露)』「사제(四祭)」편에서는 "四祭者, 因四時之所生孰而祭其先祖父母也. 故春日祠, 夏日礿, 秋日嘗, 冬日烝. …… 嘗者, 以七月嘗黍稷也."이라고 하여, 가을 제사인 상(嘗)제사는 7월에 시행하며, 서직(黍稷)을 흠향하도록 지낸다는 뜻에서 맛본다는 뜻의 '상'자를 붙였다고 설명한다.

4) 증(烝)은 겨울에 종묘(宗廟)에서 지내는 제사를 뜻한다. '증'자는 중(衆)자의 뜻으로, 겨울에는 만물 중에 성숙한 것이 많다는 의미에서 붙여진 말이다. 『백호통(白虎通)』「종묘(宗廟)」편에는 "冬日烝者, 烝之爲言衆也, 冬之物成者衆."이라는 기록이 있다.

5) 『주례』「춘관(春官)·사존이(司尊彝)」: 春祠夏禴, 祼用雞彝·鳥彝, 皆有舟; 其朝踐用兩獻尊, 其再獻用兩象尊, 皆有罍, 諸臣之所昨也. 秋嘗冬烝, 祼用斝彝·黃彝, 皆有舟; 其朝獻用兩著尊, 其饋獻用兩壺尊, 皆有罍, 諸臣之所昨也.

번역 하나라와 은나라 때의 예법을 뜻한다.

釋文 礿, 羊灼反, 字又作禴. 夏, 戶嫁反, 下注"夏"·"孟夏"同.

번역 '礿'자는 '羊(양)'자와 '灼(작)'자의 반절음이며, 이 글자는 또한 '禴'자로도 기록한다. '夏'자는 '戶(호)'자와 '嫁(가)'자의 반절음이며, 아래 정현의 주에 나오는 '夏'와 '孟夏'에서의 '夏'자도 모두 그 음이 이와 같다.

孔疏 ●"凡祭"至"母矣". ○正義曰: 此一節明祭祀之重禘·嘗之義, 人君若能明於其義, 可以爲民父母, 今各隨文解之.

번역 ●經文: "凡祭"~"母矣". ○이곳 문단은 제사에서 체(禘)와 상(嘗)을 중시하는 뜻을 나타내고 있으니, 군주가 만약 그 의미에 대해서 명확히 알 수 있다면 백성들의 부모라 할 수 있다는 의미이며, 각각의 문장에 따라서 풀이하겠다.

구 분	봄	여름	가을	겨울
『예기』「제통(祭統)」	礿	禘	嘗	烝
『예기』「제의(祭義)」	禘		嘗	
『예기』「왕제(王制)」	礿	禘	嘗	烝
『예기』「명당위(明堂位)」		礿	嘗	烝
『예기』「교특생(郊特牲)」	禘		嘗	
『주례』「대종백(大宗伯)」	祠	禴	嘗	烝
『주례』「사존이(司尊彝)」	祠	禴	嘗	烝
『이아』「석천(釋天)」	祠	礿	嘗	烝
『춘추공양전』「환공(桓公) 8년」	祠	礿	嘗	烝
『춘추번로』「사제(四祭)」	祠	礿	嘗	烝

【584a】

祐·禘, 陽義也; 嘗·烝, 陰義也. 禘者, 陽之盛也; 嘗者,
陰之盛也. 故曰, "莫重於禘嘗."

직역 祐과 禘는 陽義이며; 嘗과 烝은 陰義이다. 禘者는 陽의 盛이며; 嘗者는
陰의 盛이다. 故로 曰, "禘嘗보다 重함이 莫하다."

의역 봄에 지내는 약(祐)제사와 여름에 지내는 체(禘)제사는 양(陽)의 뜻에
해당한다. 가을에 지내는 상(嘗)제사와 겨울에 지내는 증(烝)제사는 음(陰)의 뜻에
해당한다. 체제사는 양(陽) 중에서도 왕성한 것이고, 상제사는 음(陰) 중에서도 왕
성한 것이다. 그렇기 때문에 "체제사와 상제사보다 중요한 것이 없다."라고 했다.

集說 方氏曰: 陽道常饒, 陰道常乏, 饒, 故及於夏始爲盛焉; 乏, 故及於秋
已爲盛矣. 此禘所以爲陽之盛, 嘗所以爲陰之盛歟. 以其陰陽之盛, 故曰莫重
於禘嘗.

번역 방씨가 말하길, 양(陽)의 도는 항상 풍요롭고 음(陰)의 도는 항상
결핍되어 있다. 풍요롭기 때문에 여름이 되어야 비로소 왕성해지고, 결핍되
었기 때문에 가을이 되면 이미 왕성하게 된다. 이것은 체(禘)제사가 양(陽)
의 왕성함이 되고, 상(嘗)제사가 음(陰)의 왕성함이 됨을 뜻한다. 음양의
왕성함이기 때문에 "체제사와 상제사보다 중요한 것이 없다."라고 했다.

大全 石林葉氏曰: 祐禘之祭, 其用物薄, 主於灌獻, 則順乎陽, 陽於春夏爲
用也. 嘗烝之祭, 其用物多, 主於饋食, 則順乎陰, 陰於秋冬爲用也. 然言其盛,
則止及於禘嘗, 而不及祐烝者, 蓋陽達於春, 物方蠢動, 陰終於冬, 物已退藏,
故古之君子, 其言郊社, 則以禘嘗對之, 亦擧其盛者爾.

번역 석림섭씨가 말하길, 약(祐)과 체(禘)제사에서는 제수를 사용하는
것이 적어서, 술을 땅에 부어 신을 강림시키고 시동에게 술을 따라 바치는

것을 위주로 하니, 양(陽)에 따르는 것이고, 양(陽)은 봄과 여름에 활동을
하기 때문이다. 상(嘗)과 증(烝)제사에서는 제수를 사용하는 것이 많아서,
음식 바치는 것을 위주로 하니, 음(陰)에 따르는 것이고, 음(陰)은 가을과
겨울에 활동을 하기 때문이다. 그런데 왕성함을 언급하며 단지 체(禘)와
상(嘗)제사에만 그치고, 약(礿)과 증(烝)제사를 언급하지 않은 것은 무릇
양(陽)은 봄에 두루 통하여 사물이 꿈틀거리게 되고, 음(陰)은 겨울에 끝나
서 사물이 이미 물러나 숨기 때문에, 고대의 군자는 교사(郊社)를 언급할
때면, 체상(禘嘗)이라는 말로 대신 불렀으니, 이 또한 왕성한 것을 제시해
서 말한 것일 뿐이다.

鄭注 夏者尊卑著, 而秋萬物成.

번역 여름에는 존귀하고 미천한 것이 드러나고, 가을에는 만물이 완성
되기 때문이다.

孔疏 ●"禘者, 陽之盛也"者, 以禘祭在夏, 夏爲炎暑, 故爲陽盛.

번역 ●經文: "禘者, 陽之盛也". ○체(禘)제사는 여름에 지내는데, 여름
은 매우 더운 때이다. 그렇기 때문에 양(陽)의 왕성함이 된다.

孔疏 ●"嘗者, 陰之盛也"者, 以嘗祭在秋之時, 陰功成就, 故爲陰盛. 冬雖
嚴寒, 以物於秋成, 故不得以冬烝對夏禘.

번역 ●經文: "嘗者, 陰之盛也". ○상(嘗)제사는 가을에 지내는데, 음
(陰)의 공적은 완성하고 모으는 것이기 때문에 음(陰)의 왕성함이 된다. 겨
울에 비록 매우 춥더라도 만물은 가을에 완성된다. 그렇기 때문에 겨울의
증(烝)제사를 여름의 체(禘)제사에 대비시킬 수 없다.

【584b】

古者於禘也, 發爵賜服, 順陽義也; 於嘗也, 出田邑, 發秋政, 順陰義也. 故記曰, "嘗之日, 發公室, 示賞也." 草艾則墨, 未發秋政, 則民弗敢草也.

직역 古者에 禘에 대해서는 爵을 發하고 服을 賜하니, 陽義에 順함이며; 嘗에 대해서는 田邑을 出하고, 秋政을 發하니, 陰義에 順함이다. 故로 記에서는 曰, "嘗의 日에, 公室을 發하니, 賞을 示함이다." 草가 艾하면 墨하니, 秋政을 未發이라면, 民은 敢히 草를 弗한다.

의역 고대에 여름의 체(禘)제사를 지낼 때에는 작위를 내리고 의복을 하사하였으니, 양(陽)의 뜻에 따르는 것이다. 또 가을의 상(嘗)제사를 지낼 때에는 채읍을 나눠주고 형벌을 시행했으니, 음(陰)의 뜻에 따르는 것이다. 그러므로 고대의 『기』에서는 "상제사를 지내는 날 국가의 창고를 열어 재물을 하사하는 것은 상의 시행을 나타낸다."라고 말한 것이다. 풀을 벨 수 있게 되면 묵형(墨刑)을 시행하는데, 아직 형벌을 시행하지 않았다면, 백성들은 감히 초목을 베지 않는다.

集說 方氏曰: 爵, 命之者也, 服, 勝於陰者也, 故爲順陽義; 祿, 食之者也, 田邑, 制於地者也, 故爲順陰義. 嘗之日發公室, 因物之成而用之以行賞也, 故曰示賞. 草刈則墨者, 因其枯槁之時, 刈之以給爨. 刈草謂之草, 猶采桑謂之桑歟. 墨, 五刑之輕者, 左氏言"賞以春夏, 刑以秋冬", 而此言嘗之日發公室何也? 蓋賞雖以春夏爲主, 而亦未始不用刑, 月令"孟夏斷薄刑, 決小罪", 是也. 刑雖以秋冬爲主, 亦未始不行賞, 此所言是也.

번역 방씨가 말하길, 작위[爵]는 명령을 내리는 것이며, 의복[服]은 음기를 이길 수 있는 것이다. 그렇기 때문에 양(陽)의 뜻에 따르는 것이 된다. 녹봉[祿]은 양식을 받는 것이고, 전읍(田邑)은 땅을 구역화해서 나누는 것이다. 그렇기 때문에 음(陰)의 뜻에 따르는 것이 된다. 상(嘗)제사를 지내는

날 공실(公室)을 연다고 했는데, 만물이 완성되는 시기에 따라서 이 시기를
이용하여 상을 내리는 것이다. 그렇기 때문에 "상을 하사함을 나타낸다."라
고 했다. 풀을 벨 때가 되면 묵형을 시행한다는 것은 초목이 시들었을 시기
에 따라서 풀을 베어 불을 지피는데 공급한다는 뜻이다. 풀 베는 것을 '초
(草)'라고 부른 것이니, 뽕잎 따는 것을 '상(桑)'이라고 부르는 것과 같다.
묵형(墨刑)은 오형(五刑)6) 중에서도 가벼운 형벌이며, 『좌전』에서는 "상을
하사할 때에는 봄과 여름에 하고, 형벌을 내릴 때에는 가을과 겨울에 한다
."7)라고 했는데, 이곳에서 상(嘗)제사를 지내는 날 공실을 연다고 한 것은
어째서인가? 무릇 상은 비록 봄과 여름에 하사하는 것을 위주로 하지만,
또한 일찍이 형벌을 시행하지 않은 적이 없으니, 『예기』「월령(月令)」편에
서 "맹하(孟夏)의 달에 가벼운 형벌에 해당하는 자들에 대해서, 판결을 하
여 형벌을 부여하고, 작은 죄를 범한 자에 대해서, 판결을 내려 옥에 가두지
않고 내보낸다."8)라고 한 말이 바로 이러한 사실을 나타낸다. 그리고 형벌
은 가을과 겨울에 시행하는 것을 위주로 하지만, 또한 일찍이 상을 시행하
지 않은 적이 없으니, 이곳에서 말한 내용이 이러한 사실을 나타낸다.

集說 應氏曰: 不曰艾草而曰草艾者, 草自可艾也.

번역 응씨가 말하길, '애초(艾草)'라고 말하지 않고 '초애(草艾)'라고 말
한 것은 풀 자체가 벨 수 있게끔 시들기 때문이다.

6) 오형(五刑)은 다섯 가지 형벌을 뜻한다. '오형'의 구체적 항목에 대해서는 각
시대별 차이가 있지만, 『주례』의 기록에 근거하면, 묵형(墨刑), 의형(劓刑),
궁형(宮刑), 비형(剕刑: =刖刑), 대벽(大辟: =殺刑)이 된다. 『주례』「추관(秋
官)·사형(司刑)」편에는 "掌五刑之灋, 以麗萬民之罪, 墨罪五百, 劓罪五百, 宮
罪五百, 刖罪五百, 殺罪五百."이라는 기록이 있다.
7) 『춘추좌씨전』「양공(襄公) 26년」: 古之治民者, 勸賞而畏刑, 恤民不倦. 賞以春
夏, 刑以秋冬. 是以將賞, 爲之加膳, 加膳則飫賜, 此以知其勸賞也. 將刑, 爲之
不舉, 不舉則徹樂, 此以知其畏刑也.
8) 『예기』「월령(月令)」【201b】: 斷薄刑, 決小罪, 出輕繫.

大全 石林葉氏曰: 爵以詔德, 服以顯庸, 仁之屬也. 國政則有田邑, 致刑則 爲秋政, 義之屬也. 仁用於夏禘, 未嘗不行刑, 要之以仁爲主, 義用於秋嘗, 未 嘗不示賞, 要之以義爲主, 仁義備矣. 止曰禘嘗之義者, 指其立道而言之也.

번역 석림섭씨가 말하길, 작위는 그 사람의 덕을 드러내는 것이고, 의복 은 그 사람의 공로를 드러내는 것이니, 인(仁)의 부류에 해당한다. 나라의 정치를 시행하게 되면 채읍을 나눠주는 일이 생기고, 형벌을 시행하려면 가을의 기후와 같은 숙살시키는 정치를 시행하게 되니, 의(義)의 부류에 해당한다. 인(仁)을 여름의 체(禘)제사에 사용하더라도, 일찍이 형벌을 시 행하지 않은 적이 없으니, 요약하면 인(仁)을 위주로 하는 것이다. 또 의 (義)를 가을의 상(嘗)제사에 사용하더라도, 일찍이 상을 하사하지 않은 적 이 없으니, 요약하면 의(義)를 위주로 하는 것이다. 이 모두는 인(仁)과 의 (義)를 갖춘 것이다. 다만 체제사와 상제사의 뜻만을 말한 것은 도를 수립 하는 것을 가리켜서 말한 것이다.

鄭注 言爵命屬陽, 國地屬陰. 發公室, 出賞物也. 草艾, 謂艾取草也. 秋, 草 木成, 可芟艾給爨亨, 時則始行小刑也.

번역 작위를 내리는 것은 양(陽)에 해당하며, 국가의 토지를 나눠주는 것은 음(陰)에 해당한다는 뜻이다. '발공실(發公室)'은 상을 하사하고 물자 를 나눠준다는 뜻이다. '초애(草艾)'는 베어서 풀을 취한다는 뜻이다. 가을 은 초목이 완성되어 마른 풀들을 잘라서 불을 지피는데 공급하게 되는데, 이 시기가 되면 비로소 작은 형벌들을 집행하게 된다.

釋文 艾音刈. 芟, 所御反. 發, 七亂反. 亨, 普彭反, 徐普益反.

번역 '艾'자의 음은 '刈(예)'이다. '芟'자는 '所(소)'자와 '御(어)'자의 반절음 이다. '發'자는 '七(칠)'자와 '亂(란)'자의 반절음이다. '亨'자는 '普(보)'자와 '彭 (팽)'자의 반절음이며, 서음(徐音)은 '普(보)'자와 '益(익)'자의 반절음이다.

孔疏 ◎注"言爵"至"屬陰". ○正義曰: 爵命是生養之事, 故屬陽. 國地是土地之事, 故屬陰.

번역 ◎鄭注: "言爵"~"屬陰". ○작위를 하사하는 것은 생장시키고 기르는 일에 해당한다. 그렇기 때문에 양(陽)에 속한다. 국가의 토지를 나눠주는 것은 토지와 관련된 일이다. 그렇기 때문에 음(陰)에 속한다.

孔疏 ●"故記"至"草也". ○以記錄之前, 先有此記之文, 故作記者載前記之文, 所以言"記曰"也. 此記云嘗祭之日, 發出公室貨財以示賞也.

번역 ●經文: "故記"~"草也". ○『예기』를 기록하기 이전에 이러한『기』의 기록이 있었다. 그렇기 때문에『예기』를 기록한 자가 이전의『기』기록을 인용한 것이니, '기왈(記曰)'이라고 말한 이유이다. 그『기』의 기록에서는 "상(嘗)제사를 지내는 날 국가의 창고를 열어 재화를 나눠주어 상의 시행을 드러낸다."라고 했다.

孔疏 ●"草艾則墨"者, 謂初秋草堪艾給炊爨之時, 則行小刑之墨.

번역 ●經文: "草艾則墨". ○처음 가을이 되어 풀이 마르게 되면 베어서 불을 지피는데 공급하게 되는데, 이러한 시기가 되면 작은 형벌인 묵형(墨刑)을 시행한다는 뜻이다.

孔疏 ●"未發秋政, 則民不敢艾草也", 言夏節雖盡, 人君未發行秋政, 則民不敢艾草也.

번역 ●經文: "未發秋政, 則民不敢艾草也". ○여름철이 비록 다 지나갔더라도 군주가 가을에 해당하는 형벌의 집행을 시행하지 않았다면 백성들은 감히 풀을 베지 않는다는 뜻이다.

孔疏 ◎注"發公室, 出賞物也". ○正義曰: 按左傳云: "賞以春夏, 刑以秋冬." 此嘗之日發公室示賞者, 文各有所對, 以賞對刑, 則賞屬春·夏, 刑屬秋·冬, 其實四時之間皆有賞, 故車服屬夏, 田邑屬秋. 出田邑之時, 亦有物也. 故覲禮秋時賜侯氏車服及篋服也.

번역 ◎鄭注: "發公室, 出賞物也". ○『좌전』을 살펴보면, "상을 하사할 때에는 봄과 여름에 하고, 형벌을 내릴 때에는 가을과 겨울에 한다."라고 했다. 그런데 이곳에서는 상(嘗)제사를 지내는 날 국가의 창고를 열어서 상을 하사한다고 말했다. 문장들에는 각각 대비되는 것이 있으니, 상을 형벌과 대비하게 된다면, 상은 봄과 여름에 해당하고 형벌은 가을과 겨울에 해당하지만, 실제로 사계절 동안 모든 시기에 상을 하사한다. 그렇기 때문에 수레와 의복을 하사하는 것은 여름에 해당하고, 채읍을 하사하는 것은 가을에 해당하는 것이다. 채읍을 하사할 때에는 또한 다른 사물도 하사하게 된다. 그렇기 때문에 『의례』「근례(覲禮)」편에서는 가을에 제후들에게 수레와 의복 및 상자에 담은 의복을 하사한다고 했던 것이다.

訓纂 王氏引之曰: "弗敢"下脫"艾"字. 承上文"草艾"而言, 艾草但曰草則文不成義. 正義釋經曰, "言夏節雖盡, 人君未發行秋政, 則民不敢艾草也." 是經文本作"艾草", 寫者脫去耳.

번역 왕인지가 말하길, '불감(弗敢)'이라는 글자 뒤에는 '애(艾)'자가 누락된 것이다. 앞 문장에 나오는 '초애(草艾)'라는 말과 연결하여 말을 해보면, 풀을 베는 것을 단지 '초(草)'라고만 말하면 문장의 뜻이 성립되지 않는다. 『정의』에서는 경문을 풀이하며, "여름철이 비록 다 지나갔더라도 군주가 가을에 해당하는 형벌의 집행을 시행하지 않았다면 백성들은 감히 풀을 베지 않는다는 뜻이다."라고 했으니, 이것은 경문이 본래 '애초(艾草)'로 기록되어 있었다는 것을 뜻하니, 필사하는 자가 잘못하여 누락시킨 것일 뿐이다.

集解 愚謂: 礿·禘·嘗·烝, 夏·殷四時之祭名也. 天子別有大禘之祭, 故周改春夏祭名以避之, 春曰祠, 夏曰礿. 而諸侯之祭, 其名不改, 故春秋魯有禘祭, 而晉人亦曰"寡君之未禘祀", 是也. 莫重於禘嘗者, 魯之大禘, 因夏禘行之, 諸侯之大祫, 因秋嘗行之, 故記者因以禘嘗爲重也. 秋政, 謂刑殺之政也. 發公室, 謂發公室之貨財以賞賜也. 草艾, 謂季秋草木黃落, 伐薪爲炭之時也. 墨, 五刑之輕者, 每歲行刑, 自輕者始, 象天道之殺物有漸也. 行墨刑則發秋政矣, 故其時可以艾草; 未發秋政, 則民弗敢艾草也.

번역 내가 생각하기에, 약(礿)·체(禘)·상(嘗)·증(烝)이라는 용어는 하나라와 은나라 때 사계절마다 지내는 제사의 명칭이다. 천자는 별도로 성대한 체(禘)제사9)를 지냈기 때문에, 주나라 왕실에서는 봄과 여름의 제사 명칭을 고쳐서 겹치는 것을 피했으니, 봄제사를 사(祠)라고 불렀고, 여름제사를 약(礿)이라고 불렀다. 그러나 제후의 제사에 있어서 명칭을 고치지 않았기 때문에 『춘추』에는 노(魯)나라에서 체제사를 지냈다는 기록이 나오고, 진(晉)나라 사람 또한 "저희 군주께서 아직 체제사를 지내지 않으셨습니다."10)라고 한 것이다. "체제사와 상제사보다 중요한 것이 없다."라고 한 것은 노나라에서 지낸 성대한 규모의 체제사는 여름의 체제사를 지내는 시기에 따라서 거행하였고, 제후가 지내는 성대한 규모의 협(祫)제사11)는 가을의 상제사를 지내는 시기에 따라서 거행하였기 때문에, 『예기』를 기록

---

9) 체제(禘祭)는 천신(天神) 및 조상신(祖上神)에게 지내는 '큰 제사[大祭]'를 뜻한다. 『이아』「석천(釋天)」편에는 "禘, 大祭也."라는 기록이 있고, 이에 대한 곽박(郭璞)의 주에서는 "五年一大祭."라고 풀이하여, 대제(大祭)로써의 체제사는 5년마다 1번씩 지낸다고 설명한다. 그러나 『예기』「왕제(王制)」에 수록된 각종 제사들에 대한 기록을 살펴보면, 체제사는 큰 제사임에는 분명하나, 반드시 5년마다 1번씩 지내는 제사는 아니었다.

10) 『춘추좌씨전』「양공(襄公) 16년」: 冬, 穆叔如晉聘, 且言齊故. 晉人曰, "以<u>寡君之未禘祀</u>, 與民之未息, 不然, 不敢忘."

11) 협제(祫祭)는 협(祫)이라고도 부른다. 신주(神主)들을 태조(太祖)의 묘(廟)에 모두 모셔놓고 지내는 제사이다. 『춘추공양전』「문공(文公) 2년」에 "八月, 丁卯, 大事于大廟, 躋僖公, 大事者何. 大祫也. 大祫者何. 合祭也, 其合祭奈何. 毁廟之主, 陳于大祖."라는 기록이 있다.

한 자가 그에 따라 체제사와 상제사를 중대하다고 여긴 것이다. '추정(秋政)'은 형벌을 시행하고 사형을 집행하는 정치를 뜻한다. '발공실(發公室)'은 공실의 재화를 열어서 상을 하사한다는 뜻이다. '초애(草艾)'는 계추가 되어 초목이 시들어 떨어져서 땔감을 베어 숯을 만드는 시기를 뜻한다. '묵(墨)'은 오형(五刑) 중에서도 가벼운 것인데, 매해 형벌을 집행할 때에는 가벼운 형벌부터 집행하기 시작하니, 이것은 하늘의 도가 만물을 죽임에 있어서 점진적인 면이 있음에 따른 것이다. 묵형을 집행한다면 추정을 시행한 것이다. 그렇기 때문에 그 시기에는 초목을 벨 수 있으니, 아직 추정을 시행하지 않았다면 백성들은 감히 초목을 벨 수 없다.

【584d~585a】

故曰, "禘嘗之義大矣, 治國之本也, 不可不知也. 明其義者君也, 能其事者臣也. 不明其義, 君人不全; 不能其事, 爲臣不全." 夫義者, 所以濟志也, 諸德之發也. 是故其德盛者其志厚, 其志厚者其義章, 其義章者其祭也敬; 祭敬, 則竟內之子孫莫敢不敬矣. 是故君子之祭也, 必身親涖之, 有故, 則使人可也. 雖使人也, 君不失其義者, 君明其義故也. 其德薄者其志輕, 疑於其義而求祭使之必敬也, 弗可得已. 祭而不敬, 何以爲民父母矣?

직역　故로 曰, "禘嘗의 義가 大하니, 國을 治하는 本이므로, 不知가 不可하다. 그 義를 明한 者는 君이며, 그 事를 能한 者는 臣이다. 그 義에 不明하면, 人을 君하기에 不全하며; 그 事에 不能하면, 臣을 爲하기에 不全하다." 夫히 義者는 志를 濟하는 所以이며, 諸德의 發함이다. 是故로 그 德이 盛한 者는 그 志가 厚하며, 그 志가 厚한 者는 그 義가 章하고, 그 義가 章한 者는 그 祭함이 敬하며; 祭함이 敬하면, 竟內의 子孫들 중 敢히 不敬함이 莫이라. 是故로 君子가 祭함에는 必히 身이 親히 涖하며, 故가 有라면, 人을 使라도 可하다. 雖히 人을 使하더라도, 君이 그 義를 不失하는 者는 君이 그 義를 明하기 故라. 그 德이 薄한 者는 그 志가 輕하며, 그 義에 疑하여 祭에서 之를 使하여 必히 敬하게 함을 求하더라도 可得을 弗할 따름이다. 祭하고서 不敬한데, 何히 民의 父母가 爲라 하겠는가?

의역 그러므로 "여름에 지내는 체(禘)제사와 가을에 지내는 상(嘗)제사의 뜻이 크니, 나라를 다스리는 근본이 되므로, 몰라서는 안 된다. 그 뜻에 밝은 자는 군주이며, 그 일을 잘하는 자는 신하이다. 그 뜻에 밝지 못하면 남을 다스리는 온전한 군주라 할 수 없고, 그 일을 잘하지 못하면 온전한 신하라 할 수 없다."라고 했다. 무릇 제사의 뜻이라는 것은 이루고자 하는 것을 완성시키는 방법이며, 덕성을 드러내는 것이다. 그러므로 덕이 융성한 자는 그 뜻도 두터우며, 그 뜻이 두터운 자는 그 뜻이 밝게 드러나고, 그 뜻이 밝게 드러나는 자는 제사를 지낼 때에도 공경스럽다. 제사를 공경스럽게 시행한다면, 나라 안의 백성들 중 감히 공경하지 않는 자가 없게 된다. 이러한 까닭으로 군자가 제사를 지낼 때에는 반드시 직접 그 일에 임하게 되는데, 특별한 사정이 생기면 남을 시켜 제사를 지내도 괜찮다. 비록 남을 시켜 제사를 지내더라도, 군주는 그 뜻을 잃지 않으니, 군주 본인이 그 뜻을 밝게 알고 있기 때문이다. 덕이 옅은 자는 그 뜻도 가볍고, 제사의 뜻에 의혹을 품어 제대로 알지 못한다면, 비록 제사에 대해서 남들로 하여금 반드시 공경스럽게 치르게 시킨다 하더라도 할 수 없다. 제사를 지내더라도 공경스럽게 하지 않는다면, 어떻게 백성의 부모 된 자라 하겠는가?

集說 中庸言"明乎郊社之禮, 禘嘗之義, 治國如視諸掌", 此因上文陽義陰義而申言之. 濟志, 成其所欲爲也; 發德, 顯其所當爲也.

번역 『중용』에서는 "교사(郊社)의 예법과 체상(禘嘗)의 뜻을 안다면, 나라를 다스리는 것이 손바닥을 보는 것처럼 쉬울 것이다."[12]라고 했는데, 이곳 문장은 앞에서 양(陽)과 음(陰)의 뜻이라고 한 것에 따라서 그 뜻을 거듭 밝힌 것이다. '제지(濟志)'는 바라고자 하는 것을 이룬다는 뜻이며, '발

12) 『중용』「19장」: 郊社之禮所以事上帝也. 宗廟之禮, 所以祀乎其先也. 明乎郊社之禮禘嘗之義, 治國其如示諸掌乎.

덕(發德)'은 마땅히 해야 할 것을 드러낸다는 뜻이다.

集說 方氏曰: 大宗伯"若王不與祭祀則攝位", 先儒謂王有故, 代之行其祭事, 正謂是矣. 代之雖在乎人, 使之則出乎君, 代之雖行其事, 使之則本乎義.

번역 방씨가 말하길, 『주례』「대종백(大宗伯)」편에서는 "만약 천자가 제사에 참여하지 못하면, 그 지위를 대신한다."13)라고 했는데, 선대 학자들은 천자에게 특별한 사정이 있기 때문에, 대신해서 제사를 시행한다고 풀이했으니, 바로 앞에서 언급한 내용을 뜻한다. 대신 시행하는 것이 비록 남에게 달린 일이더라도, 그를 시키는 것은 군주의 명령으로부터 비롯되며, 대신 시행하는 것이 비록 그 일만을 절차에 따라 시행하는 것이더라도, 그처럼 시키는 것은 제사의 뜻에 근본을 두게 된다.

大全 石林葉氏曰: 君主祭者也, 故明禘嘗之義, 臣助祭者也, 故能禘嘗之事. 能其事, 則盡物而已, 明其義, 於內不可不盡志. 盡志者, 唯有德之君可也, 故志厚義章, 此德之發, 而終至於竟內無不敬, 故曰治國之本也. 祭之義, 愛敬而已, 如知愛敬於親, 則雖不身涖之, 蓋猶祭也, 不知祭之義, 則內不得於其親, 其使人祭也, 何以爲敬乎?

번역 석림섭씨가 말하길, 군주는 제사를 주관하는 자이기 때문에 체(禘)와 상(嘗)제사의 뜻을 잘 알고, 신하는 제사를 돕는 자이기 때문에 체와 상제사의 일들을 잘 처리한다. 그 일을 잘 처리한다면 사물들을 모두 갖출 따름이지만, 그 뜻에 해박하다면 내적으로 그 뜻을 다하지 않을 수가 없다. 뜻을 다한다는 것은 오직 덕을 갖춘 군주만이 가능하다. 그렇기 때문에 뜻이 두텁고 뜻이 드러나니, 이것은 덕의 나타남이며, 끝내 온 나라의 백성들 중 불경한 자가 없는 경지에 도달하게 된다. 그렇기 때문에 "나라를 다스리는 근본이다."라고 했다. 제사의 뜻은 친애함과 공경함일 따름이니, 만약

---

13) 『주례』「춘관(春官)·대종백(大宗伯)」 : 若王不與祭祀, 則攝位.

부모에 대해서 친애하고 공경할 줄 안다면, 비록 직접 그 일에 임하지 않더라도, 오히려 제사를 지낸 것과 같지만, 제사의 뜻을 모른다면, 내적으로 자신의 부모에 대해서도 제대로 섬길 수 없는데, 다른 사람을 시켜서 제사를 지낸다면 어떻게 공경스럽게 치르겠는가?

鄭注 全, 猶具也. 濟, 成也. 發, 謂機發也. 竟內之子孫, 萬人爲子孫. 蒞, 臨也. 君不失其義者, 言君雖不自親祭, 祭禮無闕, 於君德不損也.

번역 '전(全)'자는 "갖추다[具]."는 뜻이다. '제(濟)'자는 "이루다[成]."는 뜻이다. '발(發)'자는 신속히 나타난다는 뜻이다. '경내지자손(竟內之子孫)'이라고 했는데, 백성들을 자신의 자손으로 여기기 때문이다. '이(蒞)'자는 "임한다[臨]."는 뜻이다. 군주가 그 뜻을 잃지 않는다고 했는데, 군주가 비록 직접 제사를 지내지 않더라도 제례에 소홀함이 없게 되어, 군주의 덕에 대해서도 해가 되지 않는다는 뜻이다.

孔疏 ●"夫義者, 所以濟志也"者, 濟, 成也. 言禘·嘗之義, 若人君明之, 所以成就其志.

번역 ●經文: "夫義者, 所以濟志也". ○'제(濟)'자는 "이루다[成]."는 뜻이다. 체(禘)제사와 상(嘗)제사의 뜻에 대해서 군주가 그것을 명확히 안다면, 그 뜻을 성취시킬 수 있다는 의미이다.

孔疏 ●"諸德之發也"者, 發, 謂機發也. 諸, 衆也, 言義者, 是人君衆德之發, 謂諸衆人之德發在於義.

번역 ●經文: "諸德之發也". ○'발(發)'자는 신속히 나타난다는 뜻이다. '제(諸)'자는 무리[衆]라는 의미이니, 뜻이라는 것은 군주와 백성들의 덕이 나타난 것이라는 의미이고, 백성들의 덕을 발현시키는 것은 뜻에 달렸다는 의미이다.

孔疏 ●“是故其德盛者其志厚”者, 謂人君道德顯盛, 則念親志意而深厚. 若能念親深厚, 則事親祭祀, 其義章明顯著. 若能事親章明顯著, 則其祭也恭敬. 以此化下, 則竟內民之子孫, 無敢不恭敬其親矣, 以化於上故也.

번역 ●經文: “是故其德盛者其志厚”. ○군주의 도덕이 현저히 드러나고 융성하다면, 부모를 생각하는 뜻도 깊고 두텁게 된다는 의미이다. 만약 부모를 생각함이 깊고 두텁게 된다면, 부모를 섬기며 제사를 지내는 것에 있어서도 그 뜻이 현저히 드러나게 된다. 만약 부모를 섬기며 그 뜻을 현저히 드러낼 수 있다면 그 제사는 공경스럽게 된다. 이를 통해서 아랫사람들을 교화한다면, 온 나라의 백성들 중 자신의 부모에 대해서 공경하지 않는 자가 없게 되니, 이것은 윗사람을 통해 교화가 되었기 때문이다.

孔疏 ●“雖使人也, 君不失其義者, 君明其義故也”者, 言祭祀之時, 身既有故, 使人攝之. 雖使人攝, 由君能恭敬, 不喪失於爲君之義. 所以然者, 由君自明曉於禘嘗之義故也.

번역 ●經文: “雖使人也, 君不失其義者, 君明其義故也”. ○제사를 지낼 때 본인에게 특별한 사정이 생겨서 다른 사람을 시켜 대신 지내도록 했다는 뜻이다. 비록 다른 사람을 시켜 대신 시행하게 했더라도, 군주가 공경스럽게 할 수 있으므로, 군주가 되는 뜻에서 벗어나지 않는다. 이처럼 되는 것은 군주 본인이 체(禘)제사와 상(嘗)제사의 뜻에 대해서 분명히 깨닫고 있기 때문이다.

孔疏 ●“其德”至“志輕”. ○言人君道淺義薄, 則其念親志意不能厚重.

번역 ●經文: “其德”~“志輕”. ○군주의 도가 천박하고 뜻이 옅다면, 부모를 생각하는 뜻도 두텁고 중대할 수 없다는 의미이다.

孔疏 ●“疑於其義”至“民父母矣”者, 謂志意既輕, 疑惑於祭祀之義, 皆不能盡心致敬. 身旣危疑, 而欲求祭, 使之必敬, 不可得已. “已”, 是語辭.

번역 ●經文: “疑於其義”~“民父母矣”. ○뜻이 이미 가볍고, 제사의 뜻에 대해서 의혹을 품고 있으니, 모두 마음을 다하고 공경을 지극히 발휘할 수 없다는 의미이다. 본인이 이미 위태롭게 되고 의혹을 품고 있는데, 제사의 뜻을 구하고자 하여, 다른 사람을 시켜서 반드시 공경스럽게 치르게 한다고 하더라도 할 수 없을 따름이다. ‘이(已)’자는 어조사이다.

訓纂 郝楚望曰: 明其義者, 內盡心也. 能其事者, 外備物也. 君人不全, 道不備也. 濟志, 謂成其志之所欲爲.

번역 학초망이 말하길, “그 뜻에 밝다.”는 말은 내적으로 마음을 다한다는 뜻이다. “그 일을 잘한다.”는 말은 외적으로 사물을 모두 갖춘다는 뜻이다. “남의 군주노릇을 하기에 온전하지 않다.”는 말은 도가 갖춰지지 않았다는 뜻이다. ‘제지(濟志)’는 하고자 하는 뜻을 이룬다는 의미이다.

集解 明其義者, 知其所以然. 能其事者, 循其所當然也.

번역 “그 뜻에 밝다.”는 말은 그 이유를 안다는 뜻이다. “그 일을 잘하다.”는 말은 마땅히 해야 할 것에 따른다는 뜻이다.

集解 濟, 成也. 志, 卽“與志進退”之志. 義明然後志重, 故義者所以濟志也. 義非有德者不能明, 故明於其義, 乃諸德之所發見也. 祭而不敬, 則無以爲立敎之本, 故不可以爲民父母.

번역 ‘제(濟)’자는 “이루다[成].”는 뜻이다. ‘지(志)’는 “그 뜻과 함께 나아가거나 물러난다.”14)라고 했을 때의 ‘지(志)’에 해당한다. 제사의 뜻이 밝

14) 『예기』「제통」【578b~c】: 夫祭有三重焉. 獻之屬莫重於祼, 聲莫重於升歌, 舞莫重於武宿夜, 此周道也. 凡三道者, 所以假於外, 而以增君子之志也, 故與志進退. 志輕則亦輕, 志重則亦重. 輕其志而求外之重也, 雖聖人弗能得也, 是故君

아진 뒤에야 자신의 뜻이 무겁게 된다. 그렇기 때문에 제사의 뜻이라는 것은 자신의 뜻을 이루는 방법이다. 제사의 뜻은 덕을 갖춘 자가 아니라면 명확하게 알 수 없다. 그렇기 때문에 제사의 뜻을 명확하게 알아야만 여러 덕들이 드러나게 된다. 제사를 지내면서도 공경스럽지 못하다면, 교화의 근본으로 세울 수 없다. 그렇기 때문에 백성의 부모가 될 수 없다.

集解 此上三節申前"參之以時"之義, 而又歸本於志也.

번역 이상의 세 단락은 앞에서 "참여하길 때로써 한다."는 뜻을 거듭 밝힌 것이고, 또한 근본이 뜻으로 되돌아감을 밝힌 것이다.

子之祭也, 必身自盡也, 所以明重也. 道之以禮, 以奉三重而薦諸皇尸, 此聖人之道也.

명(銘)의 의미

【585b】

夫鼎有銘, 銘者自名也, 自名以稱揚其先祖之美, 而明著之後世者也. 爲先祖者, 莫不有美焉, 莫不有惡焉. 銘之義, 稱美而不稱惡, 此孝子孝孫之心也. 唯賢者能之.

직역 夫히 鼎에는 銘이 有한데, 銘者는 自히 名이며, 自히 名하여 그 先祖의 美를 稱揚하여, 後世에 明著하는 者이다. 先祖가 爲한 者는 美가 有함이 莫不하며, 惡이 有함이 莫不하다. 銘의 義는 美는 稱하나 惡은 不稱하며, 此는 孝子孝孫의 心이다. 唯히 賢者만이 能이라.

의역 무릇 솥에는 명(銘)이 새겨져 있다. 명(銘)이라는 것은 스스로 명성을 이루어 기록한 것이니, 스스로 자신의 명성을 이루어서, 자기 선조의 아름다운 점을 드날리고, 후세에 드러내는 것이다. 선조에게는 아름다운 일이 없을 수 없고, 반면 나쁜 점도 없을 수 없다. 그러나 명(銘)의 뜻은 아름다운 점은 드러내되 나쁜 점은 드러내지 않는 것이니, 이것은 효자와 효손의 마음이다. 오직 현명한 자여야만 이처럼 할 수 있다.

集說 自名, 下文謂"自成其名", 是也.

번역 '자명(自名)'은 아래문장에서 말한 "스스로 명성을 이루다."라는 뜻이다.

集說 方氏曰: 稱則稱之以言, 揚則揚其所爲, 明則使之顯而不晦, 著則使之見而不隱.

번역 방씨가 말하길, '칭(稱)'은 말을 통해 지칭하는 것이며, '양(揚)'은 시행했던 일을 드러내는 것이다. '명(明)'은 그 대상을 밝게 하여 어둡게 만들지 않는 것이며, '저(著)'는 그 대상을 드러나게 하여 숨기지 않는 것이다.

鄭注 銘, 謂書之刻之以識事者也. 自名, 謂稱揚其先祖之德, 著己名於下.

번역 '명(銘)'은 쓰고 새겨서 그 사안을 기록하는 것이다. '자명(自名)'은 선조의 덕을 선양하고 자신의 명성을 후세에 드러낸다는 뜻이다.

釋文 自名, 如字, 徐武政反, 下及注"自名"同.

번역 '自名'에서의 '名'자는 글자대로 읽으며, 서음(徐音)은 '武(무)'자와 '政(정)'자의 반절음이고, 아래문장 및 정현의 주에 나오는 '自名'에서의 '名'자도 그 음이 이와 같다.

孔疏 ●"夫鼎"至"恥也". ○正義曰: 以前經明事親致敬, 此一節明稱揚先祖之美, 今各依文解之.

번역 ●經文: "夫鼎"~"恥也". ○앞의 경문에서는 부모를 섬기며 공경을 지극히 한다는 사실을 나타내었으므로, 이곳 문단에서는 선조의 아름다운 점을 선양한다는 사실을 나타내었으니, 현재 각각의 문장에 따라서 풀이하겠다.

孔疏 ●"銘者自名也"者, 言爲先祖之銘者, 自著己之功名於下.

번역 ●經文: "銘者自名也". ○선조에 대한 명(銘)을 새기는 자는 자기 스스로 자신의 공적과 명예를 후세에 드러내게 된다는 뜻이다.

孔疏　●"自名以稱揚其先祖之美, 而名著之後世者"也, 謂自著己名之時, 先稱揚其先祖之美於上, 而使昭明顯著於後世.

번역　●經文: "自名以稱揚其先祖之美, 而名著之後世者". ○스스로 자신의 명성을 드러낼 때, 우선적으로 선조의 아름다움을 그 앞에 선양하여, 후세에 밝게 드러나도록 한다.

● 그림 24-1　정(鼎)

※ 출처: 『삼재도회(三才圖會)』「기용(器用)」 1권

【585c】

> 銘者, 論譔其先祖之有德善·功烈·勳勞·慶賞·聲名, 列於
> 天下, 而酌之祭器, 自成其名焉, 以祀其先祖者也. 顯揚先祖,
> 所以崇孝也. 身比焉, 順也. 明示後世, 敎也.

직역 銘者는 그 先祖가 德善·功烈·勳勞·慶賞·聲名을 有함을 論譔하여, 天下에 列하는데, 祭器에 之를 酌하고, 自히 그 名을 成하니, 이로써 그 先祖를 祀하는 者이다. 先祖를 顯揚함은 孝를 崇하는 所以이다. 身이 比함은 順이다. 後世에 明示하니, 敎이다.

의역 명(銘)이라는 것은 선조가 갖췄던 덕과 선함, 공과 업적·훈로(勳勞)·하사와 상·명성 등을 서술하고 기록하여 천하에 드러내는데, 그것의 경중과 대소를 헤아려서 제기에 새기고, 스스로 그 명성을 이루고, 이를 통해 선조의 제사를 지내는 것이다. 선조의 명성을 선양하는 것은 효를 숭상하는 방법이다. 자신의 이름을 그 다음에 새기는 것은 순종함에 해당한다. 이를 통해 후세의 자손들에게 밝게 드러내는 것은 가르침이 된다.

集說 論, 說; 譔, 錄也. 王功曰勳, 事功曰勞. 酌, 斟酌其輕重大小也. 祭器, 鼎彝之屬. 自成其名者, 自成其顯揚先祖之孝也. 比, 次也, 謂己名次於先祖之下也. 順, 無所違於禮也. 示後世而使子孫效其所爲, 則是敎也.

번역 '논(論)'자는 "설명한다[說]."는 뜻이며, '선(譔)'자는 "기록한다[錄]."는 뜻이다. 천자의 공업을 도운 것을 '훈(勳)'이라고 부르고, 국가를 안정시킨 공을 '노(勞)'라고 부른다.[1] '작(酌)'자는 경중과 대소를 헤아린다는 뜻이다. '제기(祭器)'는 솥이나 술병 등을 뜻한다. '자성기명(自成其名)'은 선조의 효 드날리는 일을 스스로 완성한다는 뜻이다. '비(比)'자는 다음

---

1) 『주례』「하관(夏官)·사훈(司勳)」 : 王功曰勳. 國功曰功. 民功曰庸. 事功曰勞. 治功曰力. 戰功曰多.

[次]이라는 뜻이니, 자신의 이름은 선조 다음에 기록한다는 뜻이다. '순(順)'자는 예법에 위배되는 점이 없다는 뜻이다. 후세에 보여주어 자손들로 하여금 선조의 행동거지를 본받도록 한다면, 이것은 가르침이 된다.

大全 嚴陵方氏曰: 器之重者, 莫如鼎, 言之重者, 莫如銘. 此鼎所以有銘, 而銘必於鼎也. 楚子問鼎, 而王孫滿以謂在德不在鼎, 則古之爲此也, 亦因其有所寓而已. 若湯之盤周之量晉公之鍾, 以至王之大常廟之金人几杖杯鑑, 皆爲銘焉, 其所以自名之意則一也. 列於天下, 言陳列於天下而有序也. 酌之祭器, 言斟酌其美而不溢也. 祭器, 卽鼎也. 自名於祭器, 故曰自成其名.

번역 엄릉방씨가 말하길, 기물 중에서도 중요한 것으로는 솥[鼎]만한 것이 없고, 말 중에서도 중요한 것으로는 명(銘)만한 것이 없다. 이것이 솥에 명(銘)을 새기고, 명(銘)을 반드시 솥에 새기는 이유이다. 초(楚)나라 자작이 솥에 대해서 물었을 때, 왕손만은 "덕에 달려 있는 것이지 솥에 달려 있는 것이 아니다."[2]라고 했으니, 고대에 이처럼 했던 것 또한 그곳에 깃든 것이 있음에 연유할 따름이다. 탕임금의 반(盤), 주나라 때의 양(量), 진(晉)나라 공작의 종(鍾)으로부터 천자의 대상(大常), 묘의 금인(金人)·안석[几]·지팡이[杖]·잔[杯]·거울[鑑]에 이르기까지 모두 명(銘)을 새겼는데, 스스로 명성을 이루었다는 뜻에서는 동일하다. '열어천하(列於天下)'는 천하에 드러내어 질서가 생기게끔 한다는 뜻이다. '작지제기(酌之祭器)'는 아름다운 점에 대해 헤아려서 넘치지 않도록 한다는 뜻이다. '제기(祭器)'는 곧 솥에 해당한다. 제기에 자신의 이름을 새기기 때문에 '자성기명(自成其名)'이라고 했다.

鄭注 勳, 業也, 王功曰勳, 事功曰勞. 酌之祭器, 言斟酌其美, 傳[3]著於鐘鼎

---

2) 『춘추좌씨전』「선공(宣公) 3년」: 楚子問鼎之大小·輕重焉. 對曰, <u>在德不在鼎</u>. 昔夏之方有德也, 遠方圖物, 貢金九牧, 鑄鼎象物, 百物而爲之備, 使民知神·姦.
3) '부(傳)'자에 대하여. '부'자는 본래 '전(傳)'자로 기록되어 있었는데, 완원(阮元)의 『교감기(校勘記)』에서는 "혜동(惠棟)의 『교송본(校宋本)』에는 '전'자를

也. 身比焉, 謂自著名於下也. 順也, 自著名以稱揚先祖之德, 孝順之行也. 敎也, 所以敎後世.

번역　'훈(勳)'자는 업적[業]을 뜻하는데, 천자의 공업을 도운 것을 '훈(勳)'이라고 부르고, 국가를 안정시킨 공을 '노(勞)'라고 부른다. '작지제기(酌之祭器)'는 아름다움에 대해 헤아려서 종이나 솥에 새긴다는 뜻이다. '신비언(身比焉)'은 그 밑에 자신의 이름을 새긴다는 뜻이다. '순야(順也)'는 자신의 이름을 새겨서 선조의 덕을 선양하는 것은 효와 순종을 시행하는 것이라는 뜻이다. '교야(敎也)'는 후세를 가르치는 방법이라는 뜻이다.

釋文　譔音撰. 比, 毗志反, 謂次比也, 下及注皆同. 斟, 之林反. 傅音附, 徐音賦, 一音直專反, 謂傳述. 著, 直略反, 徐張慮反. 行, 下孟反.

번역　'譔'자의 음은 '撰(찬)'이다. '比'자는 '毗(비)'자와 '志(지)'자의 반절음이며, 다음을 뜻하고, 아래문장 및 정현의 주에 나오는 글자도 모두 그 음이 이와 같다. '斟'자는 '之(지)'자와 '林(림)'자의 반절음이다. '傅'자의 음은 '附(부)'이며, 서음(徐音)은 '賦(부)'이고, 다른 음은 '直(직)'자와 '專(전)'자의 반절음이며, 전하며 조술한다는 뜻이다. '著'자는 '直(직)'자와 '略(략)'자의 반절음이고, 서음은 '張(장)'자와 '慮(려)'자의 반절음이다. '行'자는 '下(하)'자와 '孟(맹)'자의 반절음이다.

孔疏　●"銘者, 論譔其先祖之有德善"者, 論, 謂論說; 譔, 則譔錄. 言子孫爲銘論說·譔錄其先祖道德善事.

번역　●經文: "銘者, 論譔其先祖之有德善". ○'논(論)'자는 논하며 설명한다는 뜻이고, '선(譔)'자는 기리며 기록한다는 뜻이다. 즉 자손들이 명(銘)

'부'자로 기록했고, 『송감본(宋監本)』·『악본(岳本)』에도 동일하게 기록되어 있으며, 『고문(考文)』에서 인용하고 있는 『족리본(足利本)』에도 동일하게 기록되어 있다. 살펴보니, '부'자로 기록하는 것이 옳다."라고 했다.

을 새길 때에는 선조의 도덕과 선행들에 대해서 논설하고 기리며 기록한다
는 의미이다.

孔疏 ●"功烈·勳勞·慶賞·聲名列於天下"者, 此先祖美善之事也. 烈, 業也.
謂有功業勳勞, 有慶賞聲名, 著於天下者也.

번역 ●經文: "功烈·勳勞·慶賞·聲名列於天下". ○선조가 남긴 아름답고
선한 일들을 뜻한다. '열(烈)'자는 업적[業]을 뜻한다. 공업과 공훈이 있고
상이나 명성 등이 있어서 천하에 드러내는 것을 뜻한다.

孔疏 ●"而酌之祭器"者, 酌, 斟酌也. 祭器, 鐘鼎也. 若有聲名徧普天下者,
則斟酌列書, 著於君之鐘鼎也.

번역 ●經文: "而酌之祭器". ○'작(酌)'자는 헤아린다는 뜻이다. '제기(祭
器)'는 종이나 솥을 뜻한다. 만약 천하에 두루 미칠만한 명성이 있다면, 경
중을 헤아려 기록하고, 군주가 사용하는 종과 솥에 기록한다는 뜻이다.

孔疏 ●"自成其名焉"者, 先書先祖之德於器上, 又自成己名於先祖銘下也.

번역 ●經文: "自成其名焉". ○우선적으로 제기에 선조의 덕을 기술하
고, 또 선조에 대한 명(銘) 밑에 자신의 이름을 새긴다는 뜻이다.

孔疏 ●"以祀其先祖者也"者, 祀祖, 謂預君祫祭也. 禮: 功臣旣得銘鼎, 則
得預君大祫, 令先祖被銘預祫, 是尊其先祖也.

번역 ●經文: "以祀其先祖者也". ○선조에 대해 제사를 지내는 것은 군
주의 협(祫)제사 때 참여한다는 뜻이다. 예법에 따르면 공적을 세운 신하가
이미 솥에 명(銘)을 새길 수 있다면 군주가 지내는 성대한 협(祫)제사 때
참여할 수 있다고 했으니, 선조에 대해 명(銘)을 새겨서 협제사에 참여시키

는 것은 선조를 존귀하게 높이는 것이다.

孔疏 ●"顯揚先祖, 所以崇孝也"者, 釋所以必銘預也, 爲崇於孝道, 故稱揚
先祖也.

번역 ●經文: "顯揚先祖, 所以崇孝也". ○반드시 명(銘)을 새겨서 군주
의 협(祫)제사 때 참여시키는 것이 효도를 숭상하는 것이 됨을 풀이한 것이
다. 그렇기 때문에 선조를 선양하게 된다.

孔疏 ●"身比焉, 順也"者, 比, 次也. 先稱祖德, 而己身親自著名次於下,
是崇孝順之行也.

번역 ●經文: "身比焉, 順也". ○'비(比)'자는 다음[次]이라는 뜻이다. 우
선적으로 선조의 덕을 기리고, 그 밑에 자신의 이름을 새기게 되는데, 이것
은 효와 순종을 숭상하는 행동이다.

孔疏 ●"明示後世, 敎也"者, 爲人子孫能得稱揚先祖, 明示後世, 使後世斅
慕, 卽是敎也.

번역 ●經文: "明示後世, 敎也". ○자손들이 선조를 선양하여, 후세에 드
러낼 수 있다면, 후세의 자손들로 하여금 본받고 흠모하도록 만드니, 이것
은 가르침에 해당한다.

孔疏 ◎注"烈業"至"後世". ○正義曰: "烈, 業也", 釋詁文. "王功曰勳, 事
功曰勞" 周禮·司勳文. 云"傳著於鐘鼎也"者, 傳, 附也, 言鐫勒先祖功名附著
於鐘鼎. 或解傳爲傳述於鐘鼎, 義亦通也. 云"自著名以稱揚先祖之德"者, 解
經"身比焉". 云"孝順之行也"者, 以解經"順"也. 云"敎也, 所以敎後世"者, 言
稱先祖, 明示後世, 所以敎後世便如先祖之善也, 故云"敎"也.

번역 ◎鄭注: "烈業"~"後世". ○정현이 "'훈(勳)'자는 업적[業]을 뜻한다."라고 했는데, 이것은『이아』「석고(釋詁)」편의 문장이다.4) 정현이 "천자의 공업을 도운 것을 '훈(勳)'이라고 부르고, 국가를 안정시킨 공을 '노(勞)'라고 부른다."라고 했는데, 이것은『주례』「사훈(司勳)」편의 문장이다. 정현이 "종이나 솥에 새긴다는 뜻이다."라고 했는데, '부(傅)'자는 "부착하다[附]."는 뜻이니, 선조의 공업과 명성의 기록을 새겨서 종과 솥에 드러낸다는 뜻이다. 혹은 '부(傅)'자를 종과 솥에 전하여 조술한다는 뜻으로 풀이하기도 하는데, 그 의미 또한 통용된다. 정현이 "자신의 이름을 새겨서 선조의 덕을 선양한다."라고 했는데, 이것은 경문에 나오는 '신비언(身比焉)'이라는 말을 풀이한 것이다. 정현이 "효와 순종을 시행하는 것이다."라고 했는데, 이것은 경문에 나오는 '순(順)'이라는 말을 풀이한 것이다. 정현이 "'교야(敎也)'는 후세를 가르치는 방법이라는 뜻이다."라고 했는데, 선조를 선양하여 후세에 드러내는 것은 후세의 자손들로 하여금 선조의 선행처럼 따르게끔 가르치는 방법이라는 뜻이다. 그렇기 때문에 '교(敎)'라고 말했다.

---

4)『이아』「석고(釋詁)」: 烈·績, 業也.

【585d】

夫銘者, 壹稱而上下皆得焉耳矣. 是故君子之觀於銘也, 旣美其所稱, 又美其所爲. 爲之者, 明足以見之, 仁足以與之, 知足以利之, 可謂賢矣. 賢而勿伐, 可謂恭矣.

직역 夫히 銘者는 壹히 稱하면 上下가 皆히 得할 따름이다. 是故로 君子가 銘을 觀하면, 旣히 그 稱한 所를 美하고, 又히 그 爲한 所를 美한다. 之를 爲한 者는 明이 足히 見하고, 仁이 足히 與하며, 知가 足히 利하면, 可히 賢이라 謂한다. 賢하면서도 伐를 勿하면, 可히 恭이라 謂한다.

의역 무릇 명(銘)이라는 것은 한 차례 읽게 되면 선조와 본인 모두 후세에 그 명성을 기릴 수 있다. 이러한 까닭으로 군자가 명(銘)을 보게 되면, 명(銘)에서 일컫는 내용을 아름답게 칭찬하고, 또 그의 행적을 아름답게 칭송한다. 명(銘)을 만든 자가 그 밝음이 선조의 선행을 드러낼 수 있고, 인자함이 군주가 명(銘)을 칭송하도록 할 수 있으며, 지혜가 자신의 이름을 선조 밑에 새길 수 있음을 이롭게 여길 수 있다면, 현명하다고 평할 수 있다. 또 현명하면서도 자랑하지 않는다면, 공손하다고 평할 수 있다.

集說 上, 謂先祖. 下, 謂己身也. 見之, 見其先祖之善也, 非明不能; 與之, 使君上與己銘也, 非仁莫致; 利之, 利己之得次名於下也, 非知莫及.

번역 '상(上)'은 선조를 뜻한다. '하(下)'는 자신을 뜻한다. '현지(見之)'는 선조의 선함을 드러낸다는 뜻이니, 밝음이 아니라면 할 수 없다. '여지(與之)'는 군주로 하여금 선조와 자신의 명(銘)을 읽게끔 한다는 뜻이니, 인자함이 아니라면 지극히 할 수 없다. '이지(利之)'는 선조 밑에 자신의 이름을 새길 수 있는 것을 이롭게 여긴다는 뜻이니, 지혜로움이 아니라면 미칠 수 없다.

大全 石林葉氏曰: 美其所稱者, 以其不遺祖考之善也. 美其所爲者, 以其不誣祖考之實也. 有善而弗知, 不明也, 故言明足以見之, 知而不傳, 不仁也, 故言仁足以與之, 知之而能傳, 又誣其實, 則亦不知也, 故言知足以利之. 知既利之, 而欲伐其善, 則必喪其善, 故雖銘而其辭敬者, 亦所謂賢而勿伐也.

번역 석림섭씨가 말하길, "일컫는 내용을 아름답게 칭송한다."는 말은 선조의 선행에 대해서 빠트린 것이 없기 때문이다. "행적을 아름답게 칭송한다."는 말은 선조의 실상에 대해서 거짓됨이 없기 때문이다. 선함이 있는데도 알지 못하는 것은 밝지 못한 것이다. 그렇기 때문에 밝으면 드러내기에 충분하다고 했다. 알면서도 전하지 못하면 인자하지 못한 것이다. 그렇기 때문에 인자하면 전하기에 충분하다고 했다. 이러한 사실을 알고 있고 전할 수 있지만 실상에 대해서 속이게 된다면, 또한 지혜롭지 못한 것이다. 그렇기 때문에 지혜로우면 이롭게 하기에 충분하다고 했다. 지혜롭고 이롭게 할 수 있지만 선함에 대해서 자랑을 하고자 한다면, 반드시 선함을 잃게 된다. 그렇기 때문에 비록 명(銘)을 새겼더라도, 그 말이 공경스러운 자만을 또한 현명하면서도 자랑하지 않는다고 부른다.

鄭注 美其所爲, 美此人爲此銘. 明足以見之, 見其先祖之美也. 仁足以與之, 與其先祖之銘也. 非有仁恩, 君不使與之也. 知足以利之, 利己名得此於先祖.

번역 '미기소위(美其所爲)'는 그 사람이 이러한 명(銘)을 지은 것에 대해서 아름답게 칭찬한다는 뜻이다. '명족이현지(明足以見之)'는 선조의 아름다움에 대해서 드러낸다는 뜻이다. '인족이여지(仁足以與之)'는 선조의 명(銘)에 자신의 이름을 참여시킬 수 있다는 뜻이다. 인자하고 은혜를 갖추지 않았다면, 군주는 그로 하여금 선조의 명(銘)에 참여하도록 허락하지 않는다. '지족이리지(知足以利之)'는 자신의 이름을 선조 밑에 새길 수 있는 것을 이롭게 여긴다는 뜻이다.

釋文 見, 賢遍反, 注同. 知音智, 注同.

번역 '見'자는 '賢(현)'자와 '遍(편)'자의 반절음이며, 정현의 주에 나오는 글자도 그 음이 이와 같다. '知'자의 음은 '智(지)'이며, 정현의 주에 나오는 글자도 그 음이 이와 같다.

孔疏 ●"夫銘"至"所爲". ○"銘者, 壹稱", 謂造銘唯一稱先祖之善.

번역 ●經文: "夫銘"~"所爲". ○경문의 "銘者, 壹稱"에 대하여. 명(銘)을 새기면 선조의 선행에 대해서 오직 한 차례 칭술한다는 뜻이다.

孔疏 ●"而上下皆得焉耳矣"者, 上謂光揚先祖, 下謂成己順行, 又垂敎來世也.

번역 ●經文: "而上下皆得焉耳矣". ○'상(上)'자는 선조를 영광스럽게 선양한다는 뜻이다. '하(下)'자는 자신의 명성을 이루어 순종하고, 또 후세에 가르침을 전한다는 뜻이다.

孔疏 ●"旣美其所稱, 又美其所爲"者, 釋"上下皆得"也, 所稱, 謂先祖也. 所爲, 謂己身行業也. 君子有德之士觀銘, 必見此二事之美.

번역 ●經文: "旣美其所稱, 又美其所爲". ○'상하개득(上下皆得)'을 풀이한 말인데, '소칭(所稱)'은 선조에 대한 내용이며, '소위(所爲)'는 자신이 이룬 공업이다. 군자는 덕을 갖춘 사에 대해서 그의 명(銘)을 보면, 반드시 이러한 두 사안의 아름다움을 보게 된다는 뜻이다.

孔疏 ●"爲之"至"恭矣". ○"爲之"者, 謂爲銘之人也.

번역 ●經文: "爲之"~"恭矣". ○'위지(爲之)'는 명(銘)을 새긴 사람을 뜻한다.

孔疏 ●"明足以見之"者, 謂己有顯明之德, 足以見先祖之美.

번역 ●經文: "明足以見之". ○본인에게 현저히 드러나는 덕이 있으면 선조의 아름다움을 드러내기에 충분하다는 뜻이다.

孔疏 ●"仁足以與之"者, 謂己有仁恩, 故君上足以著先祖之銘與之.

번역 ●經文: "仁足以與之". ○본인에게 인자함과 은혜로움이 있기 때문에 군주가 선조의 명(銘)에 그의 이름을 새길 수 있도록 할 수 있다는 뜻이다.

孔疏 ●"知足以利之"者, 謂己有知謀, 足以利益於己, 得上比先祖也.

번역 ●經文: "知足以利之". ○본인에게 지혜가 있으면 자신을 이롭게 하기에 충분하여 선조 다음에 이름을 새길 수 있다는 뜻이다.

孔疏 ●"可謂賢矣"者, 言爲銘之人備此三事, 所以爲賢.

번역 ●經文: "可謂賢矣". ○명(銘)을 새긴 사람이 이러한 세 사안을 갖추고 있어서 현명한 자가 된다는 뜻이다.

孔疏 ●"賢而勿伐, 可謂恭矣"者, 旣備三事爲賢, 又不自伐, 是爲恭也, 故云"可謂恭矣".

번역 ●經文: "賢而勿伐, 可謂恭矣". ○이미 이러한 세 가지 사안을 갖춰서 현명한 자가 되었는데도 또한 스스로 과시하지 않으니, 이것은 공손함에 해당한다. 그렇기 때문에 "공손하다고 평할 수 있다."라고 했다.

集解 今按: 見如字.

번역 현재 살펴보니, '見'자는 글자대로 읽는다.

集解 愚謂: 上, 謂先祖; 下, 謂己身. 美其所稱, 美其先祖有可稱之美也. 美其所爲, 美其子孫能稱其先祖之美也.

번역 내가 생각하기에, '상(上)'자는 선조를 뜻하고 '하(下)'자는 자신을 뜻한다. '미기소칭(美其所稱)'은 선조에게 칭송할 수 있는 아름다움이 있다고 아름답게 여긴다는 뜻이다. '미기소위(美其所爲)'는 자손이 선조의 아름다움을 칭송할 수 있음을 아름답게 여긴다는 뜻이다.

【586a】

故衛孔悝之鼎銘曰, "六月丁亥, 公假于大廟, 公曰, '叔舅, 乃祖莊叔, 左右成公, 成公乃命莊叔隨難于漢陽, 卽宮于宗周, 奔走無射.'"

직역 故에 衛나라 孔悝의 鼎銘에서는 曰, "六月 丁亥에, 公이 大廟에 假한데, 公이 曰, '叔舅여, 乃의 祖인 莊叔는 成公을 左右하여, 成公은 곧 莊叔에게 命하여 漢陽에 難에 隨하고, 宗周에 宮에 卽함에, 奔走라도 射을 無라.'"

의역 예전 위(衛)나라 공회에 대한 솥의 명(銘)에서는 "6월 정해(丁亥)일에, 장공(莊公)이 태묘에 가서 제사를 지내며, 공회에게 명(銘)을 새기도록 하사를 해주었는데, 장공은 '그대 공회여, 그대의 선조 장숙은 성공(成公)을 보좌하였고, 성공은 장숙에게 명하여, 결국 초(楚)나라 땅인 한양까지 난리를 피해 따라갔으며, 결국 주나라 수도에 있는 감옥에 갇혔는데, 신속히 명령을 수행하였음에도 싫어하는 기색이 없었다.'"라고 했다.

集說 孔悝, 衛大夫. 周六月, 夏四月也. 公, 衛莊公蒯聵也. 假, 至也, 至廟禘祭也. 因祭而賜之銘, 蓋德惲之立己, 故襃顯其先世也. 異姓大夫而年幼, 故稱叔舅. 莊叔, 惲七世祖孔達也. 成公爲晉所伐而奔楚, 故云"隨難于漢陽". 後雖反國, 又以殺弟叔武, 晉人執之歸于京師, 實諸深室, 故云"卽宮于宗周"也. 射, 厭也.

번역 '공회(孔悝)'는 위(衛)나라 대부이다. 주(周)나라의 6월은 하(夏)나라 때의 4월에 해당한다. '공(公)'은 위나라 장공(莊公)인 괴외(蒯聵)이다. '가(假)'자는 "~에 이르다[至]."는 뜻이니, 종묘에 가서 체(禘)제사를 지냈다는 의미이다. 제사를 지내는 것에 따라서 명(銘)을 새기도록 하사해준 것인데, 아마도 공회가 자신의 명성을 수립할 정도로 덕을 지닌 것을 기렸기 때문에 그의 선조도 기려서 드날리게 한 것이다. 군주와 이성(異姓)인 대부이며 나이가 어리기 때문에, '숙구(叔舅)'라고 지칭한 것이다. '장숙(莊叔)'은 공회의 7대조 조상인 공달(孔達)이다. 성공(成公)은 진(晉)나라에 의해 정벌을 당해서 초(楚)나라로 달아났다. 그렇기 때문에 "초나라의 한양(漢陽)까지 어려움을 무릅쓰고 따라갔다."라고 말한 것이다. 이후 비록 본국으로 되돌아왔지만, 또한 동생인 숙무(叔武)를 죽여서, 진나라에 붙잡혀 주나라의 경사(京師)[5]로 끌려갔고 감옥에 갇혔다. 그렇기 때문에 "종주에 갇혔다."라고 말한 것이다. '역(射)'자는 "싫어하다[厭]."는 뜻이다.

集說 石梁王氏曰: 悝, 乃蒯聵姊之子, 蒯聵, 悝之舅, 而悝則甥, 今反謂之舅, 其放周禮同姓之臣稱伯叔父, 異姓之臣稱伯叔舅歟.

번역 석량왕씨[6]가 말하길, '회(悝)'는 괴외(蒯聵) 누이의 자식이니, 괴외

---

5) 경사(京師)는 그 나라의 수도를 뜻한다. 『시』「대아(大雅)・공유(公劉)」편에는 "京師之野, 于時處處."라는 기록이 있고, 이에 대해 마서신(馬瑞辰)의 『통석(通釋)』에서는 오두남(吳斗南)의 주석을 인용해서, "京者, 地名. 師者, 都邑之稱. 如洛邑, 亦稱洛師之類."라고 풀이했다. 즉 '경(京)'자는 단순한 지명이었고, '사(師)'자가 수도를 뜻하는 단어였다. 이후에는 '경사'라는 단어를 그 나라의 수도를 가리키는 용어로 사용하였다.

6) 석량왕씨(石梁王氏, ? ~ ?) : 자세한 이력이 남아 있지 않다.

는 공회의 외삼촌이므로, 공회는 곧 생질이 된다. 그런데도 오히려 '구(舅)'
라고 불렀으니, 주나라 예법에서 동성의 신하에 대해 백부(伯父)나 숙부(叔
父)라고 지칭하고, 이성의 신하에 대해 백구(伯舅)나 숙구(叔舅)라고 지칭
했던 예법에 따른 것이다.

鄭注 孔悝, 衛大夫也. 公, 衛莊公蒯聵也, 得孔悝之立己, 依禮襃之以靖國
人, 自固也. 假, 至也. 至於大廟, 謂以夏之孟夏禘祭. 公曰叔舅者, 公爲策書,
尊呼孔悝而命之也. 乃, 猶女也. 莊叔, 悝七世之祖, 衛大夫孔達也. 隨難者, 謂
成公爲晉文公所伐, 出奔楚, 命莊叔從焉. 漢, 楚之川也. 卽宮於宗周, 後反得
國, 坐殺弟叔武, 晉人執而歸之於京師, 寘之深室也. 射, 厭也, 言莊叔常奔走,
至勞苦而不厭倦也. 周旣去鎬京, 猶名王城爲宗周也.

번역 '공회(孔悝)'는 위(衛)나라 대부이다. '공(公)'은 위나라 장공(莊公)
인 괴외(蒯聵)인데, 공회가 자신의 명성을 수립할 수 있도록 하여, 예법에
따라 그를 기려 나라 사람들에게 공표하고 자신의 지위를 확고하게 만들도
록 했다. '가(假)'자는 "~에 이르다[至]."는 뜻이다. 즉 태묘에 갔다는 의미
로, 하나라 역법에 따라 맹하(孟夏)에 체(禘)제사를 지낸 것이다. '공왈숙구
(公曰叔舅)'라고 했는데, 장공이 문서를 기록하도록 하여, 공회를 존귀하게
불러서 명령을 내린 것이다. '내(乃)'자는 너[女]라는 뜻이다. '장숙(莊叔)'은
공회의 7대조 조상이니, 위나라 대부인 공달(孔達)이다. '수난(隨難)'은 성
공(成公)이 진(晉)나라 문공(文公)에게 정벌을 당하여 국경을 벗어나 초
(楚)나라로 달아났고, 장숙에게 명령하여 따라오도록 했다는 뜻이다. '한
(漢)'은 초나라에 있는 하천이다. '즉궁어종주(卽宮於宗周)'라고 했는데, 이
후 본국으로 되돌아올 수 있었지만, 동생인 숙무(叔武)를 연좌시켜 죽여서,
진나라 군대는 그를 잡아서 경사(京師)로 보내 감옥에 가뒀다. '역(射)'자는
"싫어하다[厭]."는 뜻이니, 장숙은 항상 분주히 명령에 따랐고, 수고롭고 고
달픈 지경에 이르렀는데도 싫어하거나 태만하게 하지 않았다는 뜻이다. 주
나라 왕실은 이미 수도를 호경(鎬京)에서 옮겼지만, 여전히 천자의 궁성을
'종주(宗周)'라고 부른 것이다.

釋文 悝, 口回反. 假, 加百反, 注同. 蒯, 苦怪反. 聵, 五怪反. 襃, 保毛反. 左音佐. 右音又, 下"啓右"幷注同. 一讀此左右並如字. 難, 乃旦反. 奔, 本亦作犇. 射音亦, 注同. 爲策, 初革反. 女音汝, 後皆同. 從, 才用反. 坐, 才臥反. 寔, 之豉反. 厭, 於豔反, 下同. 鎬, 胡老反.

번역 '悝'자는 '口(구)'자와 '回(회)'자의 반절음이다. '假'자는 '加(가)'자와 '百(백)'자의 반절음이며, 정현의 주에 나오는 글자도 그 음이 이와 같다. '蒯'자는 '苦(고)'자와 '怪(괴)'자의 반절음이다. '聵'자는 '五(오)'자와 '怪(괴)'자의 반절음이다. '襃'자는 '保(보)'자와 '毛(모)'자의 반절음이다. '左'자의 음은 '佐(좌)'이다. '右'자의 음은 '又(우)'이며, 아래문장에 나오는 '啓右'에서의 '右'자와 정현의 주에 나오는 글자도 그 음이 이와 같다. 일설에는 이곳에 나오는 '左右'의 두 글자를 모두 글자대로 읽는다. '難'자는 '乃(내)'자와 '旦(단)'자의 반절음이다. '奔'자는 판본에 따라 또한 '犇'자로도 기록한다. '射'자의 음은 '亦(역)'이며, 정현의 주에 나오는 글자도 그 음이 이와 같다. '爲策'에서의 '策'자는 '初(초)'자와 '革(혁)'자의 반절음이다. '女'자의 음은 '汝(여)'이며, 이후에 나오는 이 글자는 그 음이 모두 이와 같다. '從'자는 '才(재)'자와 '用(용)'자의 반절음이다. '坐'자는 '才(재)'자와 '臥(와)'자의 반절음이다. '寔'자는 '之(지)'자와 '豉(시)'자의 반절음이다. '厭'자는 '於(어)'자와 '豔(염)'자의 반절음이며, 아래문장에 나오는 글자도 그 음이 이와 같다. '鎬'자는 '胡(호)'자와 '老(로)'자의 반절음이다.

孔疏 ◎注"孔悝"至"禘祭". ○正義曰: 云"得孔悝之立己"者, 按哀公二年, 晉趙鞅納蒯聵于戚. 至哀十五年傳云: 衛孔圉娶蒯聵之姊, 生悝. 孔氏之豎渾良夫通於伯姬, 伯姬使良夫往蒯聵, 蒯聵與良夫入衛, 舍孔氏之外圃, 遂入適伯姬氏. 伯姬與大子五人迫孔悝於厠, 强盟之. 遂劫以登臺, 於是得國, 是得孔悝之立己也. "假, 至也", 釋詁文. 云"至於大廟, 謂以夏之孟夏禘祭"者, 以經云六月, 是周之六月, 是夏之孟月禘祭之時, 以諸侯命臣在於祭日. 按左傳哀十五年冬, 蒯聵得國. 十六年六月, 衛侯飮孔悝酒而逐之. 此謂六月命之者, 蓋命後卽逐之, 故俱在六月.

번역 ◎鄭注: "孔悝"~"禘祭". ○정현이 "공회가 자신의 명성을 수립할
수 있도록 했다."라고 했는데, 애공(哀公) 2년의 기록을 살펴보면, 진(晉)나
라 조앙(趙鞅)은 괴외(蒯聵)를 성(成)으로 들였다.[7] 애공 15년에 이르러서
는 『좌전』에서 "위(衛)나라 공어(孔圉)가 괴외의 누이를 아내로 들여 회
(悝)를 낳았다. 공씨의 노비 혼량보(渾良夫)는 백희(伯姬)와 간통을 하였고,
백희는 혼량보를 괴외에게 가도록 시켰으며, 괴외는 혼량보와 함께 위나라
로 들어갔고, 공씨의 외포에 머물다가 결국 들어가서 백희씨에게로 갔다.
백희는 태자 및 다섯 사람과 공회를 담장 모퉁이로 몰아붙여 강제로 맹약
을 맺었다. 그리고 겁박을 하여 대(臺)에 오르도록 했는데, 이때 나라를 얻
었다."[8]라고 했으니, 이것이 공회가 자신의 명성을 수립할 수 있도록 했다
는 뜻이다. 정현이 "'가(假)'자는 '~에 이르다[至].'는 뜻이다."라고 했는데,
이것은 『이아』「석고(釋詁)」편의 문장이다. 정현이 "태묘에 갔다는 의미로,
하나라 역법에 따라 맹하(孟夏)에 체(禘)제사를 지낸 것이다."라고 했는데,
경문에서는 6월이라고 했으니, 이것은 주나라 때의 6월을 뜻한다. 또 이것
은 하나라의 역법에 따르면 여름의 맹월(孟月)이 되어 체(禘)제사를 지내
는 시기가 되며, 제후는 제삿날에 신하에게 명령을 내리는 것이다. 『좌전』
을 살펴보면 애공 15년 겨울에 괴외가 나라를 얻었는데, 애공 16년 6월에는
위나라 후작이 공회에게서 술대접을 받았으나 그를 쫓아냈다.[9] 이곳에서
는 6월에 명령을 내렸다고 했으니, 아마도 명령을 내린 이후에 곧바로 쫓아
낸 것이다. 그렇기 때문에 두 사건이 모두 6월에 일어난 것이다.

---

7) 『춘추』「애공(哀公) 2년」: 晉趙鞅帥師, 納衛世子蒯聵于戚.

8) 『춘추좌씨전』「애공(哀公) 15년」: 衛孔圉取大子蒯聵之姊, 生悝. 孔氏之豎渾
良夫長而美, 孔文子卒, 通於內. 大子在戚, 孔姬使之焉. 大子與之言曰, "苟使我
入獲國, 服冕·乘軒, 三死無與." 與之盟, 爲請於伯姬. 閏月, 良夫與大子入, 舍於
孔氏之外圃. 昏, 二人蒙衣而乘, 寺人羅御, 如孔氏. 孔氏之老欒寧問之, 稱姻妾
以告, 遂入, 適伯姬氏. 旣食, 孔伯姬杖戈而先, 大子與五人介, 輿豭從之. 迫孔
悝於廁, 强盟之, 遂劫以登臺.

9) 『춘추좌씨전』「애공(哀公) 16년」: 六月, 衛侯飲孔悝酒於平陽, 重酬之. 大夫皆
有納焉. 醉而送之, 夜半而遣之.

孔疏 ●"公曰"至"休哉". ○此一節是孔悝父祖鼎銘之辭.

번역 ●經文: "公曰"~"休哉". ○이곳 문단은 공회가 선조에 대해 명(銘)을 솥에 새긴 말에 해당한다.

孔疏 ●"叔舅"者, 孔悝是異姓大夫, 年幼, 故稱叔舅.

번역 ●經文: "叔舅". ○공회는 군주와 이성(異姓)인 대부이고, 나이가 어렸기 때문에 '숙구(叔舅)'라고 지칭했다.

孔疏 ●"乃祖莊叔"者, 乃, 女也. 祖莊叔者, 謂孔悝之七世10)祖孔達也.

번역 ●經文: "乃祖莊叔". ○'내(乃)'자는 너[女]라는 뜻이다. '조장숙(祖莊叔)'은 공회의 7대 조상인 공달이다.

孔疏 ●"左右成公"者, 左右, 助也. 輔助衛成公.

번역 ●經文: "左右成公". ○'좌우(左右)'는 "돕다[助]."는 뜻이다. 위(衛)나라 성공(成公)을 보좌한 것이다.

孔疏 ●"成公乃命莊叔隨難于漢陽"者, 難, 謂成公被晉所伐, 出奔於楚. 謂成公命孔達隨出逃難而往漢陽, 卽是楚地, 在漢水之北.

번역 ●經文: "成公乃命莊叔隨難于漢陽". ○'난(難)'자는 성공(成公)이 진(晉)나라로부터 정벌을 당하여 국경을 벗어나 초(楚)나라로 도망간 일을

---

10) '세(世)'자에 대하여. '세'자는 본래 없던 글자인데, 완원(阮元)의『교감기(校勘記)』에서는 "혜동(惠棟)의『교송본(校宋本)』에도 '세'자가 기록되어 있으니, 이곳 판본에는 '세'자가 누락된 것이며,『민본(閩本)』에도 동일하게 누락되어 있다.『감본(監本)』·『모본(毛本)』에는 '칠세조(七世祖)'를 잘못하여 '선조(先祖)'라고 기록했다."라고 했다.

뜻한다. 즉 성공은 공달에게 명령하여 자신을 따라서 난리를 피해 달아나서, 한양(漢陽)까지 오도록 했으니, 곧 초(楚)나라 땅에 해당하며, 한수(漢水)의 북쪽에 있다.

孔疏 ●“卽宮于宗周”者, 卽, 就也. 宮, 謂宮室. 成公後得反國, 又坐殺弟叔武, 被晉執之, 歸于京師, 寘於深室之中, 是卽宮也.

번역 ●經文: “卽宮于宗周”. ○‘즉(卽)’자는 “나아가다[就].”는 뜻이다. ‘궁(宮)’자는 궁실을 뜻한다. 성공(成公)은 이후 본국으로 되돌아올 수 있었는데, 또한 동생인 숙무를 연좌하여 죽였기 때문에, 진(晉)나라 군대에게 잡혀 주나라 수도로 보내졌고, 그곳의 감옥에 갇혔는데, 이것이 곧 ‘즉궁(卽宮)’에 해당한다.

孔疏 ●“奔走無射”者, 言孔達隨難漢陽及卽宮于宗周, 常奔走勞苦無厭倦.

번역 ●經文: “奔走無射”. ○공달은 난리를 피해 한양까지 갔고, 주나라 왕실의 감옥에 갇혔는데, 항상 신속히 명령에 따르며 수고로움을 아끼지 않았고, 꺼려함이 없었다는 뜻이다.

孔疏 ◎注“莊叔”至“周也”. ○正義曰: 按世本, “莊叔達生得閭叔穀, 穀生成叔烝鉏, 鉏生頃叔羅, 羅生昭叔起, 起生文叔圉, 圉生悝.” 莊叔是悝七世祖也. 云“成公爲晉文公所伐, 出奔楚”者, 按僖二十八年左傳稱衛與楚, 晉文公敗楚於城濮. 衛侯懼, 出居於襄牛, 遂奔楚. 云“坐殺弟叔武, 晉人執而歸之於京師, 寘之深室也”者, 亦僖二十八年左傳文. 晉人歸衛侯, 入其室, 弟叔武將沐, 聞君至喜, 捉髮走出, 前驅歂犬, 射而殺之, 其大夫元咺出奔晉, 訟衛侯. 衛侯不勝, 執衛侯歸之于京師, 寘諸深室. 是其事也. 按左傳于時無孔達之事, 而云之者, 傳文不具, 或者刪贖欲襃美孔悝, 故假其先祖之功而言之也.

번역 ◎鄭注: “莊叔”~“周也”. ○『세본』[11]을 살펴보면, “장숙달(莊叔達)

은 득려숙곡(得閭叔穀)을 낳았고, 곡(穀)은 성숙증서(成叔烝鉏)를 낳았으
며, 서(鉏)는 경숙라(頃叔羅)를 낳았고, 나(羅)는 소숙기(昭叔起)를 낳았으
며, 기(起)는 문숙어(文叔圉)를 낳았고, 어(圉)는 회(悝)를 낳았다."라고 했
다. 따라서 장숙은 공회의 7대 조상이다. 정현이 "성공(成公)이 진(晉)나라
문공(文公)에게 정벌을 당하여 국경을 벗어나 초(楚)나라로 달아났다."라
고 했는데, 희공(僖公) 28년에 대한 『좌전』의 기록을 살펴보면, 위(衛)나라
와 초(楚)나라를 지칭하며, 진(晉)나라 문공(文公)이 초나라 군대를 성복
(城濮)에서 패배시켰다고 했다. 그래서 위나라 후작은 두려워하며 국경을
벗어나 양우(襄牛)에 머물렀고 결국 초나라로 달아났다고 했다.[12] 정현이
"동생인 숙무(叔武)를 연좌시켜 죽여서, 진나라 군대는 그를 잡아서 경사
(京師)로 보냈고, 감옥에 가뒀다."라고 했는데, 이 또한 희공 28년에 대한
『좌전』의 기록이다.[13] 진나라 군대가 위나라 후작을 돌려보내서 궁실로 들
어갔는데, 동생인 무숙은 그때 머리를 감으려고 했으니, 군주가 돌아온다는
소식을 듣고서 기뻐하며 머리를 풀어헤치고 달려 나왔지만, 앞서 수레를
몰던 천견이 그를 쏘아서 죽였다. 그때 위나라 대부였던 원훤은 두려워하

---

11) 『세본(世本)』은 『세(世)』·『세계(世系)』 등으로 일컬어지기도 한다. 선진시대
(先秦時代) 때의 사관(史官)이 기록한 문헌이라고 전해지지만, 진위여부를
확인할 수 없다. 『세본』은 고대의 제왕(帝王), 제후(諸侯) 및 경대부(卿大夫)
들의 세계도(世系圖)를 기록한 서적이다. 일실되어 현존하지 않지만, 후대
학자들이 다른 문헌 속에 남아 있는 기록들을 수집하여, 일집본(佚輯本)을
남겼다. 이러한 일집본에는 여덟 종류의 주요 판본이 있는데, 각 판본마다
내용상의 차이를 보이고 있다. 1959년에는 상무인서관(商務印書館)에서 이
러한 여덟 종류의 판본을 모아서 『세본팔종(世本八種)』을 출판하였다.

12) 『춘추좌씨전』「희공(僖公) 28년」: 二十八年春, 晉侯將伐曹, 假道于衛. 衛人弗
許. 還, 自南河濟, 侵曹·伐衛. 正月戊申, 取五鹿. 二月, 晉郤縠卒. 原軫將中軍,
胥臣佐下軍, 上德也. 晉侯·齊侯盟于斂盂. 衛侯請盟, 晉人弗許. 衛侯欲與楚, 國
人不欲, 故出其君, 以說于晉. 衛侯出居于襄牛.

13) 『춘추좌씨전』「희공(僖公) 28년」: 衛侯先期入, 甯子先, 長牂守門, 以爲使也,
與之乘而入. 公子歂犬·華仲前驅, 叔武將沐, 聞君至, 喜, 捉髮走出, 前驅射而殺
之. 公知其無罪也, 枕之股而哭之. 歂犬走出, 公使殺之. 元咺出奔晉. …… 衛侯
與元咺訟, 甯武子爲輔, 鍼莊子爲坐, 士榮爲大士. 衛侯不勝. 殺士榮, 刖鍼莊子,
謂甯兪忠而免之. 執衛侯, 歸之于京師, 寘諸深室. 甯子職納橐饘焉. 元咺歸于
衛, 立公子瑕.

여 국경을 벗어나 진나라로 도망갔고, 위나라 후작에 대해 송사를 벌였다. 위나라 후작이 이기지 못하여, 진나라는 위나라 후작을 잡아다가 주나라 수도로 보내서 감옥에 가뒀다. 이것이 바로 그 일화에 해당한다.『좌전』을 살펴보면, 이 시기에 공달에 대한 일화는 기록되어 있지 않은데, 이처럼 말한 것은『좌전』의 기록이 상세하지 않기 때문이거나 혹은 괴외가 공회를 기리며 칭송하고자 했기 때문에 선조의 공을 가탁해서 이처럼 말한 것이다.

● 그림 24-2 │ 위(衛)나라 세계도(世系圖) I

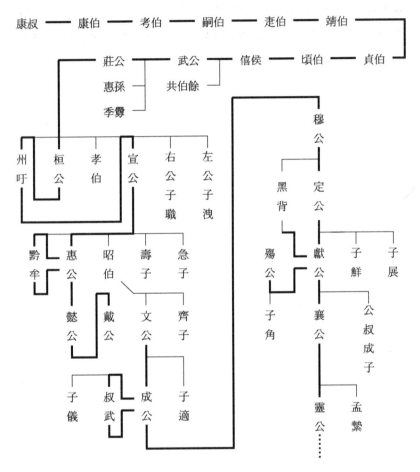

※ 출처: 『역사(繹史)』 1권 「역사세계도(繹史世系圖)」

●그림 24-3 위(衛)나라 세계도(世系圖) Ⅱ

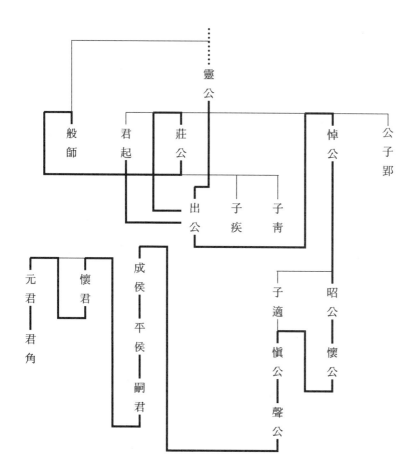

※ 출처:『역사(繹史)』1권「역사세계도(繹史世系圖)」

● 그림 24-4 대(臺)

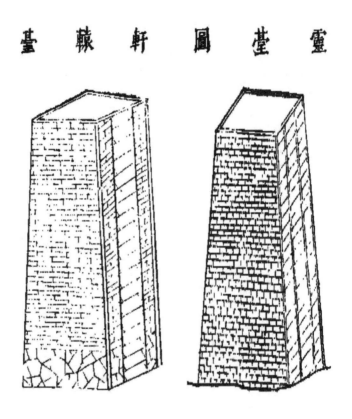

※ 출처: 『삼재도회(三才圖會)』 「궁실(宮室)」 1권

【586b】

" '啓右獻公, 獻公乃命成叔纂乃祖服.' "

직역　"'獻公을 啓右하여, 獻公은 곧 成叔에게 命하여 乃의 祖服을 纂이라.'"

의역　계속하여 예전 위(衛)나라 공회에 대한 솥의 명(銘)에서 "장공(莊公)은 '장숙은 헌공(獻公)을 인도하고 도왔기 때문에, 헌공은 장숙의 손자인 성숙에게 명령하여 너의 조부가 맡았던 임무를 계승하라.'"라고 했다.

集說　獻公, 成公之曾孫, 名衎. 啓, 開; 右, 助也. 魯襄十四年, 衛孫文子甯惠子逐衛侯, 衛侯奔齊. 言莊叔餘功流於後世, 能右助獻公, 使之亦得反國也. 成叔, 莊叔之孫烝鉏也. 其時成叔事獻公, 故公命其纂繼爾祖舊所服行之事也.

번역　헌공(獻公)은 성공(成公)의 증손자로 이름은 간(衎)이다. '계(啓)' 자는 "깨우치다[開]."는 뜻이며, '우(右)'자는 "돕다[助]."는 뜻이다. 노(魯)나라 양공(襄公) 14년에, 위(衛)나라 손문자와 영혜자가 위나라 후작을 쫓아내서, 위나라 후작은 제(齊)나라로 도망갔다. 즉 장숙이 남긴 공업이 후세에 전해져서 헌공을 도와 그로 하여금 본국으로 되돌아올 수 있게 했다는데 있다는 뜻이다. 성숙은 장숙의 손자인 증서이다. 그 시기 성숙은 헌공을 섬겼기 때문에 헌공이 그에게 명령하여 조부가 이전에 맡았던 일을 계승하도록 한 것이다.

集說　疏曰: 按左傳, 無孔達之事, 獻公反國, 亦非成叔之功.

번역　공영달의 소에서 말하길, 『좌전』을 살펴보면 공달의 일화는 기록되어 있지 않으니, 헌공이 본국으로 되돌아올 수 있었던 것은 또한 성숙의 공은 아닐 것이다.

鄭注 獻公, 衛侯衎. 成公曾孫也, 亦失國得反. 言莊叔之功流於後世, 啓右獻公, 使得反國也. 成叔, 莊叔之孫成子蒸鉬也. 右, 助也. 纂, 繼也. 服, 事也. 獻公反國, 命成子繼女祖莊叔之事, 欲其忠如孔達也.

번역 '헌공(獻公)'은 위(衛)나라 후작인 간(衎)이다. 성공(成公)의 증손자이니, 또한 나라를 잃었다가 본국으로 되돌아올 수 있었다. 즉 장숙의 공업이 후세에 전해져서 헌공을 인도하고 도와 본국으로 되돌아올 수 있게 했다는 뜻이다. 성숙은 장숙의 손자인 성자증서이다. '우(右)'자는 "돕다[助]."는 뜻이다. '찬(纂)'자는 "계승하다[繼]."는 뜻이다. '복(服)'자는 사안[事]을 뜻한다. 헌공이 본국으로 되돌아와서 성자에게 명령하여 너의 조부인 장숙이 맡았던 일을 계승하라고 명령을 했던 것이니, 그가 공달처럼 충성을 다하기를 바란 것이다.

釋文 纂, 子管反. 衎, 苦旦反. 烝, 之承反, 下文注同. 鉬, 仕居反.

번역 '纂'자는 '子(자)'자와 '管(관)'자의 반절음이다. '衎'자는 '苦(고)'자와 '旦(단)'자의 반절음이다. '烝'자는 '之(지)'자와 '承(승)'자의 반절음이며, 아래문장의 정현 주에 나오는 글자도 그 음이 이와 같다. '鉬'자는 '仕(사)'자와 '居(거)'자의 반절음이다.

孔疏 ●"啓右獻公, 獻公乃命成叔纂乃祖服"者, 啓, 開也; 右, 助也. 言莊叔餘功流於後世, 能右助獻公, 獻公雖復出奔, 乃得反國. 其時孔達之孫成叔, 輔佐獻公, 故獻公乃命成叔纂繼女祖孔達舊所服行之事.

번역 ●經文: "啓右獻公, 獻公乃命成叔纂乃祖服". ○'계(啓)'자는 "깨우치다[開]."는 뜻이며, '우(右)'자는 "돕다[助]."는 뜻이다. 즉 장숙이 남긴 공업이 후세에 전해져서 헌공(獻公)을 도울 수 있었고, 헌공이 비록 재차 국경을 벗어나 달아났지만 곧 본국으로 되돌아올 수 있게 했다는 뜻이다. 그 시기에 공달의 손자인 성숙은 헌공을 보좌하였기 때문에 헌공은 곧 성숙에게 명령하여 너의 조부인 공달이 이전에 맡았던 일을 계승하라고 한 것이다.

孔疏 ◎注"獻公"至"達也". ○正義曰: 按衛世家衛成公生穆公, 穆公生定公, 定公生獻公, 是衎爲成公曾孫. 云"亦失國得反"者, 按襄十四年左傳稱, 衛孫文子寗惠子逐衛侯, 衛侯出奔齊, 是"亦失國"也. 稱亦者, 亦成公也. 其時亦非成叔之功, 假言之也. 云"纂, 繼也", "服, 事也", 釋詁文. 下注"率, 循也", 亦釋詁文.

번역 ◎鄭注: "獻公"~"達也". ○『사기』「위세가(衛世家)」편을 살펴보면, 위(衛)나라 성공(成公)은 목공(穆公)을 낳았고, 목공은 정공(定公)을 낳았으며, 정공은 헌공(獻公)을 낳았다고 했으니, 이것은 간(衎)이 성공의 증손자가 됨을 나타낸다. 정현이 "또한 나라를 잃었다가 본국으로 되돌아올 수 있었다."라고 했는데, 양공(襄公) 14년에 대한 『좌전』의 기록을 살펴보면 위나라 손문자와 영혜자가 위나라 후작을 내쫓아서, 위나라 후작이 국경을 벗어나 제(齊)나라로 도망갔다고 했으니, 이것은 "또한 나라를 잃었다."는 뜻에 해당한다. '역(亦)'이라고 말한 것은 성공 또한 나라에서 쫓겨났기 때문이다. 그러나 그 시기에 일어난 일 또한 성숙의 공로가 아니니, 가탁해서 말한 것이다. 정현이 "'찬(纂)'자는 '계승하다[繼].'는 뜻이다."[14]라고 했고, "'복(服)'자는 사안[事]을 뜻한다."[15]라고 했는데, 이것은 『이아』「석고(釋詁)」편의 문장이다. 그리고 아래 정현의 주에서는 "'솔(率)'자는 '따르다[循].'는 뜻이다."라고 했는데, 이 또한 「석고」편의 문장이다.[16]

---

14) 『이아』「석고(釋詁)」: 紹·胤·嗣·續·纂·綾·績·武·係, 繼也.
15) 『이아』「석고(釋詁)」: 績·緖·采·業·服·宜·貫·公, 事也.
16) 『이아』「석고(釋詁)」: 遹·遵·率·循·由·從, 自也. 遹·遵·率, 循也.

【586c】

" '乃考文叔, 興舊耆欲, 作率慶士, 躬恤衛國. 其勤公家, 夙夜不解, 民咸曰, 休哉.' 公曰, '叔舅, 予女銘, 若纂乃考服' "

직역 "'乃의 考인 文叔은 舊의 耆欲을 興하여, 慶士를 作率하고, 衛國을 躬恤했다. 그 公家를 勤하여, 夙夜에 不解하니, 民이 咸히 曰, 休라.' 公이 曰, '叔舅아, 女에게 銘을 予하니, 若히 乃의 考服을 纂하라.'"

의역 계속하여 예전 위(衛)나라 공회에 대한 솥의 명(銘)에서 "장공(莊公)은 '너의 부친인 문숙은 이전 선조들이 군주를 친애하고 나라를 걱정했던 마음을 숭상하여, 경과 사들을 분기시키고 인솔하여 직접 위나라를 구휼했다. 그가 공실을 위해 노력함에 하루 종일 그치지 않았으니, 백성들은 모두 훌륭하다고 칭송하였다.'라고 했다. 그런 뒤에 장공은 재차 '그대 공회여, 내가 너에게 명(銘)을 새길 수 있도록 허락을 해주겠으니, 너의 부친이 맡았던 임무를 계승하라.'"라고 했다.

集說 應氏曰: 嗜欲者, 心志之所存, 言其先世之忠, 皆以愛君憂國爲嗜欲, 文叔孔圉慕尙而能興起之也. 作率, 奮起而倡率之也. 慶, 卿也, 古卿慶同音, 字亦同用, 故慶雲亦言卿雲.

번역 응씨가 말하길, '기욕(嗜欲)'은 심지에 보존되어 있는 것을 뜻하니, 이전 세대의 충절은 모두 군주를 친애하고 나라를 근심하는 것을 바라는 점으로 삼았다는 뜻이다. 따라서 문숙인 공어는 그것을 사모하고 숭상하여 흥기시킬 수 있었다는 의미이다. '작솔(作率)'은 분기시키고 인솔한다는 뜻이다. '경(慶)'자는 경(卿)을 뜻하니, 고대에는 경(卿)자와 경(慶)자의 음이 같았으므로, 그 글자를 또한 통용해서 사용했다. 그렇기 때문에 경운(慶雲)을 경운(卿雲)이라고 말하는 것이다.

鄭注 文叔者, 成叔之曾孫文子圉, 卽悝父也. 作, 起也. 率, 循也. 慶, 善也. 士之言事也. 言文叔能興行先祖之舊德, 起而循其善事. 若·乃, 猶女也, 公命悝: 予女先祖以銘, 以尊顯之; 女繼女父之事. 欲其忠如文子也. 成公·獻公·莊公, 皆失國得反, 言孔氏世有功焉, 寵之也.

번역 '문숙(文叔)'은 성숙의 증손자인 문자어(文子圉)이니, 곧 공회의 부친이다. '작(作)'자는 "일어나다[起]."는 뜻이다. '솔(率)'자는 "따르다[循]."는 뜻이다. '경(慶)'자는 "선하다[善]."는 뜻이다. '사(士)'자는 일[事]을 뜻한다. 즉 문숙은 선조의 옛 덕업을 흥기시켜서 떨쳐 일어나 선한 일들에 따랐다는 뜻이다. '약(若)'자와 '내(乃)'자는 모두 너[女]라는 뜻이니, 장공(莊公)이 공회에게 명령하여, 너의 선조에 대한 명(銘)을 새길 수 있도록 허락하여, 이를 통해 선조들을 존귀하게 드날리도록 한 것이니, 너는 너의 부친이 맡았던 임무를 계승하라고 한 것이다. 이것은 문자처럼 충성을 다하기를 바란 것이다. 성공·헌공·장공은 모두 나라를 잃었다가 본국으로 되돌아올 수 있었던 자들인데, 공씨 가문에서는 대대로 공적을 세워서 총애를 받았음을 뜻한다.

釋文 耆欲, 市志反. 解, 古賣反. 休, 許虯反. 圉, 魚呂反. 女, 羊許反, 注同.

번역 '耆欲'에서의 '耆'자는 '市(시)'자와 '志(지)'자의 반절음이다. '解'자는 '古(고)'자와 '賣(매)'자의 반절음이다. '休'자는 '許(허)'자와 '虯(규)'자의 반절음이다. '圉'자는 '魚(어)'자와 '呂(려)'자의 반절음이다. '女'자는 '羊(양)'자와 '許(허)'자의 반절음이며, 정현의 주에 나오는 글자도 그 음이 이와 같다.

孔疏 ●"乃考文叔"者, 孔圉是孔悝之父, 故云乃考.

번역 ●經文: "乃考文叔". ○공어는 공회의 부친이다. 그렇기 때문에 '내고(乃考)'라고 말한 것이다.

孔疏 ●“興舊耆欲”者, 言父圉能興行先祖舊德耆欲所爲.

번역 ●經文: “興舊耆欲”. ○부친인 공어는 선조들이 남긴 옛 덕업을 일으켜서 자신의 바람으로 삼을 수 있었다는 뜻이다.

孔疏 ●“作率慶士, 躬恤衛國, 其勤公家, 夙夜不解, 民咸曰: 休哉”者, 作, 起也; 率, 循也; 慶, 善也; 士, 事也. 言孔悝能起發依循善事, 躬憂恤衛國, 勤勞公家, 早夜不解倦, 民皆曰: 功德休美哉! 此是孔悝先祖功業鼎銘之辭也.

번역 ●經文: “作率慶士, 躬恤衛國, 其勤公家, 夙夜不解, 民咸曰: 休哉”. ○‘작(作)’자는 “일어나다[起].”는 뜻이며, ‘솔(率)’자는 “따르다[循].”는 뜻이고, ‘경(慶)’자는 “선하다[善].”는 뜻이며, ‘사(士)’자는 일[事]을 뜻한다. 즉 공회는 흥기하여 좋은 일들에 따르며, 위(衛)나라를 몸소 근심하고 구휼하여, 공실을 위해 열심히 노력하고, 밤낮으로 해이해지지 않았기 때문에 백성들이 모두들 “그의 공덕이 아름답도다!”라고 칭찬했다는 뜻이다. 이것은 공회의 선조가 쌓은 공업에 대해 솥의 명(銘)으로 새긴 말에 해당한다.

孔疏 ●“公曰: 叔舅! 予女銘, 若纂乃考服”, 此一節明蒯聵與孔悝銘之言也, 及敕戒之, 使繼先祖, 故云“纂乃考服”.

번역 ●經文: “公曰: 叔舅! 予女銘, 若纂乃考服”. ○이곳 문단은 괴외가 공회에 대해서 명(銘)에 대해 수여한 말에 해당한다. 그리고 그에게 주의를 주며 선조의 덕업을 계승하도록 했다. 그렇기 때문에 “너의 부친이 맡았던 임무를 계승하라.”라고 했다.

集解 若·乃, 皆女也. 言予命女以此辭銘著於器, 女當繼乃考文叔之事也. 蓋成公·獻公·莊公, 皆失國得反, 故莊公稱悝先世之功以襃美之, 而因以勉其後也.

번역 '약(若)'자와 '내(乃)'자는 모두 너[女]라는 뜻이다. 즉 너에게 이러한 말을 명(銘)으로 삼아 제기에 새길 수 있도록 허락을 해주니, 너는 마땅히 부친인 문숙의 임무를 계승해야 한다는 뜻이다. 성공(成公)·헌공(獻公)·장공(莊公)은 모두 나라를 잃었다가 본국으로 되돌아올 수 있었다. 그렇기 때문에 장공은 공회의 선조가 세운 공업을 가리켜서 그 업적을 기리며 칭송하고, 이를 통해 후세들이 더욱 분발하도록 만든 것이다.

【586d】

"悝拜稽首曰, '對揚以辟之勤大命施于烝彝鼎.'" 此衛孔悝之鼎銘也.

직역 "悝는 拜하고 首를 稽하여 曰, '對揚하여 勤大命에 辟하여 烝彝鼎에 施하리이다.'" 此는 衛孔悝의 鼎銘이다.

의역 계속하여 예전 위(衛)나라 공회에 대한 솥의 명(銘)에서 "공회는 절을 하고 머리를 조아리며, '군주의 명령에 응하고 그 뜻을 드날려서, 제사에 사용하는 술동이와 솥에 군주께서 내려주신 깊고도 큰 명령을 새겨두겠습니다.'"라고 했다. 이것은 위(衛)나라 공회의 솥에 새겨진 명(銘)이다.

集說 對揚至彝鼎十三字, 止作一句讀, 言對答揚擧, 用吾君殷勤之大命, 施勒于烝祭之彝尊及鼎也.

번역 '대양(對揚)'으로부터 '이정(彝鼎)'까지의 13글자는 하나의 구문으로 읽으니, 군주의 명령에 응하고 드날려서 군주께서 내려주신 깊고도 큰 명령에 따르며, 겨울제사인 증(烝) 때 사용하는 술동이와 솥에 새겨두겠다는 뜻이다.

大全 嚴陵方氏曰: 施于烝彝鼎者, 施其銘于烝祭之二器也. 祭器必以彝鼎, 則與震之守宗廟, 言不喪匕鬯, 同義. 蓋匕所以載鼎實, 彝所以實秬鬯故也. 彝 之祼, 足以感神於幽, 鼎之亨, 足以養人於明, 其德於是爲至矣. 銘於彝, 取夫 德有常而不變, 銘於鼎, 取夫德日新而不窮. 必於烝祭之器, 與司勳凡有功者, 祭於大烝, 同義. 彝亦有銘, 止曰鼎銘者, 舉重以該之也.

번역 엄릉방씨가 말하길, '시우증이정(施于烝彝鼎)'이라는 말은 명(銘) 을 겨울 제사에서 사용하는 두 기물에 새기겠다는 뜻이다. 제기에 대해서 반드시 술동이와 솥을 제시한 것은 진괘(震卦)가 종묘(宗廟)를 수호하 며,17) 국자와 울창주를 떨어트리지 않는다고 말한 것18)과 같은 뜻이다. 국 자는 솥에 담긴 물건을 뜰 때 사용하는 것이고 술동이는 울창주를 담을 때 사용하는 것이기 때문이다. 술동이를 이용해서 관례(灌禮)를 하면 그윽 한 귀신의 세상에 대해서 신을 감응시키기에 충분하고, 솥을 통해 제수를 흠향시키면 밝은 인간 세상에 대해서 사람을 봉양하기에 충분하니, 덕은 여기에 이르러 지극해진다. 술동이에 명(銘)을 새기는 것은 덕에는 항상되 며 변하지 않는 점이 있다는 데에서 취한 것이고, 솥에 명(銘)을 새기는 것은 덕이 날마다 새롭게 되어 다하지 않는다는 데에서 취한 것이다. 반드 시 겨울 제사에 사용하는 제기에 새기는 것은 『주례』「사훈(司勳)」편에서 "무릇 공덕을 세운 자에 대해서는 성대한 겨울 제사 때 함께 제사를 지낸 다."19)라고 한 말과 같은 뜻이다. 술동이에도 또한 명(銘)을 새기는데, 단지 '정명(鼎銘)'이라고 말한 것은 그 중에서도 중요한 것을 제시하여 나머지까 지 포함시킨 것이다.

鄭注 對, 遂也. 辟, 明也. 言遂揚君命, 以明我先祖之德也. 施, 猶著也, 言

---

17) 『역』「진괘(震卦)」: 象曰, 震, 亨. "震來虩虩", 恐致福也, "笑言啞啞", 後有則 也. "震驚百里", 驚遠而懼邇也, 出, 可以守宗廟社稷, 以爲祭主也.

18) 『역』「진괘(震卦)」: 震, 亨. 震來虩虩, 笑言啞啞, 震驚百里, 不喪匕鬯.

19) 『주례』「하관(夏官)・사훈(司勳)」: 凡有功者, 銘書於王之大常, 祭於大烝, 司勳 詔之.

我將行君之命, 又刻著於烝祭之彝鼎. 彝, 尊也. 周禮: “大約劑, 書於宗彝.” 言
銘之類衆多也, 略取其一以言之.

번역 ‘대(對)’자는 “따르다[遂].”라는 뜻이다. ‘벽(辟)’자는 “밝히다[明].”
는 뜻이다. 즉 군주의 명령을 따르고 드날려서 우리 선조의 덕을 밝게 비추
겠다는 의미이다. ‘시(施)’자는 “나타내다[著].”는 뜻이니, 나는 군주의 명령
을 시행할 것이고 또한 겨울제사에 사용하는 술동이와 솥에 새겨서 나타내
겠다는 의미이다. ‘이(彝)’는 술동이[尊]이다. 『주례』에서는 “성대한 맹약을
맺게 되면 종묘에서 사용하는 술동이에 새긴다.”[20]라고 했다. 즉 명(銘)을
새기는 것들은 많다는 뜻인데, 간략히 그 중의 하나만을 제시한 것이다.

釋文 辟, 必亦反, 又婢尺反, 注同, 明也. 施如字. 彝, 以支反. 著, 張慮反,
又直略反, 下同. 約如字, 徐於妙反. 劑, 子隨反.

번역 ‘辟’자는 ‘必(필)’자와 ‘亦(역)’자의 반절음이며, 또한 ‘婢(비)’자와
‘尺(척)’자의 반절음도 되고, 정현의 주에 나오는 글자도 그 음이 같으며,
밝힌다는 뜻이다. ‘施’자는 글자대로 읽는다. ‘彝’자는 ‘以(이)’자와 ‘支(지)’
자의 반절음이다. ‘著’자는 ‘張(장)’자아 ‘慮(려)’자의 반절음이며, 또한 ‘直
(직)’자와 ‘略(략)’자의 반절음도 되고, 아래문장에 나오는 글자도 그 음이
이와 같다. ‘約’자는 글자대로 읽으며, 서음(徐音)은 ‘於(어)’자와 ‘妙(묘)’자
의 반절음이다. ‘劑’자는 ‘子(자)’자와 ‘隨(수)’자의 반절음이다.

孔疏 ●“悝拜”至“彝鼎”. ○正義曰: 此一節明孔悝拜受君恩, 言己光揚先
祖之德·行君之大命, 著於彝鼎.

번역 ●經文: “悝拜”~“彝鼎”. ○이곳 문단은 공회가 절을 하고 군주의
은혜를 받은 것을 나타내고 있으니, 본인이 선조의 덕업을 빛내고 군주의
큰 명령을 시행하여, 술동이와 솥에 새기겠다는 의미이다.

---

20) 『주례』「추관(秋官)·사약(司約)」: 凡大約劑, 書於宗彝. 小約劑, 書於丹圖.

孔疏 ●"對揚以辟之"者, 對, 遂也; 揚, 稱揚也; 辟, 明也. 言己遂稱揚君命, 以光明我先祖之美.

번역 ●經文: "對揚以辟之". ○'대(對)'자는 "따르다[遂]."라는 뜻이며, '양(揚)'자는 칭송하며 드날린다는 뜻이고, '벽(辟)'자는 "밝히다[明]."는 뜻이다. 즉 본인은 군주의 명령에 따르고 칭송하며 드날려서 나의 선조가 쌓은 미덕을 밝히겠다는 뜻이다.

孔疏 ●"勤大命, 施于烝彝鼎"者, 勤, 行也; 施, 著也; 烝謂烝祭. 言己勤行君之大命, 著於烝祭之彝尊及鼎也. "此衛孔悝之鼎銘也", 記者錄其銘, 故以結之, 但"休哉"以上, 是稱其先祖; "公曰叔舅"以下至"彝鼎", 是自著其名. 於下是以身比焉, 比先祖也.

번역 ●經文: "勤大命, 施于烝彝鼎". ○'근(勤)'자는 "시행하다[行]."는 뜻이며, "시(施)'자는 "나타내다[著]."는 뜻이고, '증(烝)'자는 겨울제사를 뜻한다. 즉 본인은 군주가 내린 큰 명령을 열심히 시행하고, 겨울제사에 사용하는 술동이와 솥에 새기겠다는 뜻이다. 경문의 "此衛孔悝之鼎銘也"에 대하여, 『예기』를 기록한 자가 명(銘)에 기록된 말을 기술하였기 때문에 이러한 말로 결론을 맺은 것이다. 다만 '휴재(休哉)'라는 구문 이상의 내용은 선조에 대해 칭술한 것이고, '공왈숙구(公曰叔舅)'로부터 '이정(彝鼎)'까지는 스스로 자신의 명성을 드러낸 것이다. 뒤에 자신에 대한 것을 기록하였으니, 이것은 선조 다음에 기록한 것이다.

訓纂 陸農師曰: 辟, 君也. 對揚以辟之勤大命, 猶言對揚天子之休命.

번역 육농사21)가 말하길, '벽(辟)'자는 군주[君]를 뜻한다. '대양이벽지

---

21) 산음육씨(山陰陸氏, A.D.1042 ~ A.D.1102) : =육농사(陸農師)·육전(陸佃). 북송(北宋) 때의 유학자이다. 자(字)는 농사(農師)이며, 호(號)는 도산(陶山)이다. 어려서 집안이 매우 가난했다고 전해지며, 왕안석(王安石)에게 수학하였으나 왕안석의 신법에 대해서는 반대하였다. 저서로는 『비아(埤雅)』, 『춘

근대명(對揚以辟之勤大命)'이라는 말은 "천자의 아름다운 명령에 응하여 드날리겠습니다."[22]라고 한 말과 같다.

集解 對, 答. 揚, 擧也. 以, 用也. 辟, 君也. 勤大命, 殷勤尊大之命也. 烝, 冬祭也. 彝, 法也. 彝鼎, 法度之鼎也. 言君有此殷勤尊大之命, 己當對答稱揚, 用以施於烝祭法度之鼎也. 獨言"烝"者, 大夫干祫在冬與. 天子大祫以冬, 司勳"凡有功者, 銘書于王之大常, 祭于大烝", 是也. 諸侯大祫以秋, 避天子也. 大夫干祫以冬, 又避其君也.

번역 '대(對)'자는 "답하다[答]."는 뜻이다. '양(揚)'자는 "들다[擧]."는 뜻이다. '이(以)'자는 "사용하다[用]."는 뜻이다. '벽(辟)'자는 군주[君]를 뜻한다. '근대명(勤大命)'은 깊고도 위대한 명령을 뜻한다. '증(烝)'자는 겨울제사를 뜻한다. '이(彝)'자는 법도[法]를 뜻한다. '이정(彝鼎)'은 법도를 새긴 솥을 뜻한다. 즉 군주가 이처럼 깊고도 위대한 명령을 내려주었으니, 본인은 마땅히 그에 응하여 칭송하며 드날려야 하고, 이것을 사용하여 겨울제사에 사용하는 법도를 새기는 솥에 새기겠다는 뜻이다. 유독 '증(烝)'만을 말한 것은 대부의 간협(干祫)[23]은 겨울에 지내기 때문일 것이다. 천자가

추후전(春秋後傳)』,『도산집(陶山集)』 등이 있다.

22) 『서』「상서(商書)·열명하(說命下)」: 說拜稽首曰, 敢對揚天子之休命.

23) 간협(干祫)은 해당 묘(廟)가 없는 상태에서 지내는 협(祫)제사를 뜻한다. 협제사는 본래 선조의 신주(神主)들을 태묘(太廟)에 모두 모셔두고서 지내는 제사이다. '간협'은 이러한 협제사에서 파생된 특별한 용례에 해당한다. '간협'의 '간(干)'자는 "비다[空]." 또는 "뜻을 묻는다."라는 뜻으로 풀이되기도 한다. 공(空)자의 뜻으로 풀이하는 경우에는 본래 협제사를 지내는 태묘(太廟)가 없기 때문에, 태묘가 없다는 뜻에서 '간협'이라는 명칭이 붙었다는 주장이다. 이때에는 태묘가 없는 대신 제단을 쌓아서 지냈다고 한다. 한편 "뜻을 묻는다."는 뜻으로 풀이하면, 본래 협제사는 제후 이상의 신분만 지내는 제사인데, 대부(大夫) 등이 협제사를 지내게 되면, 자신보다 상위 계층의 예법을 빌려서 사용하는 것이므로, 그가 속한 군주에게 그 의사를 묻고서 지내게 된다. 그렇기 때문에 '간협'이라는 명칭이 붙었다는 주장이다. 『예기』「대전(大傳)」편에는 大夫士有大事, 省於其君, 干祫及其高祖."라는 기록이 있고, 이에 대한 정현의 주에서는 "干, 猶空也. 空祫, 謂無廟祫祭之於壇墠."이라고

지내는 성대한 협(祫)제사는 겨울에 지내니, 『주례』「사훈(司勳)」편에서 "무릇 공덕을 세운 자는 천자의 대상(大常)[24]에 기록하여 성대한 증제사 때 함께 제사를 지낸다."라고 한 말이 바로 이러한 사실을 나타낸다. 제후가 지내는 성대한 협제사는 가을에 저내니, 천자의 예법을 피하기 위해서이다. 또 대부의 간협을 겨울에 지내는 것도 제후의 예법을 피하기 위해서이다.

풀이했으며, 손희단(孫希旦)의 『집해(集解)』에서는 "干者, 自下而進取乎上之意, 祫本諸侯以上之禮, 而大夫士用之, 故曰干祫."이라고 풀이했다.

24) 대상(大常)은 상(常) 또는 태상(太常)이라고도 부른다. 군주가 사용하는 깃발 중 하나이다. 해[日]와 달[月]을 수놓았으며, 정폭으로 깃발을 만들고, 깃술을 달았다. 『주례』「춘관(春官)·건거(巾車)」편에는 "建大常, 十有二旒."라는 기록이 있고, 이에 대한 정현의 주에서는 "大常, 九旗之畫日月者, 正幅爲縿, 旒則屬焉."이라는 기록이 있다.

그림 24-5 대상(大常)

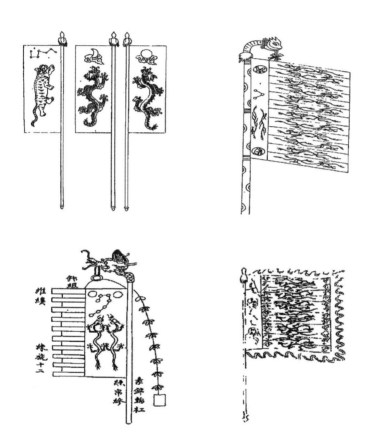

※ **출처:** 상좌-『주례도설(周禮圖說)』하권 ; 상우-『삼례도집주(三禮圖集注)』9권
　　　하좌-『삼례도(三禮圖)』2권 ; 하우-『육경도(六經圖)』7권

【587a】

古之君子, 論譔其先祖之美, 而明著之後世者也, 以比其身, 以重其國家如此. 子孫之守宗廟社稷者, 其先祖無美而稱之, 是誣也; 有善而弗知, 不明也; 知而弗傳, 不仁也. 此三者, 君子之所恥也.

직역 古의 君子는 그 先祖의 美를 論譔하고, 後世에 明著하는 者이니, 이로써 그 身을 比하여, 이로써 그 國家를 重하길 此와 如한다. 子孫이 宗廟와 社稷을 守하는 者에 그 先祖에게 美가 無한데도 稱함은 是는 誣이며; 善이 有한데도 弗知함은 不明이고; 知이나 弗傳함은 不仁이다. 이 三者는 君子가 恥하는 所이다.

의역 고대의 군자는 선조들의 아름다운 미덕을 서술하고 기록하여 후세에 드러내는 자이다. 또한 이를 통해 선조의 행적 뒤에 자신의 이름을 새기니, 이처럼 국가의 중대한 보물로 여기게 된다. 자손들은 종묘와 사직을 지키는데, 그들의 선조에게 미덕이 없는데도 칭송하는 것은 거짓된 것이며, 선행이 있는데 알지 못하는 것은 밝지 못한 것이고, 알지만 전하지 못하는 것은 인자하지 못한 것이다. 이러한 세 가지 것들은 군자가 치욕으로 여기는 것이다.

集說 勳在鼎彝, 是國有賢臣也, 故足爲國家之重.

번역 선조의 훈공이 솥과 술동이에 새겨져 있는 것은 국가에 현명한 신하가 있다는 뜻이다. 그렇기 때문에 국가의 중대한 보물로 삼기에 충분하다.

大全 嚴陵方氏曰: 無美而稱之, 則不足以取信於人, 故曰是誣也. 有善而弗知, 則其明不足以見之也. 知而弗傳, 則其仁不足以與之也. 爲人之子孫, 不明不信, 而且誣焉, 則辱莫甚矣.

번역 엄릉방씨가 말하길, 미덕이 없는데도 칭송을 한다면 남에게서 신의를 얻기에 부족하다. 그렇기 때문에 "이것은 거짓됨이다."라고 했다. 선행이 있는데도 알지 못한다면 그의 밝은 지혜는 그것을 드러내기에 부족한 것이다. 알면서도 전하지 못한다면 그의 인자함은 명(銘)에 참여하기에 부족한 것이다. 사람의 자손이 되어서 밝지 못하고 신의롭지 못하고 또 거짓됨을 일삼는다면, 이보다 심한 치욕은 없다.

鄭注 如莊公命孔悝之爲也. 莊公·孔悝, 雖無令德以終其事, 於禮是, 行之非.

번역 장공(莊公)이 공회에게 명령해서 시행했던 일과 같은 것이다. 장공과 공회는 비록 미덕을 갖춰서 그 사안을 제대로 마무리 지을 수 없었지만, 예법에 따르면 옳은 것이고, 그처럼 행동한 것은 잘못된 것이다.

釋文 誣音無. 不傳, 直專反, 不, 本亦作弗.

번역 '誣'자의 음은 '無(무)'이다. '不傳'에서의 '傳'자는 '直(직)'자와 '專(전)'자의 반절음이며, '不'자는 판본에 따라서 또한 '弗'자로도 기록한다.

集解 自"夫鼎有銘"至此, 明鼎銘之義. 因上文言祭祀致敬, 而稱揚先祖亦敬親之一端也, 故廣而言之. 然孔悝之事, 本無足道, 記者亦節取之耳.

번역 "무릇 솥에는 명(銘)이 있다."라는 구문부터 이곳 문장까지는 솥에 새기는 명(銘)의 뜻을 나타내고 있다. 또한 앞의 문장에서 제사에서 공경을 지극히 한다고 말한 것에 따라서, 선조를 칭송하고 선양하는 것 또한 부모를 공경하는 일의 일환이 되므로, 폭넓게 설명한 것이다. 그런데 공회에 대한 일은 본래 논할만한 가치가 없으니, 『예기』를 기록한 자가 또한 좋은 점만을 뽑아서 기록한 것일 뿐이다.

• 제 25 절 •

주공(周公)의 업적과 노(魯)나라의 제사

【587b】

> 昔者周公旦有勳勞於天下, 周公旣沒, 成王・康王追念周公之
> 所以勳勞者, 而欲尊魯, 故賜之以重祭, 外祭則郊・社, 是也,
> 內祭則大嘗・禘, 是也. 夫大嘗・禘, 升歌淸廟, 下而管象,
> 朱干玉戚以舞大武, 八佾以舞大夏, 此天子之樂也. 康周公,
> 故以賜魯也. 子孫纂之, 至于今不廢, 所以明周公之德, 而又
> 以重其國也.

직역 昔者에 周公旦은 天下에 勳勞가 有한데, 周公이 旣히 沒하자, 成王과 康王
은 周公이 勳勞로 所以한 者를 追念하고, 魯를 尊하고자 欲하여, 故로 賜하길 重祭
로써 하니, 外祭는 郊와 社가 是이며, 內祭는 大嘗과 禘가 是이다. 夫히 大嘗과
禘에는 升하여 淸廟를 歌하고, 下하여 象을 管하며, 朱干과 玉戚으로 大武를 舞하
고, 八佾로 大夏를 舞하니, 此는 天子의 樂이다. 周公을 康한 故로 이로써 魯에
賜했다. 子孫이 纂하여, 今에 至하여 不廢하니, 周公의 德을 明하고, 又히 이로써
그 國을 重하는 所以이다.

의역 옛날에 주공 단은 천하에 대해 공로를 세웠으므로, 주공이 죽자 성왕(成
王)과 강왕(康王)은 주공이 세운 업적을 추념하여, 노(魯)나라를 높이고자 했다.
그렇기 때문에 중대한 제사를 지낼 수 있도록 하사를 해주었으니, 외제(外祭)[1]로

---

1) 외제(外祭)는 내제(內祭)와 상대되는 말이다. 교사(郊祀)를 가리키기도 하며,
   왕이 사냥이나 출정 등으로 밖으로 나갔을 때 지내는 제사인 표맥(表貉)과
   순수(巡守)를 시행할 때 산천(山川)에 지내는 제사 등을 가리킨다. 『주례』「
   지관(地官)・목인(牧人)」편에 기록된 '외제'에 대해, 정현의 주에서는 "外祭,
   謂表貉及王行所過山川用事者."라고 풀이했고, 또 『예기』「제통(祭統)」편에는
   "外祭則郊社是也."라는 기록이 있다.

는 교(郊)제사와 사(社)제사가 여기에 해당하며, 내제(內祭)[2]로는 성대한 가을제
사와 체(禘)제사가 여기에 해당한다. 무릇 성대한 가을제사와 체(禘)제사에서는
악공이 당상(堂上)에 올라가서 청묘(淸廟)라는 시가를 노래로 부르고, 당하(堂下)
에서는 악공들이 관악기로 상(象)이라는 시가를 연주하며, 무용수는 주색의 방패와
옥으로 장식한 도끼를 들고 대무(大武)라는 악무를 추고, 팔일무에 맞춰서 대하(大
夏)라는 악무를 추는데, 이것은 본래 천자가 사용하는 음악이다. 그런데도 주공을
기리고자 했기 때문에 이러한 것들을 노나라에 하사한 것이다. 노나라의 자손들은
그것을 계승하여 지금까지도 폐지하지 않았으니, 주공의 덕을 밝히고, 또 이를 통
해 국가의 중대한 보물로 여긴 것이다.

集說 詩維淸, 奏象舞. 嚴氏云, "文王之舞謂之象, 文舞也. 大武, 武舞也.
管象, 以管播其聲也." 餘見前.

번역 『시』「유청(維淸)」편에서는 상(象)이라는 악무를 연주한다고 했
다.[3] 엄씨는 "문왕에 대한 악무를 '상(象)'이라고 부르니, 문무(文舞)에 해
당한다. '대무(大武)'는 무무(武舞)이다. '관상(管象)'은 관악기로 소리를 연
주한다는 뜻이다."라고 했다. 나머지 설명은 앞에 나온다.

【참고】『시』「주송(周頌)·유청(維淸)」

維淸緝熙, (유청집희) : 청명하고 밝은 것은,
文王之典. (문왕지전) : 문왕의 법도이니라.
肇禋, (조인) : 처음으로 제사를 지내니,
迄用有成, (흘용유성) : 지금에 이르러 사용하더라도 공적을 이룸이 있으니,

---

2) 내제(內祭)는 외제(外祭)와 상대되는 말이다. 선조(先祖)에 대한 종묘(宗廟)
의 제사를 뜻한다. 체(禘)제사 및 대상(大嘗) 등이 여기에 포함된다. 종묘에
서는 각 시기와 목적에 따라 각종 제사들이 시행되었는데, 이것들을 통칭하
여 '내제'라고 부른다. 『예기』「제통(祭統)」편에는 "內祭則大嘗禘是也."라는
기록이 있다.
3) 『시』「주송(周頌)·유청(維淸)」의 「모서(毛序)」: 維淸, 奏象舞也.

維周之禎. (유주지정) : 주나라의 길하고 상서로움이라.

[毛序] : 維淸, 奏象舞也.

[모서] : 「유청」편은 상(象)이라는 악무에 연주한다.

大全 嚴陵方氏曰: 郊社, 所以祭天地, 故曰外. 嘗禘, 所以祭祖宗, 故曰內. 禘爲五年之祭, 故謂之大, 嘗爲四時之祭, 亦謂之大者, 以天子所賜禮樂, 比諸侯尤隆也. 四時之祭, 特以嘗言者, 物成可嘗, 禮爲尤盛也, 故閟宮之詩, 言秋而載嘗者, 以是. 月令言嘗犧牲, 祭法言享嘗乃止, 祭義言嘗無樂, 燕居中庸言郊社禘嘗, 皆此意也. 舞所以節八音而行八風, 所以應八卦, 故每佾又用八人, 合而爲六十四焉, 則重卦之象也. 自諸侯而下, 則取隆殺以兩而已. 言舞大夏如此, 則大武可知. 康周公者, 康, 猶襃之也. 命之者, 成王爾, 而上兼言康王者, 豈非成王之志, 而康王又能繼之. 曲禮曰外事用剛日, 然不謂郊, 內事用柔日, 然不謂社, 而此以郊社爲外祭, 何也? 以天地爲大, 故郊對社, 不可以內外言其事, 以神人爲別, 故嘗禘對郊社, 或可以內外言其祭焉.

번역 엄릉방씨가 말하길, '교사(郊社)'는 천지에 대한 제사이다. 그렇기 때문에 '외(外)'라고 했다. '상체(嘗禘)'는 조상에 대한 제사이다. 그렇기 때문에 '내(內)'라고 했다. 체(禘)제사는 5년마다 1차례 지내는 제사이기 때문에 '대(大)'라고 했다. 그런데 상(嘗)제사는 사계절마다 지내는 제사 중 하나임에도 또한 '대(大)'라고 한 것은 천자가 하사해준 예악이 다른 제후들과 비교해보면 더욱 융성하기 때문이다. 사계절마다 지내는 제사 중에서도 유독 상(嘗)을 말한 것은 사물이 완성되어 맛볼 수 있고, 예법도 더욱 융성하기 때문이다. 그래서 『시』「비궁(閟宮)」편에서 "가을이 되어 상제사를 지낸다."4)라고 말한 것도 바로 이러한 이유 때문이다. 『예기』「월령(月令)」편

---

4) 『시』「노송(魯頌)·비궁(閟宮)」 : 秋而載嘗, 夏而楅衡. 白牡騂剛, 犧尊將將. 毛炰胾羹, 籩豆大房. 萬舞洋洋, 孝孫有慶. 俾爾熾而昌, 俾爾壽而臧. 保彼東方, 魯邦是嘗. 不虧不崩, 不震不騰. 三壽作朋, 如岡如陵.

에서 "상제사를 지내며 희생물을 바친다."5)라고 말하고, 『예기』「제법(祭法)」편에서 "향상(享嘗)을 지내고 그친다."6)라고 말하며, 『예기』「제의(祭義)」편에서 "상제사에서는 음악을 사용하지 않는다."7)라고 말하고, 『예기』「중니연거(仲尼燕居)」8)편과 「중용」9)편에서 교사(郊社)와 체상(禘嘗)을 말한 것들은 모두 이러한 뜻을 나타낸다. 춤은 팔음(八音)을 조절하여 팔풍(八風)을 시행하니, 팔괘(八卦)에 호응하는 것이다. 그렇기 때문에 팔일무는 매 열마다 또한 8명을 사용하여 총 64명이 되니, 대성괘의 상이 된다. 제후로부터 그 이하의 계층은 2만큼씩 높이고 낮추는 법칙에 따를 뿐이다. 대하(大夏)에 대해 춤을 추며 이처럼 한다고 했다면, 대무(大武)의 춤에 대해서도 알 수 있다. '강주공(康周公)'이라고 했는데, '강(康)'자는 "기린다[褒]."는 뜻이다. 이처럼 명령을 내린 것은 성왕(成王)일 따름인데, 앞에서는 강왕(康王)까지도 함께 말했다. 그 이유는 이것이 어찌 성왕의 의지가 아니었겠느냐마는 강왕 또한 그 뜻을 계승할 수 있었기 때문이다. 『예기』「곡례(曲禮)」편에서는 "외사(外事)10)는 강일(剛日)11)에 시행한다."라고 했

---

5) 『예기』「월령(月令)」【214c】 : 是月也, 大饗帝, 嘗, 犧牲告備于天子.

6) 『예기』「제법(祭法)」【549a】 : 是故王立七廟, 一壇一墠, 曰考廟, 曰王考廟, 曰皇考廟, 曰顯考廟, 曰祖考廟, 皆月祭之; 遠廟爲祧, 有二祧, 享嘗乃止; 去祧爲壇, 去壇爲墠, 壇墠有禱焉祭之, 無禱乃止; 去墠曰鬼.

7) 『예기』「제의(祭義)」【553b】 : 祭不欲數, 數則煩, 煩則不敬. 祭不欲疏, 疏則怠, 怠則忘. 是故君子合諸天道, 春禘秋嘗. 霜露旣降, 君子履之, 必有悽愴之心, 非其寒之謂也. 春, 雨露旣濡, 君子履之, 必有怵惕之心, 如將見之. 樂以迎來, 哀以送往, 故禘有樂而嘗無樂.

8) 『예기』「중니연거(仲尼燕居)」【599c】 : 子曰, 明乎郊社之義, 嘗禘之禮, 治國其如指諸掌而已乎

9) 『중용』「19장」 : 郊社之禮, 所以事上帝也. 宗廟之禮, 所以祀乎其先也. 明乎郊社之禮禘嘗之義, 治國其如示諸掌乎.

10) 외사(外事)는 내사(內事)와 상대되는 말이다. 교외(郊外)에서 제사를 지내거나, 사냥하는 일 등을 총칭하는 말이다. 또는 외국과의 외교관계에서 연합을 하거나, 군대를 출동시키는 일 등도 가리킨다. 『예기』「곡례상(曲禮上)」편에는 "外事以剛日, 內事以柔日."이라는 기록이 있는데, 이에 대한 정현의 주에서는 "出郊爲外事."라고 풀이했고, 공영달(孔穎達)의 소에(疏)서는 "外事, 郊外之事也. …… 崔靈恩云, 外事, 指用兵之事."라고 풀이했다. 또한 손희단(孫希旦)의 집해(集解)에서는 "愚謂外事, 謂祭外神. 田獵出兵, 亦爲外事."라고 풀이했다.

는데, 교(郊)제사를 뜻하는 것이 아니고, "내사(內事)12)는 유일(柔日)13)에 시행한다."라고 했는데,14) 사(社)제사를 뜻하는 것이 아니다. 그런데 이곳에서 교사(郊社)를 외제(外祭)라고 한 것은 어째서인가? 천지는 크기 때문에 교(郊)제사를 사(社)제사와 대비시키면 내외(內外)를 기준으로 그 사안을 말할 수 없고, 신과 사람은 구별되기 때문에 상체(嘗禘)와 교사(郊社)를 대비시키면, 또한 내외(內外)로 그 제사를 나타낼 수 있기 때문이다.

鄭注 言此者王室所銘, 若周公之功. 淸廟, 頌文王之詩也. 管象, 吹管而舞武·象之樂也. 朱干, 赤盾. 戚, 斧也. 此武·象之舞所執也. 佾, 猶列也. 大夏, 禹樂, 文舞也, 執羽籥. 文·武之舞皆八列, 互言之耳. 康, 猶襃大也, 易·晉卦曰 "康侯用錫馬". 不廢, 不廢其此禮樂也. 重, 猶尊也.

번역 이것은 왕실에서 새긴 명(銘)에 대한 내용으로, 주공의 업적과 같은 경우가 여기에 해당한다. '청묘(淸廟)'는 문왕에 대해 찬송하는 시이다. '관상(管象)'은 관악기를 연주하여 무(武)와 상(象)이라는 악무에 따라 춤을

---

11) 강일(剛日)은 십간(十干)을 음양(陰陽)으로 구분했을 때, 양(陽)에 해당하는 날짜를 뜻한다. 십간에 따라 날짜를 구분할 때 갑(甲)·병(丙)·무(戊)·경(庚)·임(壬)자가 들어가는 날이 '강일'이 된다. '강일'과 반대되는 말은 유일(柔日)이며, 십간 중 을(乙)·정(丁)·기(己)·신(辛)·계(癸)자가 들어가는 날이 '유일'이 된다.

12) 내사(內事)는 외사(外事)와 상대되는 말이다. 본래 교내(郊內)에서 시행하는 모든 일들을 총칭하는 말이지만, 주로 제사를 가리키며, 특히 종묘(宗廟)에서 지내는 제사를 뜻한다. 『예기』「곡례상(曲禮上)」편에는 "外事以剛日, 內事以柔日."이라는 기록이 있는데, 이에 대한 공영달(孔穎達)의 소(疏)에서는 "內事, 郊內之事也. 乙丁己辛癸五偶爲柔也."라고 풀이했고, 손희단(孫希旦)의 『집해(集解)』에서는 "內事, 謂祭內神."이라고 풀이했다.

13) 유일(柔日)은 십간(十干)을 음양(陰陽)으로 구분했을 때, 음(陰)에 해당하는 날짜를 뜻한다. 십간에 따라 날짜를 구분할 때 을(乙)·정(丁)·기(己)·신(辛)·계(癸)자가 들어가는 날이 '유일'이 된다. '유일'과 반대되는 말은 강일(剛日)이며, 십간 중 갑(甲)·병(丙)·무(戊)·경(庚)·임(壬)자가 들어가는 날이 '강일'이 된다.

14) 『예기』「곡례상(曲禮上)」【41d】: 外事以剛日, 內事以柔日.

춘다는 뜻이다. '주간(朱干)'은 적색의 방패이다. '척(戚)'자는 도끼[斧]를 뜻
한다. 이러한 무(武)와 상(象)이라는 악무에서 무용도구로 잡는 기물들이
다. '일(佾)'자는 대열[列]을 뜻한다. '대하(大夏)'는 우임금에 대한 악무이
니, 문무(文舞)에 해당하며, 깃털과 피리를 무용도구로 잡게 된다. 문무와
무무의 춤에서는 모두 8줄을 맞추게 되니, 상호 그 뜻을 보완적으로 드러내
도록 기록한 것일 뿐이다. '강(康)'자는 기리며 위대하게 여긴다는 뜻이니,
『역』「진괘(晉卦)」에서는 "편안하게 다스리는 제후이니, 말을 하사한다."[15]
라고 했다. '불폐(不廢)'는 이러한 예악을 폐지하지 않았다는 뜻이다. '중
(重)'자는 "존숭하다[尊]."는 뜻이다.

釋文 佾音逸. 盾, 食準反, 又音允. 籥, 羊灼反.

번역 '佾'자의 음은 '逸(일)'이다. '盾'자는 '食(식)'자와 '準(준)'자의 반절
음이며, 또한 그 음은 '允(윤)'도 된다. '籥'자는 '羊(양)'자와 '灼(작)'자의 반
절음이다.

孔疏 ●"昔者"至"國也". ○正義曰: 此一節因上說鼎銘, 明先祖之善, 故此
明周公之勳, 子孫纂之, 特重於餘國, 亦光揚之事.

번역 ●經文: "昔者"~"國也". ○이곳 문단은 앞에서 정명(鼎銘)이 선조
의 선행을 드러낸다고 설명한 것에 따르고 있기 때문에, 이곳에서 주공의
공로를 자손들이 계승하여 나머지 제후국보다도 특별히 중대하게 대한 것
이 또한 밝게 드높이는 일임을 나타내고 있다.

孔疏 ●"外祭則郊·社"者, 諸侯常祭, 唯社稷以下. 魯之祭, 社與郊連文,
則[16]用天子之禮也.

---

15) 『역』「진괘(晉卦)」: 晉, <u>康侯用錫馬蕃庶</u>, 晝日三接.
16) '즉(則)'자에 대하여. '즉'자 뒤에는 본래 '비(備)'자가 기록되어 있었는데, 완원
(阮元)의 『교감기(校勘記)』에서는 "혜동(惠棟)의 『교송본(校宋本)』에는 '비'

번역 ●經文: "外祭則郊·社". ○제후가 지내는 정규 제사는 오직 사직 (社稷)에 대한 제사로부터 그 이하의 제사를 뜻한다. 노(魯)나라의 제사에 대해서는 사(社)와 교(郊)를 연이어 기록했으니, 천자의 예를 사용한 것이다.

孔疏 ●"內祭則大嘗禘"者, 祫祭在秋也, 大嘗禘祭在夏也, 是大嘗禘得用 天子之禮, 則升歌淸廟及舞大武·大夏之屬, 皆用天子之禮, 所以爲大嘗禘也. 餘諸侯則不得大嘗禘.

번역 ●經文: "內祭則大嘗禘". ○협(祫)제사는 가을에 지내고, 성대한 상(嘗)제사와 체(禘)제사는 여름에 지낸다. 이러한 성대한 상제사와 체제사 에서 천자의 예를 사용할 수 있다면, 당상(堂上)에 올라가서 청묘(淸廟)라 는 시가를 노래 부르고, 대무(大武)와 대하(大夏)를 춤추는 등속은 모두 천 자의 예를 사용하여 성대한 상제사와 체제사를 지내는 것이다. 나머지 제 후들은 성대한 상제사와 체제사를 지낼 수 없다.

孔疏 ●"升歌淸廟"者, 升堂歌淸廟. 淸廟, 頌文王之詩也.

번역 ●經文: "升歌淸廟". ○악공들이 당상(堂上)에 올라가서 청묘(淸 廟)라는 시가를 노래 부른다는 뜻이다. '청묘(淸廟)'는 문왕에 대해 찬송한 시가이다.

孔疏 ●"下而管象"者, 堂下吹管而舞武·象之樂也.

번역 ●經文: "下而管象". ○당하(堂下)에서 관악기를 연주하여 무(武) 와 상(象)의 악무를 춤춘다는 뜻이다.

자가 없으며, 위씨(衛氏)의 『집설(集說)』에도 동일하게 기록되어 있다. 따라 서 이곳 판본에서는 '비'자가 연문으로 잘못 기록된 것이다."라고 했다.

孔疏 ●"朱干玉戚, 以舞大武"者, 朱干, 赤[17]盾也. 戚, 斧也. 以玉飾其柄. 此武·象之武所執.

번역 ●經文: "朱干玉戚, 以舞大武". ○'주간(朱干)'은 적색의 방패를 뜻한다. '척(戚)'은 도끼[斧]이다. 옥으로 자루를 장식한다. 이것들은 무(武)와 상(象)의 악무를 춤출 때 잡는 무용도구이다.

孔疏 ●"八佾以舞大夏"者, 大夏, 禹樂, 文[18]舞也, 執羽籥. 此天子之樂也.

번역 ●經文: "八佾以舞大夏". ○'대하(大夏)'는 우임금에 대한 악무이며, 문무(文舞)에 해당하므로, 무용도구로는 깃털과 피리를 잡게 된다. 이것은 천자가 사용하는 음악에 해당한다.

孔疏 ●"康周公, 故以賜魯也"者, 升歌淸廟以下, 並是天子之樂, 故以此結之也.

번역 ●經文: "康周公, 故以賜魯也". ○악공들이 당상(堂上)에 올라가서 청묘(淸廟)라는 시가를 노래 부른다는 것으로부터 그 이하의 일들은 모두 천자의 음악에 해당한다. 그렇기 때문에 이러한 말로 결론을 맺은 것이다.

孔疏 ◎注"武象"至"錫馬". ○正義曰: 言"文·武之舞皆八列, 互言之耳"者, 以經云"八佾以舞大夏", 舞大武不顯佾數, 則舞大武亦八佾也. 大武云"朱干玉戚", 其大夏則不用朱干玉戚, 當用羽籥. 而云"互文"者, 以大夏言舞數, 則大武亦當有舞數. 大武言所執舞器, 則大夏亦有舞器, 故云"互"也.

---

17) '적(赤)'자에 대하여. '적'자는 본래 '역(亦)'자로 기록되어 있었는데, 완원(阮元)의 『교감기(校勘記)』에서는 "『고문(考文)』에서 인용하고 있는 송나라 때의 판본에는 '역'자를 '적'자로 기록했다."라고 했다.

18) '문(文)'자에 대하여. '문'자는 본래 '지(之)'자로 기록되어 있었는데, 완원(阮元)의 『교감기(校勘記)』에서는 "혜동(惠棟)의 『교송본(校宋本)』에는 '지'자를 '문'자로 기록하고 있다."라고 했다.

[번역] ◎鄭注: "武象"~"錫馬". ○정현이 "문무와 무무의 춤에서는 모두 8줄을 맞추게 되니, 상호 그 뜻을 보완적으로 드러내도록 기록한 것일 뿐이다."라고 했는데, 경문에서는 "팔일무로 대하(大夏)를 춤춘다."라고 했고, 대무(大武)를 춤추는 것에 대해서는 무용수들의 대열 수를 언급하지 않았으니, 이것은 대무의 춤에서도 또한 8줄을 맞춘다는 뜻을 나타낸다. 대무에 대해서는 "주색의 방패와 옥으로 장식한 도끼를 든다."라고 했고, 대하에 대해서는 주색의 방패와 옥으로 장식한 도끼를 사용하지 않으니, 마땅히 깃털과 피리를 사용하게 된다. 정현이 '호문(互文)'이라고 말한 것은 대하에 대해서는 무용수 대열의 수를 말했으니, 대무에 대해서도 마땅히 이와 같은 대열의 수를 맞춘다는 사실을 알 수 있고, 대무에 대해서 잡게 되는 무용도구를 말했으니, 대하에 대해서도 무용도구가 포함된다는 사실을 알 수 있다. 그렇기 때문에 '호(互)'라고 말한 것이다.

[孔疏] ◎"易·晉卦康侯用錫馬"者, 證康是襃崇之義, 按易·晉卦坤下離上, 日出於地爲晉. 晉, 進也. 言明晉也.

[번역] ◎鄭注: "易·晉卦康侯用錫馬". ○이것은 '강(康)'자가 기리고 숭상한다는 뜻이 됨을 증명한 것이다. 『역』「진괘(晉卦)」를 살펴보면, 곤괘(坤卦)가 아래에 있고, 리괘(離卦)가 위에 있으니, 해가 땅에서 솟아나온 것이 진괘가 된다. 그리고 '진(晉)'자는 "나아간다[進]."는 뜻이다. 즉 밝게 나아간다는 의미이다.

[孔疏] ●"子孫"至"國也者", 言魯是周公子孫, 繼周公之後, 至今不廢此禮樂. 謂作記之時也. 所以明周公之有德, 而又以尊重其魯國也.

[번역] ●經文: "子孫"~"國也者". ○노(魯)나라는 주공의 자손들 나라이며, 주공의 뜻을 계승한 이후, 지금에 이르러서도 이러한 예악을 폐지하지 않았다는 뜻이다. 즉 『예기』를 기록했을 때의 시기를 의미한다. 이러한 것들은 주공이 가지고 있던 덕을 드러내고 또 이를 통해 노나라를 존숭하는

것이다.

集解 愚謂: 大嘗, 大祫也. 諸侯皆得社與大祫, 惟不得郊與大禘. 此因郊而幷言"社", 因禘而幷言"嘗"耳. 然魯之郊禘, 本惠公以後之僭禮, 而託言出於王賜耳. 記之所言, 則因魯之所自託者而遂傳以爲實也. 餘說已見文王世子及明堂位.

번역 내가 생각하기에, '대상(大嘗)'은 성대한 협(祫)제사를 뜻한다. 제후는 모두 사(社)제사와 성대한 협제사를 지낼 수 있는데, 오직 교(郊)제사와 성대한 체(禘)제사만은 지낼 수 없다. 이곳에서는 교(郊)제사를 언급한 것에 따라 사(社)제사도 언급했는데, 이것은 체(禘)제사를 언급하며 아울러 상(嘗)제사를 언급한 것에 따른 것일 뿐이다. 그런데 노(魯)나라에서 교제사와 체제사를 지내는 것은 본래 혜공(惠公) 이후에 시행된 참람된 예법이며, 천자가 하사한 것으로부터 도출되었다는 말로 꾸며낸 것일 뿐이다. 『예기』에서 언급한 내용들은 노나라 자체에서 꾸며낸 말이 결국 후대로 전수되어 실제의 사실처럼 여겨진 것에 따른 것이다. 나머지 설명들은 이미 『예기』「문왕세자(文王世子)」편과 「명당위(明堂位)」편에서 했다.

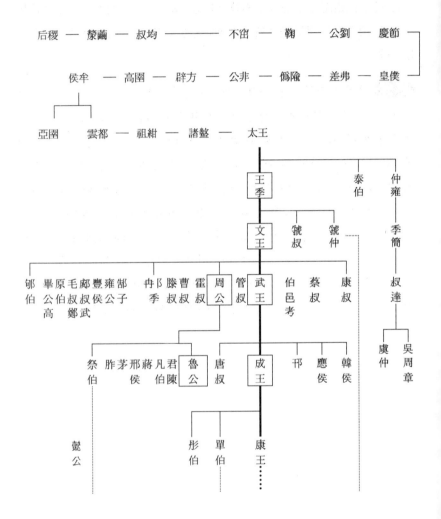

그림 25-1 주(周)나라 세계도(世系圖) Ⅰ

※ 출처:『역사(繹史)』1권「역사세계도(繹史世系圖)」

● 그림 25-2 노(魯)나라 세계도(世系圖)

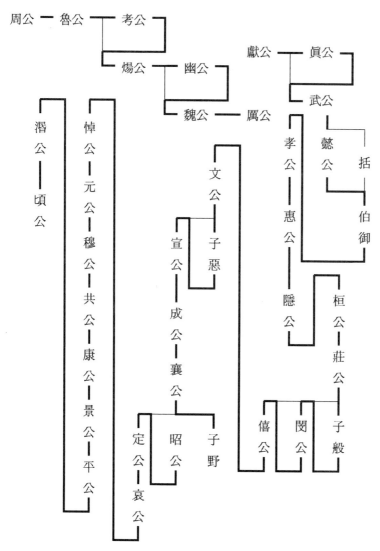

※ 출처: 『역사(繹史)』1권「역사세계도(繹史世系圖)」

祭統 人名 및 用語 辭典

ㄱ

◎ 가공언(賈公彦, ? ~ ?) : 당(唐)나라 때의 유학자이다. 정현(鄭玄)을 존숭하였다. 예학(禮學)에 조예가 깊었다. 『주례소(周禮疏)』, 『의례소(儀禮疏)』 등의 저서를 남겼으며, 이 저서들은 『십삼경주소(十三經注疏)』에 포함되었다.

◎ 가례(嘉禮) : '가례'는 오례(五禮) 중 하나로, 결혼식을 치르거나, 잔치 등을 베풀 때의 예제(禮制)를 뜻한다. 경사스러운 일이라는 뜻에서 가(嘉)자를 붙여서 '가례'라고 부르는 것이다.

◎ 가작(加爵) : '가작'은 술을 따라서 권한다는 뜻이다.

◎ 가정본(嘉靖本) : 『가정본(嘉靖本)』에는 간행한 자의 정보가 기록되어 있지 않다. 『십삼경주소(十三經注疏)』의 판본이다. 20권으로 구성되어 있으며, 각 권의 뒤편에는 경문(經文)과 그에 따른 주(注)를 간략히 기록하고 있다. 단옥재(段玉裁)는 이 판본이 가정(嘉靖) 연간에 송본(宋本)을 모방하여 간행된 것이라고 여겼다.

◎ 간협(干祫) : '간협'은 해당 묘(廟)가 없는 상태에서 지내는 협(祫)제사를 뜻한다. 협제사는 본래 선조의 신주(神主)들을 태묘(太廟)에 모두 모셔두고서 지내는 제사이다. '간협'은 이러한 협제사에서 파생된 특별한 용례에 해당한다. '간협'의 '간(干)'자는 "비다[空]." 또는 "뜻을 묻는다."라는 뜻으로 풀이되기도 한다. 공(空)자의 뜻으로 풀이하는 경우

에는 본래 협제사를 지내는 태묘(太廟)가 없기 때문에, 태묘가 없다는 뜻에서 '간협'이라는 명칭이 붙었다는 주장이다. 이때에는 태묘가 없는 대신 제단을 쌓아서 지냈다고 한다. 한편 "뜻을 묻는다."는 뜻으로 풀이하면, 본래 협제사는 제후 이상의 신분만 지내는 제사인데, 대부(大夫) 등이 협제사를 지내게 되면, 자신보다 상위 계층의 예법을 빌려서 사용하는 것이므로, 그가 속한 군주에게 그 의사를 묻고서 지내게 된다. 그렇기 때문에 '간협'이라는 명칭이 붙었다는 주장이다. 『예기』「대전(大傳)」편에는 "大夫士有大事, 省於其君, 干祫及其高祖."라는 기록이 있고, 이에 대한 정현의 주에서는 "干, 猶空也. 空祫, 謂無廟祫祭之於壇墠."이라고 풀이했으며, 손희단(孫希旦)의 『집해(集解)』에서는 "干者, 自下而進取乎上之意, 祫本諸侯以上之禮, 而大夫士用之, 故曰干祫."이라고 풀이했다.

◎ 감본(監本) :『감본(監本)』은 명(明)나라 국자감(國子監)에서 간행한 『십삼경주소(十三經注疏)』의 판본이다.

◎ 강일(剛日) : '강일'은 십간(十干)을 음양(陰陽)으로 구분했을 때, 양(陽)에 해당하는 날짜를 뜻한다. 십간에 따라 날짜를 구분할 때 갑(甲)·병(丙)·무(戊)·경(庚)·임(壬)자가 들어가는 날이 '강일'이 된다. '강일'과 반대되는 말은 유일(柔日)이며, 십간 중 을(乙)·정(丁)·기(己)·신(辛)·계(癸)자가 들어가는 날이 '유일'이 된다.

◎ 개성석경(開成石經) :『개성석경(開成石經)』은 당(唐)나라 만들어진 석경(石經)을 뜻한다. 돌에 경문(經文)을 새겼기 때문에, '석경'이라고 부른다. 당나라 때 만들어진 '석경'은 대화(大和) 7년(A.D.833)에 만들기 시작하여, 개성(開成) 2년(A.D.837)에 완성되었기 때문에, '개성석경'이라고도 부르는 것이다.

◎ 경사(京師) : '경사'는 그 나라의 수도를 뜻한다. 『시』「대아(大雅)·공유(公劉)」편에는 "京師之野, 于時處處."라는 기록이 있고, 이에 대해 마서신(馬瑞辰)의 『통석(通釋)』에서는 오두남(吳斗南)의 주석을 인용해서, "京者, 地名. 師者, 都邑之稱. 如洛邑, 亦稱洛師之類."라고 풀이했다. 즉 '경(京)'자는 단순한 지명이었고, '사(師)'자가 수도를 뜻하는 단어였다. 이후에는 '경사'라는 단어를 그 나라의 수도를 가리키는 용어로 사용하였다.

◎ 경원보씨(慶源輔氏, ? ~ ?) : =보광(輔廣)·보한경(輔漢卿). 남송(南宋) 때

의 학자이다. 자(字)는 한경(漢卿)이고, 호(號)는 잠암(潛庵)·전이(傳貽)이다. 여조겸(呂祖謙)과 주자(朱子)에게서 학문을 배웠다. 저서로는 『사서찬소(四書纂疏)』, 『육경집해(六經集解)』 등이 있다.

◎ 고문송판(考文宋板) : 『고문송판(考文宋板)』은 일본 학자 산정정(山井鼎) 등이 출간한 『칠경맹자고문보유(七經孟子考文補遺)』에 수록된 『예기정의(禮記正義)』를 뜻한다. 산정정은 『예기정의』를 수록할 때, 송(宋)나라 때의 판본을 저본으로 삼았다.

◎ 곤면(袞冕) : '곤면'은 곤룡포와 면류관을 뜻한다. 본래 천자의 제사복장으로, 비교적 중요한 제사 때 입는다. 윗옷과 아랫도리에 새겨진 무늬 등은 9가지이다. 『주례』「춘관(春官)·사복(司服)」편에는 "享先王則袞冕."이라는 기록이 있다. 이에 대한 정현의 주에서는 "冕服九章, 登龍於山, 登火於宗彝, 尊其神明也. 九章, 初一曰龍, 次二曰山, 次三曰華蟲, 次四曰火, 次五曰宗彝, 皆畫以爲績. 次六曰藻, 次七曰粉米, 次八曰黼, 次九曰黻, 皆希以爲繡. 則袞之衣五章, 裳四章, 凡九也."라고 풀이했다. 즉 '곤면'의 윗옷에는 용(龍), 산(山), 화충(華蟲), 화(火), 종이(宗彝) 등 5가지 무늬를 그려놓고, 아랫도리에는 조(藻), 분미(粉米), 보(黼), 불(黻) 등 4가지를 수놓았다.

◎ 공씨(孔氏) : =공영달(孔穎達)

◎ 공영달(孔穎達, A.D.574 ~ A.D.648) : =공씨(孔氏). 당대(唐代)의 경학자이다. 자(字)는 중달(仲達)이고, 시호(諡號)는 헌공(憲公)이다. 『오경정의(五經正義)』를 찬정(撰定)하는데 중심적인 역할을 했다.

◎ 공축(工祝) : '공축'은 축관(祝官)을 지칭하는 말이다. 『시』「소아(小雅)·초자(楚茨)」편에는 "工祝致告, 徂賚孝孫."이라는 기록이 있고, 이에 대한 고형(高亨)의 주에서는 "工祝卽祝官."이라고 풀이했다.

◎ 관례(灌禮) : '관례'는 제례(祭禮) 의식 중 하나이다. 술을 땅에 부어서 신(神)을 강림시키는 것이다. 『논어』「팔일(八佾)」편에는 "禘, 自旣灌而往者, 吾不欲觀之矣."라는 기록이 있고, 이 기록에 대한 하안(何晏)의 『집해(集解)』에서는 공안국(孔安國)의 주장을 인용하여, "灌者, 酌鬱鬯灌於太祖以降神也."라고 풀이하였다.

◎ 했던 『십삼교감기(校勘記)』 : 『교감기(校勘記)』는 완원(阮元)이 학자들을 모아서 편찬경주소교감기(十三經註疏校勘記)』를 뜻한다.

◎ 교기(校記) : 『교기(校記)』는 손이양(孫詒讓)이 지은 『십삼경주소교기

(十三經注疏校記)』를 뜻한다.

◎ 교제(郊祭) : '교제'는 '교사(郊祀)'라고도 부른다. 교외(郊外)에서 천지(天地)에 제사를 지냈기 때문에 붙여진 명칭이다. 음양설(陰陽說)이 성행했던 한(漢)나라 때에는 하늘에 대한 제사는 양(陽)의 뜻을 따라 남교(南郊)에서 지냈고, 땅에 대한 제사는 음(陰)의 뜻을 따라 북교(北郊)에서 지냈다. 『한서』「교사지하(郊祀志下)」편에는 "帝王之事莫大乎承天之序, 承天之序莫重於郊祀. …… 祭天於南郊, 就陽之義也. 地於北郊, 卽陰之象也."라는 기록이 있다. 한편 '교사'는 후대에 제사를 범칭하는 용어로도 사용되었다. '교사' 중의 '교(郊)'자는 규모가 큰 제사를 뜻하며, '사(祀)'는 비교적 규모가 작은 제사들을 뜻한다.

◎ 군례(軍禮) : '군례'는 오례(五禮) 중 하나로, 군대와 관련된 예제(禮制)를 뜻한다. 참고적으로 고대 중국에서는 각 계절마다 군대와 관련된 의식을 시행하였는데, 봄에 하는 것을 진려(振旅)라고 불렀고, 여름에 하는 것을 발사(拔舍)라고 불렀으며, 가을에 하는 것을 치병(治兵)이라고 불렀고, 겨울에 하는 것을 대열(大閱)이라고 불렀다. 이러한 의식들이 모두 '군례'에 포함된다.

◎ 궤숙(饋孰) : '궤숙'은 '궤숙(饋熟)'이라고도 부른다. 제례(祭禮) 의식 중 하나이다. 제사를 시행할 때에는 희생물을 잡아서 생고기를 바치고, 이후에 다시 익힌 고기를 바치는데, '궤숙'은 바로 익힌 음식을 바치는 절차를 뜻한다.

◎ 궤식(饋食) : '궤식'은 음식을 바친다는 뜻이다. 고대에는 천자 및 제후들이 매월 초하루마다 종묘(宗廟)에서 음식을 바치는 의식을 치렀는데, 이것을 '궤식'이라고도 부른다. 『주례』「춘관(春官)·대종백(大宗伯)」편에는 "以饋食享先王."이라는 기록이 있다. 한편 조사(朝事)를 시행할 때, 조천(朝踐)을 끝낸 뒤, 생고기를 삶아서 재차 바치는 의식을 가리키기도 한다.

◎ 금화응씨(金華應氏, ? ~ ?) : =응용(應鏞)·응씨(應氏)·응자화(應子和). 이름은 용(鏞)이다. 자(字)는 자화(子和)이다. 『예기찬의(禮記纂義)』를 지었다.

◎ 길례(吉禮) : '길례'는 오례(五禮) 중 하나로, 제사에 대한 예제(禮制)를 뜻한다. 고대에는 제사 자체를 길(吉)한 일로 여겼기 때문에, 제례(祭禮)를 '길례'로 여겼다.

ㄴ

◎ 남송석경(南宋石經) : 『남송석경(南宋石經)』은 송(宋)나라 고종(高宗) 때 돌에 새긴 『십삼경주소(十三經注疏)』의 판본이다. 그러나 『예기(禮記)』에 대해서는 「중용(中庸)」 1편만을 기록하고 있다.

◎ 납채(納采) : '납채'는 혼인과 관련된 육례(六禮) 중 하나이다. 청원을 하며 여자 집안에 예물을 보내는 일을 뜻한다.

◎ 내사(內史) : '내사'는 천자가 신하들의 작위, 녹봉, 등용 등에 대해 관리할 때, 그 일을 도왔던 관리이다.

◎ 내사(內事) : '내사'는 외사(外事)와 상대되는 말이다. 본래 교내(郊內)에서 시행하는 모든 일들을 총칭하는 말이지만, 주로 제사를 가리키며, 특히 종묘(宗廟)에서 지내는 제사를 뜻한다. 『예기』「곡례상(曲禮上)」편에는 "外事以剛日, 內事以柔日."이라는 기록이 있는데, 이에 대한 공영달(孔穎達)의 소(疏)에서는 "內事, 郊內之事也. 乙丁己辛癸五偶爲柔也."라고 풀이했고, 손희단(孫希旦)의 『집해(集解)』에서는 "內事, 謂祭內神."이라고 풀이했다.

◎ 내제(內祭) : '내제'는 외제(外祭)와 상대되는 말이다. 선조(先祖)에 대한 종묘(宗廟)의 제사를 뜻한다. 체(禘)제사 및 대상(大嘗) 등이 여기에 포함된다. 종묘에서는 각 시기와 목적에 따라 각종 제사들이 시행되었는데, 이것들을 통칭하여 '내제'라고 부른다. 『예기』「제통(祭統)」편에는 "內祭則大嘗禘是也."라는 기록이 있다.

◎ 노침(路寢) : '노침'은 천자나 제후가 정무를 처리하던 정전(正殿)이다. 『시』「노송(魯頌)·민궁(閟宮)」편에는 "松桷有舃, 路寢孔碩."이라는 기록이 있는데, 이에 대한 모전(毛傳)에서는 "路寢, 正寢也."라고 풀이했고, 『문선(文選)』에 수록된 장형(張衡)의 '서경부(西京賦)'에는 "正殿路寢, 用朝群辟."이라는 기록이 있는데, 이에 대한 설종(薛綜)의 주에서는 "周曰路寢, 漢曰正殿."이라고 하여, 주(周)나라에서는 '정전'을 '노침'으로 불렀다고 풀이했다.

ㄷ

◎ 단옥재(段玉裁, A.D.1735 ～ A.D.1815) : 청(淸)나라 때의 학자이다. 자

(字)는 약응(若膺)이고, 호(號)는 무당(懋堂)이다. 저서로는『설문해자주(說文解字注)』,『육서음균표(六書音均表)』,『고문상서찬이(古文尙書撰異)』등이 있다.

◎ 대무(大武) : '대무'는 주(周)나라 때의 악무(樂舞) 중 하나로, 무왕(武王)에 대한 악무이다.『주례』「춘관(春官)·대사악(大司樂)」편에는 '대무'에 대한 용례가 나오고, 이에 대한 정현의 주에서는 "大武, 武王樂也."라고 풀이하였다.

◎ 대상(大常) : '대상'은 상(常) 또는 태상(太常)이라고도 부른다. 군주가 사용하는 깃발 중 하나이다. 해[日]와 달[月]을 수놓았으며, 정폭으로 깃발을 만들고, 깃술을 달았다.『주례』「춘관(春官)·건거(巾車)」편에는 "建大常, 十有二斿."라는 기록이 있고, 이에 대한 정현의 주에서는 "大常, 九旗之畫日月者, 正幅爲縿, 斿則屬焉."이라는 기록이 있다.

◎ 대순(大順) : '대순'은 커다란 순리(順理)라는 뜻으로, 윤상(倫常)과 천도(天道)를 지칭한다. 또한 윤상과 천도에 순종한다는 의미도 되고, 자연스럽다는 뜻으로도 사용되며, '큰 법도[大法]'를 뜻하기도 한다.

□

◎ 마씨(馬氏) : =마희맹(馬睎孟)

◎ 마언순(馬彦醇) : =마희맹(馬睎孟)

◎ 마희맹(馬睎孟, ? ~ ?) : =마씨(馬氏)·마언순(馬彦醇). 자(字)는 언순(彦醇)이다.『예기해(禮記解)』를 찬술했다.

◎ 면복(冕服) : '면복'은 대부(大夫) 이상의 계층이 착용하는 예관(禮冠)과 복식을 뜻한다. 무릇 길례(吉禮)를 시행할 때에는 모두 면류관[冕]을 착용하는데, 복장의 경우에는 시행하는 사안에 따라서 달라진다.

◎ 명수(明水) : '명수'는 제사 때 사용하는 깨끗한 물을 뜻한다.

◎ 모본(毛本) : 『모본(毛本)』은 명(明)나라 말기 급고각(汲古閣)에서 간행된『십삼경주소(十三經注疏)』의 판본이다. 급고각은 모진(毛晉)이 지은 장서각이었으므로, 이러한 명칭이 생겼다.

◎ 목록(目錄) : 『목록(目錄)』은 정현이 찬술했다고 전해지는『삼례목록(三禮目錄)』을 가리킨다.『십삼경주소(十三經注疏)』에서 인용되고 있지만, 이 책은『수서(隋書)』가 편찬될 당시에 이미 일실되어 존재하지

않았다. 『수서』「경적지(經籍志)」편에는 "三禮目錄一卷, 鄭玄撰, 梁有
陶弘景注一卷, 亡."이라는 기록이 있다.

◎ 무무(武舞) : '무무'는 문무(文舞)와 상대되는 용어이다. 주(周)나라 때
에 생겨났다. 무용수들이 도끼와 방패 등의 병장기를 들고 추는 춤이
다. 통치자의 무공(武功)을 기리는 뜻을 춤으로 표현한 것이다.

◎ 묵형(墨刑) : '묵형'은 묵벽(墨辟)이라고도 부르며, 오형(五刑) 중의 하
나이다. 범죄자의 얼굴 및 이마에 상처를 내고, 먹물로 새겨 넣어서 죄
인의 신분임을 표시하는 형벌이다. 『서』「주서(周書)·여형(呂刑)」편에
는 "墨辟疑赦."라는 기록이 있고, 이에 대한 공안국(孔安國)의 전(傳)
에서는 "刻其顙而涅之, 曰墨刑."이라고 풀이했다.

◎ 문무(文舞) : '문무'는 무무(武舞)와 상대되는 용어이다. 무용수들이 피
리 및 깃털 등의 도구를 들고 추는 춤이다. 통치자의 치적(治積)을 기
리는 뜻을 춤으로 표현한 것이다.

◎ 민본(閩本) : 『민본(閩本)』은 명(明)나라 가정(嘉靖) 연간 때 이원양(李
元陽)이 간행한 『십삼경주소(十三經注疏)』 판본이다. 한편 『칠경맹자
고문보유(七經孟子考文補遺)』에서는 이 판본을 『가정본(嘉靖本)』으로
지칭하고 있다.

ㅂ

◎ 방각(方慤) : =엄릉방씨(嚴陵方氏)

◎ 방성부(方性夫) : =엄릉방씨(嚴陵方氏)

◎ 방씨(方氏) : =엄릉방씨(嚴陵方氏)

◎ 별록(別錄) : 『별록(別錄)』은 후한(後漢) 때 유향(劉向)이 찬(撰)했다고
전해지는 책이다. 현재는 일실되어 존재하지 않으며, 『한서(漢書)』「예
문지(藝文志)」편을 통해서 대략적인 내용만을 추측해볼 수 있다.

◎ 보광(輔廣) : =경원보씨(慶源輔氏)

◎ 보한경(輔漢卿) : =경원보씨(慶源輔氏)

◎ 빈례(賓禮) : '빈례'는 오례(五禮) 중 하나로, 천자를 찾아뵙거나 천자가
제후들을 만나보거나, 아니면 제후들끼리 회동하는 조빙(朝聘)의 예법
(禮法)을 뜻한다. 또한 '빈례'는 손님을 접대하는 예제(禮制)를 뜻하기
도 한다. 참고적으로 봄에 천자를 찾아뵙는 것을 조(朝)라고 하였으며,

여름에 찾아뵙는 것을 종(宗)이라고 하였고, 가을에 찾아뵙는 것을 근
(覲)이라고 하였으며, 겨울에 찾아뵙는 것을 우(遇)라고 하였다. 또한
제후들이 천자를 찾아뵐 때에는 본래 각각의 제후들마다 정해진 기간
이 있었는데, 정해진 기간 외에 찾아뵙는 것을 회(會)라고 하였고, 정
해진 기간에 찾아뵙는 것을 동(同)이라고 하였다. 또 천자가 순수(巡
守)를 할 때에도 정해진 기간이 있었는데, 정해진 기간이 아닌 때에
제후를 찾아가 보는 것을 문(問)이라고 하였고, 정해진 기간에 찾아가
보는 것을 시(視)라고 하였다.

◎ 빈시(賓尸) : '빈시'는 두 가지 뜻이 있다. 첫 번째는 제사를 지낸 다음
날 다시 지내는 제사를 뜻한다. 두 번째는 제사를 지낸 다음 날 시행
하는 일종의 잔치이다. 제사 때 시동의 역할을 했던 자의 노고를 위로
하기 위해 시행한다.

◎ 사(祠) : '사'는 봄에 종묘(宗廟)에서 지내는 제사를 뜻한다. '사'자는 음
식[食]을 뜻하는 글자로, 선왕(先王)들에게 음식을 대접한다는 의미에
서, 봄의 제사를 '사'라고 부르는 것이다. 『이아』「석천(釋天)」편에는
"春祭曰祠."라는 기록이 있는데, 이에 대한 곽박(郭璞)의 주에서는 "祠
之言食."이라고 풀이했다. 한편 『예기』「왕제(王制)」편에는 "天子諸侯
宗廟之祭, 春曰礿, 夏曰禘, 秋曰嘗, 冬曰烝."이라는 기록이 있고, 이에
대한 정현의 주에서는 "此蓋夏殷之祭名. 周則春曰祠, 夏曰礿, 以禘爲
殷祭."라고 풀이했다. 즉 하(夏)나라와 은(殷)나라에서는 봄에 종묘에
서 지내는 제사를 약(礿)이라고 불렀는데, 주(周)나라에 이르러, '약'이
라는 명칭을 '사'로 고치게 되었다는 뜻이다.

◎ 사전(舍奠) : '사전'은 석전(釋奠)이라고도 부른다. '사전'은 제사의 한
형식이다. 술과 음식을 진설하여 제사를 지내기 때문에 '사전'이라고
부른다. 사전의 예법은 고대에 조회(朝會)·종묘의 제사, 산천의 제사
및 정벌을 하거나 학교에서 선성(先聖)과 선사(先師)들에게 제사를 지
내는 일에 사용했다. 또한 '사전'은 정규적으로 지내기도 하며, 특별한
일이 있을 때 시행하기도 했다.

◎ 산음육씨(山陰陸氏, A.D.1042 ~ A.D.1102) : =육농사(陸農師)·육전(陸佃).

북송(北宋) 때의 유학자이다. 자(字)는 농사(農師)이며, 호(號)는 도산(陶山)이다. 어려서 집안이 매우 가난했다고 전해지며, 왕안석(王安石)에게 수학하였으나 왕안석의 신법에 대해서는 반대하였다. 저서로는 『비아(埤雅)』, 『춘추후전(春秋後傳)』, 『도산집(陶山集)』 등이 있다.

◎ 산제(散齊) : ‘산제’는 산재(散齋)라고도 부른다. ‘산제’는 제사를 지낼 때 제사보다 앞서 7일 동안 수레도 몰지 않고, 음악도 연주하지 않으며, 조문도 하지 않으면서, 재계를 하는 것이다. 『예기』「제의(祭義)」편에는 “致齊於內, 散齊於外.”라는 기록이 있고, 이에 대한 정현의 주에서는 “散齊, 七日不御不樂不弔耳.”라고 풀이했다. 또한 『예기』「제통(祭統)」편에도 “散齊七日以定之, 致齊三日以齊之.”라는 기록이 있다.

◎ 삼경(三卿) : ‘삼경’은 세 명의 경(卿)을 뜻하며, 제후국의 관리 중 가장 높은 반열에 오른 자들이다. 사도(司徒), 사마(司馬), 사공(司空)이 ‘삼경’에 해당한다. 제후국의 입장에서는 천자에게 소속된 삼공(三公)과 유사하다. 『주례』의 체제에 따르면, 천자에게는 천관(天官), 지관(地官), 춘관(春官), 하관(夏官), 추관(秋官), 동관(冬官)이라는 여섯 관부가 있었고, 각 관부의 수장은 총재(冢宰), 사도(司徒), 종백(宗伯), 사마(司馬), 사구(司寇), 사공(司空)이 된다. 제후국에서는 3명의 경들이 여섯 관부의 일을 책임지게 되어, 사도가 총재를 겸하고, 사마가 종백을 겸하며, 사공이 사구를 겸했다고 설명하기도 한다. 『예기』「왕제」편에는 “大國三卿, 皆命於天子.”라는 기록이 있고, 이에 대한 공영달(孔穎達)의 소(疏)에서는 최영은(崔靈恩)의 주장을 인용하여, “崔氏云, 三卿者, 依周制而言, 謂立司徒, 兼冢宰之事; 立司馬, 兼宗伯之事; 立司空, 兼司寇之事.”라고 풀이했다.

◎ 상(嘗) : ‘상’은 가을에 종묘(宗廟)에서 지내는 제사를 뜻한다. 『이아』「석천(釋天)」편에는 “春祭曰祠, 夏祭曰礿, 秋祭曰嘗, 冬祭曰烝.”이라는 기록이 있다. 즉 봄에 지내는 제사를 ‘사(祠)’라고 부르며, 여름에 지내는 제사를 ‘약(礿)’이라고 부르고, 가을에 지내는 제사를 ‘상(嘗)’이라고 부르며, 겨울에 지내는 제사를 ‘증(烝)’이라고 부른다. 한편 ‘상’제사는 성대한 규모로 거행하였기 때문에, ‘대상(大嘗)’이라고도 불렀으며, 가을에 지낸다는 뜻에서, ‘추상(秋嘗)’이라고도 불렀다. 또한 『춘추번로(春秋繁露)』「사제(四祭)」편에서는 “四祭者, 因四時之所生孰而祭其先祖父母也. 故春曰祠, 夏曰礿, 秋曰嘗, 冬曰烝. …… 嘗者, 以七月嘗

黍稷也."이라고 하여, 가을 제사인 상(嘗)제사는 7월에 시행하며, 서직
(黍稷)을 흠향하도록 지낸다는 뜻에서 맛본다는 뜻의 '상'자를 붙였다
고 설명한다.

◎ 상공(上公) : '상공'은 주(周)나라 제도에 있었던 관직 등급이다. 본래
신하의 관직 등급은 8명(命)까지이다. 주나라 때에는 태사(太師), 태부
(太傅), 태보(太保)와 같은 삼공(三公)들이 8명의 등급에 해당했다. 그
런데 여기에 1명을 더하게 되면 9명이 되어, 특별직인 '상공'이 된다.
『주례』「춘관(春官)·전명(典命)」편에는 "上公九命爲伯, 其國家宮室車旗
衣服禮儀, 皆以九爲節."이라는 기록이 있고, 이에 대한 정현의 주에서
는 "上公, 謂王之三公有德者, 加命爲二伯. 二王之後亦爲上公."이라고
풀이하였다. 즉 '상공'은 삼공 중에서도 유덕(有德)한 자에게 1명을 더
해주어, 제후들을 통솔하는 '두 명의 백(伯)[二伯]'으로 삼았다. 또한
제후의 다섯 등급을 나열할 경우, 공작(公爵)을 '상공'이라고 부르기도
한다.

◎ 석경(石經) :『석경(石經)』은 당(唐)나라 개성(開成) 2년(A.D.714)에 돌
에 새긴『십삼경주소(十三經注疏)』의 판본이다. 당나라 국자학(國子
學)의 비석에 새겨졌다는 판본이 바로 이것을 가리킨다.

◎ 석량왕씨(石梁王氏, ? ~ ?) : 자세한 이력이 남아 있지 않다.

◎ 석림섭씨(石林葉氏, ? ~ A.D.1148) : =섭몽득(葉夢得)·섭소온(葉少蘊). 남
송(南宋) 때의 유학자이다. 자(字)는 소온(少蘊)이고, 호(號)는 몽득(夢
得)이다. 박학다식했다고 전해지며,『춘추(春秋)』에 대한 조예가 깊었
다.

◎ 설문(說文) : =설문해자(說文解字)

◎ 설문해자(說文解字) :『설문해자(說文解字)』는 후한(後漢) 때의 학자인
허신(許愼)이 찬(撰)했다고 전해지는 자서(字書)이다.『설문(說文)』이
라고도 칭해진다. A.D.100년경에 완성되었다고 전해진다. 글자의 형
태, 뜻, 음운(音韻)을 수록하고 있다.

◎ 섭몽득(葉夢得) : =석림섭씨(石林葉氏)

◎ 섭소온(葉少蘊) : =석림섭씨(石林葉氏)

◎ 세본(世本) :『세본(世本)』은『세(世)』·『세계(世系)』등으로 일컬어지기
도 한다. 선진시대(先秦時代) 때의 사관(史官)이 기록한 문헌이라고
전해지지만, 진위여부를 확인할 수 없다.『세본』은 고대의 제왕(帝王),

제후(諸侯) 및 경대부(卿大夫)들의 세계도(世系圖)를 기록한 서적이다. 일실되어 현존하지 않지만, 후대 학자들이 다른 문헌 속에 남아 있는 기록들을 수집하여, 일집본(佚輯本)을 남겼다. 이러한 일집본에는 여덟 종류의 주요 판본이 있는데, 각 판본마다 내용상의 차이를 보이고 있다. 1959년에는 상무인서관(商務印書館)에서 이러한 여덟 종류의 판본을 모아서 『세본팔종(世本八種)』을 출판하였다.

◎ 승(升) : '승'은 용량을 재는 단위이다. 지역 및 각 시대마다 다소 차이를 보이는데, 고대에는 10합(合)을 1승(升)으로 여겼고, 10승(升)을 1두(斗)로 여겼다. 『한서(漢書)』「율력지상(律曆志上)」편에는 "合龠爲合, 十合爲升."이라는 기록이 있다.

◎ 십륜(十倫) : '십륜'은 제사 때 드러내게 되는 10개의 도리(道理)를 뜻한다. 귀신(鬼神)을 섬기는 도(道), 군신(君臣)의 의(義), 귀천(貴賤)의 등급[等], 친소(親疏)에 따른 차별[殺], 작위[爵]와 상(賞)의 베풂[施], 부부(夫婦)의 유별[別], 정사(政事)의 균평[均], 장유(長幼)의 질서[序], 상하(上下)의 조화[際]를 뜻한다. 『예기』「제통(祭統)」편에는 "夫祭有十倫焉. 見事鬼神之道焉, 見君臣之義焉, 見父子之倫焉, 見貴賤之等焉, 見親疏之殺焉, 見爵賞之施焉, 見夫婦之別焉, 見政事之均焉, 見長幼之序焉, 見上下之際焉. 此之謂十倫."이라는 기록이 있다.

ㅇ

◎ 악본(岳本) : 『악본(岳本)』은 송(頌)나라 악가(岳珂)가 간행한 『십삼경주소(十三經注疏)』의 판본이다.

◎ 앙제(盎齊) : '앙제'는 오제(五齊) 중 하나이다. '오제'는 술의 맑고 탁한 정도에 따라서 다섯 가지 등급으로 분류한 술로, 주로 제사 때 사용한다. '앙제'는 오제 중에서도 중간에 해당하는 술로, '앙제'부터 맑은 술이 된다. '앙제'는 술이 익고 나서 새파란 빛깔을 보이는 것으로 찬백(鄼白)과 같은 술이다.

◎ 약(礿) : '약'은 약(禴)이라고도 부른다. 하(夏)나라와 은(殷)나라 때에는 봄에 종묘(宗廟)에서 지내는 제사를 뜻하는 용어로 사용하였지만, 주(周)나라 때에는 명칭을 고쳐서, 여름에 지내는 제사의 명칭으로 삼았다. '약(礿)'이 봄 제사를 뜻하는 용어로 사용될 때에는 적다[薄]라는

뜻으로, 봄에는 만물이 아직 성숙하지 않았으므로, 제사 때 차려내는 제수(祭需)들이 적게 된다. 그렇기 때문에 그 제사를 '약(礿)'이라고 부르는 것이다. 『예기』「왕제(王制)」편에는 "天子諸侯宗廟之祭, 春曰礿, 夏曰禘, 秋曰嘗, 冬曰烝."이라는 기록이 있고, 이에 대한 정현의 주에서는 "此蓋夏殷之祭名. 周則春曰祠, 夏曰礿, 以禘爲殷祭."라고 풀이했고, 진호(陳澔)의 『집설(集說)』에서는 "礿, 薄也. 春物未成, 祭品鮮薄也."라고 풀이했다. 한편 '약(礿)'자가 여름 제사를 뜻하는 용어로 사용될 때에는 삶다[汋=礿]의 뜻으로, 여름 4월에는 보리가 익어서, 삶아서 밥을 지을 수가 있다. 여름 제사 때에는 이처럼 보리밥을 헌상하기 때문에, 그 제사를 '약(礿)'이라고 부르는 것이다. 『춘추공양전』「환공(桓公) 8년」편에는 "夏曰礿."이라는 기록이 있는데, 이에 대한 하휴(何休)의 주에서는 "薦尙麥苗, 麥始熟可礿, 故曰礿."이라고 풀이했다. 그리고 『주례』「춘관(春官)·사존이(司尊彝)」편에서는 "春祠夏禴, 祼用雞彝·鳥彝, 皆有舟."라고 하여, 약(礿)을 '약(禴)'자로 기록하고 있다.

◎ 양염(陽厭) : '양염'은 염제(厭祭)의 절차 중 하나이다. '염제'에는 음염(陰厭)과 '양염'이 있다. '양염'은 시동이 묘실(廟室)을 빠져 나간 이후에, 시동에게 바쳤던 조(俎)와 돈(敦) 등을 거둬들여서, 서북쪽 모퉁이에 다시 진설하는 것이다.

◎ 양웅(楊雄, B.C.53 ~ A.D.18) : =양웅(揚雄)·양자(揚子). 전한(前漢) 때의 학자이다. 자(字)는 자운(子雲)이다. 사부작가(辭賦作家)로도 명성이 높았다. 왕망(王莽)에게 동조했다는 이유로 송(宋)나라 이후부터는 배척을 당하였다. 만년에는 경학(經學)에 전념하여, 자신을 성현(聖賢)이라고 자처하였다. 참위설(讖緯說) 등을 배척하고, 유가(儒家)와 도가(道家)의 사상을 절충하였다. 저서로는 『법언(法言)』, 『태현경(太玄經)』 등이 있다.

◎ 양웅(揚雄) : =양웅(楊雄)

◎ 양자(揚子) : =양웅(楊雄)

◎ 엄릉방씨(嚴陵方氏, ? ~ ?) : =방각(方慤)·방씨(方氏)·방성부(方性夫). 송대(宋代)의 유학자이다. 이름은 각(慤)이다. 자(字)는 성부(性夫)이다. 『예기집해(禮記集解)』를 지었고, 『예기집설대전(禮記集說大全)』에는 그의 주장이 많이 인용되고 있다.

◎ 여수(旅酬) : '여수'는 제사가 끝난 후에, 제사에 참가했던 친족 및 빈객

(賓客)들이 술잔을 들어 술을 마시고, 서로 공경의 예(禮)를 표하며,
잔을 권하는 의례(儀禮)이다.

◎ 역제(繹祭) : '역제'는 일종의 제례 의식 중 하나이다. 정규 제사를 지낸
다음날 지내는 제사이다.

◎ 예기은의(禮記隱義) :『예기은의(禮記隱義)』는『예기』에 대한 주석서로
하윤(何胤, A.D.446 ~ A.D.531)의 저작이다.

◎ 예제(醴齊) : '예제'는 오제(五齊) 중 하나이다. 비교적 탁한 술에 해당
한다. 술이 익고 나서 앙금을 한 차례 걸러낸 것으로 염주(恬酒)와 같
은 술이다.

◎ 오곡(五穀) : '오곡'은 곡식을 총칭하는 말로 사용되는데, 본래 다섯 가
지 곡식을 뜻한다. 그러나 다섯 가지 곡식이 구체적으로 무엇을 가리
키는지에 대해서는 이견이 많다.『주례』「천관(天官)·질의(疾醫)」편에
는 "以五味·五穀·五藥養其病."이라는 기록이 있고, 이에 대한 정현의
주에서는 "五穀, 麻·黍·稷·麥·豆也."라고 풀이했다. 즉 이 문장에서는
'오곡'을 마(麻)·메기장[黍]·차기장[稷]·보리[麥]·콩[豆]으로 설명하고
있다. 그리고『맹자』「등문공상(滕文公上)」편에는 "樹藝五穀, 五穀熟而
民人育."이라는 기록이 있고, 이에 대한 조기(趙岐)의 주에서는 "五穀
謂稻·黍·稷·麥·菽也."라고 풀이했다. 즉 이 문장에서는 '오곡'을 쌀[稻]·
메기장[黍]·차기장[稷]·보리[麥]·대두[菽]로 설명하고 있다. 그리고『초
사(楚辭)』「대초(大招)」편에는 "五穀六仞."이라는 기록이 있는데, 이에
대한 왕일(王逸)의 주에서는 "五穀, 稻·稷·麥·豆·麻也."라고 풀이했다.
즉 이 문장에서는 '오곡'을 쌀[稻]·차기장[稷]·보리[麥]·콩[豆]·마(麻)로
설명하고 있다. 이 외에도 각종 주석에 따라 해당 작물이 달라진다.

◎ 오제(五齊) : '오제'는 술의 맑고 탁한 정도에 따라서 다섯 가지 등급으
로 분류한 술을 뜻한다. 또한 술을 범칭하는 용어로도 사용된다. 다섯
가지 술은 범제(泛齊), 례제(醴齊), 앙제(盎齊), 제제(緹齊), 침제(沈齊)
를 가리킨다.『주례』「천관(天官)·주정(酒正)」편에는 "辨五齊之名, 一曰
泛齊, 二曰醴齊, 三曰盎齊, 四曰緹齊, 五曰沈齊."라는 기록이 있다. 각
술들에 대해 설명하자면, 위의 기록에 대한 정현의 주에서는 "泛者,
成而滓浮泛泛然, 如今宜成醪矣. 醴猶體也, 成而汁滓相將, 如今恬酒矣.
盎猶翁也, 成而翁翁然, 蔥白色, 如今酇白矣. 緹者, 成而紅赤, 如今下酒
矣. 沈者, 成而滓沈, 如今造淸矣. 自醴以上尤濁, 縮酌者. 盎以下差淸. 其

象類則然, 古之法式未可盡聞. 杜子春讀齊皆爲粢. 又禮器曰, '緹酒之用, 玄酒之尙.' 玄謂齊者, 每有祭祀, 以度量節作之."라고 풀이했다. 즉 '범제'는 술이 익고 나서 앙금이 둥둥 떠 있는 것으로 정현 시대의 의성료(宜成醪)와 같은 술이고, '례주'는 술이 익고 나서 앙금을 한 차례 걸러낸 것으로 염주(恬酒)와 같은 것이며, '앙제'는 술이 익고 나서 새파란 빛깔을 보이는 것으로 찬백(酇白)과 같은 술이고, '제제'는 술이 익고 나서 붉은 빛깔을 보이는 것으로 하주(下酒)와 같은 술이며, '침제'는 술이 익고 나서 앙금이 모두 가라앉아 있는 것으로 조청(造淸)과 같은 술이다. '범주'는 가장 탁한 술이며, '례주'는 그 다음으로 탁한 술이고, '앙제'부터는 뒤로 갈수록 맑은 술에 해당한다.

◎ 오형(五刑) : '오형'은 다섯 가지 형벌을 뜻한다. '오형'의 구체적 항목에 대해서는 각 시대별 차이가 있지만, 『주례』의 기록에 근거하면, 묵형(墨刑), 의형(劓刑), 궁형(宮刑), 비형(剕刑: =刖刑), 대벽(大辟: =殺刑)이 된다. 『주례』「추관(秋官)·사형(司刑)」편에는 "掌五刑之灋, 以麗萬民之罪, 墨罪五百, 劓罪五百, 宮罪五百, 刖罪五百, 殺罪五百."이라는 기록이 있다.

◎ 오효(五孝) : '오효'는 천자(天子), 제후(諸侯), 경대부(卿大夫), 사(士), 서인(庶人)이 행해야할 효(孝)를 가리킨다.

◎ 왕념손(王念孫, A.D.1744 ~ A.D.1832) : 청(淸)나라 때의 학자이다. 자(字)는 회조(懷租)이고, 호(號)는 석구(石臞)이다. 부친은 왕안국(王安國)이고, 아들은 왕인지(王引之)이다. 대진(戴震)에게 학문을 배웠다. 저서로는 『독서잡지(讀書雜志)』 등이 있다.

◎ 왕부(王父) : '왕부'는 부친의 아버지, 즉 조부(祖父)를 지칭하는 말이다. 『이아』「석친(釋親)」편에는 "父之考爲王父."라는 기록이 있다.

◎ 왕인지(王引之, A.D.1766 ~ A.D.1834) : 청(淸)나라 때의 훈고학자이다. 자(字)는 백신(伯申)이고, 호(號)는 만경(曼卿)이며, 시호(諡號)는 문간(文簡)이다. 왕념손(王念孫)의 아들이다. 대진(戴震), 단옥재(段玉裁), 부친과 함께 대단이왕(戴段二王)이라고 일컬어졌다. 『경전석사(經傳釋詞)』, 『경의술문(經義述聞)』 등의 저술이 있다.

◎ 외사(外事) : '외사'는 내사(內事)와 상대되는 말이다. 교외(郊外)에서 제사를 지내거나, 사냥하는 일 등을 총칭하는 말이다. 또는 외국과의 외교관계에서 연합을 하거나, 군대를 출동시키는 일 등도 가리킨다. 『

예기『곡례상(曲禮上)』편에는 "外事以剛日, 內事以柔日."이라는 기록
이 있는데, 이에 대한 정현의 주에서는 "出郊爲外事."라고 풀이했고,
공영달(孔穎達)의 소에(疏)서는 "外事, 郊外之事也. …… 崔靈恩云, 外
事, 指用兵之事."라고 풀이했다. 또한 손희단(孫希旦)의 집해(集解)에
서는 "愚謂外事, 謂祭外神. 田獵出兵, 亦爲外事."라고 풀이했다.

◎ 외제(外祭) : '외제'는 내제(內祭)와 상대되는 말이다. 교사(郊祀)를 가
리키기도 하며, 왕이 사냥이나 출정 등으로 밖으로 나갔을 때 지내는
제사인 표맥(表貉)과 순수(巡守)를 시행할 때 산천(山川)에 지내는 제
사 등을 가리킨다. 『주례』「지관(地官)·목인(牧人)」편에 기록된 '외제'
에 대해, 정현의 주에서는 "外祭, 謂表貉及王行所過山川用事者."라고
풀이했고, 또 『예기』「제통(祭統)」편에는 "外祭則郊社是也."라는 기록
이 있다.

◎ 웅씨(熊氏) : =웅안생(熊安生)

◎ 웅안생(熊安生, ? ~ A.D.578) : =웅씨(熊氏). 북조(北朝) 때의 경학자이
다. 자(字)는 식지(植之)이다. 『주례(周禮)』, 『예기(禮記)』, 『효경(孝經)』
등 많은 전적에 의소(義疏)를 남겼지만, 모두 산일되어 남아 있지 않
다. 현재 마국한(馬國翰)의 『옥함산방집일서(玉函山房輯佚書)』에 『예
기웅씨의소(禮記熊氏義疏)』 4권이 남아 있다.

◎ 유사(有司) : '유사'는 관리를 뜻하는 용어이다. '사(司)'자는 담당한다는
뜻이다. 관리들은 각자 담당하고 있는 업무가 있었으므로, 관리를 '유
사'라고 불렀던 것이다. 일반적으로 하위관료들을 지칭하여, 실무자를
뜻하는 용어로 많이 사용된다. 그러나 때로는 고위관료까지도 지칭하
는 용어로 사용되기도 한다.

◎ 유씨(劉氏) : =장락유씨(長樂劉氏)

◎ 유이(劉彝) : =장락유씨(長樂劉氏)

◎ 유일(柔日) : '유일'은 십간(十干)을 음양(陰陽)으로 구분했을 때, 음(陰)
에 해당하는 날짜를 뜻한다. 십간에 따라 날짜를 구분할 때 을(乙)·정
(丁)·기(己)·신(辛)·계(癸)자가 들어가는 날이 '유일'이 된다. '유일'과
반대되는 말은 강일(剛日)이며, 십간 중 갑(甲)·병(丙)·무(戊)·경(庚)·
임(壬)자가 들어가는 날이 '강일'이 된다.

◎ 유집중(劉執中) : =장락유씨(長樂劉氏)

◎ 육기(六祈) : '육기'는 재앙이나 변고가 발생했을 때, 신에게 기도문을

올리며 그것들이 물러나기를 간청하는 여섯 가지 제사들이다. 여섯 가지 제사는 류(類), 조(造), 회(禬), 영(禜), 공(攻), 설(說)을 뜻한다. 정사농(鄭司農)은 '류'는 상제(上帝)에게 지내는 제사이며, '조'는 선왕(先王)들에게 지내는 제사이고, '영'은 일월(日月)·성신(星辰)·산천(山川)에게 지내는 제사라고 설명한다. 정현은 '류'와 '조'를 지낼 때에는 정성과 엄숙함을 더욱 가중하여, 뜻한 바를 얻고자 하는 것이고, '회'와 '영'은 당시에 발생한 재앙과 변고에 대해서 아뢰는 것이며, '공'과 '설'은 기도문을 읽어서 그것을 일으킨 요망한 기운을 책망하는 것이라고 설명한다. 또한 정현은 '조'·'류'·'회'·'영'을 지낼 때에는 희생물을 사용하였고, '공'과 '설'을 지낼 때에는 폐물만 바쳤다고 설명한다. 정현은 '회'에 대해서는 자세한 내용을 들어보지 못했다고 설명한다.『주례』「춘관(春官)·대축(大祝)」편에는 "掌六祈, 以同鬼神示, 一曰類, 二曰造, 三曰禬, 四曰禜, 五曰攻, 六曰說."라는 기록이 있고, 이에 대한 정현의 주에서는 "鄭司農云, '類·造·禬·禜·攻·說, 皆祭名也. 類祭于上帝. …… 司馬法曰, 將用師, 乃告于皇天上帝·日月星辰, 以禱于后土·四海神祇·山川冢社, 乃造于先王. …… 禜, 日月星辰山川之祭也.' 玄謂類造, 加誠肅, 求如志. 禬禜, 告之以時有災變也. 攻說, 則以辭責之. …… 禬, 未聞焉. 造類禬禜皆有牲, 攻說用幣而已."라고 풀이했다.

◎ 육덕명(陸德明, A.D.550 ~ A.D.630) : =육원랑(陸元朗). 당대(唐代)의 경학자이다. 이름은 원랑(元朗)이고, 자(字)는 덕명(德明)이다. 훈고학에 뛰어났으며,『경전석문(經典釋文)』등을 남겼다.

◎ 육원랑(陸元朗) : =육덕명(陸德明)

◎ 육농사(陸農師) : =산음육씨(山陰陸氏)

◎ 육전(陸佃) : =산음육씨(山陰陸氏)

◎ 음염(陰厭) : '음염'은 본래 염제(厭祭)의 절차 중 하나이다. '염제'는 정규 제사를 진행하는 절차인데, 정규 제사의 본격적인 의식은 시동을 통해 진행된다. '염제'는 시동을 이용하지 않고, 본식 이전과 이후에 간략히 지내는 제사를 뜻한다. '염(厭)'자는 신을 흠향시킨다는 뜻이다. '염제'에는 '음염'과 양염(陽厭)이 있다. '음염'은 시동을 맞이하기 이전에 축관이 술을 따라서 바치고, 그 술잔을 올려서 신을 흠향하게 만드는 것이다. 또한 적장자가 아직 성년이 되지 않은 상태에서 죽었을 때, 그에 대한 제사는 종묘(宗廟)의 그윽하고 음(陰)한 장소에서 간략하게

치르게 되는데, 이것을 '음염'이라고 부른다.

◎ 응씨(應氏) : =금화응씨(金華應氏)

◎ 응용(應鏞) : =금화응씨(金華應氏)

◎ 응자화(應子和) : =금화응씨(金華應氏)

ㅈ

◎ 자림(字林) :『자림(字林)』은 고대의 자서(字書)이다. 진(晉)나라 때 학자인 여침(呂忱)이 지었다. 원본은 일실되어 전해지지 않고, 다른 문헌들 속에 일부 기록들만 남아 있다.

◎ 자성(粢盛) : '자성'은 제성(齊盛)이라고도 부른다. 자(粢)자는 곡식의 한 종류인 기장을 뜻하고, 성(盛)자는 그릇에 기장을 풍성하게 채워놓은 모양을 뜻한다. 따라서 '자성'은 제기(祭器)에 곡물을 가득 채워놓은 것을 뜻하며, 제물(祭物)로 사용되었다.『춘추공양전』「환공(桓公) 14년」편에는 "御廩者何, 粢盛委之所藏也."라는 기록이 있는데, 이에 대한 하휴(何休)의 주에서는 "黍稷曰粢, 在器曰盛."이라고 풀이하였다.

◎ 자전(藉田) : '자전'은 적전(籍田)이라고도 부른다. 천자와 제후가 백성들을 동원해서 경작하는 땅이다. 처음 농사일을 시작할 때, 천자와 제후는 이곳에서 직접 경작에 참여함으로써, 농업을 중시한다는 뜻을 보이게 된다.

◎ 장락유씨(長樂劉氏, A.D.1017 ~ A.D.1086) : =유씨(劉氏)·유이(劉彝)·유집중(劉執中). 북송(北宋) 때의 성리학자이다. 자(字)는 집중(執中)이다. 복주(福州) 출신이며, 어려서 호원(胡瑗)에게서 학문을 배웠다.『정속방(正俗方)』,『주역주(周易注)』를 지었으나 현존하지 않는다.『칠경중의(七經中議)』,『명선집(明善集)』,『거이집(居易集)』등이 남아 있다.

◎ 장락진씨(長樂陳氏) : =진상도(陳祥道)

◎ 정강성(鄭康成) : =정현(鄭玄)

◎ 정경원(鄭慶元) : =정원경(鄭元慶)

◎ 정씨(鄭氏) : =정현(鄭玄)

◎ 정원경(鄭元慶, A.D.1660 ~ A.D.1730) : =정경원(鄭慶元). 청(淸)나라 때의 학자이다. 자(字)는 자여(子余)·지휴(芷畦)이다. 부친 정준손(鄭駿孫)의 영향으로 어려서부터 역학(易學)과 예학(禮學)을 연구하였다.

금석문(金石文)에도 정통하였다. 모기령(毛奇齡)·주이존(朱彛尊) 등과 교유하였다. 저서로는『예기집설참동(禮記集說參同)』·『주례집설(周禮集說)』등이 있다.

◎ 정의(正義) :『정의(正義)』는『예기정의(禮記正義)』또는『예기주소(禮記注疏)』를 뜻한다. 당(唐)나라 때에는 태종(太宗)이 공영달(孔穎達) 등을 시켜서『오경정의(五經正義)』를 편찬하였는데, 이때『예기정의』에는 정현(鄭玄)의 주(注)와 공영달의 소(疏)가 수록되었다. 송대(宋代)에는『오경정의』와 다른 경전(經典)에 대한 주석서를 포함한『십삼경주소(十三經注疏)』가 편찬되어,『예기주소』라는 명칭이 되었다.

◎ 정침(正寢) : '정침'은 노침(路寢)과 같은 말이다. 또한 정전(正殿)이라고도 불렀다. 군주가 정무를 처리하던 장소이다. 천자에게는 6개의 침(寢)이 있었는데, 가장 앞쪽에 있는 1개의 침이 바로 정침(正寢)이 되고, 나머지는 5개의 침은 연침(燕寢)이 된다. 또한 군주의 부인이 사용하는 정침을 뜻하기도 한다.

◎ 정현(鄭玄, A.D.127 ~ A.D.200) : =정강성(鄭康成)·정씨(鄭氏). 한대(漢代)의 유학자이다. 자(字)는 강성(康成)이다.『주역(周易)』,『상서(尙書)』,『모시(毛詩)』,『주례(周禮)』,『의례(儀禮)』,『예기(禮記)』,『논어(論語)』,『효경(孝經)』등에 주석을 하였다.

◎ 제제(制祭) : '제제'는 울창주로 희생물의 간장을 씻어서 굽고, 이것을 신주 앞에서 손질을 하는 등의 절차를 뜻한다.『예기』「예운(禮運)」편에는 "故玄酒在室, 醴醆在戶, 粢醍在堂, 澄酒在下, 陳其犧牲, 備其鼎俎, 列其琴瑟管磬鐘鼓, 脩其祝嘏, 以降上神與其先祖, 以正君臣, 以篤父子, 以睦兄弟, 以齊上下, 夫婦有所, 是謂承天之祜."라는 기록이 있는데, 이에 대한 공영달(孔穎達)의 소(疏)에서는 "王乃洗肝於鬱鬯而燔之, 以制於主前, 所謂制祭."라고 풀이했다.

◎ 조사(朝事) : '조사'는 종묘(宗廟)의 제사를 지낼 때, 새벽에 지내는 제사 절차들을 가리킨다.『예기』「제의(祭義)」편에는 "建設朝事, 燔燎羶薌."이라는 기록이 있고, 이에 대한 진호(陳澔)의『집설(集說)』에서는 "朝事, 謂祭之日, 早朝而行之事也."라고 풀이했다.

◎ 조천(朝踐) : '조천'은 제례(祭禮) 의식 중 하나이다. 희생물의 피와 기름 등을 바치고, 단술을 따르게 되면, 비로소 제사를 본격적으로 시행하게 된다. 제주(祭主)의 부인이 되는 주부(主婦)는 이때 제사 때 진설

해두는 제기(祭器)인 두변(豆籩) 등을 바치게 된다. '조천'은 바로 이러한 의식 절차를 가리킨다. 『주례』「춘관(春官)·사존이(司尊彝)」에는 "其朝踐用兩獻尊."이라는 기록이 있고, 이 기록에 대한 정현의 주에서는 "朝踐, 謂薦血腥, 酌醴, 始行祭事, 后於是薦朝事之豆籩."이라고 풀이하였다.

◎ 좌식(佐食) : '좌식'은 제사를 지낼 때, 시동의 옆에서 시동이 제사 음식을 흠향할 수 있도록 시중을 드는 사람이다. 『의례』「특생궤식례(特牲饋食禮)」편에는 "佐食北面, 立於中庭."이라는 기록이 있는데, 이에 대한 정현의 주에서는 "佐食, 賓佐尸食者."라고 풀이했다.

◎ 증(烝) : '증'은 겨울에 종묘(宗廟)에서 지내는 제사를 뜻한다. '증'자는 중(衆)자의 뜻으로, 겨울에는 만물 중에 성숙한 것이 많다는 의미에서 붙여진 말이다. 『백호통(白虎通)』「종묘(宗廟)」편에는 "冬曰烝者, 烝之爲言衆也, 冬之物成者衆."이라는 기록이 있다.

◎ 증상(烝嘗) : '증상'은 종묘(宗廟)에서 지내는 가을 제사와 겨울 제사를 가리킨다. 또한 '증상'은 종묘에 대한 제사를 총칭하는 용어로도 사용된다. 사계절마다 큰 제사를 지내게 되는데, 계절별 제사 명칭이 다르며, 문헌마다 조금씩 차이를 보인다. 예를 들어 『춘추번로(春秋繁露)』「사제(四祭)」편에는 "四祭者, 因四時之所生孰而祭其先祖父母也. 故春曰祠, 夏曰礿, 秋曰嘗, 冬曰蒸."이라고 하여, 봄 제사를 사(祠), 여름 제사를 약(礿), 가을 제사를 상(嘗), 겨울 제사를 증(蒸)이라고 설명했다. 한편 『예기』「왕제(王制)」편에는 "天子諸侯宗廟之祭, 春曰礿, 夏曰禘, 秋曰嘗, 冬曰烝."이라고 하여, 봄 제사를 약(礿), 여름 제사를 체(禘), 가을 제사를 상(嘗), 겨울 제사를 증(烝)이라고 설명했다.

◎ 진상도(陳祥道, A.D.1159 ~ A.D.1223) : =장락진씨(長樂陳氏)·진씨(陳氏)·진용지(陳用之). 북송대(北宋代)의 유학자이다. 자(字)는 용지(用之)이다. 장락(長樂) 지역 출신으로, 1067년에 과거에 급제하여 태상박사(太常博士) 등을 지냈다. 왕안석(王安石)의 제자로, 그의 학문을 전파하는데 공헌하였다. 저서에는 『예서(禮書)』, 『논어전해(論語全解)』 등이 있다.

◎ 진씨(陳氏) : =진상도(陳祥道)

◎ 진용지(陳用之) : =진상도(陳祥道)

◎ 진제(振祭) : '진제'는 구제(九祭) 중 하나이다. '진제'는 본래 유제(擩祭)

와 같은 것으로, '유제'는 아직 입에 대지 않은 음식을 젓갈이나 소금 등에 찍어서 제사를 지내는 것을 뜻하며, '진제'는 젓갈이나 소금 등에 찍은 음식에 대해 겉면에 묻은 젓갈이나 소금을 털어내어 제사를 지내는 것을 뜻한다.

ㅊ

◎ 체제(禘祭) : '체제'는 천신(天神) 및 조상신(祖上神)에게 지내는 '큰 제사[大祭]'를 뜻한다. 『이아』「석천(釋天)」편에는 "禘, 大祭也."라는 기록이 있고, 이에 대한 곽박(郭璞)의 주에서는 "五年一大祭."라고 풀이하여, 대제(大祭)로써의 체제사는 5년마다 1번씩 지낸다고 설명한다. 그러나 『예기』「왕제(王制)」에 수록된 각종 제사들에 대한 기록을 살펴보면, 체제사는 큰 제사임에는 분명하나, 반드시 5년마다 1번씩 지내는 제사는 아니었다.

◎ 치제(致齊) : '치제'는 치재(致齋)라고도 부른다. '치제'는 제사를 지내기 이전 3일 동안 몸과 마음을 정숙하게 재계하는 의식이다. '치제' 이전에는 '산제(散齊)'를 하여 7일 동안 정숙하게 한다. '치제'는 그 이후 3일 동안 몸과 마음을 더욱 정숙하게 재계하여, 신과 소통할 수 있도록 준비하는 것이다. 『예기』「제통(祭統)」편에는 "故散齊七日以定之, 致齊三日以齊之. 定之之謂齊, 齊者精明之至也, 然後可以交于神明也."라는 기록이 있다.

◎ 칠저(七菹) : '칠저'는 일곱 가지 절임을 뜻한다. 부추[韭]절임, 순무[菁]절임, 순채[茆]절임, 아욱[葵]절임, 미나리[芹]절임, 죽순[箈]절임을 가리킨다.

◎ 칠해(七醢) : '칠해'는 일곱 가지 젓갈을 뜻한다. 뼈가 섞인 고기[臡]젓갈, 소라[蠯]젓갈, 조개[蚳]젓갈, 개미알[蚳]젓갈, 물고기[魚]젓갈, 토끼[兔]젓갈, 기러기[鴈]젓갈을 가리킨다.

ㅍ

◎ 팽(祊) : '팽'은 제사의 명칭이다. 정규 제사를 끝낸 뒤에, 시행하는 역제(繹祭)를 가리킨다. 또한 팽에 대한 제사를 지낼 때, 그 장소는 묘문

(廟門) 안쪽이 되므로, '팽'은 종묘의 문(門)을 가리키는 용어로도 사용되었고, 묘문 안쪽 제사를 지내는 장소를 뜻하기도 한다.

◎ 하사(嘏辭) : '하사'의 하(嘏)자는 축복을 받는다는 뜻이다. 제사를 지내게 되면, 시동이 입가심 하는 술을 받은 다음, 술잔이 오가게 되는데, 그 일이 끝나게 되면 축관(祝官)에게 명령하여, 제주(祭主)에게 축복을 내려주도록 한다. 이 의식을 '하'라고 부른다. 시동의 명령을 받은 축관은 '하'를 하게 되는데, 그 말에서는 "황시(皇尸)가 나 축관에게 명하여, 효손인 그대에게 많은 복을 영원토록 내리게 하였다. 그대 효손으로 하여금 하늘로부터 녹봉[祿]을 받게 하고, 많은 농토를 경작하게 할 것이며, 장수하여 천년만년 향유하도록 할 것이니, 폐망하는 일 없이 잘 이끌어가야 한다."라고 한다. 이것이 바로 '하사'이다. 『의례』「소뢰궤식례(少牢饋食禮)」편에는 "卒命祝, 祝受以東, 北面于戶西, 以嘏于主人曰, '皇尸命工祝, 承致多福無疆于女孝孫. 來女孝孫, 使女受祿于天, 宜稼于田, 眉壽萬年, 勿替引之.'"라는 기록이 있다.

◎ 학경(郝敬, A.D.1558 ~ A.D.1639) : =학중여(郝仲輿)·학초망(郝楚望). 명(明)나라 때의 학자이다. 자(字)는 중여(仲輿)이고, 호(號)는 초망(楚望)이다. 경학에 능통하여, 수많은 저서를 남겼다.

◎ 학중여(郝仲輿) : =학경(郝敬)

◎ 학초망(郝楚望) : =학경(郝敬)

◎ 현면(玄冕) : '현면'은 현의(玄衣)와 면류관을 뜻한다. 본래 천자 및 제후의 제사복장으로, 비교적 중요성이 덜한 제사 때 입는다. '현의' 중 상의에는 무늬가 들어가지 않고, 하의에만 불(黻)을 수놓는다. 『주례』「춘관(春官)·사복(司服)」편에는 "祭群小祀則玄冕."이라는 기록이 있고, 이에 대한 정현의 주에서는 "玄者, 衣無文, 裳刺黻而已, 是以謂玄焉."이라고 풀이했다.

◎ 협제(祫祭) : '협제'는 협(祫)이라고도 부른다. 신주(神主)들을 태조(太祖)의 묘(廟)에 모두 모셔놓고 지내는 제사이다. 『춘추공양전』「문공(文公) 2년」에 "八月, 丁卯, 大事于大廟, 躋僖公, 大事者何. 大祫也. 大祫者何. 合祭也, 其合祭奈何. 毀廟之主, 陳于大祖."라는 기록이 있다.

◎ 황간(皇侃, A.D.488 ~ A.D.545) : =황씨(皇氏). 남조(南朝) 때 양(梁)나라의 경학자이다. 『주례(周禮)』, 『의례(儀禮)』, 『예기(禮記)』 등에 해박하여, 『상복문구의소(喪服文句義疏)』, 『예기의소(禮記義疏)』, 『예기강소(禮記講疏)』 등을 지었지만, 현재는 전해지지 않는다. 그 일부가 마국한(馬國翰)의 『옥함산방집일서(玉函山房輯佚書)』에 수록되어 있다.

◎ 황시(皇尸) : '황시'는 본래 군주의 시동에게 붙이는 경칭이다. 또한 일반적으로 시동을 높여 부르는 용어로도 사용되었다.

◎ 황씨(皇氏) : =황간(皇侃)

◎ 후비(后妃) : '후비'는 천자의 부인 또는 비빈(妃嬪)을 뜻한다. 『예기』「곡례하(曲禮下)」편에는 "天子之妃曰后, 諸侯曰夫人, 大夫曰孺人, 士曰婦人, 庶人曰妻."라는 기록이 있다. 즉 천자의 부인은 후(后)라고 부르고, 제후의 부인은 부인(夫人)이라고 부르며, 대부(大夫)의 부인은 유인(孺人)이라고 부르고, 사(士)의 부인은 부인(婦人)이라고 부르며, 서인(庶人)들의 부인은 처(妻)라고 부른다. 비(妃)에 대해서 『이아』「석고(釋詁)」편에서는 "妃, 媲也."라고 하였다. 즉 '비'는 남자의 배필이라는 뜻으로, 신분적 구분 없이 일반적으로 부인에게 붙여 부르는 말이다. 한편 '후'자는 천자의 부인에게만 붙일 수 있는 명칭인데, 상하(上下)의 계층 구분 없이 사용할 수 있는 '비'자를 붙임으로써, '후비'는 천자의 부인과 비빈들을 통칭하는 말로 사용된 것이다.

◎ 흉례(凶禮) : '흉례'는 재앙 등의 일에 봉착했을 때, 애도를 표시하거나 구휼하는 예제(禮制)를 뜻한다. 또한 '흉례'는 상례(喪禮)를 지칭하는 용어로도 사용되었다.

번역 참고문헌

- 『禮記』, 서울 : 保景文化社, 초판 1984 (5판 1995) / 저본으로 삼은 책이다.
- 『禮記正義』1~4(전4권, 『十三經注疏 整理本』12~15), 北京 : 北京大學出版社, 초판 2000 / 저본으로 삼은 책이다.
- 朱彬 撰, 『禮記訓纂』上·下(전2권), 北京 : 中華書局, 초판 1996 (2쇄 1998) / 저본으로 삼은 책이다.
- 孫希旦 撰, 『禮記集解』上·中·下(전3권), 北京 : 中華書局, 초판 1989 (4쇄 2007) / 저본으로 삼은 책이다.
- 服部宇之吉 評點, 『禮記』, 東京 : 富山房, 초판 1913 (증보판 1984) / 鄭玄 注 번역에 대해 참고했던 서적이다.
- 竹內照夫 著, 『禮記』上·中·下(전3권), 東京 : 明治書院, 초판 1975 (3판 1979) / 經文에 대한 이해에 참고했던 서적이다.
- 市原亨吉 외 2명 著, 『禮記』上·中·下(전3권), 東京 : 集英社, 초판 1976 (3쇄 1982) / 經文에 대한 이해에 참고했던 서적이다.
- 陳澔 注, 『禮記集說』, 北京 : 中國書店, 초판 1994 / 『集說』에 대한 번역에 참고했던 서적이다.
- 王文錦 譯解, 『禮記譯解』上·下(전2권), 北京 : 中華書局, 초판 2001 (4쇄 2007) / 經文 및 주석 번역에 참고했던 서적이다.
- 錢玄·錢興奇 編著, 『三禮辭典』, 南京 : 江蘇古籍出版社, 초판 1998 / 용어 및 器物 등에 대해 참고했던 서적이다.
- 張撝之 外 主編, 『中國歷代人名大辭典』上·下권(전2권), 上海 : 上海古籍出版社, 초판 1999 / 인명에 대해 참고했던 서적이다.
- 呂宗力 主編, 『中國歷代官制大辭典』, 北京 : 北京出版社, 초판 1994 (2쇄 1995) / 관직명에 대해 참고했던 서적이다.
- 中國歷史大辭典編纂委員會 編纂, 『中國歷史大辭典』上·下(전2권), 上海 : 上海辭書出版社, 초판 2000 / 용어 및 인명에 대해 참고했던 서적이다.
- 羅竹風 主編, 『漢語大詞典』1~12(전12권), 上海 : 漢語大詞典出版社, 초판 1988 (4쇄 1995) / 용어에 대해 참고했던 서적이다.

- 王思義 編集, 『三才圖會』 上·中·下(전3권), 上海 : 上海古籍出版社, 초판 1988 (4쇄 2005) / 器物 등에 대해 참고했던 서적이다.
- 聶崇義 撰, 『三禮圖集注』(四庫全書 129책) / 器物 등에 대해 참고했던 서적이다.
- 劉績 撰, 『三禮圖』(四庫全書 129책) / 器物 등에 대해 참고했던 서적이다.

역자 **정병섭(鄭秉燮)**

- 1979년 출생
- 2002년 성균관대학교 유교철학과 졸업
- 2004년 성균관대학교 대학원 유학과 석사
- 2013년 성균관대학교 대학원 유학과 철학박사
- 현재 『역주 예기집설대전』 완역을 위해 번역중이며, 이후 『의례』, 『주례』, 『대대례기』 시리즈 번역과 한국유학자들의 예학 관련 저작들의 번역을 계획중이다.

예기집설대전 목록

譯註

譯註 禮記集說大全 - 祭統

編 陳澔(元)
附『正義』·『訓纂』·『集解』

초판 인쇄   2015년 7월 20일
초판 발행   2015년 7월 30일

역   자 ㅣ 정병섭
펴 낸 이 ㅣ 하운근
펴 낸 곳 ㅣ 學古房

주   소 ㅣ 경기도 고양시 덕양구 통일로 140 삼송테크노밸리 A동 B224
전   화 ㅣ (02)353-9908   편집부(02)356-9903
팩   스 ㅣ (02)6959-8234
홈페이지 ㅣ http://hakgobang.co.kr/
전자우편 ㅣ hakgobang@naver.com, hakgobang@chol.com
등록번호 ㅣ 제311-1994-000001호

ISBN   978-89-6071-533-2 94150
          978-89-6071-267-6   (세트)

값 : 23,000원